港珠澳大桥岛隧工程

沉管隧道地基与基础

林鸣 尹海卿 刘晓东 梁桁 著

科学出版社
北京

内 容 简 介

本书依托港珠澳大桥岛隧工程沉管隧道建设，阐述了沉管隧道地基基础的具体情况，从勘察、设计、施工、试验、检测与监测方面对沉管隧道的地基基础进行了全面的总结和分析。通过提炼、总结沉管隧道地基基础差异沉降控制的经验，可为今后的沉管隧道施工提供重要参考。

本书可作为从事沉管隧道施工技术和项目管理人员的实操参考书，也可以作为高等院校水下隧道相关专业师生的课外工程实例参考书。

图书在版编目（CIP）数据

港珠澳大桥岛隧工程沉管隧道地基与基础/林鸣等著.—北京：科学出版社，2020.4

ISBN 978-7-03-064601-9

Ⅰ.①港… Ⅱ.①林… Ⅲ.①跨海峡桥－沉管隧道－地基－基础（工程）－中国 Ⅳ.①U459.9

中国版本图书馆CIP数据核字（2020）第035469号

责任编辑：郭勇斌 邓新平/责任校对：杜子昂
责任印制：师艳茹/封面设计：黄华斌

科学出版社 出版
北京东黄城根北街16号
邮政编码：100717
http://www.sciencep.com

中国科学院印刷厂 印刷
科学出版社发行 各地新华书店经销

*

2020年4月第 一 版 开本：787×1092 1/16
2020年4月第一次印刷 印张：20 1/2 插页：8
字数：475 000

定价：168.00元
（如有印装质量问题，我社负责调换）

港珠澳大桥岛隧工程沉管隧道地基与基础

主　　编　林　鸣　尹海卿　刘晓东　梁　桁
副 主 编　李建宇　刘　馨　孟凡利　刘海青　陈　林
　　　　　宿发强
编写人员（以姓氏笔画排序）：
　　　　　刘亚平　刘宇光　刘孟源　李哈汀　李德辉
　　　　　杨秀武　杨润来　吴　平　何　波　沈永兴
　　　　　宋　奎　张月欣　张怡戈　张建军　陈三洋
　　　　　孟令月　赵　辉　姚辉博　莫日雄　高　潮
　　　　　陶宗恒　彭晓鹏　韩小锐　靳　胜　潘　满
　　　　　冀　晋　魏红波

序　言

自 1910 年世界上首条铁路沉管隧道在美国诞生以来，沉管法水下隧道已广泛用于穿越江河湖海的公路隧道、铁路隧道、地铁隧道、人行隧道等交通基础设施和输水、渡槽、管线等公用管道设施的建设。据统计，截至目前全世界已建成各类交通用沉管隧道 150 多条，其中美国、日本和荷兰建造的沉管隧道数量较多。自 20 世纪末开始，沉管隧道施工技术得到了长足发展，朝着外海环境、大型化、长距离和深水化方向不断进步。其中厄勒海峡沉管隧道、博斯普鲁斯海峡沉管隧道、釜山—巨济沉管隧道是三项具有较高国际影响力的外海大型沉管隧道工程项目，无论是隧道规模（长度和水深），还是采用的施工技术都代表了该领域当时的高水平。

我国沉管隧道起步较晚，20 世纪 90 年代中期建成的广州珠江隧道是国内首条交通沉管隧道。迄今虽然已先后在广州、宁波、上海、天津、舟山、南昌等地建成十几条内河沉管隧道，但大多长度较短，规模较小。随着我国经济的不断发展，内地基础建设不断发力，拟建的水下隧道数量众多，国内一批跨江河、河口、海湾和海峡的重大通道工程纷纷酝酿采用沉管隧道的方式，为我国沉管隧道施工技术赶超国际水平提供了平台，于 2010 年开工的港珠澳大桥沉管隧道即是这新一轮大规模水下交通基础建设的标志性工程。

港珠澳大桥沉管隧道是国内首条外海沉管隧道，是目前世界上最长的公路沉管隧道，也是目前世界上首条深埋大回淤节段式沉管隧道。珠江口海域水文、地质情况复杂，隧址处软土地基最大厚度约 40 m，呈不均匀分布，工程复杂性远超以往同类工程，并且具有施工水深变化大、基础施工精度要求高等特点，施工难度和风险极大。

本书结合港珠澳大桥沉管隧道工程实践，对外海深厚软土沉管隧道地基基础沉降机理、设计理论、精细化勘察、复合地基设计方法、精细化施工成套技术及装备、监测与检测等方面进行了详细的阐述。本书内容包括数模、物模试验及外海深厚软土沉管隧道地基基础沉降机理及设计理论研究，建立了包括精细化勘察、基槽开挖、块石夯平、碎石基床整平的外海深水沉管隧道高精度基础设计施工全过程监测体系等。通过提炼总结港珠澳大桥沉管隧道工程的地基与基础施工的经验，以期为后续国内外类似工程提供有益的借鉴。由于作者水平有限，书中难免有遗漏及理解不全之处，还望读者不吝赐教，对此表示深深的感谢。

作　者

2020 年 3 月

目　　录

序言
第1章　绪论 ··· 1
　　1.1　水文地质条件 ··· 1
　　1.2　地形地貌与泥沙 ··· 3
　　1.3　发展现状 ··· 4
第2章　地质勘察 ·· 11
　　2.1　概述 ·· 11
　　2.2　钻探 ·· 12
　　2.3　孔压静力触探试验 ··· 13
　　2.4　标准贯入试验 ··· 17
　　2.5　室内试验 ··· 20
　　2.6　地质模型 ··· 23
第3章　地基基础设计 ·· 30
　　3.1　概述 ·· 30
　　3.2　限制条件 ··· 31
　　3.3　沉降机理及设计原理 ·· 35
　　3.4　地基设计 ··· 41
　　3.5　基床设计 ··· 51
第4章　地基基础施工 ·· 61
　　4.1　基槽开挖 ··· 61
　　4.2　基槽清淤 ··· 82
　　4.3　抛石夯平 ·· 122
　　4.4　碎石基床铺设 ·· 127
　　4.5　回淤监测 ·· 161
第5章　地基基础试验研究 ··· 178
　　5.1　概述 ··· 178
　　5.2　碎石基床物理模型试验 ·· 178
　　5.3　PHC刚性桩复合地基载荷试验 ·· 204

5.4 挤密砂桩复合地基水下载荷试验 ·· 224
5.5 碎石基床水下载荷板试验 ··· 233
5.6 抛石夯平试验 ··· 243
5.7 碎石基床纳淤机理研究 ·· 254

第6章 地基基础检测与监测 ··· 282
6.1 概述 ·· 282
6.2 人工岛地基加固检测与监测 ·· 282
6.3 高压旋喷桩复合地基检测 ··· 292
6.4 挤密砂桩复合地基监测 ·· 300
6.5 沉管隧道沉降变形监测 ·· 309

参考文献 ··· 318
彩图

第1章 绪　　论

1.1　水文地质条件

港珠澳大桥沉管隧道区不同重现期的设计水位及高、低潮累积频率如表 1-1 所示。

表 1-1　不同重现期的设计水位及高、低潮累积频率

重现期/年	高水位/m	低水位/m
1000	4.19	−1.75
500	3.98	−1.67
300	3.82	−1.63
200	3.69	−1.57
120	3.51	−1.52
100	3.47	−1.51
50	3.26	−1.44
20	2.97	−1.35
10	2.74	−1.27
5	2.51	−1.20
2	2.15	−1.08
平均水位		0.54 m
高潮累积频率10%		1.65 m
低潮累积频率90%		−0.78 m

注：120 年重现期数据采用内插法得到。

潮汐类型属于不规则的半日潮混合潮型。从实测的潮位过程曲线分析，日不等现象明显，其中大潮期间日潮现象较为明显，小潮期间半日潮现象较为明显，中潮介于两者之间。香港和澳门的潮汐特征统计表如表 1-2 所示。

表 1-2 香港和澳门潮汐特征统计表

潮汐特征值	香港（大澳）	澳门
最高潮位/m	2.69	3.52
最低潮位/m	−1.32	−1.24
平均高潮位/m	—	1.05
平均低潮位/m	—	0.00
最大潮差/m	3.58	3.50
最小潮差/m	0.05	0.02
平均潮差/m	—	1.06
平均海平面/m	—	0.54
资料期限	1985～1997	1925～2003

注：潮位基准面采用 1985 国家高程基准。

2004 年 6 月在工程海域沿备选线位共布置了 9 个水文测点，进行大、中、小潮全潮水文观测。实测资料表明，工程海域水流具有落潮流速大于涨潮流速，中部海域潮流流速比两边大的特点。各测点涨急时垂线平均流向基本为 N 向，落急时垂线平均流向基本为 S 向。

2009 年 3～4 月和 2009 年 6 月在工程海域沿备选线位共布置了 11 个水文测点，进行洪枯季大、小潮期间的水文观测。观测结果表明：此水域内涨落潮以往复流为主，东侧流向较为一致，西侧流向较为发散；落潮流速的流向较为一致，涨潮流速的流向较为发散；大、小潮相比，大潮的涨落潮流向一致性较好，小潮流向的发散性较大。洪季时附近水域内涨落潮仍以往复流为主，大潮时流速较大，小潮时则较小。观测海域西部流速较小，东部流速较大，中部流速最大。各垂线实测最大流速表现出随水深增大而变小的趋势。

地质勘察深度内的地层主要由第四系覆盖层，燕山期花岗岩、震旦系混合片岩及混合花岗岩等基岩风化层组成。

第四系覆盖层上部为全新统-更新统海相、陆相、河流相、海陆交互相沉积层，直接覆盖于不同岩性的剥蚀面上，其厚度受基岩面标高及海平面侵蚀深度控制。基岩主要为震旦系混合片岩、混合花岗岩。基岩面起伏变化很大，岩面高程为−66.56～−72.99 m 以下。基岩按风化程度可分为全、强、中、微风化层，但不同地段同类基岩风化程度变化很大、风化差异显著，局部断裂发育和构造严重地段，多形成基岩风化深槽。

隧道按纵向穿越底层及其形态可分为三段：隧道东段（K6＋406～K8＋135），长度 1729 m；隧道中间段（K8＋135～K10＋945），长度 2810 m；隧道西段（K10＋945～K13＋106），长度 2161 m。参照结构物类型及场地岩土分布、工程特性，按结构物分段特点进行隧道地基基础工程评价分别如下。

1. 隧道东段

隧道展布形态为斜坡段，直接相关的地基岩土层为第①大层、第②大层和第③大层。

第①大层均为饱和软土，工程性质差，天然地基不能满足结构物地基强度及变形稳定性要求。第②大层强度中等，但较薄且局部发育，与沉管隧道地基直接关联度不强。第③大层以一般性黏土为主，部分夹砂或间砂，中等偏高压缩，其中以③$_1$淤泥质土强度较差外，其余亚层也只是中等强度。从地基土的空间分布形态、土质的均匀性等方面分析评价，第③大层为不均匀地基。尤其在隧道基础纵向倾斜布置时，由于地基荷载的不均匀一般对天然地基的强度要求较高。地基变形方面由于地基本身为中等偏高压缩性的不均匀地基，加之隧道基础纵向倾斜布置更突显地基的不均匀，对结构物变形控制要求高。

2. 隧道中间段

隧道展布形态为平穿，基底高程–40 m 左右，直接相关的地基岩土层为第③大层下部，主要相关亚层③$_1$黏土及③$_2$粉质黏土。

③$_1$黏土及③$_2$粉质黏土均为中等强度的一般性黏土或夹砂土，中等偏高压缩性。由于亚层间的工程力学性质存在一定差异、层面的起伏及层位相互穿插导致隧道地基土均匀性欠缺。若采用天然地基方案，以第③大层下部土层为持力层，势必存在基底地层不断变化而形成的地基不均匀沉降问题，而不均匀沉降量的大小取决于荷载分布及基底主要压缩层的厚度，即隧道结构物的压缩沉降量将主要发生在基底以下的第③大层黏土中。

3. 隧道西段

隧道展布形态为斜坡段，直接相关的地基岩土层为第①大层、第②大层和第③大层。隧道西段与东段结构布置形式基本对称，基底分布岩土除厚度略有变化外基本相同。

1.2 地形地貌与泥沙

港珠澳大桥沉管隧道位于伶仃洋水域，伶仃洋是珠江喇叭口形的河口湾，湾顶在虎门一带，宽 3 km，中部宽 27 km，在澳门、香港之间宽 58 km。伶仃洋所处地形复杂，可分两槽三滩。

内伶仃岛以北发育中部浅滩（矾石浅滩），中部浅滩以东称东槽，又称矾石水道，水深大于 10 m，向南接龙鼓水道，水深达 20～49 m。中部浅滩以西为西槽，又称伶仃水道，水深较浅，内伶仃岛以南水深达 10 m 以上。西槽以西为西滩，水深一般为 2～4 m，东槽以东为东滩，水深一般为 3～4 m。珠江口以南为南海海域，水深 10～30 m。

伶仃洋湾内有岛屿散布其间，如龙穴岛、舢板洲、横门山岛、大铲岛、小铲岛、内伶仃岛、淇澳岛和大濠岛等，在湾口和湾外，群岛罗列，如万山群岛、大蜘洲、小蜘洲、桂山岛等。这些岛屿对外海波能的消减、潮流路径的调整及局部滩槽的塑造起到重要作用。

工程水域的含沙量分布特点是西侧高于东侧，落潮大于涨潮。测验水域平均含沙量为 0.012 kg/m^3，实测最大含沙量为 0.141 kg/m^3；最小含沙量为 0.0002 kg/m^3，悬沙由湾内向海域输出，净输沙量平均为 570 kg/(m·d)。

底质取样分析表明，大濠水道所在深水航道区底质为砂-黏土质粉砂，大濠水道以西至珠海一侧广阔的海域为黏土质粉砂。

1.3 发展现状

沉管隧道地基处理方法为换填法（砂或石），沉管隧道基础垫层的处理方法分为先铺法和后铺法。

换填法通过将基底软弱地基开挖换填块石或砂料的方法达到地基加固的目的，该方法具有施工简单、工艺成熟、工程造价低、施工质量可控性强等特点，一般作为地基处理的首选方案，但换填深度不宜过大，否则换填工程量巨大。桩基础桩身穿透软弱土层，桩端设置在坚硬黏土层、密实砂层或坚硬岩层顶面，桩基础刚度大、沉降控制效果好，但桩顶与沉管隧道结构相接是难点。复合地基分为散体、柔性及刚性复合地基，散体桩复合地基桩土应力比最小，刚性桩复合地基桩土应力比最大，柔性桩介于中间，通过选取不同复合地基形式或通过改变桩长和桩间距，复合地基可较好地调节隧道地基沉降，但复合地基的应用依托于复合地基沉降机理、理论及设计方法的研究，以及精细化勘察、施工及全过程监测等技术的开发。

沉管隧道基槽开挖后槽底与管节底面间存在众多不规则空隙，如果不处理可能导致地基土受力不均，引起不均匀沉降。采用刮砂或刮石的刮铺先铺法或灌砂、喷砂、灌囊、压浆、压砂等的后铺法都可解决地基土受力不均问题，目前国内外已建成的沉管隧道基础处理形式如表 1-3 所示。

表 1-3 国内外已建成的沉管隧道基础处理形式

工程案例	沉管长度/m	沉管宽度/m	基础处理形式
荷兰弗拉克隧道	250	29.8	压砂法

续表

工程案例	沉管长度/m	沉管宽度/m	基础处理形式
德国易北河隧道	1056	41.7	喷砂法
日本东京港公路隧道	1035	37.4	桩基础
荷兰海姆斯普尔隧道	1475	21.5	压砂法
中国台湾高雄过港隧道	720	24.4	压砂法
中国广州珠江隧道	457	33	压砂法
中国浙江宁波甬江水底隧道	419.6	11.9	压砂法
澳大利亚悉尼港湾隧道	960	26.1	压砂法
中国香港西区海底隧道	1859	35	压砂法
丹麦厄勒海峡沉管隧道	3520	38.8	碎石基础
中国浙江宁波常洪隧道	395	22.8	桩基础
中国上海外环隧道	736	43	压砂法
韩国釜山—巨济沉管隧道	3240	26.5	碎石基础

水下沉管隧道跟一般建筑物不同，处于水底的沉管隧道管节，通常在水的浮力作用下，其作用在基槽底部的应力要比原始应力小得多。因此，以往观点认为，在沉管隧道沉管段中构筑人工基础，一般不会发生沉降。有些国家（如日本）甚至明确规定，当地基容许承载力超过 2 t/m^2，标准贯入度 $N \geqslant 1$ 时，不必构筑管节基础。虽然在大多数情况下仍旧会进行一定的基础处理，但处理的目的不是为了控制地基土的固结沉降，而是为了解决基槽开挖作业所造成的槽底不平整问题。因为不论使用何种挖泥船，疏浚后的基槽底表面总留有 15～50 cm 的不平整度（铲斗挖泥船可达 100 cm），这使基槽底表面与管节地面之间存在着众多不规律的空隙，导致地基土和管节结构受力不匀而局部破坏。

实际工程应用后发现，在现有不多的沉管隧道的沉降观测情况来看，即使沉管隧道铺设后基槽底的应力变小了，但其再压缩沉降仍然不可忽视。Walter 给出了 16 座沉管隧道的沉降相关数据[1]；邵俊江对这些数据进行了分析，统计了沉管隧道施工期间和工后沉降，以及施工期间沉降占总沉降的比例[2]；魏纲等又补充了部分国内沉管隧道的沉降数据，收集了国内外 19 座沉管隧道的沉降实测数据[3]。这些沉降数据显示，完工后沉管隧道均有不同程度的沉降，甚至有的总沉降超过 1 m，出现管节接头渗漏的情况，大部分正常使用的沉管隧道总沉降在 300 mm 以内，差异沉降在 100 mm 以内。

综上，认为沉管管节底部应力变小沉降就可忽视的观点不再适用。特别是随着沉管隧道埋深的加大，安装沉管管节后施加的荷载所引起的回弹再压缩沉降更是不容忽视，由于这些纵向不均匀沉降，甚至有可能造成隧道接头张开漏水及管节混凝土结构出现裂缝。

由于长期以来人们对沉管隧道沉降问题的"误解",沉管隧道沉降的问题一直都没有被人重视,很少有专门针对沉管隧道的研究成果,更多的是集中在其他隧道地基的沉降方面的研究,如盾构隧道等方面。

Walter总结了其40年来在沉管隧道方面的经验,分析了影响沉管隧道的几个重要因素,指出影响沉管隧道沉降的因素包括地基土分布及其工程地质性质、隧道基槽、隧道基础、潮汐作用、管节几何形状等。其中,地基土分布及其工程地质性质的影响,是最根本的影响因素,沉管隧道地基土层是否存在软土,对运营期的影响尤其重大[4]。邵俊江在Walter的基础上指出,对于地基土工程地质性质良好的沉管隧道,其大部分沉降在施工期间就发生了,但是对于存在软土的沉管隧道,其沉降量很大一部分是在运营期发生的,且量值都较大,历时也更长,对沉管隧道的安全影响也更大[2]。

隧道基槽的施工开挖,对基槽土体形成扰动,会使原本工程地质性质良好的土层在与结构的接触面上形成一层软弱土层,扰动的程度与基槽的挖掘方式和土体灵敏度等因素有关。

隧道基础对沉降的影响,主要在于沉管隧道与地基之间空隙充填的密实程度,充填方法包括先铺法和后铺法,不管先铺还是后铺,由于都是水下施工,要想使隧道与地基之间空隙充填密实都不容易,即使采用桩基的沉管隧道,完工后也会发生一定的沉降,如美国的廷斯塔德隧道。因此,基础层的压缩也是沉管隧道沉降重要的组成部分。

潮汐作用的影响,主要在于潮汐水位周期性变化对沉管隧道的受力影响。如我国宁波甬江水底隧道沉降的实测曲线跟潮汐水位变化曲线呈现密切的相关性,形状起伏非常吻合,并且随着潮位差的增大,隧道高、低潮平潮时的沉降差异也相应更为明显。又如美国的肯尼迪隧道,由于受到近5.4 m潮汐水位差的作用,岸边墙附近的隧道管节每天的差异沉降值达到了10 mm左右。

管节几何形状对沉降的影响主要体现在隧道底面与基础的接触面积上。美国等北美地区习惯选用八边形的钢壳结构,这种管节结构管底与基础的接触面积只有管节宽度的44%,因此受力也更大,产生的沉降就更大。相较而言,矩形断面的混凝土隧道结构,则几乎是100%接触基础,因此,产生的沉降就更小。

其他包括车辆周期性的动荷载、地震荷载等,也都是引起沉管隧道沉降的因素。此外,以往工程实践表明,邻近航道开挖、地下水过量开采等,都会经由荷载变化的方式进而引起沉管隧道的沉降变化,也是沉管隧道沉降的重要外因。

影响隧道沉降的因素较多,隧道纵深长、跨越地质区域广、地质荷载条件复杂,隧道沉降多为半理论半经验计算模型,计算理论不成熟。目前仅有为数不多基于盾构隧道变形分析研究,由于水下沉管隧道荷载和结构更为复杂,几乎没有关于变形方面的研究。

盾构隧道方面,大多数的纵向变形规律曲线,都是通过室内试验或长期监测得出。汪小兵等[5]等对上海几条隧道的长期沉降观测数据进行了整理分析,提出了适用于饱和软土纵向沉降曲线计算的经验公式;曾东洋等采用有限元计算法研究施工因素对盾构隧道的纵向沉降及地表横向沉降,引入了纵向等效刚度系数的概念[6];Mair等系统研究了实测隧道沉降曲线及其机理,得到了盾构隧道工后纵向沉降的分布形式[7];Kuwahar等通过离心模型试验,研究了软土盾构隧道盾尾空隙导致产生的纵向变形沉降,并得出了软土隧道纵向变形的分布模式[8];赵慧岭等基于运营期监测的上海某越江公路隧道的变形数据分析结果,得出了相应的纵向沉降变形曲线及其曲率,提出了变形曲线的曲率增幅在隧道运营期较大且沿纵向不断波动,其波动规律与隧道纵向沉降曲线的变化相符[9]。此外还有一些学者对施工期地表沉降曲线进行了研究。上述成果只是定性分析研究隧道纵向沉降曲线,无确定的力学数学模型支撑。

沉管隧道方面,对于其纵向沉降变形,大多集中在统计有限的沉管隧道沉降监测数据,定性分析影响沉降的因素,并在统计基础上给出沉降控制的大致标准。实际上,各沉管隧道的地基土分布及工程地质性质迥异,结构的设计也各不相同,从刚性结构到柔性结构,钢壳结构到混凝土结构,对差异沉降的适应能力有很大差异。

目前国内外复合地基应用于沉管隧道的案例较少,只有已建成的韩国釜山—巨济沉管隧道和港珠澳大桥沉管隧道基础采用复合地基。

韩国釜山—巨济沉管隧道的主体工程为由18个管节组成的长度3240 m的沉管隧道,施工地点水深最深达48 m,海上施工条件复杂。沿着沉管隧道中心线下方的软土纵向底标高为–20~–65 m,软土最厚的地方为30~40 m,工程地质条件复杂,其中沉管隧道下方的海相沉积软土为结构性黏土,物理力学性质见表1-4。

表 1-4 海相沉积软土的物理力学性质

土名	容重 $\gamma/(kN/m^3)$	孔隙比 e_0	压缩指数 C_c	回弹再压缩指标 C_s	有效黏聚力 c'/kPa	有效内摩擦角 $\varphi'/(°)$
海相沉积软土	14.7	2.44	1.25	0.091	3	25

为了消除海相沉积软土的沉降,沉管隧道基础主要采用挤密砂桩(sand compaction pile,SCP)工法和深层水泥搅拌桩(deep cement mixing pile,DCM)工法进行地基处理,沉管隧道基础纵断面图见图 1-1。其中 E15~E17 管节长约为 540 m 范围采用挤密砂桩+堆载预压处理,挤密砂桩直径为 1.2~2.0 m,地基处理深度最深达水下 70 m 左右,由于回填荷载较大,超载比最大超过了 2.5。沉管隧道基础下方采用了两种不同直径的挤密砂桩,上层挤密砂桩采用了直径 2.0 m,间距为 3.0 m×2.6 m 的矩形布置形式,置换率约为 40%;下层挤密砂桩采用了直径 1.6 m,间距为 3.0 m×2.6 m 的矩形布置形式,置换率约为 26%。

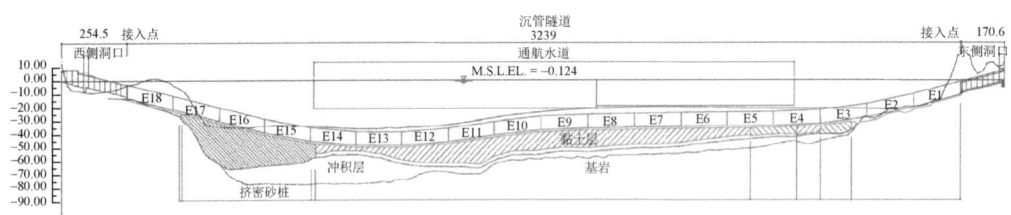

图 1-1 釜山—巨济沉管隧道基础纵断面图（单位：m）

国际上对于沉管隧道垄沟相间先铺碎石垫层的研究及应用情况极少，20 世纪末，在连接丹麦与瑞典的厄勒海峡沉管隧道建设期间，承包商首次将全覆盖满铺碎石垫层更改为垄沟相间的碎石基础垫层形式，取得了良好的工程应用效果。

厄勒海峡沉管隧道作为第一座采用带垄碎石垫层的沉管隧道，其垫层设计参数见表 1-5，碎石垫层见图 1-3，其显著特征为：

①隧道垫层下的原始地层为哥本哈根石灰岩；

②碎石垫层厚度为 0.95 m。

在碎石垫层的分析过程中，通过有限元方法研究了碎石垄的承载能力，为方案设计提供了重要支撑。

表 1-5 厄勒海峡沉管隧道碎石垫层设计参数

垄宽/cm	沟宽/cm	单垄 + 沟宽度/cm	厚度/cm	管节接头间距/cm
165	100	265	95	425

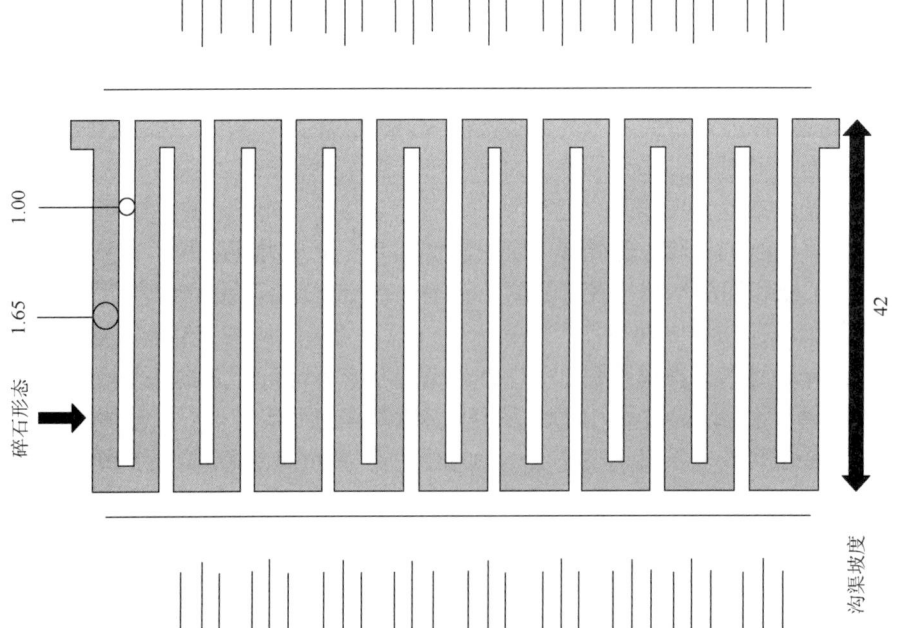

图 1-2 厄勒海峡沉管隧道碎石垫层（单位：m）

2010 年建成的韩国釜山—巨济沉管隧道是第一条在复合地基上设置带垄碎石垫层的沉管隧道（图 1-3），其显著特征如下：

①隧道基础垫层下为 SCP 或 DCM 的复合地基；
②在复合地基桩头上面应留有相对较厚的空间以调整复合地基顶面的不均匀性；
③碎石垫层用料应是坚硬、耐久、干净且无细屑的破碎岩石；
④无侧限抗压强度（unconfined compression strength，UCS）>50 MPa。

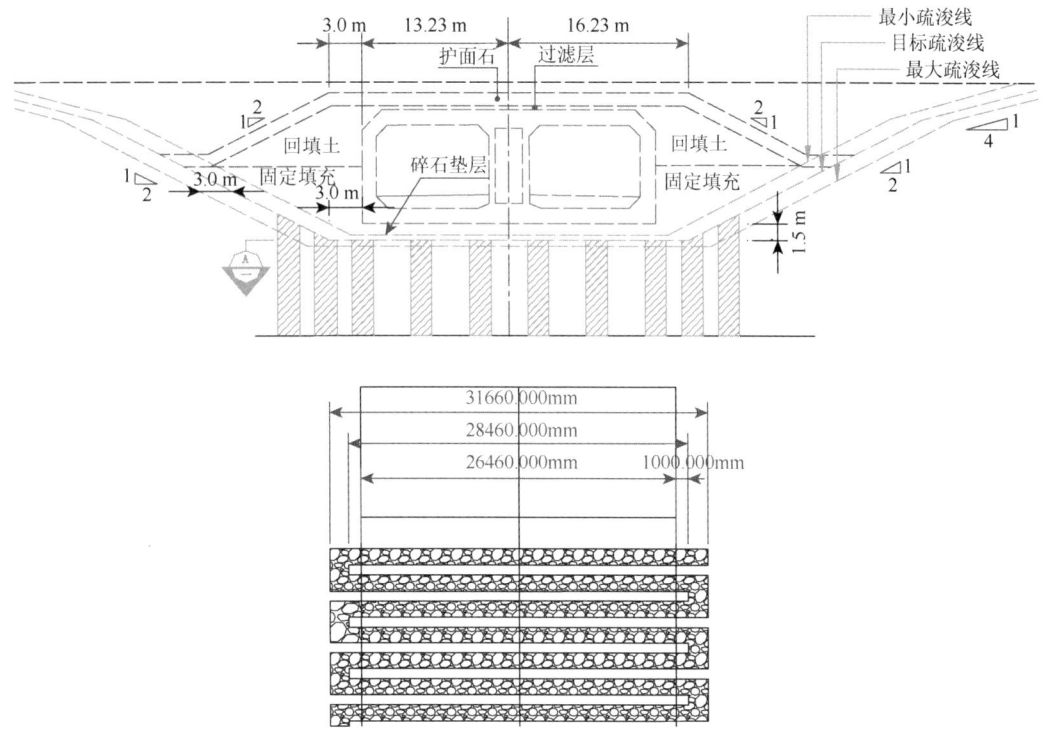

图 1-3　釜山—巨济沉管隧道碎石垫层

在碎石垫层的方案实施期间，承包商进行了施工可行性方面的试验，验证了在复合地基上施工的可靠性，设计参数如表 1-6 所示。

表 1-6　釜山—巨济沉管隧道碎石垫层设计参数

垄宽/cm	沟宽/cm	单垄+沟宽度/cm	厚度/cm	管节接头间距/cm
180	80	260	150	400

比约维卡隧道是挪威第一座沉管隧道，隧道纵向分别采用了天然地基与嵌岩的桩基础，之后沿隧道轴线铺设土工纤维，然后施工碎石垫层作为沉管隧道的基础。该碎石垫层在厚度和水平度上要求精度极高，是为了避免混凝土管节中产生引应力，如图 1-4 所示。

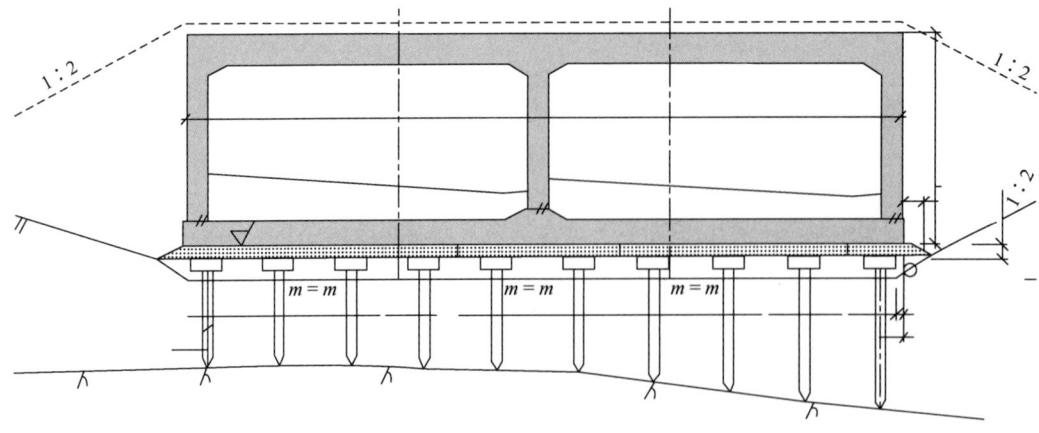

图 1-4 挪威比约维卡隧道碎石垫层

在碎石垫层设计期间完成了一些有限元分析,用于弄清桩帽、碎石及隧道底板间的相互作用,研究隧道基础的等效刚度。

荷兰鲁尔河沉管隧道为解决地震液化的问题采用了先铺碎石垫层,隧道碎石垫层的主要设计参数如表 1-7 所示。

表 1-7 荷兰鲁尔河沉管隧道碎石垫层主要设计参数

垄宽/cm	沟宽/cm	单垄+沟宽度/cm	厚度/cm	管节接头间距/cm
165	86	251	50	343

在国内,港珠澳大桥沉管隧道是我国第一座采用先铺碎石垫层法的水下隧道,为了有效解决沉降过大及回淤等一系列问题,提出了先铺碎石垫层与块石夯平基层的新型组合基床结构。

新型组合基床在港珠澳大桥沉管隧道项目中是首次采用,虽然碎石垫层在国外有一些应用案例,但既没有沉管组合基床的理论,也没有在回淤环境下的相关设计与施工经验,关于先铺碎石垫层纳淤机理与纳淤能力的研究也是空白。

第 2 章 地 质 勘 察

2.1 概　　述

港珠澳大桥沉管隧道是世界上首条外海深埋软土超长沉管隧道，隧道地基基础沉降控制要求严苛，沉管隧道差异沉降的控制是隧道成败的关键之一，而评估差异沉降的根据是岩土参数。如何获得客观、科学及准确的岩土参数尤为关键，主要涉及勘察工艺、方法和流程，国内常规海上勘察方法难以满足高标准的要求，需要采用先进的勘察方法去实施高标准的外业钻探、高精度的原位测试、模拟实际受力的先进室内试验及科学综合的分析 4 个阶段，即是精细化勘察体系，在整个勘察体系中，4 个阶段缺一不可，环环相扣。在港珠澳大桥沉管隧道的精细化勘察体系中，包含了勘察设备研发、现场试验技术、室内试验技术、地质模型技术等方面。

①研发液压升降钻探平台和分离式液压钻机，减少风、浪及流对水上勘察质量的不良影响。这种勘察设备的应用，可以大大减少因波浪对取土样的扰动，提高土样的质量，也减少钻进过程中对孔底地层的扰动，提高孔中原位测试的准确度，能更为准确地查明勘察场区地层的岩土参数。经过取得高质量的不扰动样进行室内试验，由于减少了扰动，精细化勘察获得的力学指标比传统勘察获得的力学指标大，为工程设计的优化提供了可靠依据。此外，分离式液压钻机的研制成功和应用，由于其抗浪性能强、钻进行程大、操作舒适，从而提高了海上勘察效率，海况差的作业条件下尤为明显，节省了勘察费用。

②海床式静力触探试验技术的应用，尤其是海床式静力触探机连续贯入系统的研发和应用，可以获得探孔地层精准且连续的地层探头锥尖阻力、侧壁摩阻力、孔隙水压力等参数。同时结合国内外的工程经验，研究出静力触探试验成果的解译方法和试验成果与其他岩土参数的关联性，建立地区的经验公式，可为工程设计和施工提供多种指标，全面揭示岩土层物理力学参数。此外，该技术的应用大大提高了勘察进度，节省了勘察费用。

③在原位进行标准贯入试验（standard penetration test，SPT）能量校正技术，为工程设计和施工提供实际的岩土指标。

④先进的土工试验技术，最大限度模拟土样原位受力状态和工程建设加载情况，可得出更为真实的岩土原位强度和工程建设各个阶段的强度，可据此优化工程设计，节省工程投资。

⑤研发并成功应用了全新的三维地质模型技术,实现了三维地质模型的高效构建,模型形象、准确地反映了目标区域的地层分布形态,提高了地层单元划分的效率和精度,提升了勘察成果的品质。

2.2 钻　　探

国内常规海上钻探的主要方式是采用在货船、驳船上搭建并固定钻探平台,钻机固定在船式钻探平台上,在海上通过八字锚固定钻探船进行钻探。该方式装置而成的钻探平台和钻探设备与海水接触形成一个不稳定的连接体。随着海浪的上、下、左、右波动,钻探平台和钻探设备也必然相应地进行运动,海上的钻探、取样、原位测试均处于扰动状态,无法获得精确的土层划分信息,无法取得高质量的Ⅰ级土样,无法获得非常准确的原位测试数据,室内试验指标也必然无法真实地反映现场状态。

因此要获得准确的地层成果、不扰动的Ⅰ级原状样及不受外围条件影响的原位测试成果,首先是实施高标准的外业钻探,其核心技术就是采取稳定的勘察载体及能消除海上风、水流、波浪及潮汐影响的先进钻探设备,如海上液压升降钻探平台(图2-1)、具有波浪补偿功能的分离式(悬挂式)液压钻机(图2-2)、先进的固定活塞薄壁取土器(图2-3)等;其次在钻探过程中,严格执行回次进尺1.0～1.5 m的钻进要求,确保钻探采取率的提高及地层划分的准确性;最后重视Ⅰ级不扰动样品的保存,一旦样品保存受到扰动,必然对室内试验的成果产生影响,使得数据失真,所以采用专门的不扰动样品保管箱,并储存在阴暗的地方,及时将样品采用车载防震的措施运输到实验室,在样品取出—蜡封—保管—运输—实验室等过程中,始终保持样品垂直。

图2-1　海上液压升降钻探平台

第 2 章 地质勘察

图 2-2 分离式（悬挂式）液压钻机

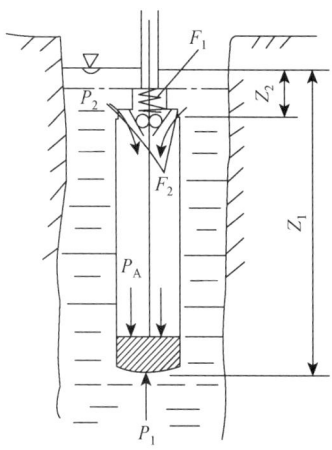

图 2-3 固定活塞薄壁取土器

港珠澳大桥沉管隧道项目勘察经中交第四航务工程勘察设计院有限公司（简称中交四航院）举全院之力，开发研制上述符合国际标准要求的钻探平台和海洋钻机，并改良固定活塞薄壁取土器，使钻探采取率、地层划分准确性、Ⅰ级不扰动样的成功率指标大幅度提高，并极大降低了钻探过程对地层冲击扰动。

2.3 孔压静力触探试验

孔压静力触探试验（cone penetration test with pore pressure measurement，CPTU），是把一定规格的圆锥形探头借助机械匀速压入土中，并测定探头阻力、侧壁摩阻力、孔

· 13 ·

隙水压力及探头倾斜度等参数的一种原位测试方法,能准确进行土层划分,判定土层类别及性质,以及全面获得砂土层的三维相关物理力学参数,具有:①可以沿地层深度方向提供连续的量测结果;②测试数据精度高,再现性好,重复性误差小;③试验结果可以直接用于工程解释;④相对于其他原位测试方法,静力触探更经济等优点。

海上 CPTU 的核心技术就是保持试验过程中务必达到:①恒速贯入;②不受外围条件影响;③探头测试灵敏度及精度高;④采集数据连贯性好等要求。国内对于海洋静力触探试验的分析研究起步较晚,国内海上 CPTU 设备的贯入速率、探头灵敏度及精度、密封性能等技术指标与国外产品有较大差距,而且国内仅依赖陆域双桥测试资料进行解译,没有考虑超孔隙水压力对试验过程影响的因素,难以达到国外研究的高度。因此港珠澳大桥沉管隧道 CPTU 采用从荷兰进口的海床式 CPTU 设备,包括 2 套 Seacalf 静力触探设备(图 2-4)和 1 套 Roson 75/100 kN 静力触探设备(图 2-5)。

图 2-4　Seacalf 静力触探设备　　　　　图 2-5　Roson 75/100 kN 静力触探设备

CPTU 是参考国际土力学与岩土工程协会(International Society for Soil Mechanics and Geotechnical Engineering, ISSMGE)试验程序进行,试验过程如下:①试验之前,确保所有探头的透水石全部都进行了 24 h 的真空饱和;②安装透水石之前,将孔压测量计范围内的空隙填满硅油;③记录试验前的零漂读数,判断探头是否处于正常使用状态;④将仪器沉入海床,观察设备的倾斜程度,Seacalf 的最大作业倾角是 5°,Roson 75/100 kN 的最大作业倾角是 10°;⑤以 20 mm/s 的速率进行连续贯入试验,同时记录锥尖阻力、侧摩阻力、U2 孔隙水压力和探头倾角。记录频率为 2 Hz;⑥如果需要在固定深度进行孔压消散试验,超静孔隙水压力必须消散超过 50%才可以停止试验;⑦达到终孔条件后,提升探杆,在探头处于空载条件下记录试验后的零漂读数。

测试判断终孔条件如下:①贯入早更新世早期陆相冲积砂层顶部;②达到设备极限能力,如反力装置、探杆或探测设备的极限能力;③锥尖阻力达到 50 MPa;④探头倾角超过15°；⑤探头倾角突然变化；⑥在遭遇工作人员人身安全和设备损坏的风险的情况下酌情决定。

测试的数据采集系统的整体精度符合国际土力学与岩土工程协会试验程序要求，见表2-1。

表2-1 孔压静力触探试验结果精度等级

精度等级	测量参数	最低允许精度	最大测量间距
1	锥尖阻力 侧摩阻力 孔隙水压力 探头倾角 贯入深度	50 kPa 或 3% 10 kPa 或 10% 5 kPa 或 2% 2° 0.1 m 或 1%	20 mm
2	锥尖阻力 侧摩阻力 孔隙水压力 探头倾角 贯入深度	200 kPa 或 3% 25 kPa 或 15% 25 kPa 或 3% 2° 0.2 m 或 2%	20 mm
3	锥尖阻力 侧摩阻力 孔隙水压力 探头倾角 贯入深度	400 kPa 或 5% 50 kPa 或 15% 50 kPa 或 5% 5° 0.2 m 或 2%	50 mm

数据的采集频率是2 Hz，按照20 mm/s的贯入速率计算，数据采集的间隔是10 mm。根据探头的标定证书及现场进行的校准试验，本次测量记录的精度等级为1级，测试结果适用于对地层和土体类别进行精确评估，并对各个土层的工程参数进行精确计算工作。

基于港珠澳大桥岛隧工程的海床式静力触探数据、标准贯入试验数据、原位十字板剪切试验数据、波速测试数据和室内试验数据，相互比较分析，建立相关性，整理出以下使用于珠江三角洲的基于CPTU的解译方法（表2-2）。

表2-2 珠江三角洲CPTU数据与物理力学参数对应关系表

类别	内容			所用指标及公式（方法）	可靠性
土体分层	BS土体分类系统			Robertson（1990）分类图	I～II
	国标土体分类系统			修正后的Robertson（2010）分类图	I～II
岩土工程性质指标	黏土	物理指标	细粒含量（fines content, FC）	FC（%）= $1.31 I_c^{3.76}$ （$1.26 < I_c < 3.17$）	II
			γ（容重）	$\gamma/\gamma_w = 0.27[\lg R_f] + 0.36[\lg(q_t/P_a)] + 1.236$	II
			ω（含水量）	$\omega = -26.25 \cdot \lg(q_t) + 45.288$	II
			e（孔隙比）	$e = 1.351 - 0.813\lg(q_t)$	I～II
			I_p（塑性指数）	$I_p = 32.655 - 4.06 q_t$	IV～V
			I_L（液性指数）	$I_L = 0.79 - 0.49\lg(q_t)$	I～II

续表

类别	内容			所用指标及公式（方法）	可靠性
岩土工程性质指标	黏土	力学指标	S_u（不排水强度）	$S_u = \dfrac{q_t - \sigma_{vo}}{N_{kt}}$	II
			K_0（静止土压力系数）	$K_0 = (1-\sin\varphi')\mathrm{OCR}^{\sin\varphi'}$	IV～V
			S_t（灵敏度）	$S_t = \dfrac{q_t - \sigma_{vo}}{N_{kt} \cdot f_s}$	II
		变形指标	超固结比（over consolidation ration, OCR）	$\mathrm{OCR} = 0.173\left(\dfrac{q_t - \sigma_{vo}}{\sigma'_{vo}}\right)$	II～III
			C_c 压缩指数	$C_c = -0.14(q_t - \sigma_{vo}) + 0.68$	III～IV
			M（压缩模量）	$M = \dfrac{1}{m_v} = \dfrac{\delta\sigma_v}{\delta\varepsilon} = \dfrac{2.3(1+e_0)\sigma'_{vo}}{C_c}$	III～IV
			G_0（剪切模量）	$G_0 = 99.5(P_a)^{0.305}\dfrac{(q_t)^{0.695}}{(e_0)^{1.130}}$	IV～V
		渗透性	k_h（水平渗透系数）	$k_h = \dfrac{r_w}{2.3 \cdot \sigma'_{vo}} \cdot RR \cdot C_h$	II～III
			C_h（水平固结系数）	$C_h = \dfrac{T_{50}}{t_{50}} \cdot r_0^2$	II～III
	砂土	物理指标	D_r（相对密度）	$D_r = \dfrac{1}{C_2}\ln\dfrac{q_c}{C_0 \times \sigma'^{C_1}}$	III～IV
		力学指标	K_0（静止土压力系数）	$K_0 = (1-\sin\varphi')\mathrm{OCR}^{\sin\varphi'}$	IV～V
			φ'（有效内摩擦角）	$\varphi' = 17.6° + 11\lg\left(\dfrac{q_t - \sigma_{vo}}{\sqrt{\sigma'_{vo} \cdot P_a}}\right)$	III～IV
		变形指标	OCR	$\mathrm{OCR} = \left[\dfrac{0.192 \cdot (q_t / P_a)^{0.22}}{(1-\sin\varphi') \cdot (\sigma'_{vo} / P_a)^{0.31}}\right]^{\frac{1}{\sin\varphi' - 0.27}}$	IV～V
			E（弹性模量）	$E = \alpha_E \cdot (q_t - \sigma_{vo})$ $\alpha_E = 0.015[10^{(0.55 I_c + 1.68)}]$	IV～V
岩土工程设计	浅基础	承载力		砂土：$q_{ult} = K_\varphi q_{c(av)}$　$K_\varphi = 0.16\sim0.30$ 黏性土：$q_{ult} = K_{su}q_{c(av)} + \gamma D$　$K_{su} = 0.30\sim0.60$	II～III
	桩基础	承载力		$q_p = C_q q_e$ $\begin{cases} \Delta u_2 < 110\mathrm{kPa}, f_p = (0.0036\Delta u_2 + 0.48)f_s \\ 110\mathrm{kPa} < \Delta u_2 < 500\mathrm{kPa}, f_p = (0.0125\Delta u_2 - 0.5)f_c \\ \Delta u_2 = u_2 - u_0 \end{cases}$	II～III
	与标准贯入试验相关关系			$(q_t / P_a) / N_{60} = 0.9$　黏土-粉质黏土 $(q_t / P_a) / N_{60} = 1.3$　黏土-粉质黏土（夹薄层细砂） $(q_t / P_a) / N_{60} = 2.4$　粉细砂、中砂（混黏土） $(q_t / P_a) / N_{60} = 3.3$　中粗砂	II～III

续表

类别	内容	所用指标及公式（方法）	可靠性
与十字板剪切试验（vane shear test，VST）相关关系		$C_u = \dfrac{q_t - \sigma_v}{14.12}$ $C_u = \dfrac{U_2 - U_0}{4.9}$ $C_u' = 0.84 f_s$ $S_t = \dfrac{C_u}{C_u'} = \dfrac{U_2 - U_0}{4.116 \cdot f_s}$	II～III
与 V_s 相关关系		黏性土 $V_s = 174 q_t^{0.28}$ 砂土 $V_s = [10^{(0.48 I_c + 1.91)}(q_t - \sigma_{v0})/P_a]^{0.5}$	II～III

注：可靠性分级是 I = 很可靠；II = 可靠；III = 较可靠；IV = 一般可靠；V = 可靠性低。

2.4 标准贯入试验

标准贯入试验，是一种在现场用 63.5 kg 的穿心锤，以 76 cm 的落距自由落下，将一定规格的带有小型取土筒的标准贯入器打入土中，记录打入 30 cm 的锤击数（即标准贯入击数 N），并以此评价土的工程性质的原位试验。标准贯入试验操作简单、使用方便，是工程勘察最常用的原位测试手段，仅适用土层主要为砂土和黏土，不适用于碎石类土及岩层。这种试验技术是 20 世纪 40 年代末期发展起来的。由于使用方便，得到了广泛的应用，在美国及日本应用最为广泛。在我国，20 世纪 50 年代初期由南京水利实验处研制并在治淮工程中得到广泛的推广，积累了大量的使用经验，20 世纪 60 年代在国内得以普及。

标准贯入试验并不能直接测定地基土的物理力学性质，而是通过与其他原位测试手段或室内试验成果进行对比，建立关系式，积累地区经验，评定地基土的物理力学性质。影响标准贯入试验的因素有很多，主要有以下两个方面：

①钻孔孔底土的应力状态。试验位置处上覆有效应力、钻孔口径、钻杆长度及贯入器内有无衬管等都会改变应力状态。

②锤击能量。通过实测，不同 SPT 设备自动自由落锤传递给探杆系统的锤击能量有很大的波动。

国内 SPT 设备进行现场试验获得的标准贯入击数（简称标贯击数）一般仅在进行力学分析时进行杆长的校正，未对其他影响因素进行校正，原位性相对较差。欧美等国家进行 SPT 时，所得的 SPT 结果针对所有影响因素均进行了校正，原位性更好。

为了获得符合国际上认可的 SPT 原位测试指标，港珠澳大桥沉管隧道勘察采用了国际上流行的英国 SPT 设备进行标准贯入试验，同时从美国购买了锤击能量分析仪对标贯锤击能量进行了专门的试验和分析，利用能量分析结果对标贯击数进行能量、上覆影响压力、杆长、钻孔口径及贯入器有无衬管的研究，从而得出原位性极好的标贯指标，评估可靠的岩土设计参数。

勘察采用了美国基桩动力学公司的标准贯入试验分析仪（SPT Analyzer）（图 2-6），

配置一个长1.5 m的SPT杆组件，该组件带有两个应变桥路传感器，传感器由PDI公司精确标定。

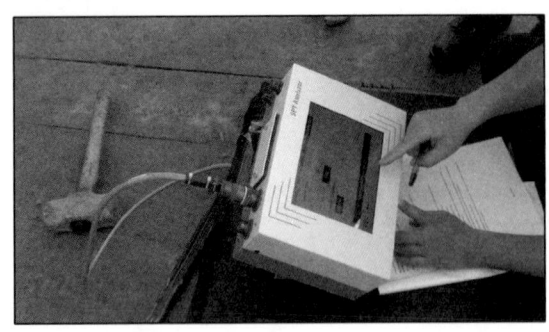
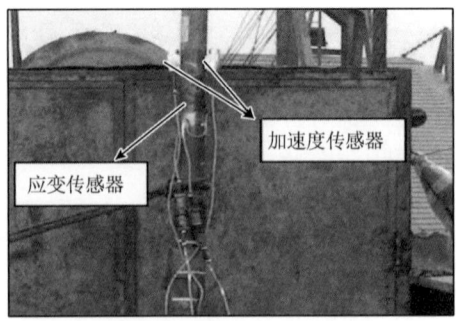

图2-6　标准贯入试验分析仪和连有传感器的钻杆组件

按照美国试验和材料协会（American Society for Testing and Materials，ASTM）标准《动力触探能量测量标准方法》（ASTM D4633—2010），进行标准贯入试验，在标贯击数为10～50时进行能量分析试验。

现场试验时，将两个加速度传感器固定到分析设备的SPT杆组件上，然后将其安装至标贯锤垫和试验钻杆之间。通过电缆或无线发射器将这个组件与SPT分析仪连接起来。在SPT试验过程中，应变传感器和加速度传感器获得必要的力和速度信号，用于计算转换能量。能量实时地显示在SPT分析仪的屏幕上（图2-7）。

实测SPT数据可通过USB接口保存和转移至计算机中。SPT分析仪配备的PDA-W软件可输出力、速度、能量和位移随时间变化曲线，PDIPLOT软件可以数值、统计、图形等形式输出结果。

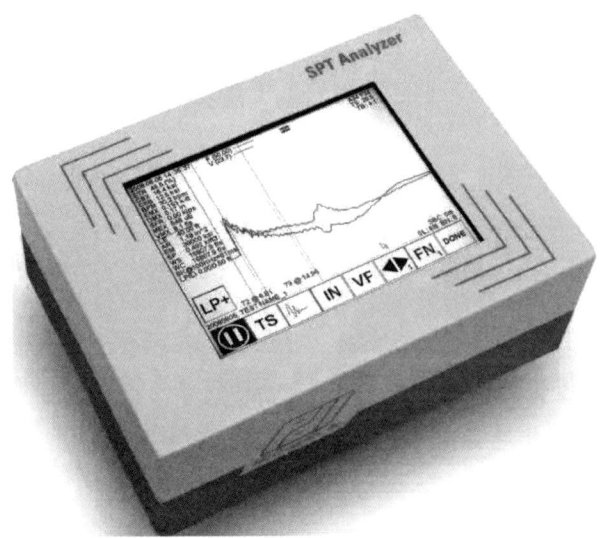

图2-7　SPT分析仪数据信号

通过能量计算公式：
$$EFV = \max\left[\int F(t) \cdot v(t) \mathrm{d}t\right]$$
式中：$F(t)$——力随时间变化的函数，
$v(t)$——速度随时间变化的函数，如图 2-8 所示。

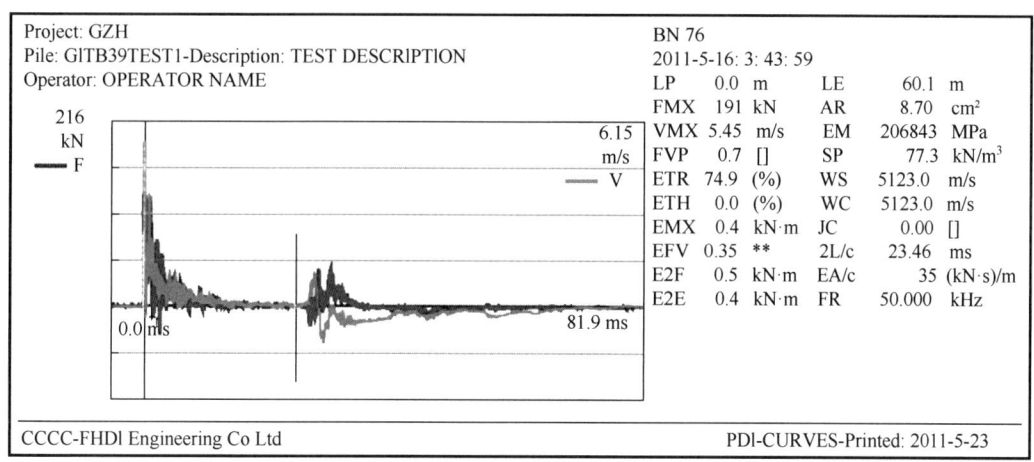

图 2-8　力与速度随时间变化曲线图

获得的锤击实际能量（EFV）与标准贯入重锤（63.5 kg）自由下落 0.76 m 的理论能量（PE）474.5 J 的比值——能量比（ETR）：
$$ETR = EFV/PE$$
该值与国际上通用的标准能量因子 60% 的比值就是锤击能量的修正系数。

针对标准贯入试验的影响因素，港珠澳大桥岛隧工程勘察对现场标准贯入进行如下修正：
$$(N_1)_{60} = N C_N C_E C_B C_R C_S$$
$$C_N = \left(\frac{100}{\sigma'_{v0}}\right)^{\frac{1}{2}}$$

式中，σ'_{v0}——上覆有效应力（kPa）；
$(N_1)_{60}$——按能量因子 60 修正后的标贯击数；
N——现场标贯击数实测值（30 cm 击数）；
C_N——标贯击数按 100 kPa 的有效上覆应力进行修正的修正系数；
C_E——锤击能量修正系数；
C_B——钻孔直径修正系数；
C_R——杆长修正系数；
C_S——贯入器内有无衬管校正的系数。

SPT 的相关修正系数见美国材料与试验协会标准、《标准测试方法标准贯入试验（SPT）和土裂管取样》（ASTM D 1586—2008）、《液化潜能的评价用砂的常规耐穿透性测定的标准操作规程》（ASTM D 6066—2011）、《动态透度计能量测量的标准试验方法》（ASTM D 4633—2016）。通过影响因素的校正及锤击能量按60%进行国际通用的归一化处理，将归一化的标准贯入试验数据结合经验公式换算相关的岩土物理力学参数。

2.5 室内试验

精细化勘察的室内土工试验需要根据设计的需要，在具体试验方案设计上突破以往照搬标准、忽视具体情况的做法，使试验的加、卸载条件与场地和施工情况尽量保持一致，最大程度体现原位状态下的土体工程特性。

沉管隧道工程不仅要进行精确的原位岩土参数指标试验，而且需要模拟现场实际开挖卸载、沉管加载、回淤变化等状态下的岩土参数指标试验。因此，采用 K_0 固结不排水三轴试验代替传统的固结不排水三轴试验，采用连续加载固结试验代替传统的分级加载固结试验，制定和工程施工过程中加—卸载情况一致的多级循环固结试验方法是准确获得岩土参数的关键。国内常规的室内试验方法和仪器已经不能满足本工程的需求，具体表现为以下三点。

①常规的试验方案中的加卸载条件与实际情况相去甚远。在《土工试验方法标准》（GB/T 50123—1999）的固结试验中，关于荷载的规定为"压力等级宜为 12.5、25、50、100、200、400、800、1600、3200 kPa"，"需要进行回弹试验时，可在某级压力下固结稳定后退压，直至退到要求的压力"。从中我们可以看到，试验标准基本不考虑土的特性、原位应力和具体工程的荷载情况。事实上，目前在工程试验室中一般的做法是：简单地根据土的软硬程度，选择 12.5、25 或 50 kPa 为初始荷载，选择 200 或 400 kPa 为回弹荷载，按加载比等于 1 逐级施加或卸除荷载。同时，该标准的三轴试验中，则规定"在只要求提供土的强度指标时，浅层土可采用较小压力 50、100、200、300 kPa，10 m 以下采用 100、200、300、400 kPa"。因此，一般地，工程试验室的做法是：根据土的埋深和软硬程度，粗略地估计最大围压为 200、300 或 400 kPa。这种简单、粗略的荷载选择方法，忽视了土的性质与前期固结压力、结构屈服强度和围压的关系，其结果必定是掩盖了土在具体条件中的细微差别。

②常规三轴仪不能满足精细化勘察的要求。常规三轴仪为应变控制式，这种三轴仪只能得到土的强度参数，而在达到强度破坏前无法对土的应力-应变关系进行模拟和量测。同时受仪器构造的限制，常规三轴仪在土的固结阶段只能进行等向固结，这与实际地基土的各向异性（K_0）固结方式有所差异，因此得到的强度参数也必然与实际情况有所差异。但在目前工程试验室中，采用常规三轴仪进行试验仍是较为普遍的做法。

③常规固结仪，无论是杠杆式或气压式，均只能进行逐级加载固结试验，也就是标准固结试验。标准固结试验存在一些明显的缺陷：一是荷载在施加时速度过快，不免对试样造成一定的冲击，引起试样扰动；二是由于每一级荷载的增加量大，造成排水面附近的孔压激增，从而导致试样端面的结构性破坏，同时这种激增也与一维固结理论假设

的有效应力沿试样高度均匀分布存在差异;三是标准固结试验花费的时间长,一般地,完成一组高压回弹试验需要一周左右。

根据上述国内常规仪器满足不了港珠澳大桥沉管隧道的试验要求,从英国引进应力路径三轴仪(图2-9),以模拟土的各向异性固结条件,获得应力-应变关系,为变形控制设计提供参数;引进液压固结仪(图2-10),以获得更加合理和准确的土的固结和变形参数。

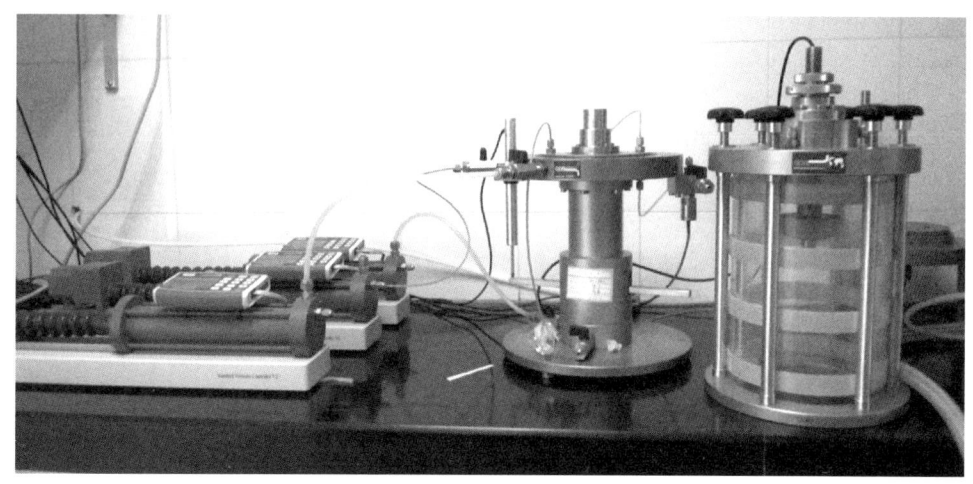

图2-9 应力路径三轴仪

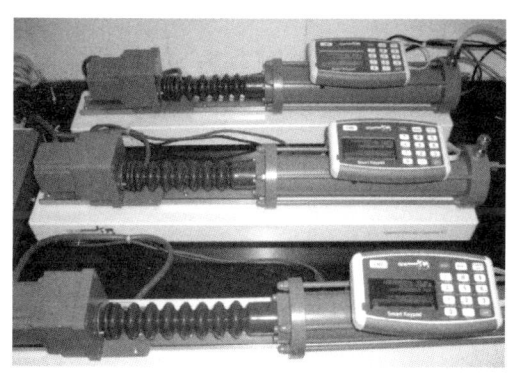 

图2-10 液压固结仪

室内试验采用应力路径三轴仪和液压固结仪进行如下三种关键试验。

1. 逐级加载(incremental loading,IL)固结试验

IL固结试验的目的是为了测试土体的前期固结压力、变形和固结参数等,充分考虑港珠澳大桥岛隧工程地基土从施工到建成的荷载变化,设计了两种加(卸)载的方法,共14种荷载序列。

（1）第一种为简单的加载过程（2次卸荷回弹）
①从初始荷载开始，逐级加载至前期固结压力；
②逐级卸载至初始荷载；
③重新加载至仪器最大荷载；
④再次卸载至初始荷载。
（2）第二种为复杂的加载过程（5次卸荷回弹）
①从初始荷载开始，逐级加载至现场原位应力；
②逐级卸载至初始荷载；
③重新加载至前期固结压力；
④再次卸载至原位应力；
⑤再次加载至前期固结压力；
⑥再次卸载至原位应力的一半；
⑦再次加载至前期固结压力；
⑧再次卸载至初始荷载；
⑨再次加载至最大荷载；
⑩再次卸载至初始荷载。

初始荷载考虑试样的软硬程度选择 6、12.5、25、50 或 75 kPa，最大荷载为 3200 或 3600 kPa。加荷速率均为 1，部分卸荷速率为 2 或 4。加荷稳定时间均为 24 h，部分卸荷稳定时间为 2 h。

2. 恒应变速率（constant rate of strain，CRS）固结试验

采用加载方式更为合理的 CRS 固结试验的目的是为了和常规的 IL 固结试验进行结果对比，设计的试验步骤为：
①膨胀力测试；
②膨胀量测试；
③连续加载至前期固结压力；
④连续卸载至初始荷载；
⑤重新加载至最大荷载；
⑥再次卸载至初始荷载。

3. K_0 固结不排水三轴剪切试验（CAU 试验）

CAU 试验的目的是为了测试土体的变形和强度参数，并与现场原位测试结果进行对比，指导设计。从一个土样中制备一个或两个试样用于试验。

（1）其中一个试样完全模拟实际的情况
①先按 K_0 固结的方式，将试样固结到前期固结压力（P_c）状态，此时 $\sigma_1 = P_c$；该过程用以模拟土体在地质历史时期所承受的最大竖向压力；

②接着同样以 K_0 固结的方式卸载至原位压力（σ_{v0}），此时 $\sigma_1 = \sigma_{v0}$；该过程用以模拟土体经过卸荷（由于风化剥蚀、冰川移动等）达到目前的应力状态；

③最后以不排水方式进行剪切至试样破坏；该过程用以模拟工程加载后土体由弹性变形到塑性变形，最后破坏的整个过程。

（2）另外一个试样模拟正常固结的情况

①按 K_0 固结的方式固结到 1.5 倍前期固结压力（$1.5 P_c$），此时 $\sigma_1 = 1.5 P_c$；该过程用以消除土体的结构性，模拟正常的固结状态；

②接着以不排水方式进行剪切至试样破坏。

正常固结土体可以认为其固结不排水试验的内聚力（C 值）约等于 0，故可以通过一个试样就求出土体的抗剪强度指标（C、ϕ 值）。

此外，由于采用变形控制设计的方法进行设计，故还需提供土样在剪切过程中的各类模量值（初始切线模量 E、割线模量 E_{50}、再加荷模量 E_r）。

2.6 地 质 模 型

沉管隧道是港珠澳大桥的控制性主体工程，勘察原始数据质量和分析处理过程共同决定勘察成果的质量，为了更加准确合理地划分地层单元，在项目勘察数据的解译、分析、评价，以及下游设计人员的沟通和相关方的汇报过程中，均充分应用了三维模型技术。

各工程模型地层单元的划分和确认，精细到每段岩芯的层位归属均在形象直观的三维模型空间，全面考虑各向接触关系后确定。这个过程大大提升了分层合理性，实现了地层单元划分的精细化，同时也形成了相应的成果模型。

从模型细节和效果看，研发构建的三维模型对尖灭和透镜体的形态表达已经完全满足了二维出图的要求。

1. 建模过程

①导入沉管隧道区，参与模型构建的全部勘探点，共 484 个钻孔数据，包括勘探、原位测试和室内试验数据，如图 2-11 所示。

②系统根据平面位置和勘探揭露等数据，自动生成勘探点模型，如图 2-12 所示。

③结合确定的传统剖面线，编辑调整优化后的 Delaunay 三角剖分（图 2-13），得到如图 2-14 所示的邻接网格关系。

④通过定制、显示模式控制、动态显示等功能，根据交互需要随时设置各种三维交互环境，如图 2-15～图 2-18 所示。

⑤自动分层或通过辅助高程面、批量选择、规则分层等进行辅助分层和模型构建，如图 2-19 和图 2-20 所示。

图 2-11 数据导入

图 2-12 勘探点模型

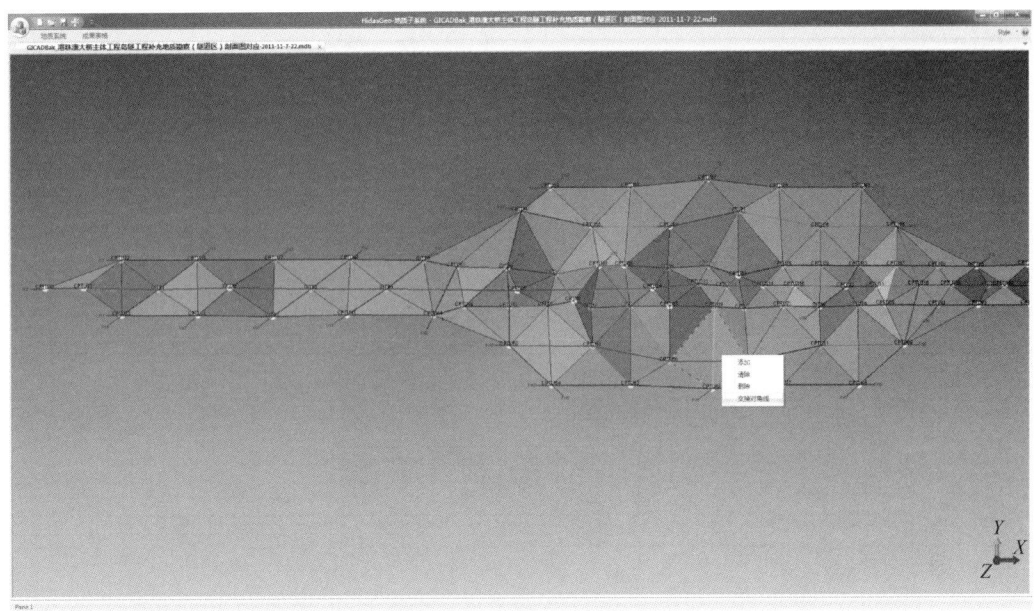

图 2-13　调整三角剖分

图 2-14　邻接关系网格

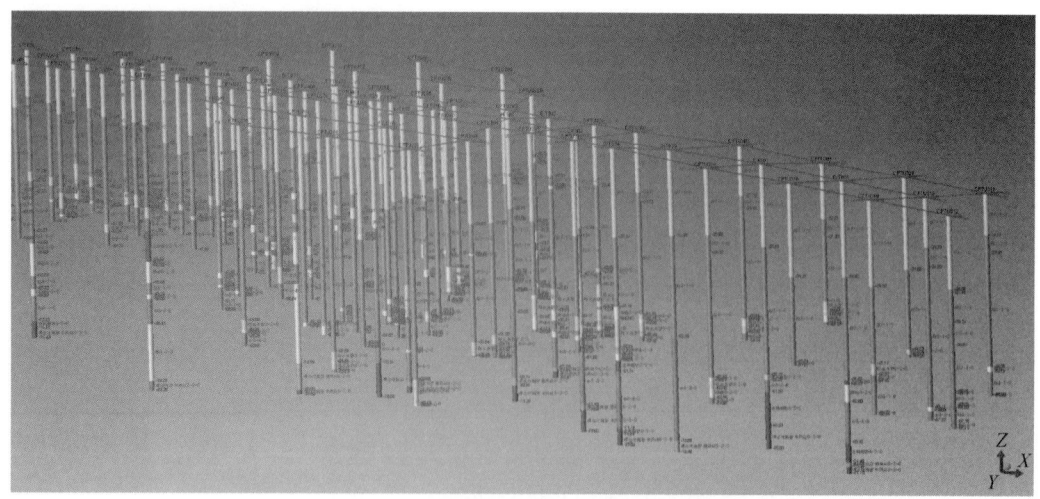

图 2-15 局部整体模式（香港方向）

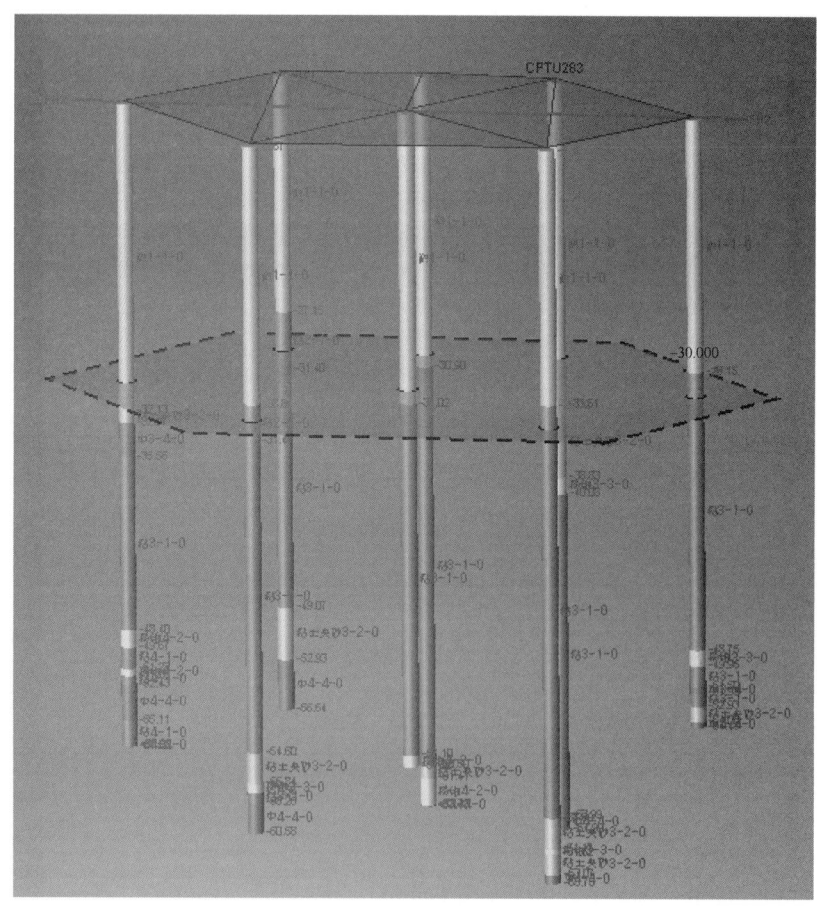

图 2-16 典型交互环境一

第 2 章 地质勘察

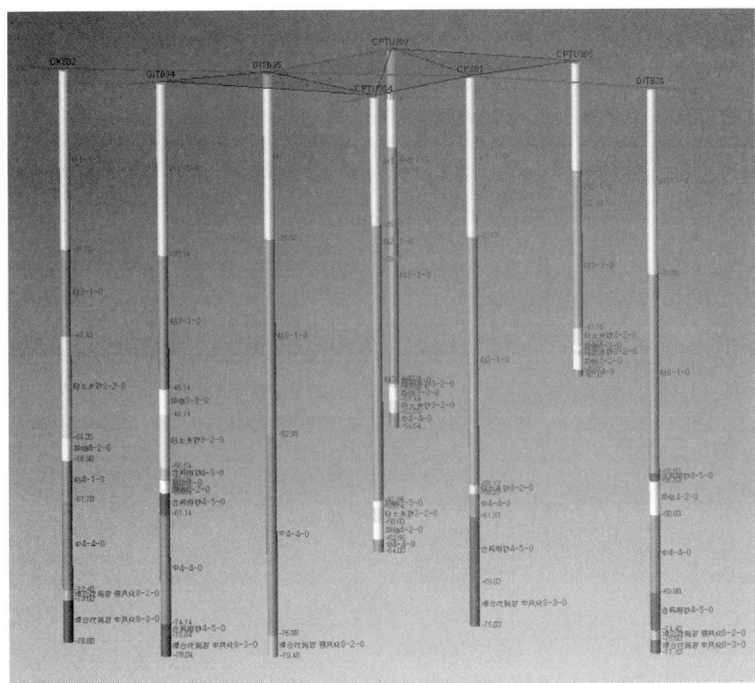

图 2-17 典型交互环境二

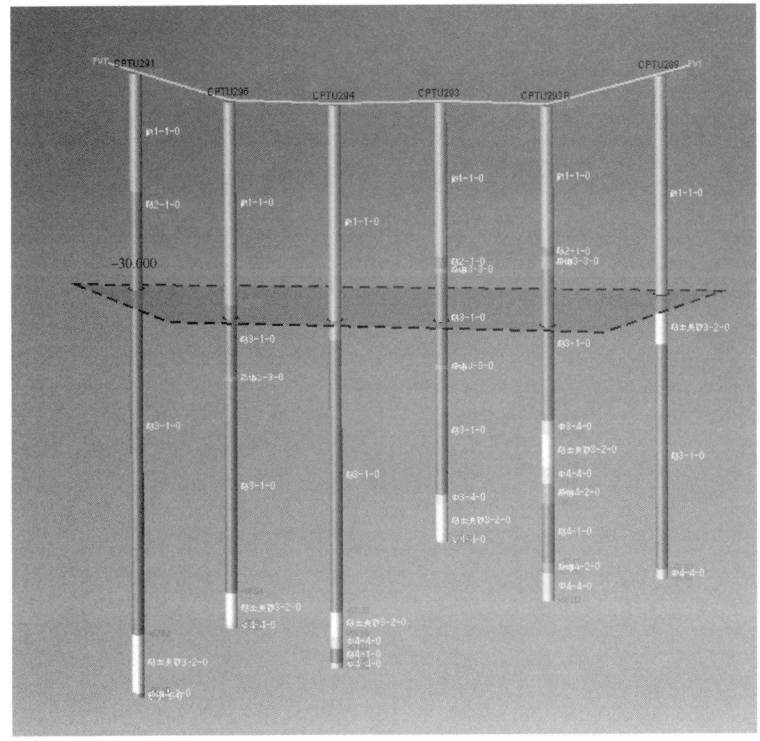

图 2-18 典型交互环境三

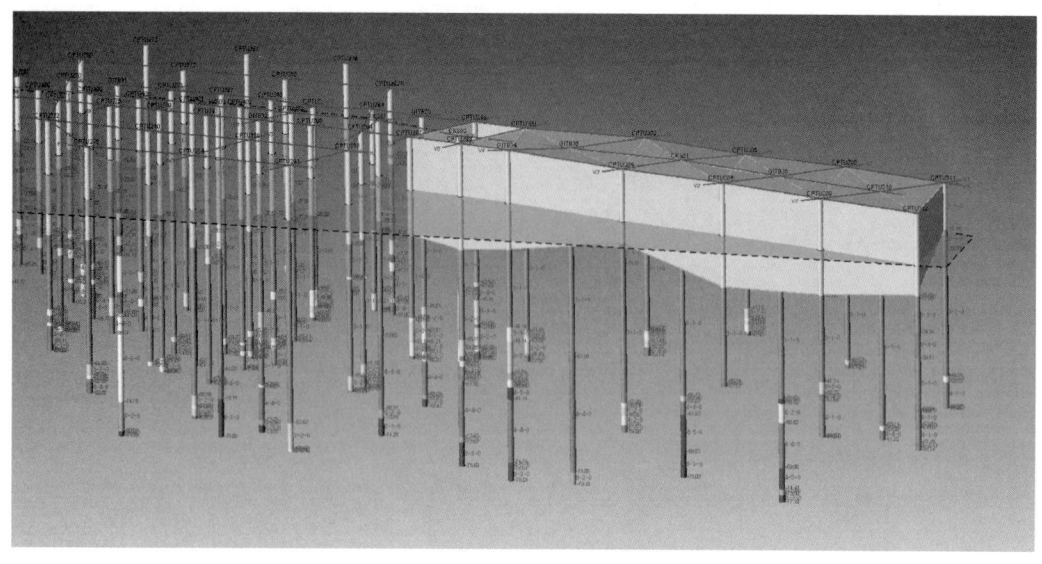

图 2-19　逐步交互构建（辅助高程面）

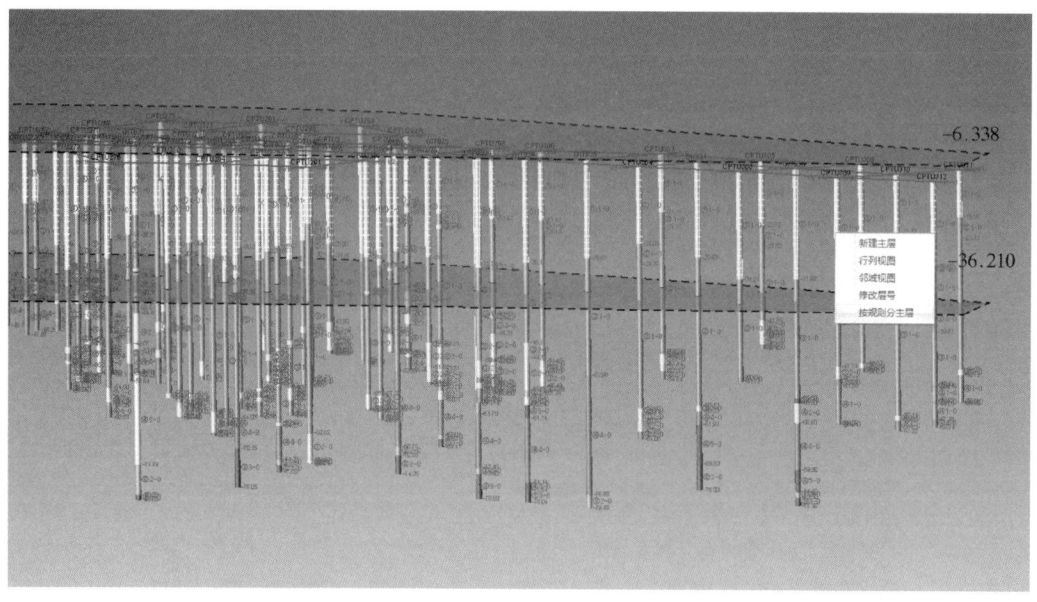

图 2-20　批量选择快速构建（指定高程范围）

2. 模型成果

经过交互和检查确认，形成沉管隧道区的模型有主层概化模型和亚层概化模型，如图 2-21 和图 2-22 所示。

图 2-21 主层概化模型

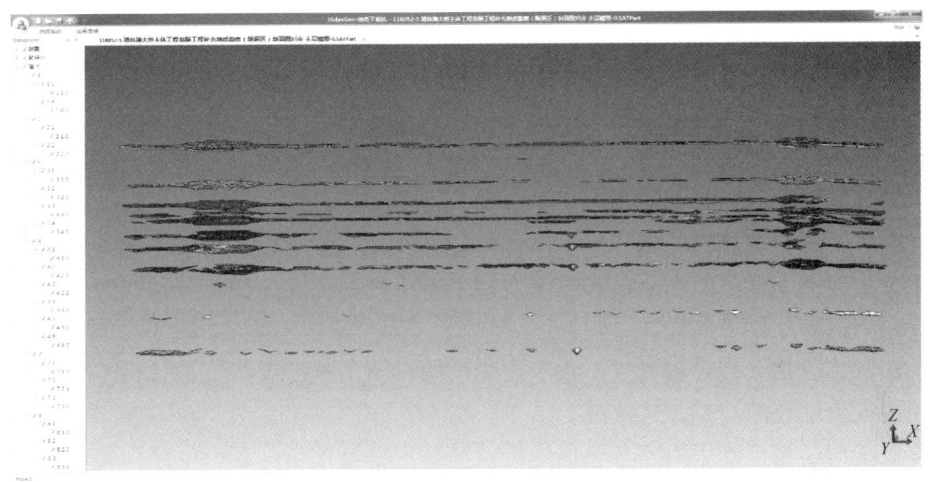

图 2-22 亚层概化模型

以上模型成果形象、具体地反映了目标区域的地层分布形态。

主层概化模型中地层全部尖灭到相邻勘探点；严格遵从工程建设行业标准化协会提出的从上到下层号依次增大的规则；地层分布严格受勘探点揭示控制，形态上连续、闭合、不交叉。

亚层概化模型精细、准确地反映了亚层尖灭和分布的复杂空间形态，实现了任意位置、各向异性尖灭，容纳了亚层重复出现和包含关系。

模型构建过程直观、友好，便于综合空间焦点信息，有效提升了地层单元划分的精细化程度。

第3章 地基基础设计

3.1 概 述

港珠澳大桥岛隧工程初步设计阶段，人工岛大面积采用挤密砂桩及排水砂井进行软土地基加固，采用传统的抛石斜坡堤护岸，岛内吹填中粗砂形成陆域，该方案工期长、沉降控制困难，考虑工期、负摩阻效应及沉降控制等因素，沉管隧道暗埋段（位于人工岛上）采用了钻孔灌注桩（支撑桩），桩径 1.5 m，桩基进入中风化岩层 2.0 m，桩长约 80 m，桩基加固使得暗埋段结构沉降趋于零；紧邻暗埋段的第一管节（E1）及最后管节（E33）采用打入钢管桩作为支撑桩，钢管桩直径 0.9 m，桩端进入中粗砂，桩顶浇筑桩帽，桩帽与隧道结构通过碎石垫层进行连接；E2～E6、E25～E32 采用打入钢管桩作为沉降控制桩，桩顶铺设碎石垫层形成刚性桩复合地基；E7～E24 落于密实砂层或坚硬黏土层上，采用天然地基。初步设计方案在理论上可控制沉降，能够保证隧道结构受力及止水安全，但存在以下问题：

①E1、E33 水上打设钢管桩、水上安装桩帽，施工难度大、工期长。沉管隧道暗埋段采用大量的钻孔灌注桩，造价高。

②桩帽与结构直接采用碎石垫层连接，需研究桩帽顶部碎石产生应力集中现象，经碎石垫层物理模型试验研究，确定桩帽上部碎石垫层将被压碎，采用这种结构形式不能控制基础沉降。

综上所述，初步设计阶段地基基础设计方案施工难度大，沉降控制困难，较难满足上部沉管结构受力及止水的要求，须采用一种容错性高、沉降易协调控制的地基基础方案。施工图设计阶段人工岛采用具有止水功能的大直径钢圆筒围堰，采用深井降水联合堆载预压加固软土地基，地基改善显著，施工期消除了绝大部分沉降，使暗埋段具备采用复合地基的条件，基于变形协调理论，沉管隧道从中间段、过渡段、暗埋段到敞开段分别采用天然地基、挤密砂桩散体桩复合地基、高压旋喷桩柔性桩复合地基、预应力高强混凝土（pre stressed high-strength concrete，PHC）刚性桩复合地基及预压处理后的"天然地基"。为协调地基刚度及提高施工容错性，地基上部采用新型组合基床即 2.0 m 厚块石夯平层及 1.3 m 碎石垫层。

3.2 限制条件

3.2.1 地质条件

1. 沉管隧道地质条件

工程区地层主要由第四系覆盖层（地层代号①～④）和全、强、中、微风化混合花岗岩（地层代号⑦$_1$～⑦$_4$）组成。沿隧道中轴线的综合地质纵剖面图如图3-1所示。

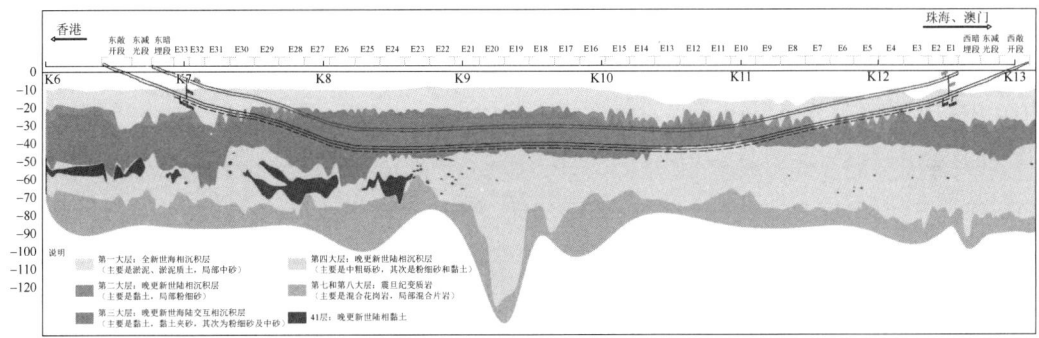

图3-1 港珠澳大桥沉管隧道工程综合地质纵剖面图

第①大层为全新世海相沉积物（Q_4^m），其岩性为淤泥、淤泥质黏土和淤泥质黏土夹砂等。第②大层为晚更新世晚期陆相沉积物（Q_3^{al+pl}），呈断续分布，局部地段缺失，层厚较薄，岩性主要为软-可塑状黏土，其下部多分布有薄层松散、中密状的粉砂、砾砂，局部夹有透镜体状的圆砾土。第③大层为晚更新世中期海相冲积物（Q_3^{m+al}），其岩性主要为淤泥质土和软-可塑状黏土及粉质黏土，夹有粉砂、中砂透镜体，部分地段黏土与粉细砂呈互层状。第④大层为晚更新世早期河流相冲积物（Q_3^{al}），主要由中密、密实砂类土组成，总体自上而下变粗（粉砂-砾砂），夹有透镜体状的软-可塑状粉质黏土和密实圆砾土。第⑦大层为基岩层，主要为燕山期花岗岩、震旦系混合片岩、混合花岗岩。

综合来看，具有以下特点：沉管隧道中间段下部主要分布为第③大层（黏土）及第④大层（砂土层）；东人工岛、西人工岛过渡段下卧层主要是第①大层（淤泥）、少量第②大层（黏土）、第③大层及第④大层；东人工岛、西人工岛岛上段下部分布土层与过渡段相同，第①大软土层厚度更厚。纵向来看，基本各层均有分布，而厚度沿纵向分布不一，特别是第①及第③大层。第①大软土层及第③大黏土层沿线均有分布，但是因为沉管隧道的埋深不一，中间段软土层全部被挖除，黏土层被部分挖除，在两侧的过渡段，软土及黏土层厚度不均，易产生差异沉降，过渡段是沉降控制的关键点。第④大层密实砂层及基岩不发生沉降，不予关注。沉管隧道各区段土层分布详见图3-2。

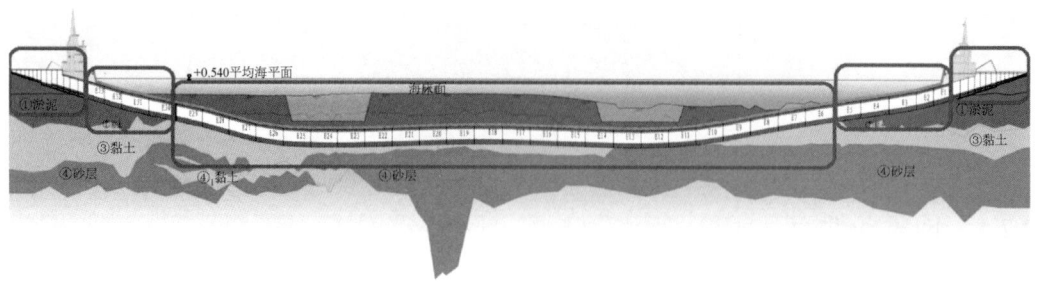

图 3-2 沉管隧道纵向地质布置图

2. 人工岛软基加固情况

人工岛采用具备止水功能的钢圆筒围堰,结合高渗透性回填砂与下卧深厚软土相连的地基条件,使人工岛具备了采用深井降水密实饱和回填砂及超载预压深层软土地基同步快速加固技术的条件。通过深插塑料排水板加快深层软黏土排水固结,深埋管井进行饱和回填砂快速排水,使深井降水既密实上覆回填砂,又同时降水超载预压深层软土地基,超载比达到 2.1,如图 3-3 所示,人工岛淤泥、淤泥质黏土及下卧的粉质黏土经降水联合堆载预压处理后,土的物理性质及强度指标有了明显改善,详见表 3-1。

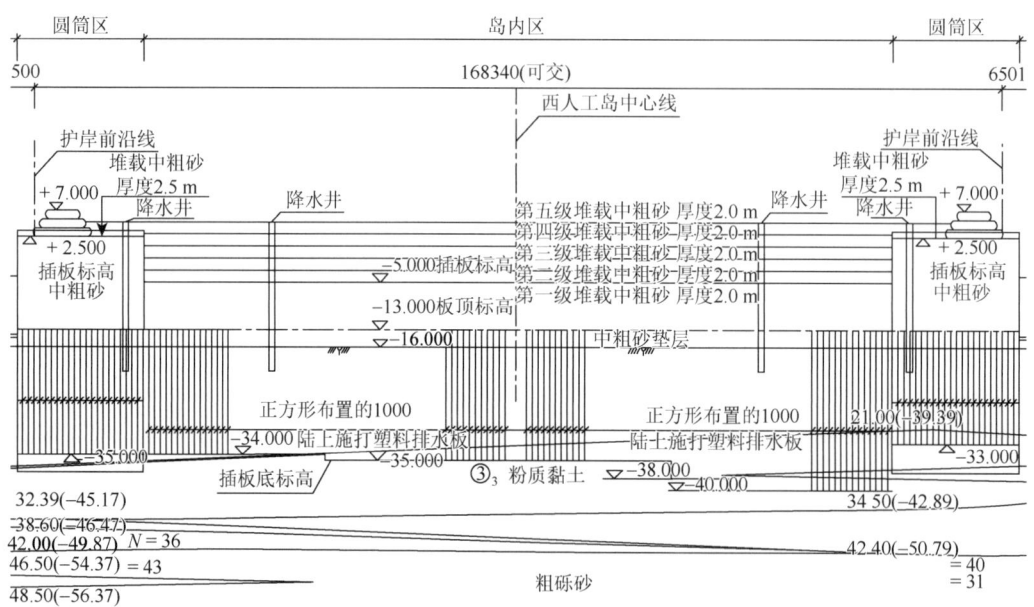

图 3-3 深井降水联合堆载预压地基处理断面图

尺寸标注单位为 mm,标高单位为 m

通过对比发现,淤泥和淤泥质土含水量、孔隙比明显降低,密度、抗剪强度及压缩模量明显增加,表明淤泥和淤泥质黏土的加固效果明显;同时粉质黏土压缩模量增加,强度指标增加明显,表明粉质黏土经预压加固处理后土的性质有了一定的改善。

第3章 地基基础设计

表 3-1 黏土层加固前后物理性质及强度指标对比

工程分类		土的物理性质					直剪快剪		直剪固快		三轴（CU）		三轴（UU）		无侧限压缩	ES
项目		含水量 ω	比重 G_s	湿密度 ρ	湿密度 ρ_d	孔隙比 e	黏聚力 c	摩擦角 φ	黏聚力 c	摩擦角 φ	黏聚力 c	摩擦角 φ	黏聚力 c	摩擦角 φ	q_u	100~200kPa
单位		%	—	g/cm³		—	kPa	°	kPa	°	kPa	°	kPa	°	kPa	MPa
淤泥和淤泥质土	加固前	49.3	2.69	1.71	1.15	1.34	25.7	2.2	13.5	15.1	14.5	14.3	24.4	1.2	40.4	1.735
	加固后	35.1	2.72	1.85	1.37	1.00	38.5	7.9	37.4	16.0	40.2	16.4	51.1	4.7	127.1	5.270
	变化量	−14	0.03	0.14	0.22	−0.35	12.8	5.7	23.9	0.9	25.7	2.1	26.7	3.5	86.7	3.535
粉质黏土	加固前	27.5	2.71	1.93	1.52	0.79	28.4	10.1	25.4	21.8	34.5	18.6	26.8	4.6	59.5	5.785
	加固后	28.5	2.71	1.94	1.52	0.79	38.5	15.6	34.3	20.8	55	17.6	55.6	6.9	110.9	7.109
	变化量	1.0	0	0.01	0	0	10.1	5.5	8.9	−1.0	20.5	−1.0	28.8	2.3	51.4	1.324

降水联合堆载预压结束后，对原状土和回填砂进行标准贯入试验检测，检测结果如图 3-4 所示。淤泥和淤泥质土标贯击数由 0 击增大到 6~10 击，平均增大了 8 击，下部粉质黏土的标贯击数由原来的 11 击提高到 15 击，检测结果表明岛上段降水联合堆载预压加固效果明显，为岛上段隧道暗埋段采用复合地基，敞开段采用预压后的"天然地基"创造了有利条件。

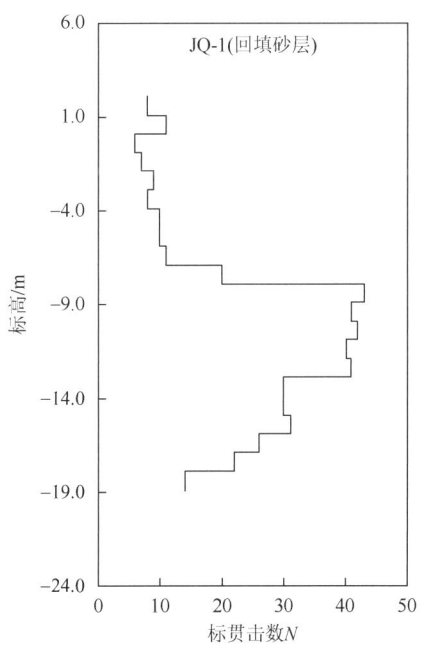
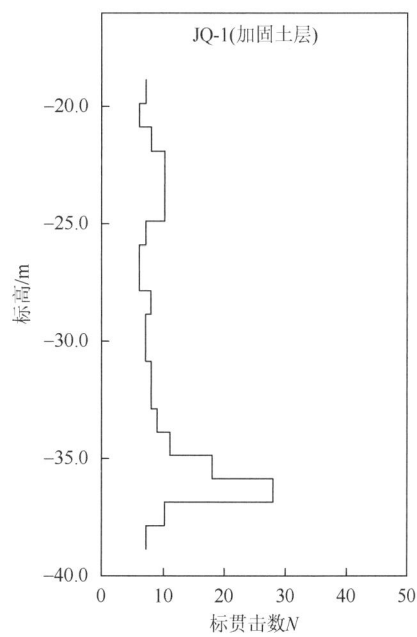

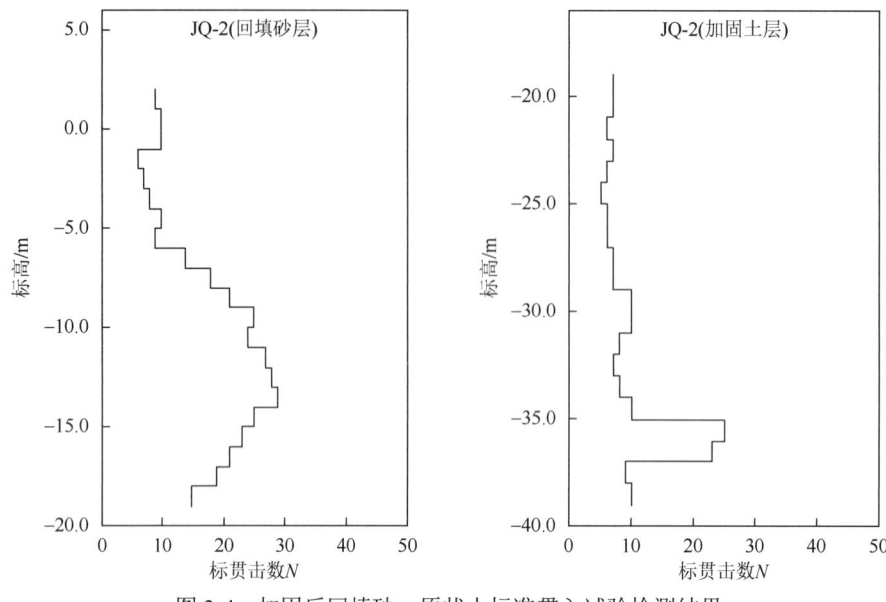

图 3-4　加固后回填砂、原状土标准贯入试验检测结果

3.2.2　主要设计荷载

设计荷载分为永久荷载和可变荷载，永久荷载包括沉管净重（沉管自重−沉管浮力，通常为负）、压重板自重、路面沥青面层自重、管顶倒角碎石重量、管顶回填重、两侧回填下拉力、回淤荷载；可变荷载为汽车荷载。管顶回填压重、两侧回填下拉力和回淤荷载是导致荷载不均匀的三个主要方面。

沉管隧道承载力及稳定一般不是重点，沉降及差异沉降是地基基础控制关键，沉降计算采用准永久荷载值，隧道纵向荷载分布曲线如图 3-5 所示。

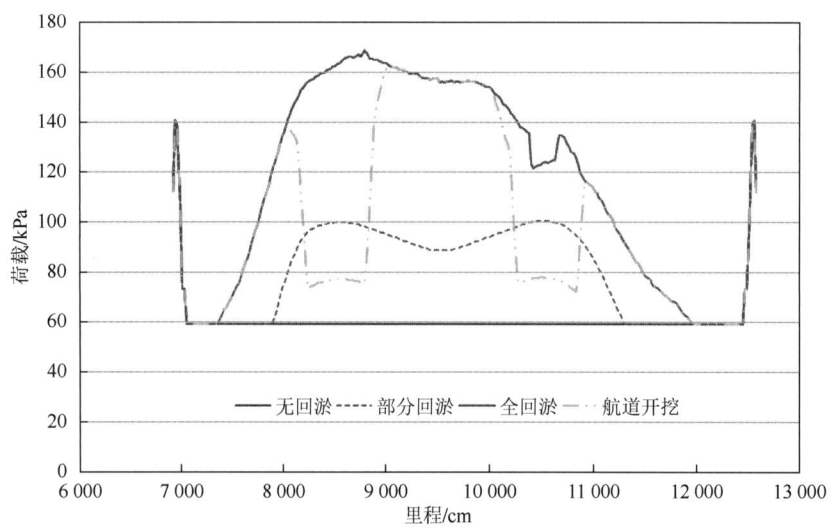

图 3-5　港珠澳大桥沉管隧道纵向荷载分布曲线（后附彩图）

第 3 章 地基基础设计

由图 3-5 可见，沉管隧道安装完成前期无回淤，荷载沿纵向从岛上到中间段逐渐减小，从岛头最大荷载 140 kPa 逐渐减少至中间段 60 kPa，随时间的推移中间段逐步回淤，淤积后最大荷载达到 140 kPa，航道疏浚后荷载减至 80 kPa，总的来说荷载存在以下三个特点：一是由于回淤沉管隧道中间段荷载大；二是由于航道的疏浚，航道与两侧荷载差异大；三是过渡段及岛上段荷载大且不均匀。

沉管隧道中间段深埋、基槽深挖，沉管坐落于坚硬黏土或密实砂层上，下卧土层强度高压缩性小，因此，虽然荷载较大且不均匀，但总沉降及差异沉降可控。隧道岛上及过渡段除了荷载较大且不均匀之外，还分布较厚的软土层，这里是沉降及差异沉降控制的关键，因此岛上及过渡段地基需进行处理，以使变形协调平顺过渡，保证沉管隧道的结构安全、止水可靠。

3.2.3 绝对沉降量及差异沉降控制标准

绝对沉降量以控制沉管隧道线型为标准，绝对沉降量控制在 20.0 cm 以内。差异沉降以满足结构受力及变形要求为标准，通过变形协调理论确定，差异沉降不大于 1.1‰。

3.3 沉降机理及设计原理

3.3.1 沉降机理

沉降形成的本质原因，是构筑物在荷载作用下，通过基础将荷载传递给地基，由于地基和基础垫层的可压缩性，导致构筑物随着基础及地基岩土体的压缩，产生了沉降。因此，与构筑物沉降息息相关的因素为：荷载、基础材料构造尺寸和地基的可压缩变形特性。

1. 荷载特征

（1）荷载来源

荷载主要来自沉管净重（沉管自重–沉管浮力，通常为负）、压重板自重、路面沥青面层自重、管顶倒角碎石重量、管顶回填重、两侧回填下拉力、回淤荷载、汽车荷载等。此外还有一些如潮汐作用、周边邻近项目施工（如开挖）等产生的非常规荷载等。

（2）沉管隧道荷载分布特征

沉管隧道的荷载沿纵向呈现明显的不均匀性，这种不均匀性主要来自沉管隧道特有的边界条件：荷载的不均匀性和天然地基沿隧道纵向的不均匀性。其中荷载不均匀主要来自管顶回填压重及回淤荷载。

沉管隧道中间段以沉管自重和沉管浮力作用为主，由于沉管隧道的中空结构，导致开挖再安装后沉管隧道的自重应力小于原始地基应力，即沉管隧道结构底所受附加应力小于0，虽然管顶慢慢形成回淤，导致再回填荷载加大，但最终附加应力仍旧小于0。沉管隧道首尾要跟岛上段连接过渡，过渡相接段的沉管结构顶部回填碎石或块石防撞层，存在"管顶覆盖物重量＋管体自重＞地基原始应力"的受力特征段，即部分过渡段沉管隧道所受的附加应力大于0。

图3-6为考虑全回淤工况沉管管底纵向荷载分布曲线，图3-7为考虑全回淤工况沉管隧道沉管基槽底纵向附加应力分布情况。

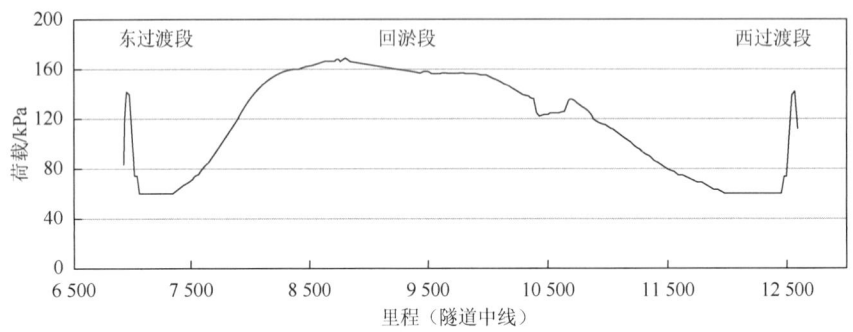

图3-6 港珠澳大桥沉管管底纵向荷载分布曲线（全回淤工况）

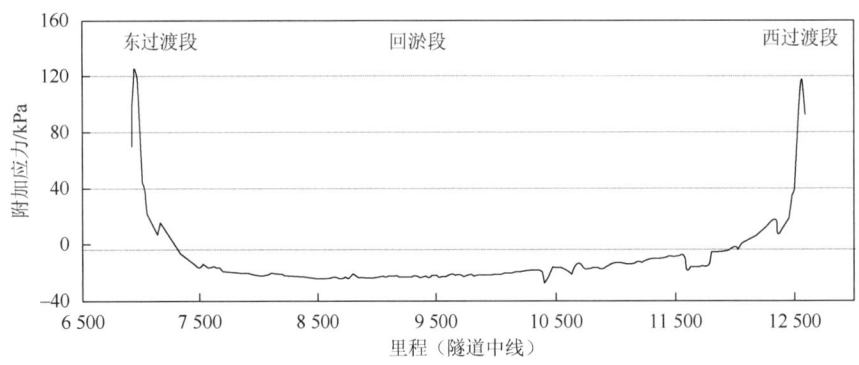

图3-7 港珠澳大桥沉管基槽底纵向附加应力分布曲线（全回淤工况）

2. 沉降主要组成

沉管隧道结构从产生沉降的岩土体看，主要由三部分组成，自管底垂直向下，分别为基础回淤层的压缩沉降、基础垫层（基床结构）的沉降、原状地基土的沉降。其中原状地基土沉降主要有三种类型：其一为再压缩沉降（对总应力＜前期固结压力的土层，只有再压缩沉降）；其二为地基土的正常固结沉降（总应力＞前期固结压力时，存在地基土固结沉降）；其三为地基土的次固结或蠕变沉降。

(1）基础回淤层的压缩沉降

基槽开挖完成后铺设基础垫层前，以及在铺设结构基床后，沉管安放之前，基槽或基床结构暴露于海水之中，施工间隙期间可能会存在淤积的情况。基槽及基床淤积的来源主要包括：径流来泥沙、正常滩面起动泥沙、船舶施工扰动泥沙和工程区附近人工采砂洗沙等。

对回淤土的沉降估算，可根据室内试验模拟落淤沉积，再取样试验进行评估。实际工程中，设计对施工的回淤清淤工序有要求，因此遗留在基槽之上的回淤夹层或基床结构顶部的回淤层通常都很小。此外，由于基床结构自身一定的纳淤能力，单独的回淤夹层较难形成，采取有效清淤措施可控制回淤沉降。

（2）基础垫层沉降

沉管隧道基础垫层采用碎石垫层与块石基层的新型组合基床结构，由于沉降理论计算方法均不成熟，所以通过现场原位试验和模型试验评估垫层的压缩模量来计算沉降是一种比较可靠的方法。无论是现场原位试验还是模型试验，所获得的压缩模量均不再只是材料的弹性模量，而是包括了颗粒或块体向空隙内移动重新排列的变形沉降，因此通过试验获取的压缩模量，往往较一般预估的垫层材料的模量小。

此外，由于基础垫层往往都是粗粒土，渗透性较好，沉降以瞬时变形沉降为主，特别对于碎石垫层，其总沉降即为瞬时沉降。

（3）原状地基土的沉降

原状地基土的差异沉降主要来自沿纵向的地质不均匀，包括土层类型的差异，以及相同土层厚度分布的差异。地基土的沉降类型主要包括：卸载回弹-再压缩沉降、正常固结沉降和次固结沉降。对沉管隧道的大多数管节，由于管底所受附加应力小于0，大多数管节不存在正常固结段沉降，总沉降以卸载回弹后再压缩沉降为主，以及相对占比较小的次固结沉降。也正是由于沉管隧道大部分管节的基础附加应力都小于0，对沉管隧道而言，最主要的沉降类型，即为回弹再压缩沉降。仅在沉管隧道首尾和陆上相接的局部过渡段，由于附加应力大于0，其总沉降包括了再压缩、正常固结和次固结三部分沉降。

3.3.2 设计原理

对差异沉降，可以通过"放"和"控"两方面的措施来实现变形协调。一方面，可以通过结构设计的改良，提高结构自身对差异沉降的适应性，提高结构"抗"差异沉降的能力，从而"放"宽对差异沉降的要求；另一方面，可以通过适宜的地基处理组合方式及基础形式的改进，协调各种地基处理方式造成的沉降差异，实现对差异沉降发展的控制。

港珠澳大桥岛隧工程提出基于荷载-结构-基础-地基共同作用下的纵向变形协调设计理论，分析在不均匀荷载作用下，考虑结构、基础和地基的相互作用和影响，提出一套适用于沉管隧道的变形协调设计理论。

1. 荷载-结构-地基基础相互作用的纵向变形协调影响

沉管隧道沉降的不均匀性主要来自荷载不均匀性和地基不均匀性，其中荷载不均匀主要来自管顶回填重（如两侧与陆地相接过渡段）、两侧回填下拉力和回淤荷载。在地基刚度一定的情况下，隧道结构管底传递的荷载大小直接决定了沉降的大小。

在沉管隧道的变形设计中，地基刚度的定义，不同于以往传统的地基基床系数。它是指包含施工期及使用期在内的所有可能发生的瞬时沉降、主固结沉降和次固结沉降（或蠕变沉降）在内的刚度表现。这种方式，能更加合理地反映在整个施工期及使用期间，可能发生的最大差异沉降，以确保沉管隧道在整个施工期和运营期的结构安全。

地基刚度的变化，直接反映了地基的所有沉降变化。地基在沉管隧道传递的不均匀荷载作用下，会产生一定的差异沉降，反过来，地基刚度的不同及荷载的不均匀所引起的差异沉降的发展，也会影响结构的应力重分布，进而引起接头处剪力键最大剪应力的变化。

如回填作用，增大了沉管周边接触面的下拉力，使作用于沉管的荷载增大，应力由沉管向垫层及地基土传递；纵向上地基刚度不一，在地基刚度小的地方，沉降偏大，沉降大的管底部分，则会出现管底跟土接触相对松弛（趋向脱空状态），进而引起荷载向管底与基础底结合紧密的部位集中，从而改变纵向管节基底附加应力的分布，在地基刚度较大的部位，应力增大，又加大了刚度较大部分地基的沉降，纵向沉降有自协调的趋势。

因此，地基基础和结构之间，会互相影响，沉管隧道的变形过程是一个动态变化的过程。

2. 考虑结构-地基基础共同作用的纵向变形协调设计迭代验算模型

结构、地基基础是相互作用影响的，沉管隧道纵向变形协调，需综合考虑荷载、结构、地基基础三者的相互作用，变形协调的最终判定标准为，在沿纵向不均匀荷载作用下及不同刚度的下卧地基基础支撑下，结构受力和变形能满足结构安全要求，量化评估指标为管节结构裂隙、节段和管节接头位置的止水带压缩张开量及剪力键受力，这些指标的预估值均需在结构能承受的容许值以内。

基于以上原理，提出以下设计迭代验算流程：
①分析不同工况的初始纵向荷载线；
②基于结构传递的基底压力分析天然地基在无处理情况下的变形；
③根据沉降变形情况，反馈初始纵向变形地基刚度线；
④根据纵向地基刚度线验算结构受力重分布后受力计算，指标是否满足结构允许值（包括构建荷载-结构-地基基础计算模型、验算结构受力和变形等指标）；
⑤对结构产生严重影响的管节，依据地基土的性质，采用适当的地基处理方式或改良基础设置；

⑥地基处理后，再次计算沉降，并提出调整后的地基刚度线；

⑦考虑可能存在的地基刚度偏差，如施工偏差、地基参数偏差等，调整关键点的地基刚度；

⑧根据纵向地基刚度线，重新计算结构受力，并调整结构设计；

⑨重复步骤④～⑧，直至地基处理后的刚度线输入计算后，能满足结构允许值。

以上迭代计算并进行结构和地基协同设计的过程，可以用图3-8表示。

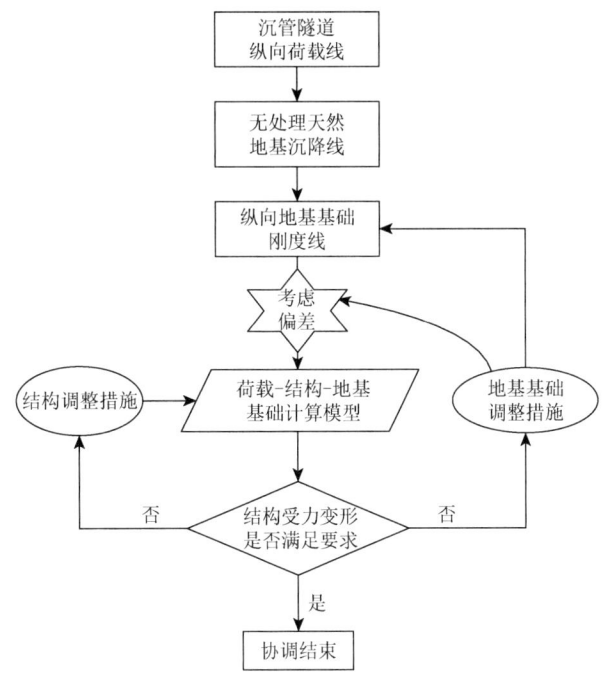

图3-8 纵向变形协调流程图

3. 纵向变形协调设计理论提出

根据纵向变形的特征及控制措施，基于前述迭代计算流程及模型，提出了完整的考虑结构-地基基础共同作用的设计理论，如图3-9所示。

4. 基于纵向协调变形协调理论地基基础方案及沉降控制标准

沉管隧道的沉降控制标准不是一成不变的数据标准，而是与具体的结构形式、尺寸、地质情况及地基基础形式的选择都有关系，是一个根据荷载-结构-地基基础三者互相调整平衡，满足验算标准之后的一个非唯一组合解的沉降控制标准。

港珠澳大桥岛隧工程依据前述纵向变形协调设计理论确定沉降控制标准的过程如下：

①确定沉管隧道纵向荷载线。

②计算出无处理天然地基沉降线。

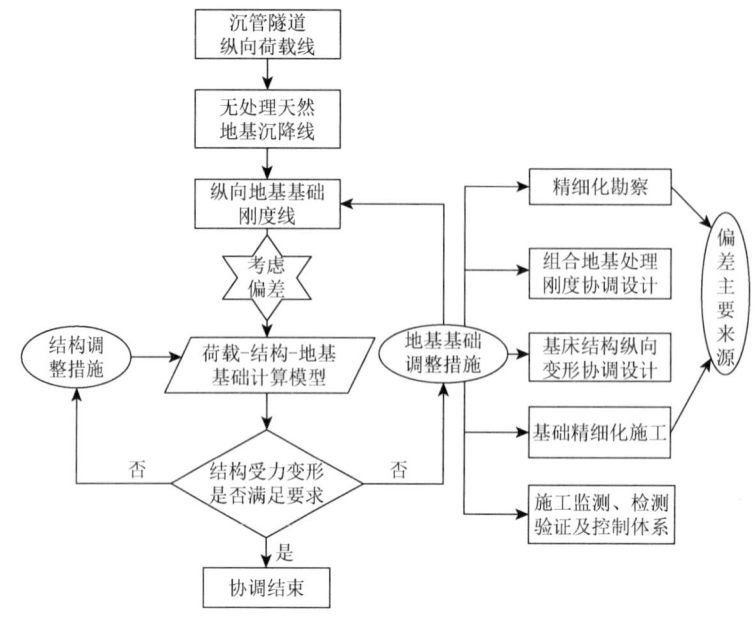

图 3-9 纵向变形协调设计理论

根据分析得到的荷载线,初步计算在未经过任何地基处理的情况下天然地基的变形情况。计算结果显示,不均匀沉降主要发生在过渡段,特别是与东人工岛、西人工岛相接的管节。西人工岛最大沉降可以达到 2 m,东人工岛过渡段最大沉降达到 1 m,差异沉降更是超过 50 cm,因此需要采取地基处理措施。

③地基处理方案对应的地基刚度线。

沉降较小且比较均匀的中间段,差异沉降不大,对结构无明显影响,地基刚度可以不进行调整,即中间段可以采用基槽开挖后的天然地基作为沉管隧道的地基。但两端与东人工岛、西人工岛连接的过渡段,由于存在较大的差异沉降,就需要结合不均匀的荷载情况,对地基刚度进行调整,以使变形协调平顺过渡,保证沉管隧道的结构安全。

因此,对过渡段采用了从暗埋段的 PHC 刚性桩,过渡到高压旋喷桩,再过渡到挤密砂桩+堆载预压,然后过渡到挤密砂桩,再经由置换率的逐步变化,过渡到天然地基的组合地基处理设计方案。

经过纵向的地基刚度调整后,计算出经过地基处理后的纵向地基沉降情况,发现沉管隧道的不均匀沉降得到了有效控制。总沉降的值均未超过 20 cm。

要分析处理后差异沉降对结构安全性的影响,需要将沉降线转化为地基刚度线,引入荷载-结构模型软件进行结构受力和变形分析。

④考虑地基土参数偏差和施工偏差调整模型输入地基刚度线。

考虑沉管隧道的重要性,以及在施工过程中可能存在的偏差,对差异沉降较大的危险点(管节 E22~E24,以及管节 E26、E27),进一步增大了不利的 20%偏差,调整了地基刚度线。

⑤根据荷载线和考虑偏差后的地基刚度线核算结构纵向受力和变形。

将纵向荷载线和考虑偏差后的纵向地基刚度线后,输入到荷载-结构-地基基础计算模型对结构进行受力和变形分析。

验算沉管隧道的节段接头竖向抗剪验算、管节接头竖向抗剪验算、管节接头张开量、管节接头压缩量、节段接头张开量及节段自身结构相关的受力验算。经过验算,地基的组合式设计均能满足如上指标验算的要求。

⑥差异沉降标准的提出。

根据前述沉降计算和荷载-结构-地基基础计算模型验算(已考虑一定安全系数)后,在满足结构受力和变形要求的基础上,计算对应的地基基础设计组合方案的沉降,提出港珠澳大桥岛隧工程项目差异沉降的控制标准为不超过 1.1%。沉管隧道各管节设计计算纵向差异沉降汇总如图 3-10 所示。

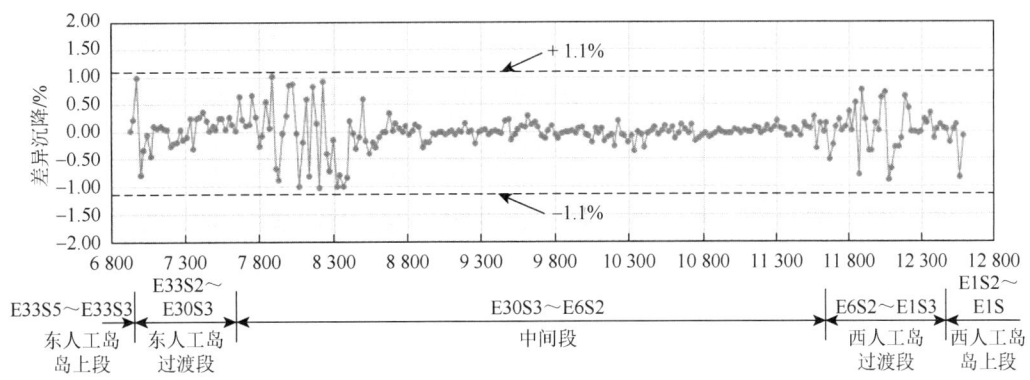

图 3-10　沉管隧道各管节设计计算沉管纵向差异沉降汇总

3.4　地基设计

3.4.1　概述

人工岛采用深井降水联合堆载预压加固软土地基,超载比达到 2.1,软土性质得到极大改善,为沉管隧道采用复合地基和天然地基提供了条件。沉管隧道根据结构形式及施工工艺等因素划分为沉管段、暗埋段及敞开段,沉管段除 E1 管节首端两个小节段和 E33 管节尾端两个小节段处于人工岛内,其余部分全部位于岛外侧,沉管段又根据地基土附加应力是否大于 0,划分为中间段和过渡段;暗埋段和敞开段位于人工岛上,暗埋段结构是岛上建筑的支撑,需严格控制地基沉降,敞开段荷载较小且无重要建筑物,可采用降水联合堆载预压加固后的"天然地基"。

港珠澳大桥岛隧工程基于沉降变形协调理论,以沉管隧道中间段为沉降控制基点,选择适用于过渡段和暗埋段的地基加固类型,通过调整过渡段和暗埋段地基加固深度、地基加固强度,采用变刚度地基加固方案协调沉管沉降,最终确定从沉管段、暗埋段到敞开段分别采用天然地基、挤密砂桩散体桩复合地基、高压旋喷桩柔性桩复合地基、PHC 刚性桩复合地基和预压后的"天然地基"。

3.4.2 中间段天然地基

1. 天然地基段设计

港珠澳大桥岛隧工程天然地基段包括 E6S2 至 E30S3 管节（天然地基附加应力小于 0），基槽开挖深度达 18.5～38 m，软土层已被全部挖除或仅留较薄软土层，隧道基础基本位于超固结土或砂土之上，经沉降评估天然沉降小于 10 cm，在进行抛石换填后，基础沉降、地基刚度和地基承载力均满足设计要求，地基不需其他特殊处理。天然地基段基础典型横断面图见图 3-11。

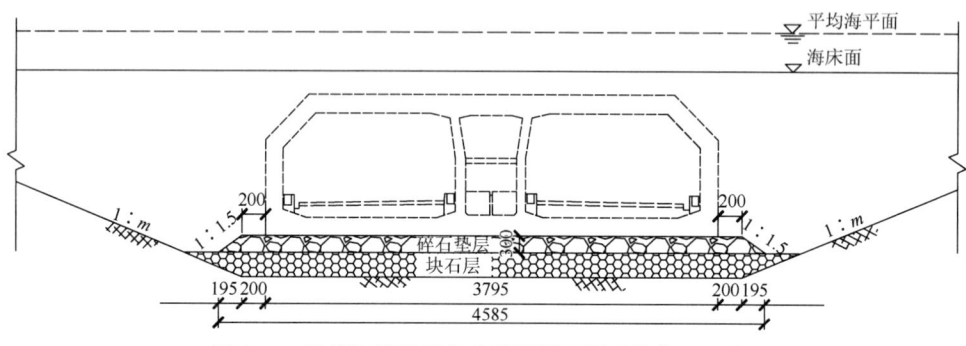

图 3-11 天然地基段基础典型横断面图（单位：mm）

2. 沉降计算

天然地基段均为深基槽开挖，沉管安装后管顶及两侧覆盖回填并考虑回淤，整个过程表现为开挖卸载-回填再加载，沉降为回弹再压缩沉降，开挖后管底分布强度较好的粉土、黏土或中密砂层，同时晾槽时间较长，考虑地基土充分回弹，沉管安装后仅发生再压缩沉降。其沉降计算方法如下。

对于黏土：

$$s = \sum_{i=1}^{m} \frac{\Delta H_i C_{si}}{1+e_{0i}} \lg\left(\frac{p_{0i}+\Delta p_i}{p_{0i}}\right) \tag{3-1}$$

对于砂土：

$$s = \sum_{i=1}^{m} \frac{\Delta p_i}{E_{si}} \Delta H_i \tag{3-2}$$

式中，m——土层分层数；

ΔH_i——第 i 层土的厚度；

C_{si}——第 i 层土再压缩指数；

p_{0i}——第 i 层土初始自重应力；

Δp_i——第 i 层土的平均附加应力增量；

e_{0i}——第 i 层土初始孔隙比。

3.4.3 过渡段挤密砂桩复合地基

沉管隧道过渡段包括西人工岛过渡段 E6S2～E1S3 及东人工岛过渡段 E30S3～E33，过渡段软土层厚、附加应力大于 0，为减少工后沉降挤密砂桩需穿透软土层进入低压缩性土层。与过渡段相接区段沉管底土层附加应力小，软土层薄，采用挤密砂桩处理；与岛上暗埋段相接的区段附加应力大，软土层厚，采用挤密砂桩+堆载预压处理。

1. 挤密砂桩复合地基设计

东人工岛、西人工岛过渡段均采用挤密砂桩复合地基加固方式，东人工岛、西人工岛挤密砂桩布置原则相同，以西人工岛过渡段为例，地基处理平面布置图、典型处理断面图见图 3-12～图 3-14，地基处理布置见表 3-2。

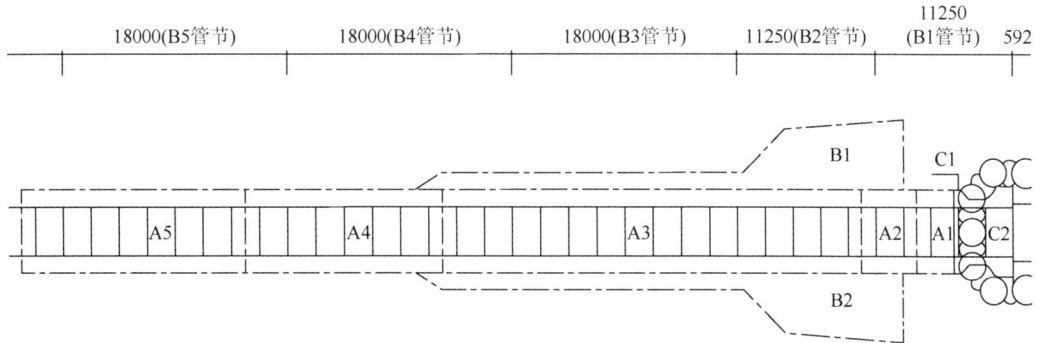

图 3-12 西人工岛过渡段 E1S3～E4S3 段地基处理平面布置图

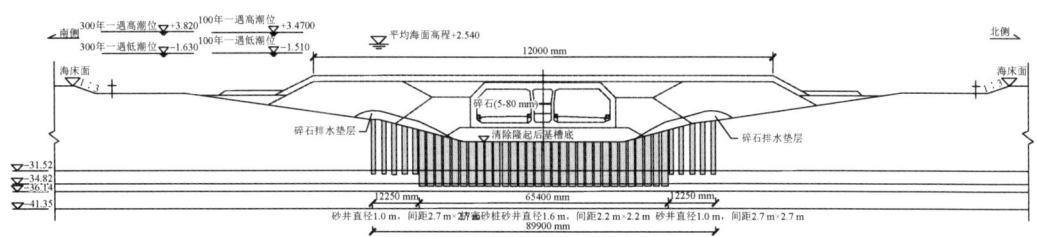

图 3-13 西人工岛过渡段 E1S3～E4S3 段典型处理断面图

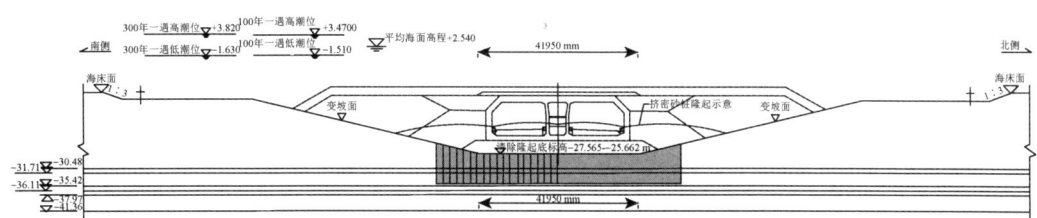

图 3-14 西人工岛过渡段 E4S3～E6S2 段典型处理断面图

表 3-2 西人工岛过渡段地基处理布置一览表

管节节段	分区	砂桩（井）桩径/m	砂桩（井）布置形式	砂桩（井）置换率/%	备注
E1S3～E4S3	A1	1.7	1.8×1.8	70	挤密砂桩+堆载预压
	A2	1.5	1.8×1.8	55	
	A3	1.6	2.2×2.2	42	
	B1	1.0	2.7×2.7	11	排水砂井+堆载预压
	B2	1.0	2.7×2.7	11	
E4S3～E6S2	A4	1.6	1.8×1.8	62	挤密砂桩
	A5	1.5	1.8×1.8	55	

挤密砂桩+堆载预压区段采用碎石进行水下堆载，碎石两侧及顶部采用块石防护，堆载预压超载比为 1.3，固结度达到 90%时卸载。

挤密砂桩砂料采用中粗砂，含泥量不宜大于 3%，可混有少量（不超过 10%）粒径 5～20 mm 的砾料。挤密砂桩标准贯入试验 N：平均标贯击数不小于 20 击；桩顶 2.0 m 范围内平均标贯击数不小于 12 击。挤密砂桩允许偏差、检验数量和方法见表 3-3。

表 3-3 挤密砂桩允许偏差、检验数量和方法

序号	项目	规定值或允许偏差	检查方法和频率
1	桩位水平偏差/mm	±250	检查施工定位记录
2	套管竖直度/%	不大于 1.5	检查施工定位记录
3	桩顶标高/mm	±500	查施工记录
4	每段桩体的填料量及每根桩的填料总量/m³	不小于设计值和试验确定值（仅限于正常扩径）	查施工记录
5	标准贯入	不小于设计值	抽查成桩数 0.2%，且检测点在挤密砂桩区域内宜均匀布置
6	桩底标高	①桩底标高≤设计底标高；②当桩底深度达不到设计标高时，如果砂桩套管的贯入速率出现持续 10 s 不大于 1.0 m/min，且管标高与设计底标高差值≤3.0 m 时，现场可停止桩管贯入并以此作为桩底标高；③以上两个条件不满足时，请报设计研究确认	查施工记录
7	桩径	不能达到设计桩径时连续 1 min 回打扩径的下沉速率小于 0.2 m/min 停止扩径	查施工记录

2. 沉降计算

散体材料桩复合地基的沉降计算采用应力修正法，如下所示：

$$s = \frac{1}{1+(n-1)\cdot m} \cdot s_0 = \mu_s \cdot s_0 \quad (3\text{-}3)$$

$$\mu_s = \frac{1}{1+(n-1)\cdot m} \quad (3\text{-}4)$$

式中，s_0——天然地基沉降；

n——桩土应力比；

m —— 散体材料桩复合地基置换率；

μ_s —— 应力修正系数。

式（3-4）应用的关键在于合理确定桩土应力比，港珠澳大桥岛隧工程根据大量不同置换率下的散体材料桩复合地基实测沉降数据反分析，建立了散体材料桩复合地基桩土应力比与桩土模量比的相互关系，如图3-15和式（3-5）所示。

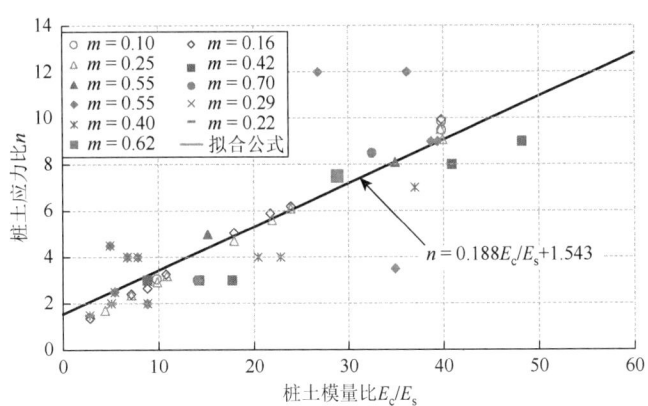

图3-15 桩土应力比与桩土模量比的关系图

桩土应力比 n 与桩土模量比 E_c/E_s 的对应关系式为

$$n = 0.188 \times \frac{E_c}{E_s} + 1.543 \tag{3-5}$$

对于加固软黏土的挤密砂桩复合地基，挤密砂桩桩体模量一般较大（30～60 MPa），桩土模量比 E_c/E_s 的一般为20～50，因此沉管隧道挤密砂桩复合地基的桩土应力比一般为5～10。

3. 固结计算

沉管隧道散体材料桩复合地基的固结符合竖井固结理论，即竖井地基总的平均固结度 U_{vh}，由竖向排水和水平向排水组成：

$$U_{vh} = 1 - (1 - U_v)(1 - U_h) \tag{3-6a}$$

$$U_v = 1 - \sum_{m=0}^{\infty} \frac{2}{M^2} \exp(-M^2 T_v) \tag{3-6b}$$

$$T_v = \frac{C_v \cdot t}{H_{dr}^2} \tag{3-6c}$$

$$U_h = 1 - \exp\left[\frac{-8T_h}{F(N)}\right] \tag{3-6d}$$

$$T_h = \frac{C_h \cdot t}{d_e^2} \tag{3-6e}$$

$$F(N) = \frac{N^2}{N^2 - 1} \ln N - \frac{3N^2 - 1}{4N^2} \tag{3-6f}$$

$$N = \frac{d_e}{d_w} \tag{3-6g}$$

式中，U_{vh}——总的平均固结度；

U_v——竖向固结度；

U_h——水平固结度；

T_h——$\dfrac{C_h \cdot t}{d_e^2}$，水平排水时间因子；

T_v——$\dfrac{C_v \cdot t}{H_{dr}^2}$，竖向排水时间因子；

H_{dr}——最大竖向排水距离；

N——井径比；

d_e——排水范围等效直径；

d_w——排水井直径；

C_h——水平固结系数；

C_v——竖向固结系数；

t——时间。

由于散体材料桩施工对桩间土的扰动会影响复合地基的正常固结，产生固结延迟效应，沉管隧道散体材料桩复合地基的固结计算建议采用固结系数修正法，即采用修正后的水平固结系数 C_h 代替初始水平固结系数 C_{h0}。

根据大量的散体材料桩复合地基实测沉降时间曲线反分析，可反算得到桩间土的等效固结系数，由复合地基实测数据推算的固结系数与室内试验得到的固结系数之比 C_h/C_{h0}，可反映散体材料桩复合地基的固结延迟效应，C_h/C_{h0} 与置换率 m 的关系见图3-16和式（3-7）。

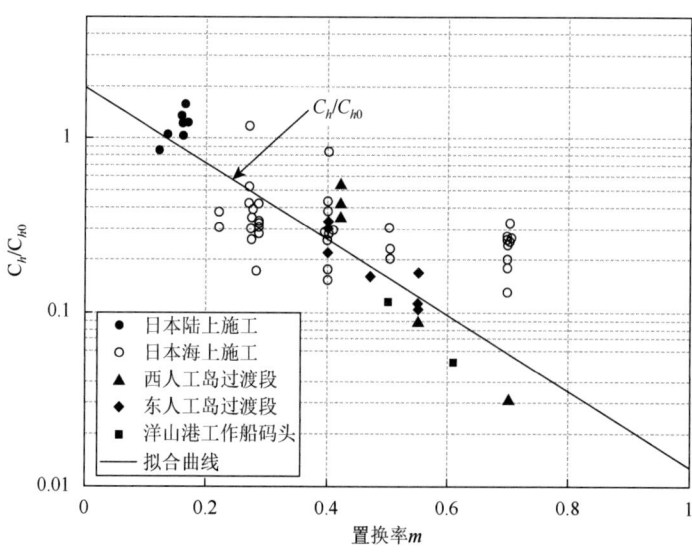

图 3-16　C_h/C_{h0} 与置换率 m 的关系图

其中固结延迟率 C_h/C_{h0} 与面积置换率 m 的对应关系式为

$$\frac{C_h}{C_{h0}} = 10^{-2.18m+0.29} \qquad (3\text{-}7)$$

式中，C_h——从实测的时间-沉降曲线反算的复合地基固结系数；

C_{h0}——从室内固结试验得到的天然地基固结系数；

m——面积置换率；

沉管隧道散体材料桩复合地基固结延迟率 C_h/C_{h0} 随着置换率 m 增大而呈线性减小（纵坐标对数），固结延迟率 C_h/C_{h0} 大部分处于 0.03~1.0。固结延迟率与置换率大小密切相关。当复合地基置换率 m = 40%~70%时，C_h/C_{h0} 大部分处于 0.03~0.50，并且随着挤密砂桩置换率 m 的增长呈近似直线减小（纵坐标对数）。

4. 注意事项

①挤密砂桩施打过程对周边土体产生挤压，使加固土体向上隆起并向周边扩展，致使挤密砂桩顶覆盖大量隆起土，而隆起土的工程性质较差，具有低承载能力、高压缩性的特点，为控制沉管隧道工后沉降应清除隆起土或根据隆起土高度实时调整桩顶标高，质量可控且最稳妥的方式是清除隆起土。

②沉降及孔压监测是评估堆载预压加固效果的直接依据，也是确定卸载时机的基本数据，是水下堆载预压实施过程中的难点。水上监测实施困难且监测数据精度不高，建议采用连续自动监测设施。当挤密砂桩置换率较高时，较难在桩间土准确埋设孔压设备，不宜设置孔压监测仪器。

3.4.4 沉管岛上段高压旋喷桩复合地基

沉管岛上段包括西人工岛沉管岛上段 E1S1~E1S3 及东人工岛沉管岛上段 E33S3~E33S5，沉管岛上段软土层厚、上部荷载大，因此为减少工后沉降，采用的加固桩体需穿透软土层进入低压缩性土层。该区段位于人工岛，具备干施工作业条件，此外该区段跨越了岛头钢圆筒，需采用在钢圆筒筒顶进行施工且桩长需达到 45 m 的工艺，综合比较采用高压旋喷桩复合地基。

1. 高压旋喷桩复合地基设计

西人工岛和东人工岛沉管岛上段高压旋喷桩布置相似，区别仅在于桩底标高的不同。以西人工岛沉管岛上段为例，根据不同的置换率和不同的部位分为 C1 及 C2 两个区域。图 3-17 和表 3-4 分别为西人工岛岛上段高压旋喷桩分区示意图和一览表。

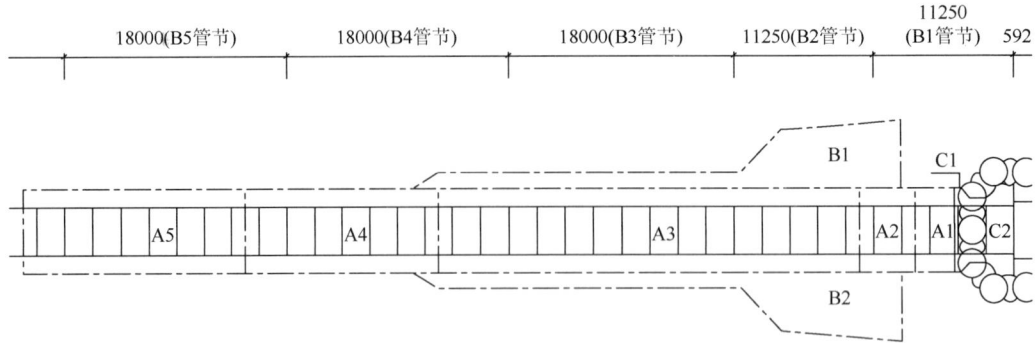

图 3-17 西人工岛沉管岛上段高压旋喷桩分区示意图（单位：mm）

表 3-4 西人工岛沉管岛上段高压旋喷桩分区一览表

序号	区域	区块	面积/m²	处理方法	置换率/%	管节/里程
1	C	C1	226.1	高压喷射注浆	40.3	E1S3～E1S1 K12+539.75～K12+588.0
2		C2	2662.4	高压喷射注浆	31.4	

高压旋喷桩桩径 1.0 m，桩间距 1.5 m 和 1.7 m，正三角形布置，桩底标高 −34.5～−36.0 m，置换率分别为 40.3%和 31.4%，28 d 平均无侧限抗压强度不小于 1.5 MPa。E1S1～E1S2 段高压旋喷桩复合地基东侧与 70%置换率挤密砂桩相接，西侧与 PHC 刚性桩复合地基相接，衔接位置桩的打设宽度相近，桩底标高相近。

2. 沉降计算

《建筑地基处理技术规范》（JGJ 79—2012）规定了高压旋喷桩复合地基沉降计算方法，高压旋喷桩复合地基加固区复合土层压缩模量的计算：

$$E_{sp} = \xi E_s = \frac{f_{spk}}{f_{sk}} E_s \quad (3\text{-}8)$$

式中，E_{sp}——加固区的复合模量；
E_s——桩间土的压缩模量；
f_{spk}——复合地基承载力特征值；
f_{sk}——桩间土承载力特征值；
ξ——加固区模量提高系数。

其他同天然地基沉降计算，《复合地基技术规范》（GB/T 50783—2012）规定柔性桩复合地基加固区压缩变形量宜按下列公式计算：

$$s_1 = \varphi_{s1} \sum_{i=1}^{n} \frac{\Delta p_i}{E_{spi}} l_i \quad (3\text{-}9)$$

$$E_{spi} = m E_{pi} + (1-m) E_{si} \quad (3\text{-}10)$$

式中，Δp_i——第 i 层土的平均附加应力增量；

l_i —— 第 i 层土的厚度；

m —— 复合地基置换率；

φ_{s1} —— 复合地基加固区复合土层压缩变形量计算经验系数；

E_{spi} —— 第 i 层复合土体的压缩模量；

E_{pi} —— 第 i 层桩体的压缩模量；

E_{si} —— 第 i 层桩间土的压缩模量。

3. 注意事项

港珠澳大桥岛隧工程东人工岛、西人工岛高压旋喷桩成桩效果较差，难以取到完整的芯样，加固体强度和桩体承载力难以获得，鉴于该类情况，对于类似高压旋喷桩加固复合地基，沉降仍采用分层总和法进行计算，但是加固区域变形参数基于原位试验包括载荷试验和标准贯入试验综合确定。

3.4.5 暗埋段 PHC 刚性桩复合地基

暗埋段作为沉管隧道止推段及岛上建筑基础的支撑，范围包括西人工岛暗埋段 CW1～CW5 及东人工岛暗埋段 CE1～CE6，人工岛已经过大超载比降水联合堆载预压加固，软土性质得到显著提高，具备了采用复合地基的条件。陆上施打 PHC 刚性桩具有质量可靠、施工速度快等显著优点，并且可控制桩底标高和桩间距，使 PHC 刚性桩复合地基刚度与高喷桩协调过渡。

1. PHC 刚性桩复合地基设计

东人工岛、西人工岛隧道现浇暗埋段 PHC 刚性桩布置原则相同，以西人工岛为例，西人工岛暗埋段 PHC 刚性桩复合地基东侧与高压旋喷桩复合地基相接，西侧与降水联合堆载预压后的天然地基相接。暗埋段 PHC 刚性桩复合地基应用于 CW1～CW5 节段，桩间距 3.0～3.5 m，呈矩形布置，桩底标高由 –35.0 m 向 –34.0 m 逐渐过渡；敞开段 PHC 刚性桩复合地基应用于 OW1～OW4 节段，桩间距 3.0～5.0 m，呈矩形布置，桩底标高由 –34.0 m 向 –28.0 m 逐渐过渡。图 3-18 和图 3-19 为西人工岛 PHC 刚性桩复合地基布置平面图及 PHC 刚性桩复合地基典型横断面图。

PHC 刚性桩直径 500 mm，桩长 22～30 m，采用 10～15 m 单桩进行拼接，桩顶布置 50 cm 碎石垫层，垫层内夹铺两层土工格栅。

2. 沉降计算

对于刚性桩复合地基，加固区沉降计算如下。

若为黏土，当加固区为正常固结土时，按式（3-11）计算：

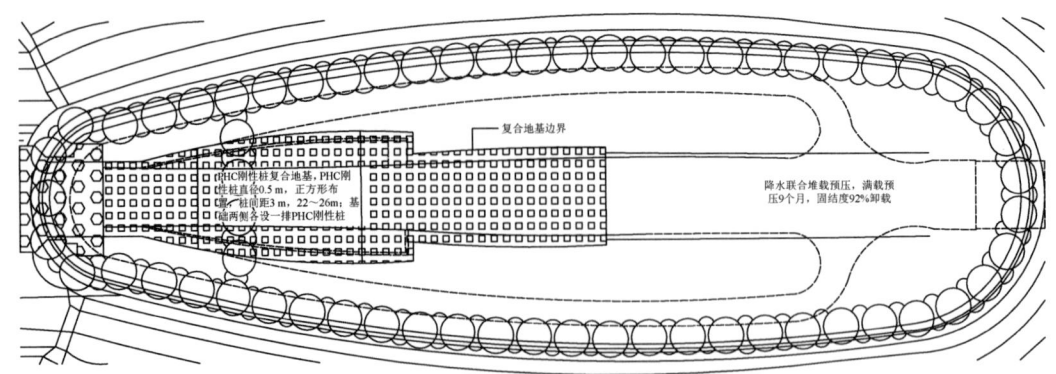

图 3-18 西人工岛 PHC 刚性桩复合地基布置平面图

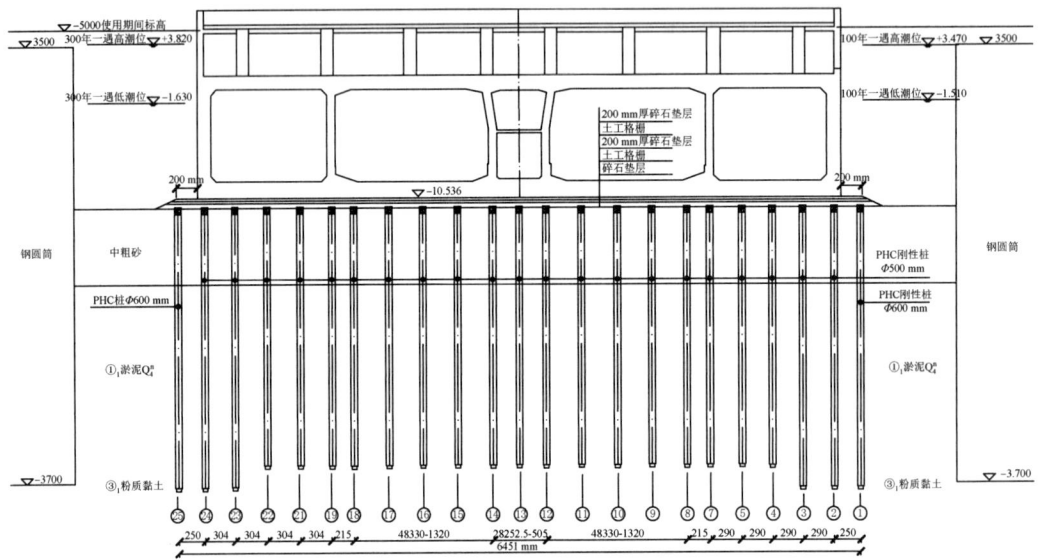

图 3-19 PHC 刚性桩复合地基典型横断面图

$$s_1 = \sum_{i=1}^{m} \frac{\Delta H_i}{\xi(1+e_{0i})} \left[C_{ci} \lg\left(\frac{P_{ci} + \Delta P_i}{P_{ci}}\right) \right] \quad (3-11)$$

当为超固结土时，则

$$s_1 = \sum_{i=1}^{m} \frac{\Delta H_i}{\xi(1+e_{0i})} \left[C_{si} \lg\left(\frac{P_{ci}}{P_{0i}}\right) + C_{ci} \lg\left(\frac{P_{0i} + \Delta P_i}{P_{ci}}\right) \right] \quad (3-12)$$

式中，m——土层分层数；

P_{ci}——第 i 层土前期固结压力；

e_{0i}——第 i 层土初始孔隙比；

C_{si}——第 i 层土再压缩指数；

C_{ci}——第 i 层土压缩指数；

P_{0i}——第 i 层土初始自重应力；

ΔP_i——荷载在第 i 层土产生的平均附加应力；

ΔH_i——第 i 层土层的厚度；

ξ——复合模量提高系数，是复合地基承载力与天然地基承载力比值，可通过载荷试验确定。

3. 注意事项

①人工岛软土地基经过大超载比预压再进行基槽开挖、现浇隧道结构等施工，该施工为加载—卸载—再加载过程，沉降计算时应充分考虑土体应力历史，采用压缩指数和再压缩指数进行沉降计算。

②PHC 刚性桩复合地基沉降计算关键是确定复合模量提高系数 ξ，一般通过复合地基载荷试验确定，但当复合地基载荷试验不能做到破坏时，建议采用荷载-沉降曲线线性段比值确定 ξ。

3.4.6 敞开段"天然地基"

敞开段地基经大超载比深井降水联合堆载预压加固，软土物理力学性质显著提高，从液性指标的变化看，黏土由流塑-软塑状态提升为软塑-可塑状态。施工期大超载比预压使得预压卸载后再加荷载远小于卸荷量，根据初步评估产生的沉降值较小，故敞开段隧道地基可采用深井降水联合堆载预压加固后的"天然地基"。

软土预压后处于拟超固结状态，其沉降计算方法为采用再压缩指数进行计算，同时考虑一定的次固结沉降。设计的关键是如何协调过渡暗埋段 PHC 刚性桩复合地基与敞开段天然地基，有效的措施是在敞开段选取 2～4 个节段（20～40 m）范围，通过调整桩间距与桩底标高，将刚性桩复合地基逐步过渡到天然地基，桩间距由暗埋段 3.0 m 逐步调整到 5.0 m 可较好地实现两种地基的过渡。

3.5 基 床 设 计

3.5.1 概述

沉管基床垫层的主要功能是充填管节底部与基槽底之间的空隙，保证上部荷载均匀传递到下部地基，避免由于地基受力不均导致结构的局部破坏或者产生较大的不均匀沉降。基础垫层的工程规模不大，多数设计为 1 m 左右的厚度，但在沉管隧道工程中起的作用却是至关重要的，垫层选择或设计的合适与否，直接关系沉管隧道工程的长期运营安全。沉管、天然地基和垫层基床的结构关系图如图 3-20 所示。

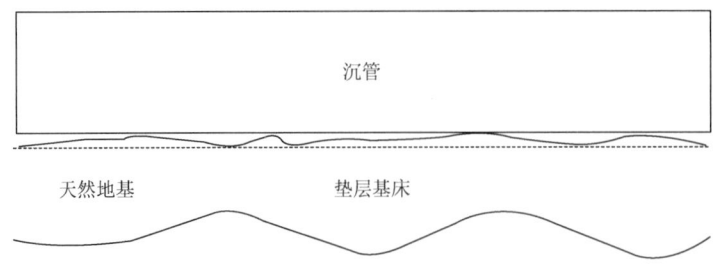

图 3-20 沉管、天然地基和垫层基床的结构关系图

从沉管隧道基床设计的发展及实例调查来看，按处理方法大致可分为先铺法和后铺法两大类，先铺法指先铺碎石垫层，后铺法包括喷砂、压砂与压浆三种方法。

1. 先铺碎石垫层

先铺碎石垫层是采用一个固定在指定位置上的简单开口钢箱来实现，一边沿隧道轴线方向移动钢箱，一边向箱内补充碎石，形成隧道基础垫层，是最早使用的沉管基础方式。早期美国修建的沉管隧道，不论规模大小均采用这种方法。这种方法对于基础宽度较大的隧道，需要将钢箱的规模与牵引力设计得很大，经济性差。20 世纪末，在厄勒海峡沉管隧道建设期间，承包商首次将全覆盖满铺碎石垫层更改为垄沟相间的碎石基础垫层形式，取得了良好的工程效果。先铺碎石垫层示意图如图 3-21 所示。

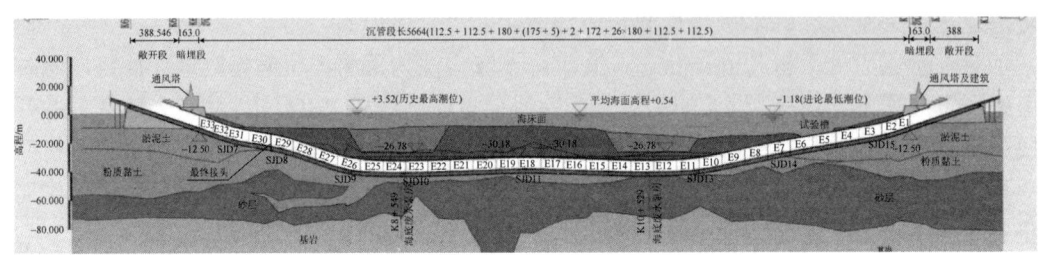

图 3-21 先铺碎石垫层示意图（单位：m）

2. 后铺法

①喷砂基床：喷砂基床是用砂泵把砂水混合填料通过管节外部管道喷入沉管管节底部和基槽之间的空隙中。喷砂前，管节放在临时支座上，喷砂结束后可卸开支座上的千斤顶，管节重量从而全部作用到砂垫层基础。喷砂基床可用于宽度较大的沉管隧道，在早期欧洲修建的多座沉管隧道中应用，如德国易北河隧道、比利时斯海尔德河 E3 隧道、荷兰斯派克尼瑟隧道。

②压砂基床：压砂基床也称为砂流基床或灌砂基床，是在喷砂基床上发展起来的一种新方法，依靠水流作用将砂通过预埋在管节底板（竖向或横向）上的注料孔注入管节与基底间的空隙，其既可在管节外部施工，也可在管节内充填。压砂法不需专门的喷砂

台架，对砂粒径的要求也较低，因此从20世纪70年代后期开始，压砂基础逐渐在世界各国的沉管隧道中采用，如荷兰弗拉克隧道、澳大利亚悉尼港湾隧道、广州珠江隧道、上海外环隧道及台湾高雄过港隧道等。

③压浆基床：压浆基床是在管节沉放到位后，即沿管节边墙及后封端墙边抛堆高1 m的砂石混合料，封闭管底空间。接着从管节里面通过预埋在管节底板上的压浆孔向管底空隙压注混合砂浆，充填管节底部与碎石垫层间的空隙。此法在日本广泛应用，如东京港隧道的中间区段、Dainikoro隧道、川崎港海底沉管隧道，可避免"强震区"中常规砂基础的液化问题。

港珠澳大桥沉管隧道在初步设计阶段采用了先铺碎石垫层的隧道基床，属国内首次应用。2010年开工后，经过对珠江口复杂建设条件有了更深入的认识之后，发现沉管隧道深槽段（E6～E30管节）仅采用常规的先铺碎石垫层无法满足结构的受力及变形要求，可以选择的方案有两种：一是采用复合地基进行处理，二是采用特殊的基床予以应对。

深槽段隧道软土地基较薄，主要介于0～10 m，纵向差异大，水深主要在40～45 m，如采用复合地基，施工效率极低，复合地基的施工质量也无法保障。经过岛隧工程设计施工及科研团队近半年的联合攻关研究，提出了基于块石夯平基层与垄沟相间碎石整平面层的沉管隧道新型组合基床结构。此方案消除了基础差异沉降的风险：基槽开挖后在槽底铺设2 m块石或二片石并进行水下夯实，通过控制块石顶面标高偏差及夯实的密实程度，在开挖面上形成刚度较均匀的"褥垫"。在夯实后碎石上铺设碎石垄，通过调整垄沟的宽度和深度，使碎石垄具备纳淤能力，保证了隧道基础刚度。沉管隧道基础碎石垫层构造示意图如图3-22所示。

 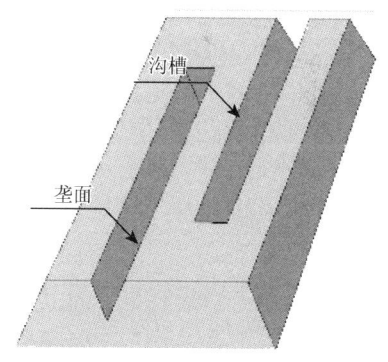

图3-22 沉管隧道基础碎石垫层构造示意图

块石层或二片石层为满铺形式，铺满整个沉管隧道开挖基槽的底部，与上面的碎石垫层组成刚柔并济的组合基床体系，如图3-23所示。

沉管隧道新型组合基床是在预挖好的沉管基槽中抛填块石，形成大粒径组成的基层，采用水下平整技术对基层进行整平压密处理，在大粒径基层上采用专用设备铺设碎石垫层，形成垄沟相间结构的碎石垫层。

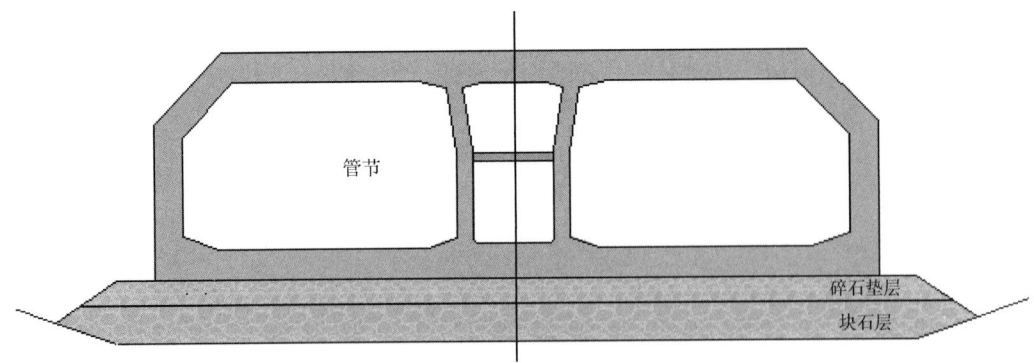

图 3-23 沉管隧道组合基床体系

利用抛填平整块石层调节地层分布与基槽开挖施工造成的不均匀性，利用垄沟相间的碎石垫层为管节结构提供了更进一步的协调支撑，同时块石层与垄沟相间的碎石垫层均具有吸纳落底淤泥的能力，使得沉管隧道基床成为一个平顺协调、刚柔并济的支撑体系，可控制不均匀的过大差异沉降量，降低沉管隧道结构受力及接头张开量，提高结构及止水安全度。

3.5.2 组合基床设计方法

1. 设计流程

港珠澳大桥岛隧工程组合基床设计根据荷载条件、天然地基条件、沉降控制标准、地质条件等因素确定，该组合基床可适用于绝大多数的软土地基，设计流程如图3-24所示。

2. 碎石垫层设计

组合基床中碎石垫层为上面层，是沉管结构与块石层之间的过渡层，碎石垫层顶面设计标高与隧道各管节结构底标高一致。碎石垫层顶面横向宽度为沉管隧道结构外包宽度+结构外缘线两侧的预留宽度，预留宽度可取为 1.5～2.5 m，坡率按水下自然休止角考虑，在设计阶段一般可按 1∶1.5 进行确定，如图 3-25 所示。

碎石垫层基本构造设置为 V 形槽，纵断面锯齿形，平面 S 形铺设。单垄顶纵向宽度可取为 1.5～2.0 m，V 形槽顶纵向宽度为 0.8～1.2 m。

碎石材料采用能够自由散落且未受污染、干净、耐久性良好、级配良好的碎石，碎石含泥量应严格控制（不大于 2%），石料饱和单轴极限抗压强度应不低于 50 MPa。如没有纳淤的要求，应采用级配良好的碎石组成，碎石级配方案见表 3-5。

第 3 章 地基基础设计

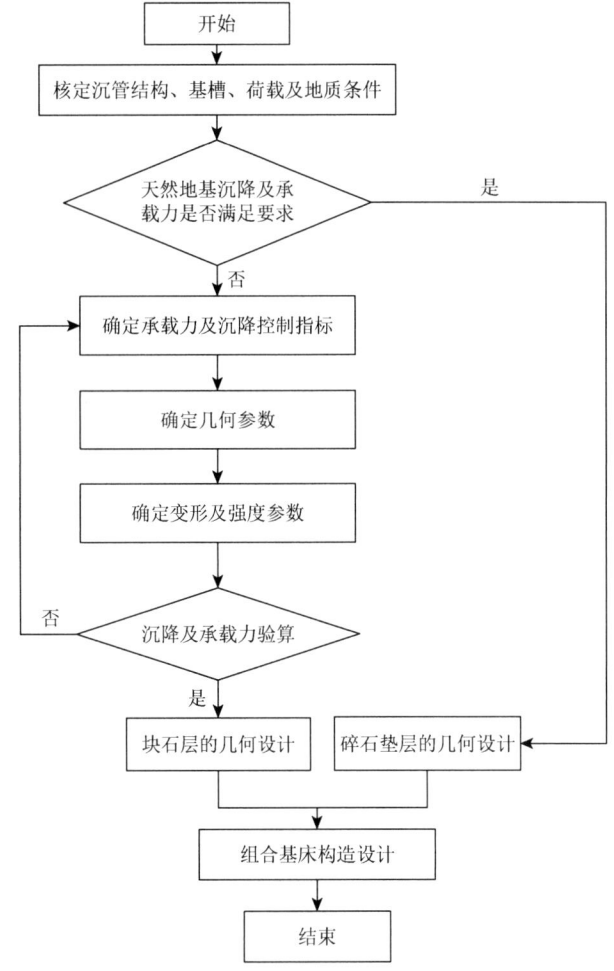

图 3-24 沉管隧道组合基床设计流程图

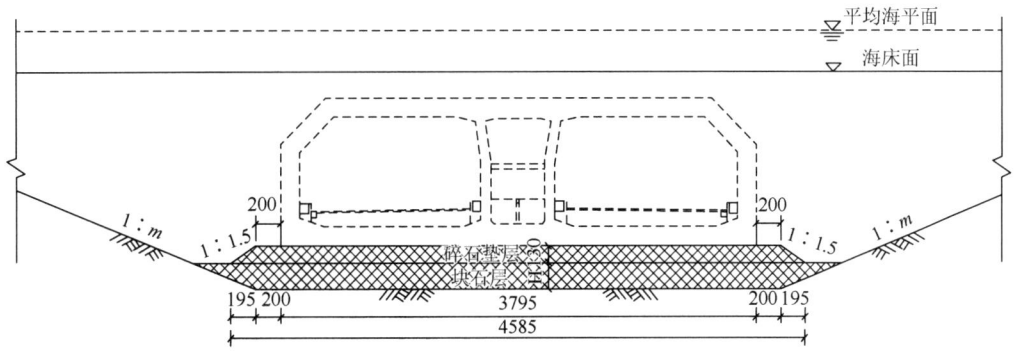

图 3-25 沉管隧道碎石垫层横断面设计图（单位：mm）

表 3-5 碎石级配方案

筛分粒径/mm	筛分通过率（干重）/%
63	100
31.5	25～35
2.36	<8
63	100
31.5	60～100
16	45～100
8	25～75
4	10～60
2	5～100
0.5	0～15

在没有具体要求时，可参照表 3-5 数据进行初步设计，具体指标需要结合试验结构确定。从受力及控制沉降方面考虑，应选用良好级配的材料，满足不均匀系数 C_u＞5 及曲率系数 $C_c=1\sim3$ 的条件；从纳淤能力方面考虑，需要选用颗粒均匀的材料，不能同时满足不均匀系数 C_u＞5 及曲率系数 $C_c=1\sim3$ 的条件。

3. 块石层设计

为了给沉管基础提供一个刚度均匀、过渡协调且利于清除表面回淤淤泥，减少沉管隧道管节底部沉积淤泥对基础的不利影响，在隧道基槽加深下挖后抛填一定厚度的块石，厚度可根据沉降及承载力控制确定，一般取为 1.5～5 m，块石层一般采用 10～100 kg 块石。碎石含泥量按不大于 5%进行控制，石料饱和单轴极限抗压强度应不低于 50 MPa。

抛填块石底面宽为基槽开挖底宽，顶面宽度接至槽底边坡。块石抛填后进行夯平，块石夯平的横向范围宽度不小于碎石垫层底面宽度，以隧道中线为对称。

4. 沉降计算

沉管沉放后的沉降主要由块石层和碎石垫层的压缩量、土体的回弹再压缩沉降及次固结沉降三部分组成，根据《建筑地基基础设计规范》（GB 50007—2002）规定按变形比要求确定沉降计算深度。在沉降评估中可以采用以下的总沉降计算公式：

$$S_0 = S_g + S_c + S_s \tag{3-13}$$

式中，S_g——块石层和碎石垫层的压缩量；

S_c——下卧土层的回弹再压缩沉降；

S_s——下卧土层的次固结沉降。

（1）块石层和碎石垫层压缩量计算

块石层和碎石垫层压缩量采用分层总和法计算：

$$S_g = \sum_{i=1}^{n} \frac{\Delta H_i \cdot \Delta P_i}{E_i} \quad (3\text{-}14)$$

式中，ΔH_i——第 i 层土层的厚度；
ΔP_i——第 i 层土的附加应力；
E_i——第 i 层土的压缩模量。

（2）回弹再压缩沉降计算

采用基于原位 CPTU 结果的 Janbu 切线模量法和基于室内压缩试验指标的 e-lg$p$ 曲线法分别进行计算。沉管隧道为开挖卸载再加载且具有后期施加的总荷载小于前期固结压力的特点。

Janbu 切线模量法计算公式（适用于总应力小于前期固结压力的各类土层）：

$$S_c = \sum_{i=1}^{n} \frac{\Delta H_i}{100 \cdot m_{ri}} (\sigma_{1i} - \sigma_{0i}) \quad (3\text{-}15)$$

e-lg$p$ 曲线法计算公式如下。

对黏土地基：

$$S_c = \sum_{i=1}^{n} \frac{\Delta H_i}{1 + e_{0i}} C_{ei} \lg \left(\frac{\sigma_{1i}}{\sigma_{0i}} \right) \quad (3\text{-}16)$$

对砂土地基：

$$S_c = \sum_{i=1}^{n} \frac{\Delta H_i \cdot (\sigma_{1i} - \sigma_{0i})}{E_i} \quad (3\text{-}17)$$

式中，n——土层分层数；
σ_{0i}——第 i 层土中点处的自重应力；
σ_{1i}——第 i 层土中点处的附加应力+自重应力；
m_{ri}——第 i 层土的回弹再压缩模量数。回弹再压缩模量数通过 CPTU 与室内试验的相关关系获得；
C_{ei}——第 i 层土的压缩指数。

5. 承载力计算

港珠澳大桥岛隧工程组合基床承载力的验算按下式进行：

$$P_z + P_{cz} < f_{az} \quad (3\text{-}18)$$

$$P_z = b \cdot P_k / (b + 2z \tan \varphi) \quad (3\text{-}19)$$

式中，f_{az}——组合基床下伏软土层的地基承载力特征值（kPa）；
P_z——相应于作用的标准组合时，作用在组合基床下伏软土的附加应力（kPa）；
P_{cz}——组合基床的自重应力（kPa）；
P_k——相应于作用的标准组合时，沉管作用于组合基床表面的平均压力值（kPa）；
z——组合基床的等效厚度值（考虑软土上层的加固深度）；

b——沉管作用于组合基床上的荷载分布宽度；

φ——组合基床中附加应力扩散角，无实测数据时可取 25°～35°。

沉管隧道的施工工序为先开挖基槽后安装沉管结构，一般情况下，开挖卸载量值均大于再加载的结构，承载力不作为控制因素，但对近陆域段或深埋段沉管结构，后期作用荷载较大时，需要对地基承载力进行计算校核，可采用以上公式进行评价。

3.5.3 组合基床施工控制标准

港珠澳大桥岛隧工程在设计阶段确定基本方案，同时施工前进行针对性的典型施工，对复合地基处理、抛石夯平及碎石整平等新工艺须进行工艺性试验，确定施工工艺参数。对重大工程，一般都需进行原位试验获取第一手数据。

1. 先铺碎石垫层

应做好碎石整平后的测量工作，按设计要求控制平、纵、横向坐标与高程，精度要达到设计的各项指标要求。碎石垫层相关检测项目及标准见表3-6。

表3-6 碎石垫层相关检测项目及标准

序号	检查项目		规定值或允许偏差	备注	检测方法及频率
1	垫层顶部标高	测点允许偏差①	±40 mm	每垄85%以上测点满足偏差要求	声呐法逐垄测试
2	垫层两侧顶边线与设计边线平面允许偏差②		−200～1000 mm	—	
3	碎石垄纵向宽度③		负偏差不大于100 mm	设计宽度1800 mm	见注③
4	单个管节相邻整平船位内碎石垄顶测点平均值（或基面）		不大于20 mm	相对值	同1、2项

注：①对所有声呐法的测点偏差进行统计，不进行人为剔除；
②允许偏差应严格控制负偏差；垄施工采用专用固定整平设备，垄宽度参数与设备尺寸直接相关，纵向垄宽度保证在不小于设计宽度的情况下，按每管节进行抽查（潜水员测量或数据拟合），沿垄宽方向每垄至少两个断面；
③对淤积较严重区段，纵向垄宽等指标进行特殊考虑。

碎石垫层铺设采用专用整平船舶，该设备需要专门研制，因此岛隧工程团队通过工艺试验确定整平船定位、供料及抛石管行走速度等参数。碎石垫层铺设过程中有以下注意事项：

①基槽开挖、块石抛填、块石夯平及碎石垫层铺设等施工工序应合理衔接，流水作业，尽可能减少回淤对施工的影响。

②碎石垫层铺设前应使用声呐探测或潜水员水下探摸等措施，证实基槽底部的夯平块石层上没有超过设计要求的淤泥或其他的沉积物；若淤泥或沉积物厚度超过设计要求，在铺设垫层前，应将夯平块石层上的淤泥等沉积物清理干净。

③碎石材料采用能够自由散落且未受污染、干净、耐久性良好、级配良好的碎石，碎石含泥量应严格控制，不大于 2%，石料饱和单轴极限抗压强度不低于 50 MPa。

④碎石材料粒径及级配应满足设计要求。

⑤管节接头间须按设计要求在碎石垫层预留凹槽，避免碎石进入对接密封部位。

⑥碎石垫层铺设应采用专用设备，宜分粗平和细平两层进行，细平层厚度为 25～40 cm。

⑦施工前应进行典型施工试验，确保整平精度满足设计要求。

⑧碎石垄沟铺设厚度、宽度、平面位置、高程、纵坡等应满足设计要求，施工前应对测量系统进行平面坐标和高程的校核。

⑨碎石垫层顶的施工标高应考虑预抬量，施工中开展已安管节标高及沉降等的监测，对碎石垫层顶预抬量进行动态调整。

⑩碎石垫层铺设后、沉管沉放前，应对碎石垫层顶回淤等进行检测，并根据检测情况确定是否清淤，可使用气动吸入设备或其他方法。清淤不应损坏已铺设好的碎石基床及已安管节的端部。

⑪整平船铺设碎石垫层应在抛石管内保持一定预压力下进行，碎石铺设施工前应进行现场典型整平测试试验，获得整平碎石垄的相关几何尺寸、预压力（或抛石管中的料位控制标准）等。

⑫材料检测及试验（含取样频率与试验样本等）按照每 5000 m³ 检测 1 组，其余按《水运工程质量检验标准》(JTS 257—2008) 及《公路工程集料试验规程》(JTG E42—2005) 执行。

⑬在沉放安装隧道管节之前，应采用测量精度在 ±25 mm 之内的设备对已整平好的碎石基床进行检测。

2. 块石抛填夯平

组合基床施工是在基槽精挖完成后、管节沉放安装前，按先施工块石层，再施工垄沟相间碎石垫层的顺序进行。首先需做好块石抛填夯平后的测量工作，按设计要求控制平、纵、横向坐标与高程，确保精度要达到设计的各项指标要求。基础块石相关检测项目及标准见表 3-7。

表 3-7 基础块石相关检测项目及标准

序号	主控项目	规定值或允许偏差	检测方法及频次
1	块石顶部标高	夯平后测点允许偏差 ±30 cm	多波束声呐系统探测、密度检测仪检测；每 5～10 m 一个测试断面，每 2～5 m 一个测点
2	块石两侧顶边线与设计位置平面允许偏差	0～+100 cm	

注：夯平宽度不小于 46 m；设计边线位置以轴线为对称，平面允许偏差应严格控制负偏差。

港珠澳大桥岛隧工程在开展施工前进行了抛石施工试验用以确定控制抛石量及抛石标高控制，以及振动锤的选型、夯板尺寸、振动时间及振沉量等施工参数。

同时施工中有以下注意事项：

①块石抛填、夯平施工应在基槽开挖到位后尽快实施，各工序合理衔接，流水作业，尽量缩短晾槽时间。

②抛填石料规格应满足设计要求，宜采用单块质量为 10~100 kg 石料；石料饱和单轴极限抗压强度不低于 50 MPa；石料不成片状，无明显风化裂缝，不含目测可见泥块。

③块石抛填后的断面尺寸应满足设计要求。

④抛填块石应根据设计要求、施工能力、潮位和波浪影响，确定分层和分段施工顺序。

⑤抛填块石应根据水深、水流和波浪等对块石产生漂流的影响，确定抛石船的驻位。

⑥分层抛填的块石上下层接触面间不应有回淤沉积物。

⑦块石夯平应分层、分段实施，每层夯平后的厚度不宜大于 2 m，分段夯平的搭接长度不小于 1 m。

⑧大面积水下夯平前宜按块石夯平层所处不同地层及水深条件分别开展典型施工试验，以分段确定夯平的技术要求指标。

⑨夯实质量应满足夯沉量要求，振平时间、夯沉量等技术指标根据块石层下不同地层情况结合典型施工试验确定。

⑩块石抛填高度应预留夯沉量，其数值根据典型施工试验确定。块石顶标高未达设计要求时应进行补抛，补抛块石连续面积大于 30 m^2 且厚度普遍大于 0.5 m 时应进行补夯处理。

⑪夯平过程中应加强施工区域边坡稳定性监测，确保基槽边坡安全。

第4章 地基基础施工

4.1 基槽开挖

4.1.1 概述

港珠澳大桥沉管隧道基槽总长 5498 m，开挖底宽 41.95 m，底标高−16.3～−48.5 m，基槽设计断面复杂，开挖形状不规则，其中横断面设置 1∶2、1∶2.5、1∶3、1∶5、1∶7等不同坡比边坡，纵向底部设置 3.098%、2.996%、1.613%、1.49%、0.3%等多种缓坡组合，呈 W 形布置，相对于常规为平底的疏浚工程，施工难度显著增加。

隧道基槽区域上层土质主要为淤泥、淤泥质土（含淤泥质黏土，标高约至−28 m），下层主要为黏土、粉质黏土，中间夹杂少量细砂、中粗砂。施工区域地处外海且需横流作业，退潮流速大于涨潮流速，十年一遇设计海流流速为 1.85 m/s。

对沉管隧道而言，差异沉降是造成沉管管节间漏水的关键因素，而差异沉降的控制与管节间剪力键、止水设施的设置及剪力键的承载能力密切相关，为确保沉管隧道在设计使用寿命内安全运营，沉管隧道基槽开挖必须在适应大挖深工况下，实现精确开挖，尽量从基础首道工序上消除不均匀沉降。

为确保沉管隧道基槽开挖质量满足高标准要求，基槽开挖采用了不同的施工工艺与设备，包括上层开挖（亦称粗挖）、槽底及边坡成型区精挖，其中槽底及边坡成型区精挖是指槽底及边坡设计线以上 2～3 m 厚度泥层的精确开挖，除此之外皆为粗挖。基槽开挖断面示意图如图 4-1 所示。基槽开挖技术要求见表 4-1。

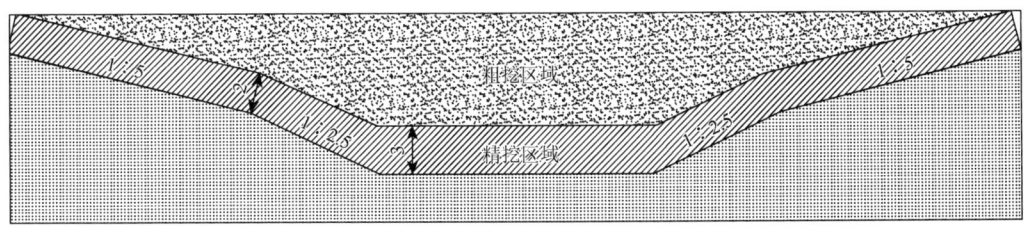

图 4-1 基槽开挖断面示意图

表 4-1 基槽开挖技术要求

序号	检查项目	允许偏差或要求
1	基槽边坡	槽底面至碎石垫层顶面间区域：-20～+250 cm（负值为向内）
2	单边宽度	碎石垫层顶面以上区域：-300～+300 cm（负值为向内）
3	基槽底标高	槽底标高正常允许偏差-60～+40 cm，每管节内偏差范围介于-85～-60 cm 和+40～+65 cm 的测点数量比例不超过 20%，不允许出现更大标高偏差
4	槽底轴线	每管节内槽底轴线平均允许偏差-50～+50 cm，偏差范围介于-100～-50 cm 和+50～+100 cm 的断面数量比例不超过 10%，不允许出现更大平面偏差
5	基槽边坡坡率	不陡于设计坡率

4.1.2 粗挖

1. 施工方法比较

根据现代常规疏浚船舶不同的作业原理，将挖泥船分为水力式挖泥船和机械式挖泥船两大类。水力式挖泥船是利用水的运动来完成疏浚任务，主要代表船型有绞吸挖泥船、耙吸挖泥船两种；机械式挖泥船是运用各种挖掘机械来达到疏浚的目的，主要代表船型有链斗挖泥船、铲斗挖泥船、抓斗挖泥船三种斗式挖泥船。

水力式挖泥船和机械式挖泥船的作业方式、特点、原理各不相同，在不同的自然环境、施工条件下，它们各有利弊。因此应综合土质、水文等自然环境条件、设计技术与质量要求、进度、环保、通航及成本效益等因素，合理选择施工船舶。

（1）绞吸挖泥船

绞吸挖泥船利用吸水管前端围绕吸水管装设旋转绞刀装置，将海底疏浚土进行切割和搅动，再借助强大的泵力将绞起的疏浚土物料经排泥管线通过水力输送到泥沙物料堆积场，如图 4-2 所示。

在施工区周边无直接卸泥区的施工条件下，不适宜采用绞吸挖泥船进行隧道基槽或人工岛基槽的疏浚施工。一般情况下，绞吸挖泥船施工的含泥（或砂）量在 30% 以内，但采用过驳装舱形式，作业将产生大面积的泥浆溢流扩散，不可避免地对工程区域的环境产生严重的影响。另外，通航要求高的施工水域，采用绞吸挖泥船施工，排泥管线将会严重影响通航安全。

（2）耙吸挖泥船

耙吸挖泥船通过置于船体两舷或一舷的耙头接触泥面并通过一定航行速度破碎泥土并吸入泥浆，以边挖泥、边航行的方式作业，施工效率较高，如图 4-3 所示。为提高耙吸挖泥船装舱率，在耙吸挖泥船吸泥满舱后通常需溢流一段时间，待泥舱泥浆达到一定密度后才启航前往倾倒区进行抛卸。

第 4 章 地基基础施工

图 4-2 绞吸挖泥船

图 4-3 耙吸挖泥船

耙吸挖泥船具有良好的航海性能，避让机动性好，抗风浪能力强，可自航、自挖、自载、自抛，施工中不占用大片水域，可挖掘粗、中、细砂，粒径不大的碎岩土，中等密实砂土，可塑、低塑性黏土。适用于水域开阔的海湾、河口、海港及较长距离航道疏浚工程。

耙吸挖泥船其溢流施工直接产生的泥水混合的悬浮物，对周边环境会产生一定的影响，经研究试验证明，根据水流流速合理调整溢流时间，可有效控制泥水悬浮物的扩散范围。

（3）铲斗挖泥船

铲斗挖泥船利用吊杆及斗柄将铲斗插入海床泥面进行挖掘，然后由绞车牵引将铲斗连同斗柄、吊杆一起提升吊出水面，至适当高度由旋回装置转卸至泥驳上，如图 4-4 所示。铲斗挖泥船依靠前后三根定位桩挖泥,挖泥控制较好但挖深有限且定位桩在基槽内将会产生三道桩坑形成的深沟,并被残留的淤泥浆充填,给清淤作业和后期基础处理带来困难。

图 4-4　铲斗挖泥船

(4)链斗挖泥船

链斗挖泥船利用一连串带有挖斗的斗链,借导轮带动在斗桥上连续转动,使泥斗在水下挖泥并提升至水面以上,通过调整锚缆长度使船体移动而进行挖泥工作,如图 4-5 所示。链斗挖泥船对土质的适应能力较强,可挖除岩石以外的各种泥土。链斗挖泥船依靠前后、左右 6 具施工锚定位并移动船位,挖槽截面规则,误差小,最适合港口码头泊位、水工建筑物等工程。

图 4-5　链斗挖泥船

链斗挖泥船挖泥的质量很高,但目前国内现有链斗挖泥船挖深仅 15 m(国外现有链斗挖泥船最大可开挖 38 m），不能满足基槽开挖要求，而且现有链斗挖泥船都比较老旧、数量少，施工效率有限。另外，横流施工作业时段受限制多，作业需抛设 6 具施工锚，占用水域大，影响通航及其他工序的施工。

（5）抓斗挖泥船

抓斗挖泥船利用旋转式挖泥机的吊杆、钢索悬挂抓斗，在抓斗本身重量的作用下沉入海底，通过液压系统合斗破土抓取泥土，如图 4-6 所示。现有抓斗挖泥船主要通过定位桩或抛锚定位，适应性广，适用于沉管隧道基槽开挖。

图 4-6　抓斗挖泥船

综上所述，针对岛隧工程施工区域土质分布、环保要求高及保障伶仃航道正常通航的要求，舱容 5000 m³ 及以上中大型耙吸挖泥船可用于岛隧基槽上层淤泥层开挖施工，局部不规则边角区域，可采用抓斗挖泥船辅助施工。

2. 施工质量控制与检测

（1）抓斗挖泥船粗挖质量控制措施

①船舶进场前及施工过程中定期对挖泥机具、定位系统进行校准，消除船舶本身可能影响平面位置偏移的因素，做好记录并进行误差改正。

②项目部安排施工任务前，工程技术人员根据设计图纸对施工区域进行分条、分层，绘制准确的平面施工导航文件，并进行技术交底工作。施工中施工船舶严格按照操作规程执行，控制超深、超宽，减少废方。抓斗挖泥船开挖基槽边坡时，按照"下超上欠、超欠平衡"的原则进行开挖。边坡阶梯开挖示意图见图 4-7。

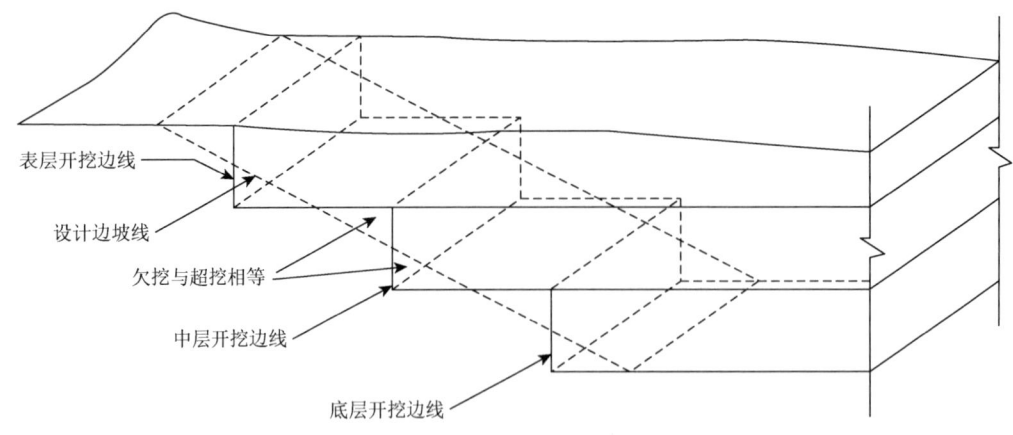

图 4-7 边坡阶梯开挖示意图

③施工过程中及时进行施工效果检测，绘制施工过程开挖断面图，分析水深变化，掌握施工情况。

④根据施工过程检测结果及时更新施工文件，指导施工船舶调整施工参数，确保施工质量。

（2）耙吸挖泥船粗挖质量控制措施

①船舶进场前及施工过程中定期进行耙头和平面定位校准，做好记录并进行误差改正。

②项目部安排施工任务前，工程技术人员根据设计图纸对施工区域进行分条、分层，绘制准确的平面施工导航文件，并进行技术交底工作。施工中施工船舶严格按照操作规程执行，控制超深、超宽，减少废方。耙吸挖泥船开挖基槽边坡和抓斗挖泥船基槽边坡，见图 4-8a。

③边坡区域安排在缓流阶段开挖，以减少因急流而导致船体与耙头相对位置的改变；按设计坡度和开挖土质计算坡距，根据坡距设定开挖线并利用疏浚监测平台中的实时水下地形、耙头三维空间显示功能。

④施工期间通过潮位遥报仪实时接收水位变化信息，实现对耙头下放深度的动态调整。

⑤利用船舶耙管绞车自动控制器（suction tube automatic winch controller，STAWC）实现控制波浪补偿器的位置、耙头处于安全角度范围及期望疏浚深度；通过设定分层浚挖深度（图 4-8b），保证施工的垂直精度；利用超深报警系统预防超深开挖，当耙头下放超过设定深度时将出现闪烁警示，及时提醒驾驶员及操耙手提升耙头至合理开挖面。

⑥施工过程中及时进行施工效果检测，绘制施工过程开挖断面图，分析水深变化，掌握施工情况。

⑦根据施工过程检测结果及时更新施工文件，指导施工船舶调整施工参数，确保施工质量。

第 4 章 地基基础施工

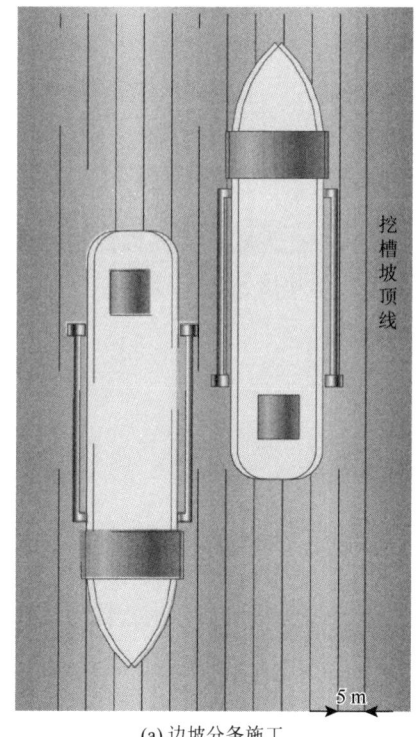
(a) 边坡分条施工

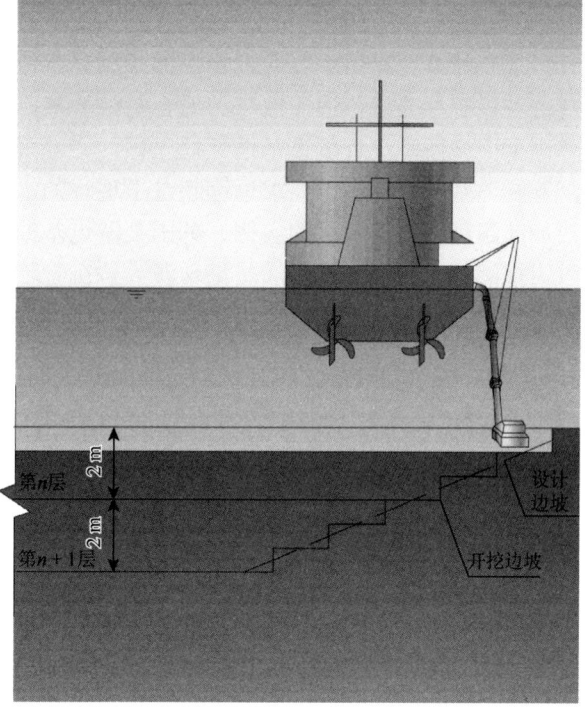
(b) 边坡分层施工

图 4-8 边坡分条、分层施工示意图

4.1.3 精挖

1. 施工方法比较

（1）绞吸挖泥船、铲斗挖泥船

绞吸挖泥船和铲斗挖泥船两种船型采用长臂结构（桥梁或斗臂）连接绞刀或铲斗进行施工，但是受桥梁长度限制，通常挖深不超过 35 m。如采用上述两种设备进行精挖的施工方案，鉴于港珠澳大桥岛隧工程基槽大挖深的要求，需要对现有绞吸挖泥船或铲斗挖泥船的桥梁或斗臂进行加长，同时还要考虑施工精度、定位系统改造等问题。因此，绞吸挖泥船、铲斗挖泥船不适用于沉管隧道基槽开挖。

（2）耙吸挖泥船

沉管隧道基槽纵向底槽通常为斜坡，而耙吸挖泥船采用航行开挖作业，目前国内外尚未有效解决耙吸挖泥船高质量开挖纵向斜坡槽底的技术难题，并且耙吸挖泥船开挖黏土层易产生垄沟，再次利用其他疏浚船舶清除深槽垄沟难度非常大，这对于高要求平整度的沉管基槽无疑是灾难性的，因此耙吸挖泥船不适用于隧道基槽黏性较强的黏土层开挖及槽底的精挖施工。

（3）抓斗挖泥船

现有抓斗挖泥船主要通过定位桩或抛锚定位，破土能力强，定深平挖，质量控制好，对边坡稳定性最好，适应性广，适合基槽施工。与港珠澳大桥沉管隧道基槽开挖类似的韩国釜山—巨济沉管隧道基槽开挖工程，亦是采用抓斗挖泥船进行精挖的。港珠澳大桥沉管隧道基槽开挖质量要求远远超过了现行的水运工程规范要求，国外无抓斗挖泥船解决如此高精度开挖项目的实例，韩国某隧道基槽工程采用抓斗挖泥船，其高程控制仍通过常规潮位控制模式。为满足港珠澳大桥沉管隧道基槽高精度开挖要求，需对抓斗挖泥船进行精挖设备技术改造及工艺研究。

2. 精挖设备技术改造

（1）技术改造研究思路

在常规疏浚工程中，抓斗挖泥船一般都采用水深控制模式作业，该模式需要进行潮位基准面与工程设计高程的转换，受潮位、风浪流、斗重变化等因素的影响，偏差较大。同时，常规抓斗的闭斗轨迹为 W 形曲线，施工后形成的水下地形高差值较大，特别是抓斗斗容越大，其在水下形成的高差就越大。

为确保抓斗挖泥船开挖隧道基槽作业精度，控制在工程设计允许超挖范围内。通过系统性地开展典型施工偏差因素的分析研究，提出一种新型的抓斗挖泥船挖泥控制方法，通过挖泥船计算机控制系统对抓斗挖泥过程的高程控制，消除船舶施工时受潮位、风浪流、斗重变化、船舶吃水等因素影响，达到有效控制超挖精度的目的。

为避免超挖及对槽底原状土的扰动，研发深基槽高精度智能控制关键技术与设备，通过自主研发的抓斗挖泥船智能控制操作系统，包含抓斗挖泥船精挖监控系统研制，应用传感器、网络通信、计算机、机电一体化、机械配套加工等工业技术，在原有设备状态基础上，进行船机设备适应性升级和优化，通过接管或替换原挖泥船定深控制系统，实现挖泥施工过程的可视、可控、可测。

（2）技术改造研究内容

技术改造研究的主要内容包括挖泥船直接高程控制模式、精挖监控系统、设备改造。

1）挖泥船直接高程控制模式研究

①研究方案。

挖泥船直接高程控制模式将抓斗挖泥船常规作业中采用的深度控制模式改为精挖作业中采用 RTK 控制高程基准，通过计算机与设备微调系统，实时控制抓斗吊缆长度、抓斗闭合轨迹，大幅度减小风浪流对常规抓斗挖泥船挖掘精度的影响，实现施工船舶远海自动定深挖泥，达到全天候的高程定位导航远海作业，高程定位精度可以达到厘米级；研制高精度抓斗挖泥船控制技术和设备，实现在无遮掩外海区域条件下−50 m 水深条件下挖泥超深控制在 50 cm 内的施工。

挖泥船直接高程控制模式通过在挖泥船上设置 RTK 移动站和过程状态传感器，结合 RTK 提供的数据获取挖泥机具定位数据，利用 RTK 基准高程数据，校核潮位站传递数据可能的分带测量偏差,保证潮位测量值的精度和有效性,作为 RTK 基准异常时间段的替代高程基准。通过数据采集模块提供的高程基准及挖泥机监视模块针对高程基准进行修正和补偿,计算并描述出在可施工海况条件下的测深高程基准。船艉的 GPS 信号接收天线和船艏的 GPS-RTK 接收天线分别见图 4-9 和图 4-10。

图 4-9　船艉的 GPS 信号接收天线

图 4-10　船艏的 GPS-RTK 接收天线

②研究成果。

在常规疏浚工程中,疏浚船舶一般采用水深测量基准控制方法进行挖泥作业,然而该方法需要进行水深测量基准面与工程设计高程的转换,容易受潮位、风浪流和机具自重变化等因素的影响,导致控制偏差较大,影响施工精度。港珠澳大桥岛隧工程克服现有技术中的误差因素,采用 RTK 无验潮控制高程基准,实时控制抓斗吊缆长度、抓斗闭合轨迹,大幅度减小风浪流对施工精度的影响,实现施工船舶远海自动定深挖泥,达到了全天候高程定位导航远海作业的目的,高程定位精度可以达到厘米级,满足了超出常规高程精度指标规范的施工特殊要求。

2) 抓斗挖泥船精挖监控系统研发

①研究方案。

大多数抓斗挖泥船现有定深测控设备是以人工方式预置定深目标参数,无 RTK、潮位基准数据直接输入接口,因此无法自动解算抓斗坐标位置高程动态改正值,不能实时补偿高程波动干扰(如 RTK 天线上下抖动)及海况扰动影响。

因此,在母船原有设备基础上,进行船机设备适应性升级和功能增加,构成抓斗挖泥船精挖监控系统,以接管或替换原挖泥定深控制系统,实现抓斗挖泥船施工过程可视、可控、可测。

系统包含两部分:基于地理信息系统(geographic information system,GIS)平台的电子图形系统和抓斗运动轨迹直接数字控制(direct digital control,DDC)系统,它们之间通过进程间数据交互有机地结合在一起,如图 4-11 所示。

由计算机、软件控制算法模型、传感器群、电控接口驱动设备、通信网络构成的抓

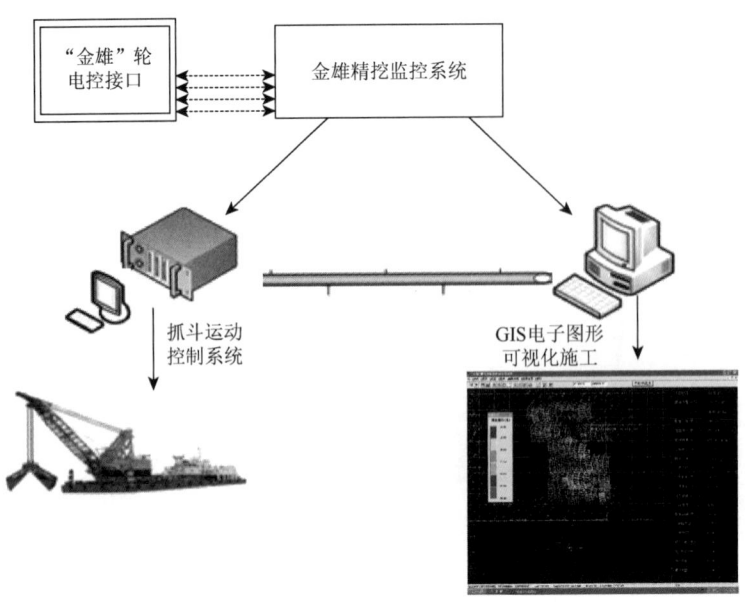

图 4-11 抓斗挖泥船精挖监控系统构成示意图

斗挖泥船精挖监控系统将抓斗挖泥船模拟为一台能进行精确加工的"数控机床",可准确地对海上船体进行三维空间坐标定位,其抓斗拟如刀具,形成可控的泥土切削(挖掘)能力,船员或工程管理人员能充分掌握并使用该"数控机床工具",如精密机械模具加工操作那样,来高效实施海底基槽精准成型"精密加工"工艺。

(a) 基于地理信息系统平台的电子图形系统。

结合挖泥船直接高程控制方法的精挖参考基准方案,"金雄"轮在海上精挖基槽施工过程,完全依赖于高程参考基准来实现高精度指标要求的定位导航、姿态测量、施工监测、抓斗闭合控制等工作。因此,获取的参考基准数据需有效、持续稳定。

基于地理信息系统平台的电子图形功能是指抓斗挖泥船通过该功能结合直接高程控制方法,可对挖泥船施工过程的各形态(包括水下作业区域)进行图形监视,并与曲线形式在线显示水下斗齿挖掘运动轨迹,间接反映开挖后的泥层形态,实现了施工的可视、可控、可测,从而指导挖泥作业。

平面施工定位导航可在施工区电子地图上显示和记录当前船位及抓斗挖泥平面移动轨迹(图 4-12)、断面和水深图(图 4-13)数据,反映开挖前、后的泥层状态。

由计算机辅助精确(排)布斗(图 4-14),提高移船效率,辅助施工指挥管理,组织工艺实施。

抓斗水下作业图(图 4-15)以曲线形式在线显示水下斗齿挖掘运动轨迹,间接反映开挖后的泥层形态,可作为判断是否产生浅点或意外超深的参考,当该点达到设计水深则发出提示信息。利用实时动画模拟海上船体 x、y、z 空间姿态变化及挖泥现场实际工况。

第 4 章　地基基础施工

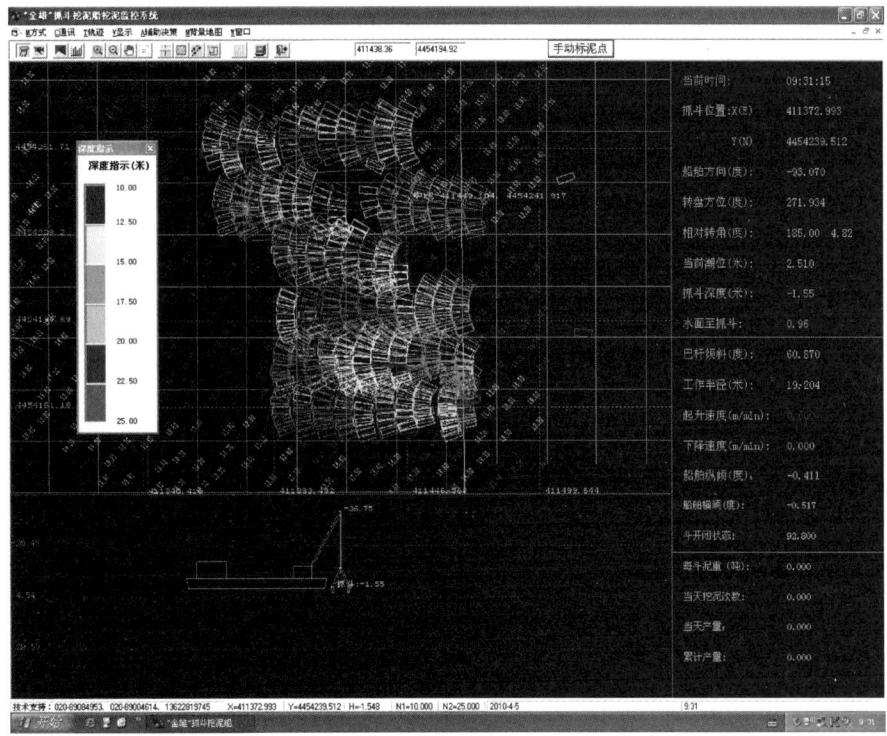

图 4-12　当前船位及抓斗挖泥平面移动轨迹

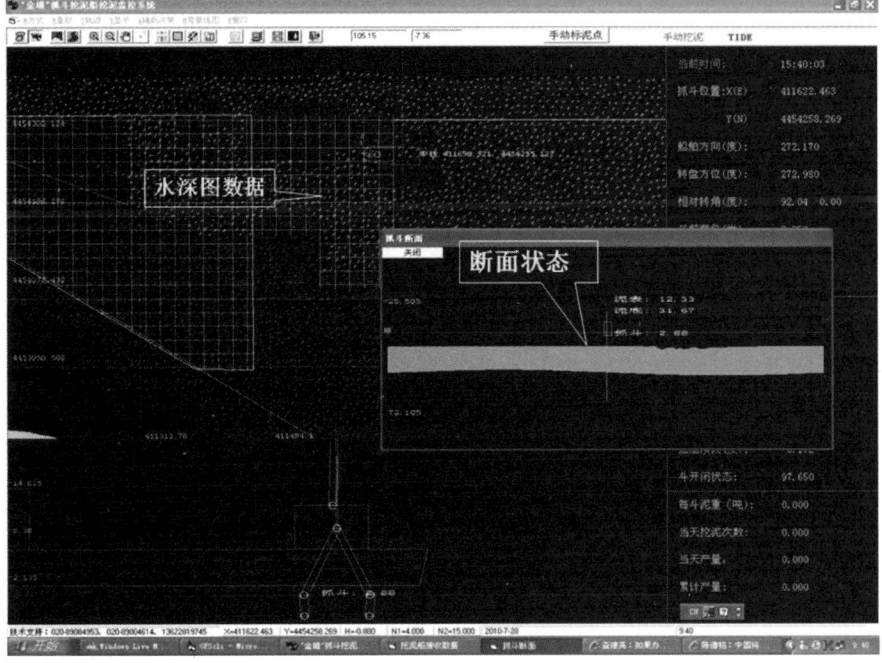

图 4-13　断面和水深图

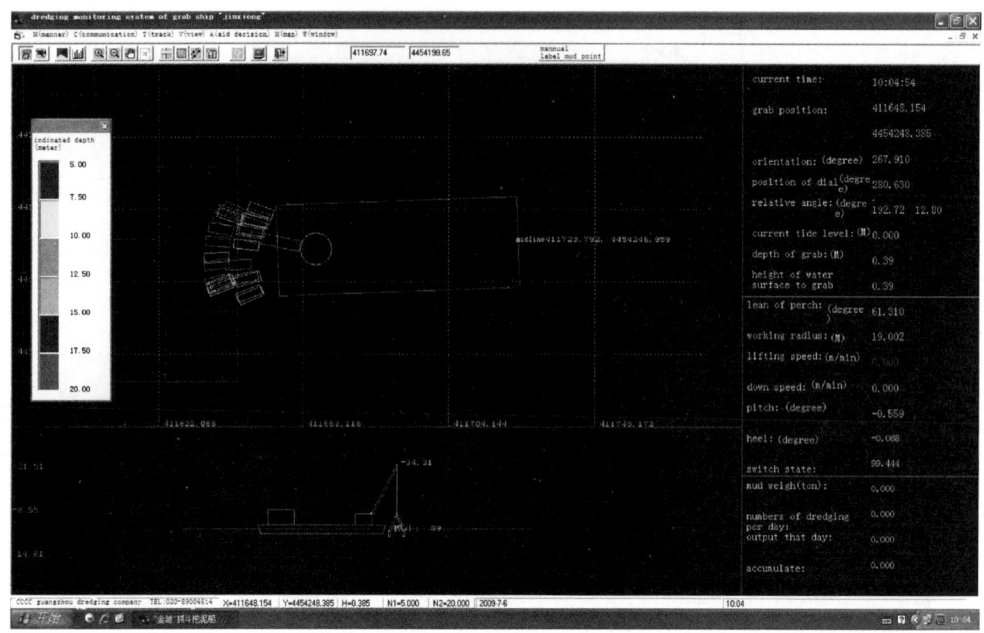

图 4-14　计算机辅助精确（排）布斗图

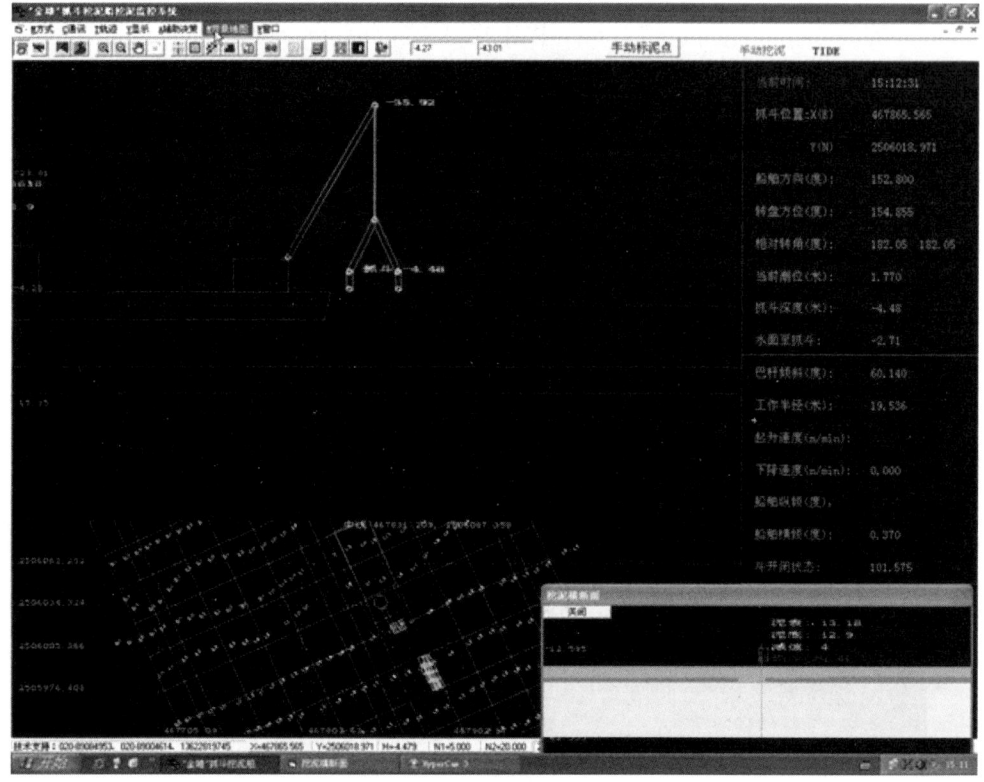

图 4-15　抓斗水下作业图

(b) 抓斗运动轨迹直接数字控制系统。

抓斗运动轨迹直接数字控制系统由自主研发的自动平挖控制系统实现,采用迭代拟合方法,实时控制抓斗闭斗轨迹。

"金雄"轮直接数字控制系统主要结合现场工况条件下,综合施工选择效率最佳的平整挖泥模式。

(c) 平整挖泥控制原理。

抓斗挖泥船平整挖泥模式是通过计算机间接识别斗位点泥质状况、抓斗轮廓形状的几何数学模型,依此调节碟式刹车液压回路制动压力,改变刹车对限制抓斗自由下降动能的制动力矩,最终精确地控制闭斗挖掘过程抓斗的沉降位移量,使之保持在设计超挖精度范围内,挖去由抓斗几何尺寸形成的部分浅点土层,待抓斗完全闭合后,泥层曲线为一条平均包络高低差小于 5 cm 的水平纹波线。此外,闭斗挖掘过程中,计算机将监测和控制偶然的异常开挖超深。

抓斗挖泥船的"平整挖泥模式"利用了抓斗自重(此时最小碟刹压力可到 15 bar[①]),同时以足够的碟刹承托力(此时最大碟刹压力可达 200 bar),使其破土能力能自动适应尽可能宽的土质密度特性变化。

抓斗挖泥船工作过程中,采取平整挖泥模式施工,可充分利用抓斗(图 4-16)开口尺度,使每斗开挖后的无浅点有效平整面积更大,同时动力系统仍然继续提供主动破土切削力矩,使抓斗保持一定的挖掘能力,在不溢斗的情况下,平整挖泥模式能成倍提高挖泥效率。

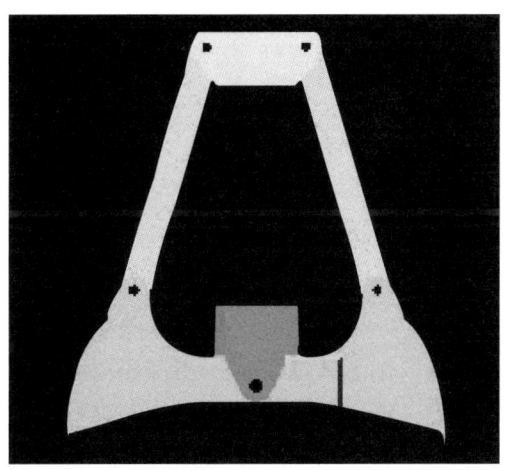

图 4-16 抓斗示意图

② 研究成果。

通过对抓斗挖泥船原有的疏浚监控系统进行改造,改造后增加了超深限制功能等,并通过典型施工分析了相关误差原因,提出偏差控制解决方案,实现同时动态跟踪高程

---

① 1 bar = 10^5 Pa。

基准，数字地形拟合或基槽轮廓识别，精确控制抓斗运动轨迹，测控精度小于 50 cm；实现海上可视化精确挖泥施工，强化施工操作程序化、数字化、智能化；实现对抓斗挖泥船施工过程的可视、可控、可测。

3）抓斗挖泥船设备改造

通过分析抓斗挖泥船误差组成，进行全方位的技术改造，提升抓斗挖泥船作业的定深控制能力及平挖作业能力。

研发一款自动整平装置挖泥控制系统，目的是提高抓斗挖泥船施工作业精确度，使抓斗挖泥船的平挖高差从 30 cm 减少到 5 cm。同时，通过对原船液力变矩器进行升级改造，满足长期平挖作业的稳定性要求。

①抓斗挖泥船平挖功能测试。

"金雄"轮有两种挖泥作业方式：

第一种：以效率优先的常规疏浚作业方式。其抓斗斗齿闭合设计曲线如图 4-17 所示，单斗的平整高差约 1.2 m。

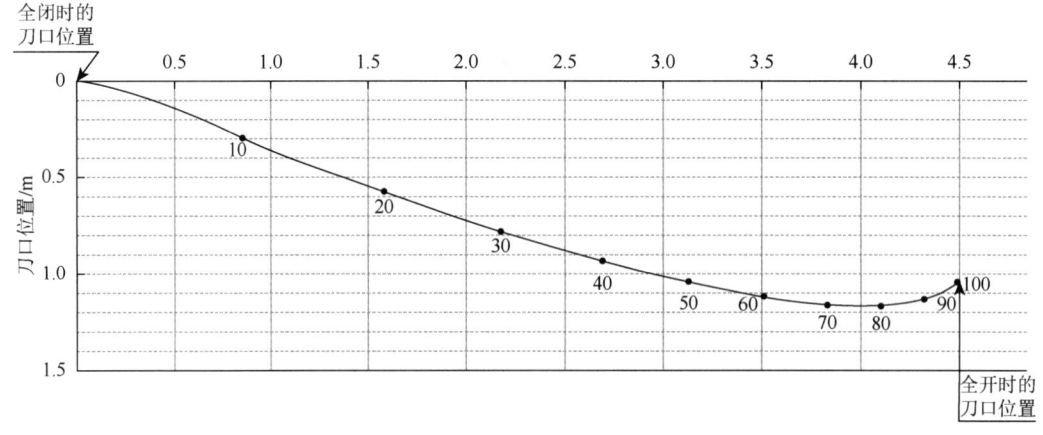

图 4-17 效率优先的抓斗斗齿闭合设计曲线图

第二种：以平整度优先的自动平整作业方式。当抓斗闭合到开口度分别约为 45%、30%、20%、10% 时，系统会自动分 4 次释放一小段吊斗钢丝绳，直到抓斗完全闭合，尽量保持斗齿闭合轨迹平直。抓斗斗齿闭合设计曲线如下，单斗的平整高差约 0.3 m（图 4-18）。

"金雄"轮平挖功能试验采用了沙堆进行试验，将 1200 m³ 的沙堆砌成上表面尺寸为 15 m×6 m、高度约 3 m 的沙堆，并在周边用小沙包护坡（图 4-19）。

平挖试验过程如图 4-20 所示。测试结果如下。

4 次平挖试验：槽底高差为 0.21~0.25 m；

2 次非平挖试验：槽底高差约 1.2 m。

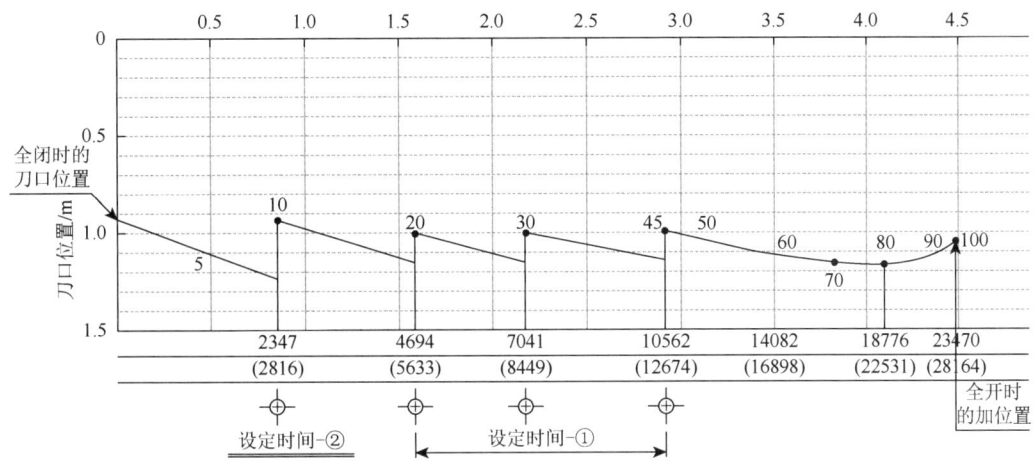

图 4-18 平整度优先的抓斗斗齿闭合设计曲线图

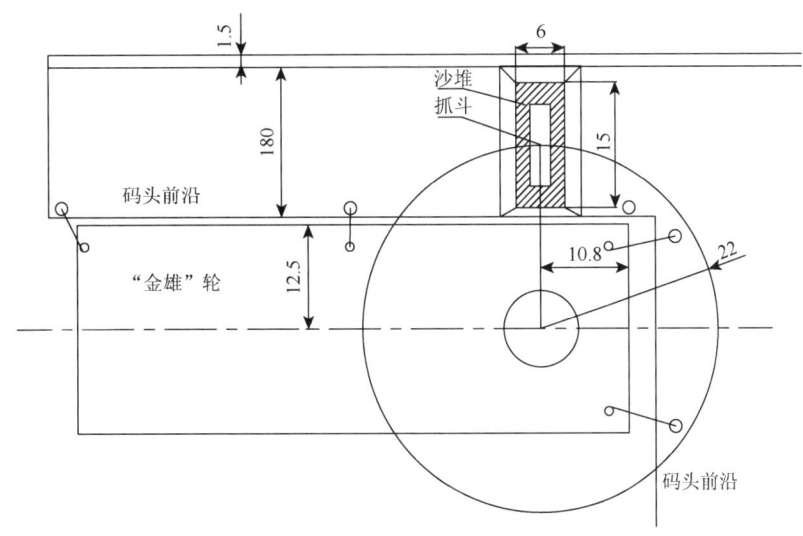

图 4-19 "金雄"轮平挖试验现场布船示意图（单位：m）

图 4-20 测试过程图

由此可见,"金雄"轮平挖功能较改造之前有很大提升,沙堆测试中的实际高差在设计0.3 m以内,平整精度比未用平挖功能的常规挖泥方法提高了约1.0 m。为了进一步提高挖泥精度,对其挖泥控制系统进行深入改造,以期达到将其平挖精度控制在±5 cm范围内。

②自动整平装置挖泥控制系统方案。

经研究分析,"金雄"轮原水平挖掘(自动整平挖泥)功能采用"定深挖泥"模式施工,将抓斗下放到设定深度后(系统会自动停住抓斗),进行闭斗抓泥;当抓斗闭合到开口度分别为 45%、30%、20%、10%时,系统会自动分次适当释放一小段吊斗钢丝绳,直到抓斗完全闭合完成抓泥作业,其高低不平度示意图如图4-21所示。采用"自动整平挖泥"功能作业后所挖过的海底高低不平度最大是0.3 m左右。

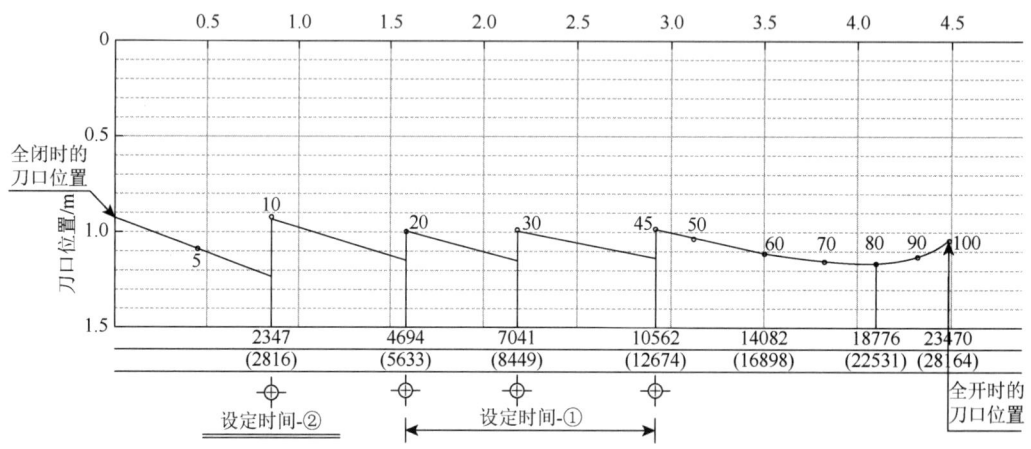

图4-21 采用原水平挖掘(自动整平挖泥)功能作业后的高低不平度示意图

实际试验的测量结果表明,自动整平挖泥痕迹的最大不平度为0.21~0.25 m。采用"自动整平"模式施工时,需碟刹配合进行刹车,通过调整碟刹液压油压力和松开吊斗钢丝绳主卷筒刹车的时间间隔来控制抓斗每次往下掉的距离,控制自动整平挖泥的效果。

吊斗主卷筒和开闭斗主卷筒的动作是分开的,即在抓斗闭合到一定程度(如开口度为45%)时,会触发吊斗主卷筒松开刹车(时间间隔可控制),让抓斗往下掉一段距离,实现水平挖掘。"金雄"轮原采用一种最简单的方式实现水平挖掘,这也使其整平挖泥效果一般。通过分析原"平挖"功能的实现方式,确定了对"金雄"轮挖泥系统改造的思路和方案。

为了实现深基槽高精度挖泥作业,对"金雄"轮挖泥系统进行技术升级优化,最关键的改进是实现吊斗主卷筒和开闭斗主卷筒相互协调。在挖泥时,经升级的挖泥控制系统会根据采集到的抓斗开口度信号和新增加的精确的吊斗钢丝绳长度信号,控制开闭斗主卷筒与吊斗主卷筒相互配合动作,使得在闭斗抓泥作业时抓斗的闭合和抓斗的下放均连续协调,从而实现精确挖泥,精确挖泥平整度高低差约为5 cm。

(3)技术改造效果

①首次提出挖泥船采用高程直接控制的方法,采用RTK控制高程基准,通过计算机

与设备微调系统,实时控制抓斗吊缆长度、抓斗闭合轨迹,大幅度减小了风浪流对常规抓斗挖泥船挖掘精度的影响,实现了挖泥高程的高精度控制,在 50 m 水深条件下挖泥超深控制在 50 cm 以内。

②开发了抓斗挖泥船智能控制操作系统,实现了开挖高程智能控制,有效避免了超挖及对槽底原状土的扰动,实现了施工过程的可视、可控。

③研发了抓斗挖泥船自动平挖控制系统,采用迭代拟合方法,实时控制抓斗的闭合轨迹,使高差精度控制在 5 cm 以内。

3. 精挖施工技术原理与工艺

(1) 施工技术原理

常规抓斗挖泥船施工一般采用潮位改正后按水深控制或 RTK 无验潮模式,其基本原理是根据设计开挖深度加上潮位修正后,通过控制抓斗钢丝绳的下放深度来实现设计高程的挖除。由于常规抓斗闭斗曲线为 W 形曲线(图 4-22),施工后形成的水下地形高差值较大,特别是抓斗斗容越大,其在水下形成的高差值就越大。因此,在常规疏浚工程施工中,为实现开挖后不出现浅点,往往会根据测定的抓斗挖泥船闭合轨迹,以其挖泥轨迹完成后的最高点高程满足设计高程要求来进行施工安排。

精挖施工技术改变了原有利用潮位为基准的深度控制模式,采用 RTK 直接高程的控制模式实施对抓斗挖泥船的准确定位和实时姿态更正,实现了对开挖过程的无验潮高程控制。同时,采用迭代拟合的原理,通过对闭合轨迹曲线进行干预,大幅度减小挖槽开挖后槽底各点高程的高差值,实现基槽高精度挖泥施工,该技术具有创新性。

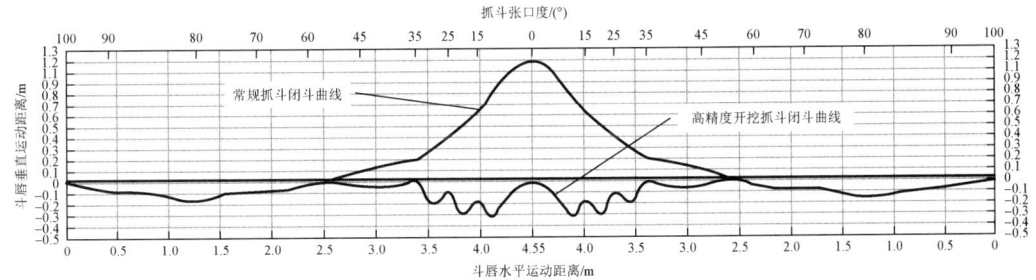

图 4-22 常规及高精度开挖抓斗闭斗曲线图

此外,精挖施工技术采用自主研发精确挖泥计算机测控系统,接管或替换原挖泥控制系统,增加了超深限制、综合偏差调整等功能,实现了抓斗挖泥船施工过程可视、可控,具体原理如下。

首先将 RTK 高程信号导入精确挖泥计算机测控系统,在下斗过程中,由控制系统实时跟踪 RTK 基准高程和抓斗钢丝绳下放长度,在抓斗即将接触泥面时最后确定挖掘高程,然后开展抓斗的闭斗过程。通过精确挖泥计算机测控系统克服当前工况条件下因风浪流或船舶自身油水变化干扰因素造成的影响,实时调整吊斗钢丝绳的下放深度,确保抓斗在既定位置切削土体,从而挖出一条平均高低差值约 0.05 m 的水平纹波线。待抓斗完全闭合后,提升抓斗,并将疏浚土体装运至开体泥驳上,如此循环,最后由泥驳运输到指定区域抛卸。

(2)施工工艺

1)船位布置

施工船舶按垂直基槽轴线且船艏朝向水流来向展布,见图 4-23 和图 4-24,并以基槽中心线为界分为南、北半槽,通过船位的前进、后退实施顶水施工。

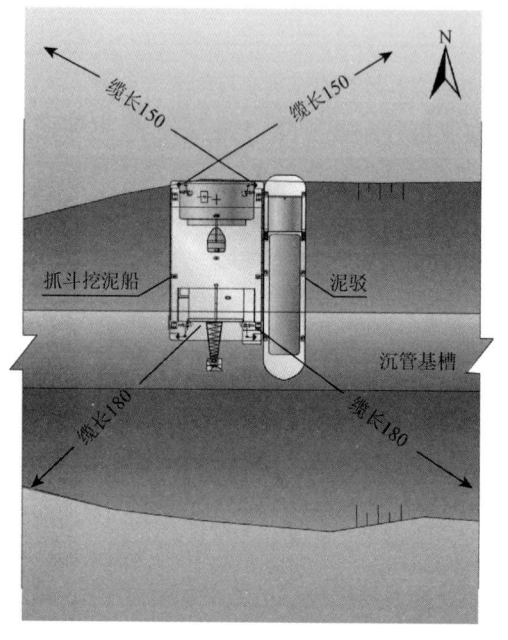 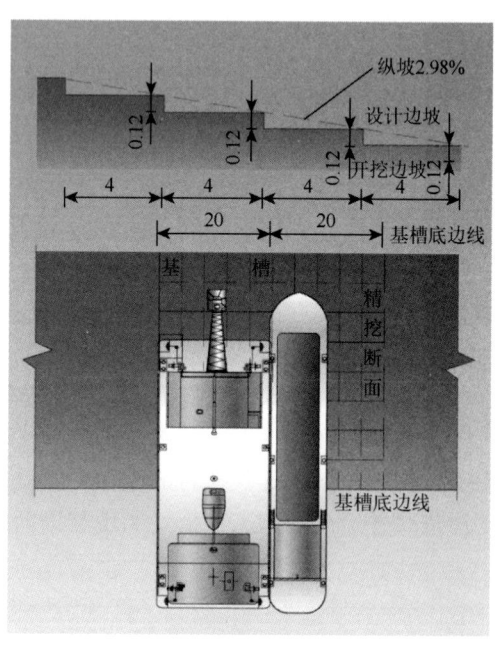

图 4-23 抓斗挖泥船船位布置示意图(单位:m)　　图 4-24 抓斗挖泥船基槽纵坡形成施工示意图(单位:m)

2)平面定位

平面定位采用 GPS-RTK 定位系统,利用分别安装在船艉与船艏的定位系统进行平面控制。另外,利用自行研发的精确挖泥计算机测控系统的 GIS 电子图形系统,可实时在计算机屏幕显示并监测船体平面位置。

将精挖抓斗挖泥船的 GPS 接收机放到已知控制点上进行数据采集,把采集到的数据用 XYPLOT 软件进行处理,将处理得到的平面坐标与控制点已知坐标进行比较来验证 GPS 稳定性,以保证定位误差符合现行《疏浚工程技术规范》(JTJ 319—99)的要求。

3)定深控制

可根据定深系统,在不同工况条件下,按工程计划的深度,通过精挖专用抓斗挖泥船的 DDS 系统实现施工全过程自动控制钢丝绳释放长度、闭斗进程及超深保护装置,可限制抓斗"金雄"轮超挖,尽量减少斗齿对块石基床的扰动。

4）施工高程控制

挖深控制系统主要由 GPS-RTK 天线、钢丝绳脉冲计数器、精确挖泥计算机测控系统、挖泥传感器等组成。

①GPS-RTK 高程控制。

抓斗挖泥船施工前，依据设计施工图计算每个断面的设计开挖深度，输入开挖监控系统，作为定深开挖依据。通过 GPS-RTK 采集的高程数据，利用计算机处理后实时显示抓斗在高程面下的深度，利用钢丝绳脉冲计数器计算钢丝绳下放长度，控制抓斗挖掘高程。

②挖泥机具校准。

挖泥机具抓斗的高程是采用 GPS-RTK 天线高程与钢丝绳长度计算的方式，因此在施工前，应组织对抓斗进行深度校准，先将抓斗放至某一标定位置（如甲板面），利用相应的电子测量设备获取 GPS-RTK 天线到该标定位置的高度，与精确挖泥计算机测控系统显示的高度进行比对、校核及修正。

③实时控制。

通过精探监控系统的 GIS 电子图形系统，可实时计算机屏幕显示、监测开挖深度。同时，可自动生成开挖记录文件，对每一斗的开挖位置及完成深度进行记录，便于后期检测比对。

5）平挖控制

精探监控系统相比原挖泥控制系统，增加了超深限制、综合偏差调整等功能，实现了抓斗挖泥船施工过程可视、可控、可测。另外，采用迭代拟合的原理，由系统自动控制提斗钢丝绳，控制抓斗动态沉放，实现整个闭斗过程的实际切削土体的轨迹曲线为一条水平波纹线。抓斗精挖功能原理示意图如图 4-25 所示。

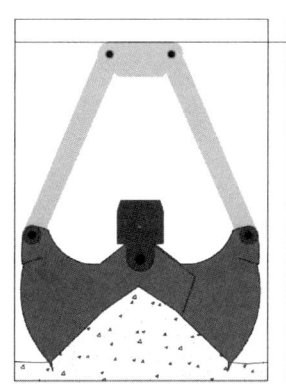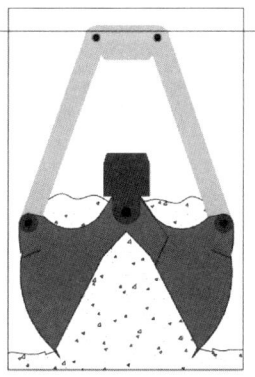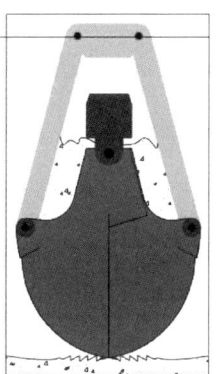

图 4-25 抓斗精挖功能原理示意图

6）分段、分条开挖

专用精挖船施工分段长度与船舶单次展布可覆盖施工范围有关，纵向长度为 80～100 m，施工中标准管节（180 m）分两段进行开挖。

每一段施工范围分为若干条进行施工,在施工过程中,为控制施工质量、防止漏挖,当分条宽度小于 10 m 时,专用精挖船按条与条之间搭接宽度为 1 m 重叠施工;当分条宽度大于10 m时,按条与条之间搭接宽度为 3 m 重叠施工,所有管节段与段之间搭接 5 m 重叠覆盖施工。

基床精挖按照层控制,施工中沿着基槽方向按照 20.0 m 宽度分条施工,为了避免漏挖现象的发生,相邻斗之间搭接宽度为 1/3 的斗长或斗宽,如图 4-26 所示。

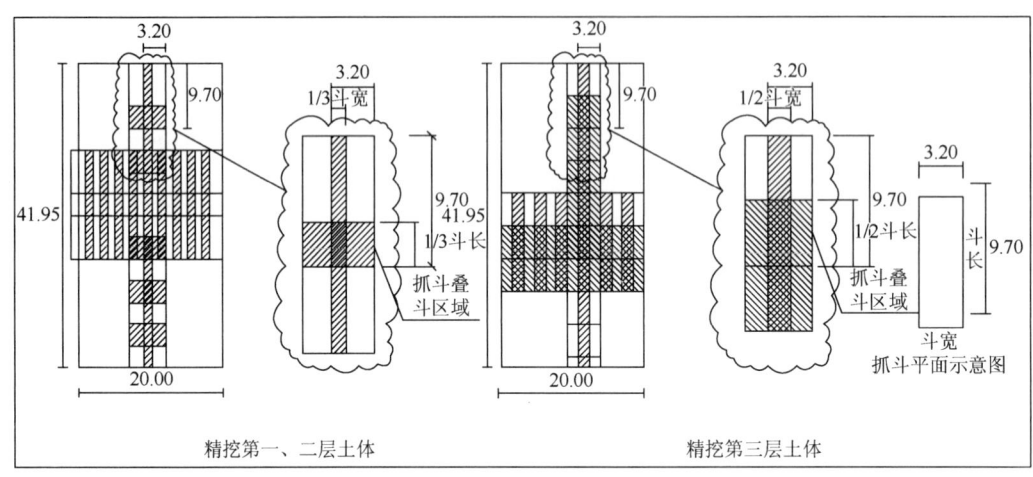

图 4-26　开挖不同土层时抓斗布置示意图(单位:m)

7)施工工艺流程图

精挖施工工艺流程图如图 4-27 所示。

4. 施工质量控制与检测

①施工前进行典型施工,掌握高精度开挖施工控制要领。工程技术人员根据设计图纸对施工区域进行分段、分条,绘制准确的平面施工导航文件,并进行技术交底工作。

②施工前,应组织对抓斗挖泥船抓斗进行深度校准,将抓斗放至某一标定位置(如甲板面),利用相应的电子测量设备获取 GPS-RTK 天线到该标定位置的高度,与精确挖泥计算机测控系统显示的高度进行比对、校核及修正。

③在施工前和施工过程中,定期对测量设备、抓斗挖泥船的开挖控制系统、GPS-RTK 平面及深度定位系统的精度进行校验,确保满足相关规范的精度要求。

④施工过程中,挖泥操作手严格按挖泥轨迹显示系统所显示信息严控开挖宽度及深度。

⑤加密施工过程检测工作频率,绘制施工过程开挖断面图,分析水深变化,掌握施工情况,以防止漏挖、欠挖、超挖,确保工程质量。

⑥在浅点清挖过程中,应根据浅点的分布形态及深度合理布置开挖计划文件。

第 4 章 地基基础施工

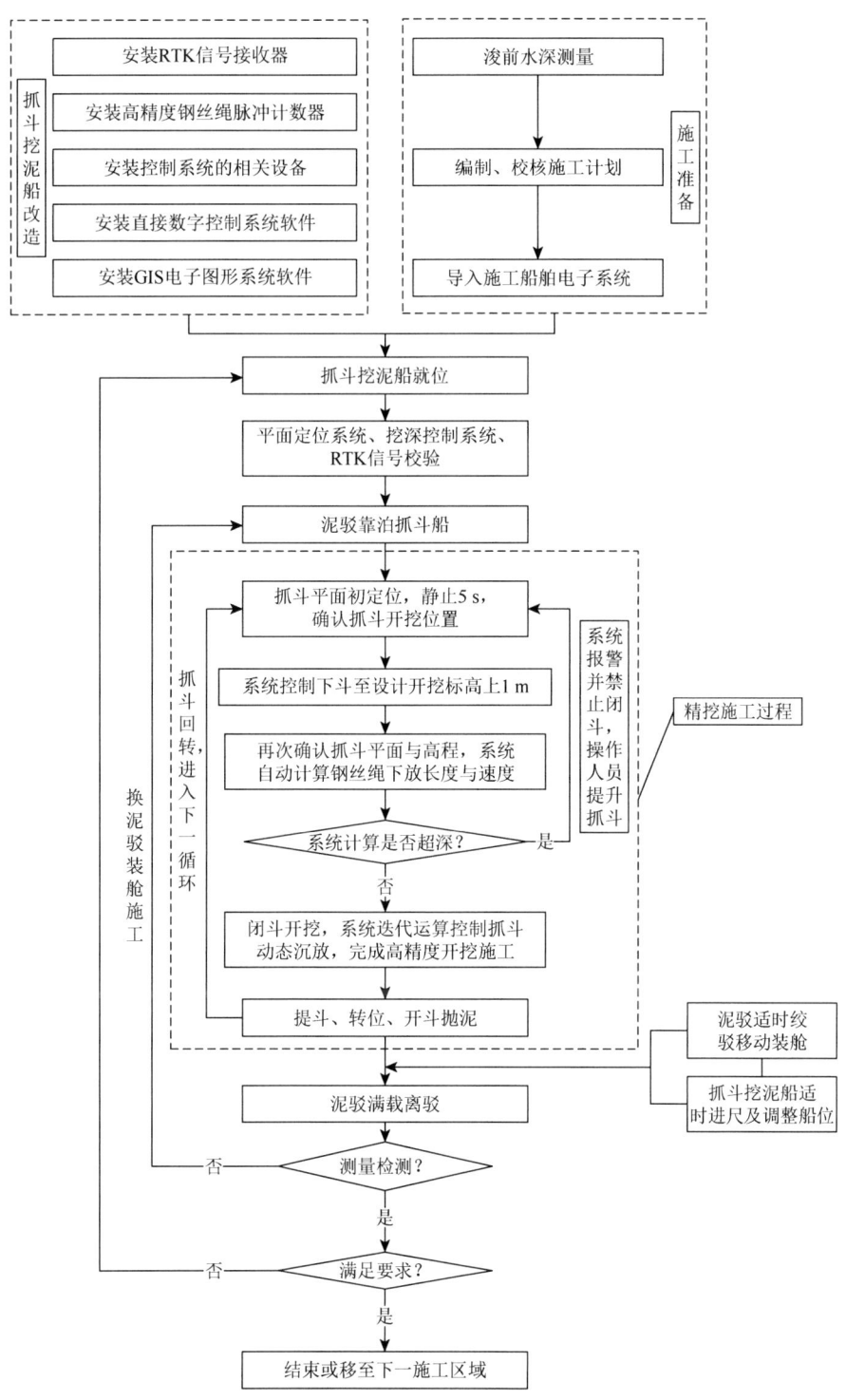

图 4-27 精挖施工工艺流程图

4.2 基槽清淤

4.2.1 概述

港珠澳大桥沉管隧道基槽，地处珠江口伶仃洋海域，海况复杂，过往船舶频繁，周边水域存在大规模采砂、疏浚等水下作业活动；沉管隧道基槽最大深度近50 m，开挖泥层厚度最大达30多米且几乎垂直于水流；基槽开挖与后续基槽基础处理施工作业时间跨度大（个别区段基槽晾槽时间超过两年），基槽（含边坡）容易产生淤积，甚至发生骤淤等异常现象。回淤物主要是淤泥质土和部分含砂淤泥质土，长时间堆积易产生一定程度的固结。沉管安放对基槽地基回淤物密度要求极高，回淤量的超标将直接影响沉管基础处理的质量。因此，隧道基础处理施工中必须对基槽内的回淤物质予以有效地清除，基槽清淤施工流程图见图4-28。

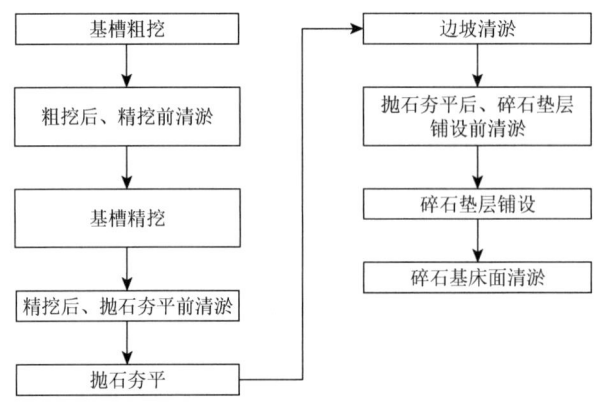

图4-28 基槽清淤施工流程图

清淤施工技术要求，主要参照施工设计图相关要求与验收标准，详见表4-2。

表4-2 基槽清淤相关检测项目及要求

序号	检测时机	淤泥清除要求
1	基槽精挖后块石夯平前	当隧道基槽底含水率<150%；或者密度>1.26 g/cm³的回淤沉积物厚>30 cm
2	块石夯平后碎石整平前	隧道基槽槽底密度>1.26 g/cm³的回淤沉积物厚超过10 cm；或者密度>1.15 g/cm³的回淤沉积物厚>30 cm；边坡上回淤物厚度<0.5 m
3	碎石整平后管节沉放前	密度>1.26 g/cm³的回淤沉积物厚超过4 cm；或者密度>1.15 g/cm³的回淤沉积物超过8 cm

4.2.2 清淤内容

1. 粗挖后、精挖前清淤

隧道基槽大部分管节基床的精挖通常与前期粗挖间隔一定时间，精挖的基床面不可避免地淤积一定厚度的浮泥或粗挖残留物。因此，为提高基槽精挖施工质量，减少此部分淤积物随精挖施工落淤至基床槽底，在开始每个管节基床精挖前，需根据水深测量结果安排清淤施工。对选用耙吸挖泥船或专用清淤船清淤，主要视该施工区域空间而定。鉴于该阶段基槽尚未最终成型，清淤施工可不考虑对土体的扰动，施工过程中耙头或吸淤头应紧贴泥面，以达到最佳清淤效果。

2. 精挖后、抛石夯平前清淤

根据施工进度计划，在基槽精挖施工后，抛石夯平开始时间必须根据后续工序碎石基床铺设、沉管安放气象窗口倒排，因此，可能导致基槽晾槽时间过长，需结合回淤监测结果和水下人工探摸情况及作业条件，安排具有动力定位和动态轨迹系统（DPDT）、疏浚轨迹导航系统（DTPS）的中大型耙吸挖泥船、专用清淤船，对相应管节基槽进行精确清淤。

3. 边坡清淤

沉管隧道基槽边坡长时间晾槽累积的淤积物易出现滑塌、落淤等不稳定情况，假如周围有采砂等相关活动，则影响程度尤为明显。施工过程中必须重视和加强边坡稳定性监控，监控评估如果需要对边坡淤积物进行精确清除处置，则由具有 DPDT、DTPS 的中大型耙吸挖泥船承担。

4. 抛石夯平后、碎石垫层铺设前清淤

基槽碎石基床铺设施工，通常应在抛石夯平施工完成之后随即展开。如有特殊原因造成延误，需结合回淤监测结果和水下人工探摸情况及作业条件，安排精确清淤。如淤积面积和淤积量较小，一般采用专用清淤船作业即可；但如果大面积回淤且回淤量相对较大时，为提高总体清淤施工效率，在已安管节末端一定安全距离之外的基槽范围，通常安排具有 DPDT、DTPS 的中大型耙吸挖泥船进行精确清淤，剩余的局限区域高精度清淤施工则仅能由专用清淤船承担。

5. 碎石基床面清淤

一般情况下不考虑该阶段的清淤作业，如遇异常情况，则必须安排清淤。碎石基床清淤的重要原则：以吸除碎石基床面上（含垄沟内）淤泥质量为主。因为碎石基床面上的淤积物将对沉管安装产生最直接且敏感的影响，尽量不破坏已铺设的碎石基床。鉴于超高的精度要求，碎石基床清淤采用增设高精度清淤功能的碎石铺设整平船完成。

6. 特殊位置清淤

①岛头清淤（即人工岛与隧道结合部清淤）作为港珠澳大桥沉管隧道基础特殊的清淤任务，施工区域狭小，周边环境复杂，尤其是东人工岛岛头因导流堤影响，堤头处容易发生挑流现象，致使E32管节水流流速增大，影响船舶施工。在实施过程中，在导流堤多个不同位置设置地垄，专用清淤船整体施工方向为由外逐渐向内部延伸作业，结合现场实际情况，共采用多种船舶姿态完成对施工区域的全覆盖。

②靠近已安管节末端钢端门前数十米范围区域，清淤风险极大，专项清淤施工方案经专家严格评审及典型施工试验后实施。在此受限区域的高精度清淤施工，均仅能由带锚缆式、操作性能更好的专用清淤船"捷龙"轮完成。

③最终接头处位于E29管节与E30管节之间，采用"三明治"结构，整体呈楔形，底宽9.6 m，顶宽12 m。最终接头清淤需要清除的回淤物主要为厚度为0~50 cm的黏性较强的淤积物，由专用清淤船完成，但由于该接头处施工区域狭窄，操作精度要求极高，存在较大的人为操作不当或应急反应慢等较大安全隐患。另外，专用清淤船"六锚定位"布锚所采用的钢丝锚属柔性，正常风浪流都会造成桥梁有一定的偏移，在大风浪、龙口紊流、船行波等情况下，更容易造成桥梁与吸淤头移位、偏荡，施工过程中桥梁架碰触钢端门的风险极大。施工过程中，通过召开系列专家评审会、现场操作培训、典型施工等有效措施规避施工风险。

4.2.3 清淤船技术改造

1. 专用清淤船技术改造

（1）技术改造研究思路

为确保专业清淤船在深水基槽中的清淤精度，避免施工中对沉管钢封门造成破坏，创新研发一套刚性轻质量桥架，采用倒三角形桁架结构及合理的浮力结构设计，配合多吊点恒张力系统调整各吊点受力，确保清淤船80 m长桥梁架刚度好、重量轻的同时满足水深−50 m施工和精确施工要求；另外设计研发高精度定位系统，利用水下压力传感器、双向角度传感器、行程传感器等获取吸淤头定位多种测量数据，通过迭代分析计算实现吸淤头的精确定位，并通过音叉式高精度密度仪、产量计、高清摄像头实现清淤效果的实时监测。

为了保护基槽基床和保护原状土，研制适合不同清淤层的多功能吸淤头，同时设计基槽床面清淤防损系统和触底保护装置，既达到外海施工高精度高效清淤目的，又达到不破坏基床的目的。

研究"定点盖章"式精确清淤施工工艺解决基槽多变坡比清淤施工的技术难题；研发快速装驳系统，采用快速接头和小管径自浮管组合管系实现外海远距离快速装驳。

（2）技术改造研究内容

1）设计研发多功能吸淤头

①研究方案。

结合工程技术要求与调研结果，吸淤头设计需满足以下要求：

（a）吸淤头采用水平清淤，吸口方向平行与基槽底面，避免对槽底的破坏。

（b）吸淤头采用人字形结构，可实现左右和双向清淤。

（c）吸淤头具有喷水结构，在淤泥较厚时能够搅起底层淤泥，提高清淤效率。

（d）吸淤头具有足够的强度，重量适当。

针对碎石基床底部清淤施工的不能扰动基槽基床的要求，设计双侧清淤吸头，对吸淤头双通道流场的有限元分析，设计优化形成专用清淤吸头的结构设计。吸淤头吸口的吸力要适当，吸力太小清淤效率不高，吸力太大会破坏基槽基床。在建立数字和实物模型的基础上，模拟现场清淤环境，通过试验测定吸淤头吸口的最佳吸力。根据试验结果和流场分析结果，对吸淤头进行调整优化。

设计研发基槽床面清淤防损系统和触底保护装置，应用传感器、网络通信、计算机、液压系统、机电一体化、结构优化设计等，实现清淤施工过程可视、可控，动态操作，精确定位，有效防止在清淤过程中对清淤基槽床面的损坏。通过在吸淤头上调节油缸位置传感器获取调整油缸位置数据及吸盘角度数据，传输至可编程控制器（programable logic controller，PLC）对数据进行收集、处理并转换为控制信号控制吸淤头与基槽底部的接触力保持恒压状态，当接触压力过大时，液压油缸自动泄压保护吸淤头和桥架结构，使基槽基床不被破坏。

②研究成果。

结合应用条件，经过反复研究，建立了吸淤头的基本结构模型，主要分为三个部分。

（a）人形双流道吸淤头。

为了避免垂直于底部清淤容易破坏底部结构，吸淤头清淤方向选择平行于清淤底部，采用水平清淤方式，吸口采用长方形扁平结构，左右各一个吸口，对应两个流道。两个流道彼此独立，呈光滑圆弧线向上汇聚，避免出现紊流影响清淤效率，具体结构见图4-29。

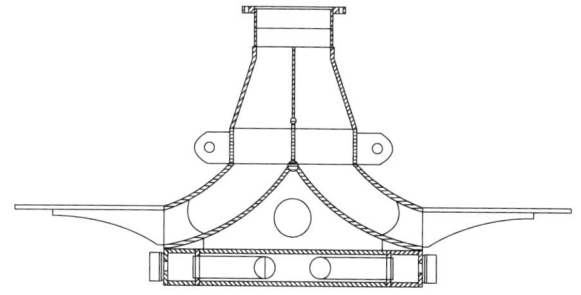

图4-29 人形双流道吸淤头结构图

吸淤头上方为一个圆管，圆管下方为一段变形管将圆管变为方管，方管下分为两个流道，截面积逐渐变大，流道呈人形从垂直于底面方向转为平行于底面方向。

吸淤头开口方向平层结构。通过调整吸口面积达到调节吸口处吸力和流体速度目的，使吸力和流体速度满足不会破坏基槽基础面，达到保护基底的目的。吸口上方增加水平导向板，增加上部密度较小淤泥层的移动行程，使下部密度大的淤泥更容易被吸口吸入流道，该设计也同样提高了清淤效率。

（b）左/右单向和双向清淤吸淤头。

吸淤头的吸淤管截面经过转化从圆形变为方形，下方设计侧面为梯形的方管，梯形方管下方在两个流道的交汇处设置可旋转挡板，将两个流道隔开，通过调节该挡板的角度可以选择左/右单向清淤或双向清淤。挡板处于中间位置时为双向清淤；挡板旋转至左侧最大位置时，挡住左流道为右向清淤；挡板旋转至右侧最大位置时，挡住右流道为左向清淤。

挡板通过转轴旋转，转轴与吸淤头外侧的旋转油缸连接，通过该旋转油缸来驱动转轴转动控制挡板的角度。该转轴的最大旋转角度为 0～180°，挡板可随转轴向两侧分别旋转 0～90°，可定位在中间位置，根据需要设定挡板的面积、形状和最大旋转角度。

如图 4-30 所示，挡板可随转轴向两侧分别旋转30°，其中一侧流道被遮挡，另一侧流道连通可进行清淤，清淤流道上部分与倾斜挡板形成倾斜式流畅的流道，有利于清淤。两边流道各设置一个限位块，当挡板到达左限位块时为右侧清淤，到达右限位块时为左侧清淤，位于中间时双侧清淤。

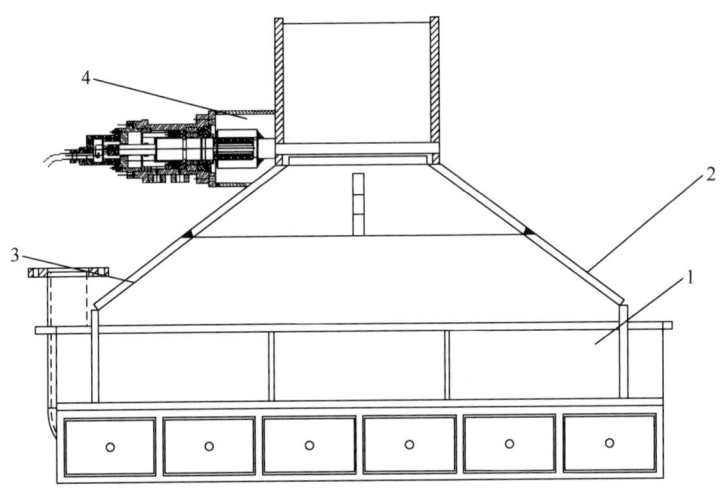

图 4-30　吸淤头正视图

1. 喷射头；2. 流道弧形板；3. 高压水管；4. 旋转油缸

（c）独立喷水结构。

当淤泥密度和黏度较大时，需要较大的吸力才能达到清淤效果。吸淤头设计了喷水结构，采用高压水冲击淤泥或块状泥层，提高清淤的效率和适用范围。喷水结构位于流道下方，分别通过两条压力水管引入压力水。喷射口设置在吸口下方，与吸口同向，水平喷射，不破坏清淤底部结构。喷头为方形加厚实心体，中间开孔为喷射口，孔径根据不同工况确定。为了增加吸淤头与底面的接触力，喷射水腔下面吸淤头底部采用平板结构。

③吸淤头研制与改造。

该专用清淤船由原深水取砂船"捷龙"轮（图4-31）经过约8个月的技术改造，进行了5个多月的工前调试，测试其是否适用于清淤工程各种工况。清淤施工前期，根据该船使用情况和所面临的问题，在现场针对吸淤头结构进行了局部的再改造（图4-32）。鉴于基槽清淤要求与工况条件与原先计划有较大的变化，根据现场施工需要，针对"捷龙"轮的吸淤头、边锚锚机、船尾管线快速接头等又进行了第二次技改优化工作（图4-33），清淤效果显著，"捷龙"轮技改优化工作基本达到了预期设计目标。

图4-31 原吸淤头在现场安装

图4-32 经现场再改造的原吸淤头

图4-33 专用清淤船"捷龙"轮吸淤头

2）设计研发轻质桥梁

①施工方案。

普通绞吸挖泥船桥梁一般采取钢板结构，随着桥梁长度的增加，桥梁在水中的重量也相应增加，使船舶施工水深受到限制。通过设计研发轻质桥梁采用自浮结构，采用倒三角形桁架结构及合理的浮力结构设计，通过自身浮力达到减轻桥梁重量的作用，并配合多吊点恒张力系统调整各吊点受力。在船舶整体尺寸不变情况下，保证了清淤施工的大水深高精度要求，解决了超长桥梁在水中施工的受力平衡问题，确保施工的稳定性和安全性。

②研究成果。

轻质桥梁设计满足设计工况要求，保证了水下−50 m清淤的强度要求，同时重量限制在现有绞车的提升范围内，在 80 m 桥梁的焊接中，通过改进焊接工艺保证了焊接的精度和质量。在原船现有条件下增加清淤深度，需要设计足够长度的桥梁，并且桥梁重量需要限制在已有设备的起吊能力范围，采用新型的浮力桥架结构可解决这个难题，该型桥梁架采用 3 根长约 80 m 的主力管架配合辅助支架组合形成桁架式结构，端头采用旋转耳轴与船体连接，结构简单、强度较大、轻便灵活；此外，辅助支架为密闭的中空管，故在水下带有额外浮力，可以承托桥梁架在水中的部分重量，使整个桥梁架更轻便灵活，总体上满足了水下 50 m 清淤的要求，详见图 4-34。

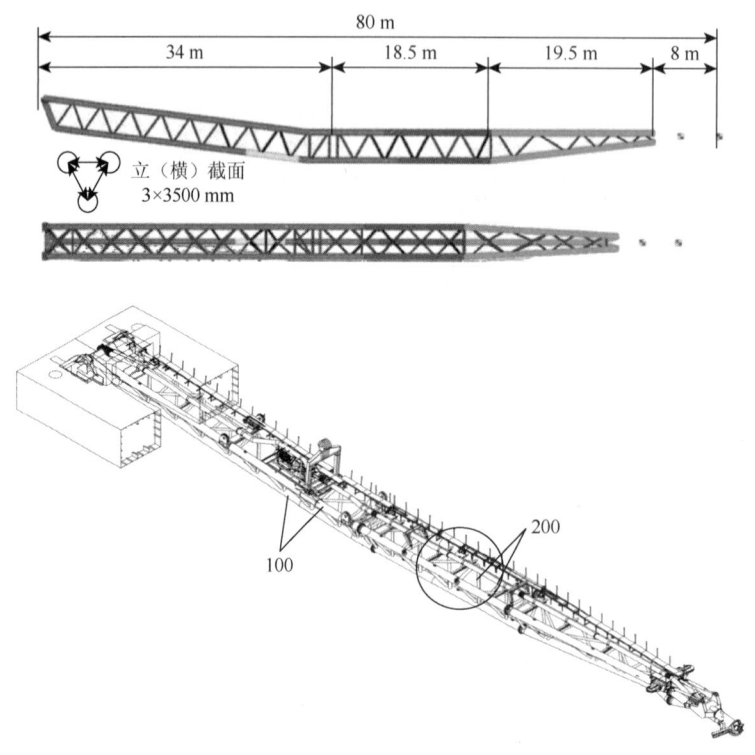

图 4-34　专用清淤船轻质刚性桥梁架结构示意图

3）精确定位控制系统

①研究方案。

面对港珠澳大桥岛隧工程的高质量工程要求，原"捷龙"轮的定位系统已不能满足要求，因此需要对"捷龙"轮进行设备更新与改造，实现精确定点清淤功能。设计一套吸头精确定位的监控系统，通过 RTK 进行平面定位，并利用 RTK 高程参与深度控制，减少了受潮位分带、风浪流变化等因素的影响，另设一套系统采用现场实时潮位作为高程基准参与深度控制。两套高程测量方案互为验证、冗余，确保稳定的测量精度。利用水下压力传感器、双向角度传感器、行程传感器等获取吸淤头定位多种测量数据，通过迭代分析计算实现吸淤头的精确定位，并通过音叉式高精度密度仪、产量计、高清摄像头实现清淤效果的实时监测。

基本设计思路：加装一套高精度的 GPS，设置最高精度 RTK 移动站利用直接高层控制模式进行平面定位；对改造后的 80 m 柔性轻质桥梁加装 2 个高精度压力传感器进行桥梁深度测量；桥梁首段利用角度传感器测量吸盘摆动深度和姿态；应用传感器、PLC、网络通信、计算机等工业技术，构成"捷龙"轮深水清淤精确定位系统，实现"捷龙"轮施工过程可视、高效、精确。

定位系统主要包含以下几个部分。

（a）平面定位模块——高精度 GPS 和 RTK 移动站，如图 4-35 所示。

将 2 个高精度的 GPS 安装驾驶台顶部垂直船体中线，通过 2 个 GPS 数据计算出船体方向，RTK 天线接收现场 RTK 基站数据，Trimble sps-461 主机将以上几个数据通过串口 RS232 格式输入主机服务器，然后通过主机服务器设置 Trimble sps-461 主机为最高精度 RTK 模式：xy 平面精度为 0.07 m + 1 ppm RMS，z 垂直精度为 0.10 m + 1 ppm RMS。

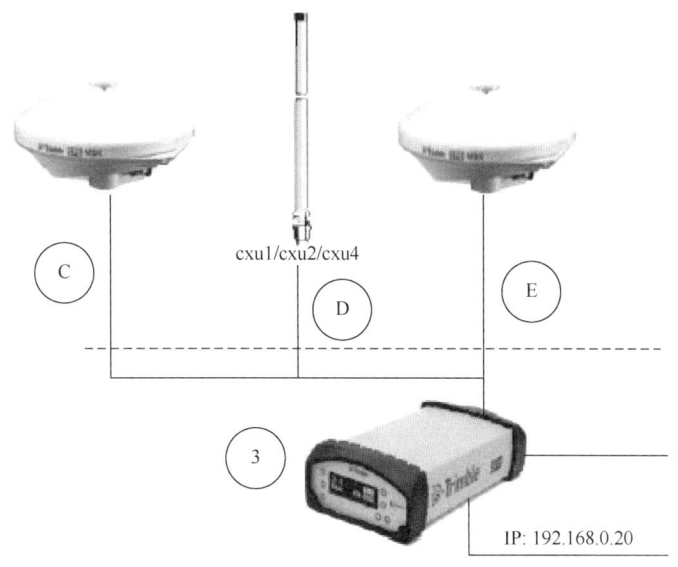

图 4-35　平面定位模块

（b）柔性轻质桥梁的深度测量模块。

原"捷龙"轮的桥梁为箱体桥梁并且较短（约 50 m），在正常施工过程中桥梁长度受外界影响造成的变形量基本可以忽略不计，在桥梁上安装一个角度传感器就可以精确测量出桥梁的下放深度（$H = L\sin\theta$），但经过改造后的钢管结构柔性轻质桥梁（约 80 m）容易产生变形，桥梁长度误差难以控制，仅安装一个角度传感器的情况下桥梁下放深度误差较大。改造后的桥梁结构如图 4-36 所示。

采用 2 个高精度压力传感器（精度为 0.1%）测量桥梁下放的深度，避免由于桥梁变形产生的误差。一个装在桥梁耳轴的附近，如图 4-37 所示；另一个装在桥梁最前端，如图 4-38 所示，它们之间通过管路连接形成油路循环。在桥梁下放过程中，2 个高精度压力传感器能够精确测出油路中的压力差，计算出桥梁的下放深度，如图 4-39 所示。

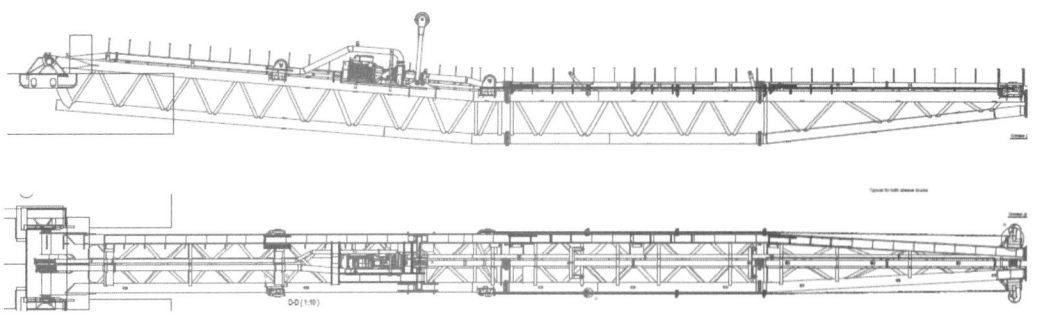

图 4-36 改造后的桥梁结构

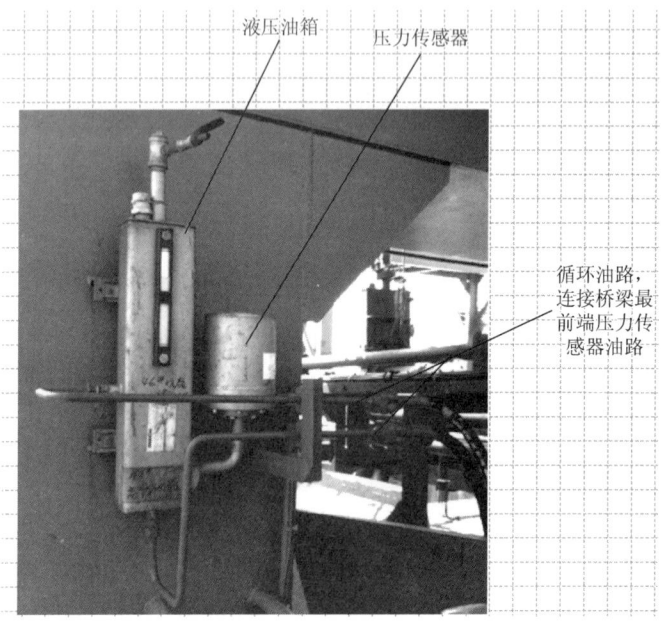

图 4-37 桥梁耳轴附近的高精度压力传感器

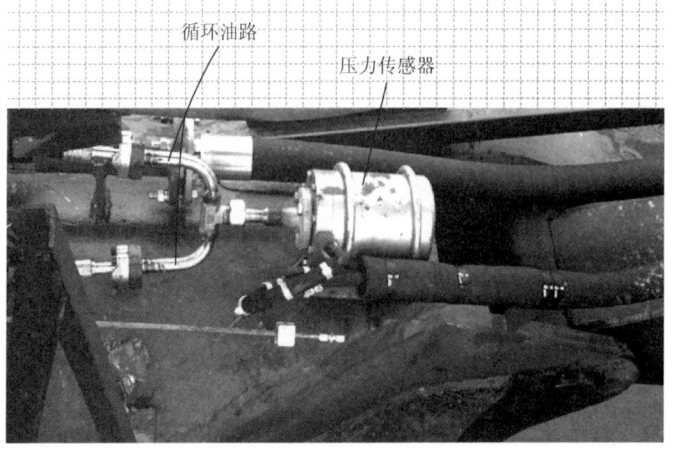

图 4-38 桥梁最前端的高精度压力传感器

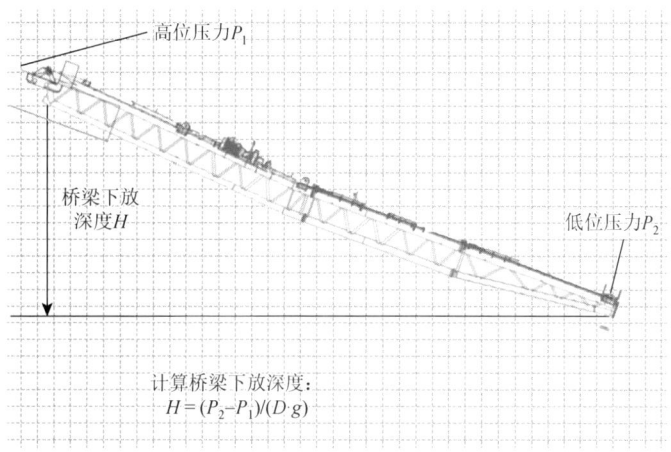

图 4-39 桥梁下放深度 H

D 为循环油路中油的密度

（c）桥梁首段吸盘测深模块。

桥梁首段吸盘测深模块与桥梁通过铰点连接，通过伸缩液压油缸控制其摆动角度。桥梁首段吸盘处加装一个角度传感器（安装位置见图 4-40），能够精确计算出其摆放的深度。

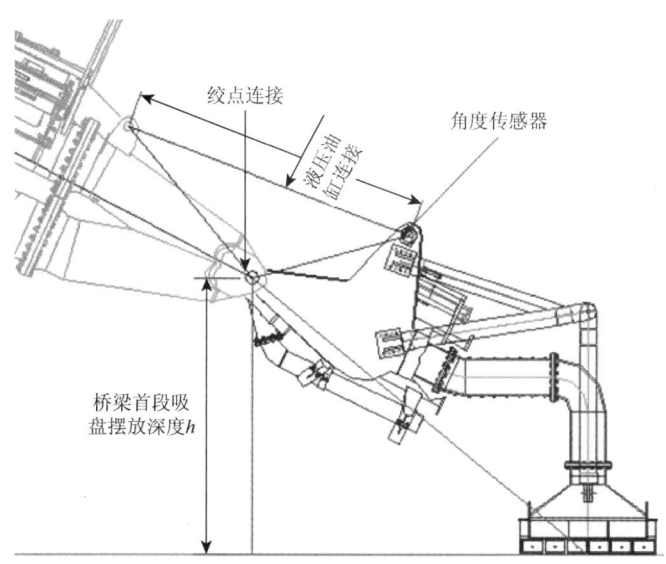

图 4-40 角度传感器安装位置

（d）PLC 采集计算模块。

采用 2 套 PLC 采集计算现场传感器数据，通过网络技术输入计算机和仪表，保证了系统数据实时、稳定、可靠，如图 4-41 所示。

（e）主机服务器及显示模块如图 4-42 所示。

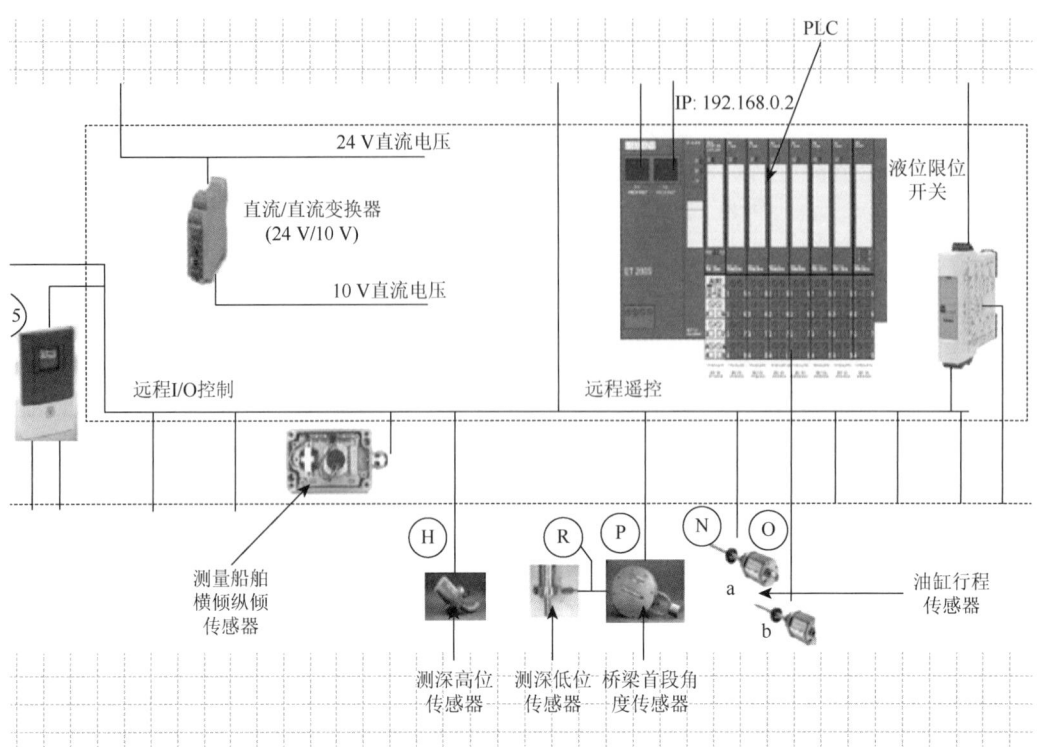

图 4-41　PLC 采集计算模块

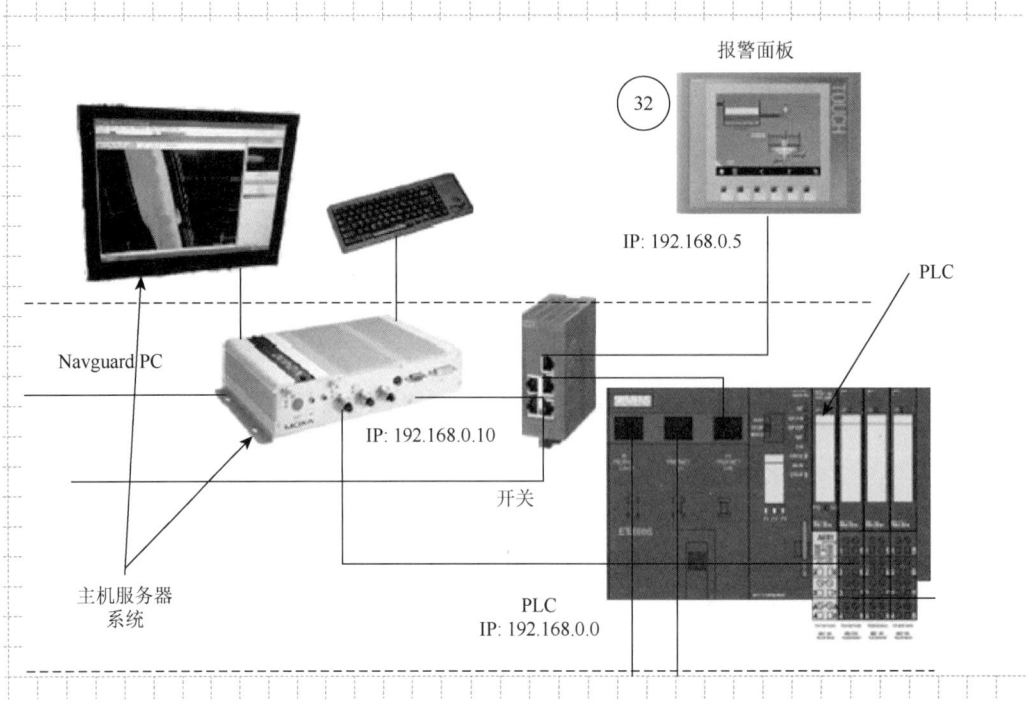

图 4-42　主机服务器及显示模块

主机服务器通过网关接收 PLC 的数据,通过 RS232 串口接收定位天线的数据,构成"捷龙"轮精确定位清淤系统,实现深水吸淤施工可视化、精确化。

②研究成果。

精确定位系统完全替代了原"捷龙"轮上的疏浚系统。通过分析改造后新设备(如桥梁、吸盘、GPS)影响定位系统的误差原因,增加了横倾纵倾传感器、测深压力传感器、RTK 主机等设备,将船舶的横倾纵倾造成的误差、桥梁变形造成的误差、GPS 精度不够造成的误差降到最小,控制定位系统的误差在厘米级以内,满足高质量工程要求,实现对捷龙深水清淤施工的可视、稳定、高效。该系统包含以下几个可视界面。

(a)平面施工定位导航及主要窗口,如图 4-43 所示。

在施工区电子地图上,显示当前船位和记录抓斗挖泥平面移动轨迹。在主窗口右边显示主要清淤参数,如桥梁下放的总深度、吸盘的 XYZ 数据、油缸伸缩距离、吸盘摆放的姿态窗口和断面窗口等。

图 4-43　平面施工定位导航及主要窗口

(b)工程坐标数据窗口及传感器数据窗口,如图 4-44 和图 4-45 所示。

4)装驳系统

①研究方案。

设计一套专用的环保装驳管线和简单高效的装驳装置,装驳管线采用过渡浮力装驳管线,快速接头创新性地使用了耙吸挖泥船艏吹装驳接头形式。装驳装置安装在驳船上通过快速接头与装驳管线连接,实现快速方便的装驳,并且其结构简单环保,最大限度地降低了对该区域通航的影响。

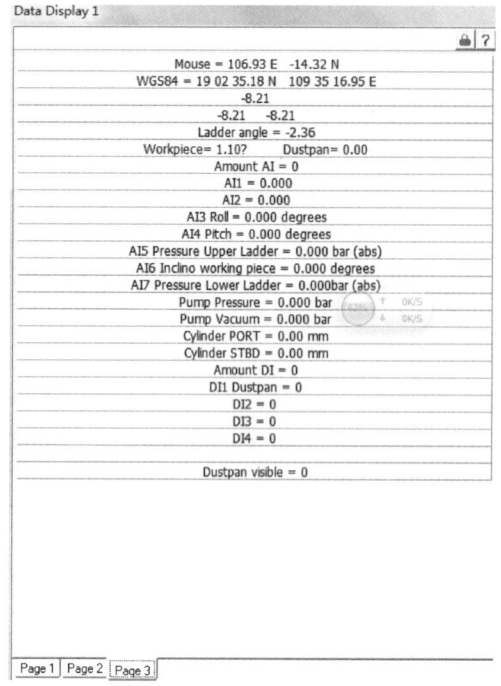
图 4-44　工程坐标数据窗口

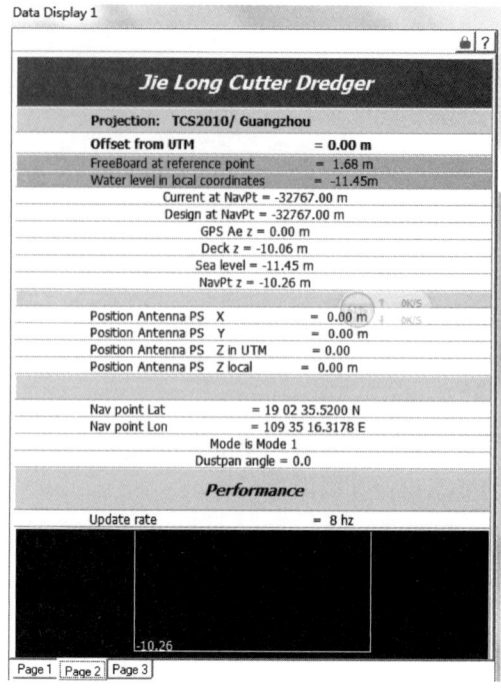
图 4-45　传感器数据窗口

②快速接头。

由于施工海域风浪大，船体和水上管线的摇摆使得管路的对接十分困难，泥驳端的接头固定，排泥管上的接头可以通过绳索提升至另一接头高度，水平方向采用球形快速接头（图 4-46）实现了在一定的摆动范围内对接。该接头一端为球面，称为雄头；另一端为带

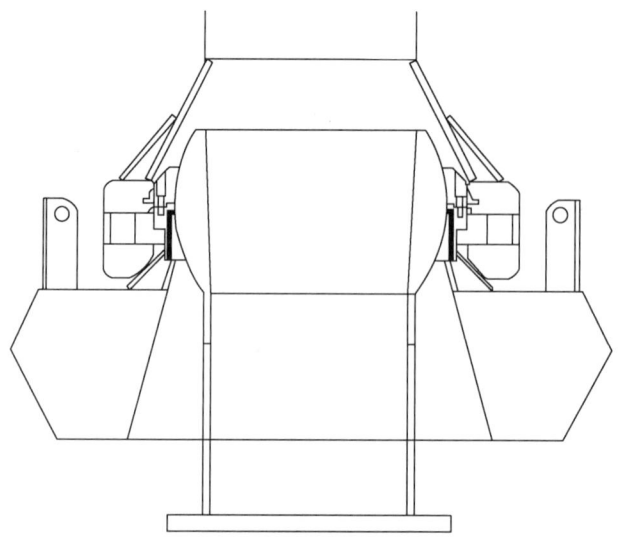
图 4-46　球形快速接头

密封圈的锥形管，称为雌头。雄头的球面接触与雌头密封圈完全接触即可实现密封，吸头倾角在 10°范围内，该快速接头均可实现对接，自行调整对接角度。

快速接头采用液压锁紧油缸将接头两端锁紧（图 4-47）。

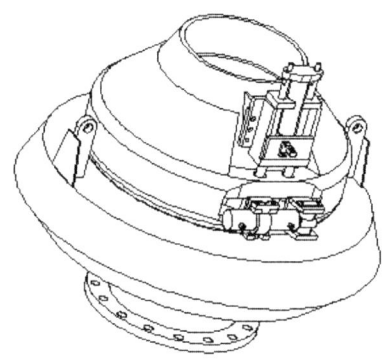

图 4-47 液压锁紧油缸

③装驳平台。

为方便快速接头的连接和维修，设置了供维修和操作人员行走和放置设备工具的装驳平台。该装驳平台包括快速接头周围带护栏环形走道、提升绞车滚轮及支架平台、平台扶梯和支架等（图 4-48）。

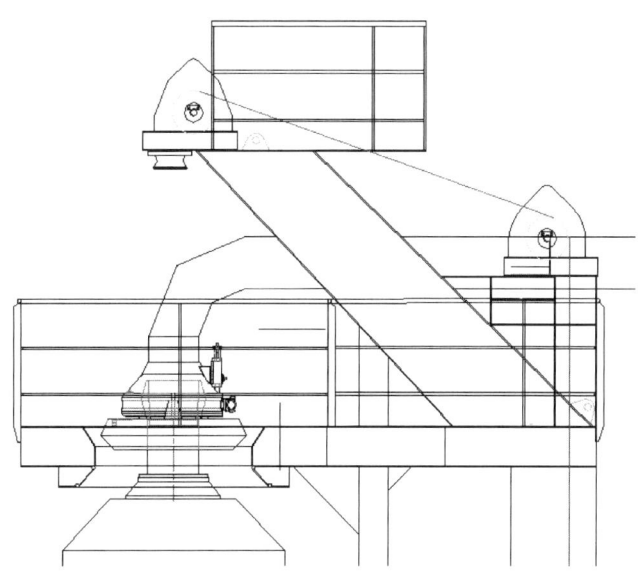

图 4-48 装驳平台

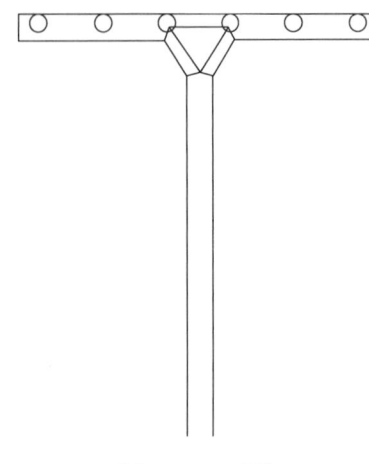

图 4-49 T 形管

④消能管。

当泥浆以一定压力和速度从排泥管中流出向下排入泥舱时,会引起泥浆的飞溅,导致泥浆无法很好地沉淀,影响装舱效率,并加大对周围水域的污染。因此,在泥浆排入泥舱之前要经过消能。该接驳装置的消能采用 T 形管,如图 4-49 所示。

如图 4-49 所示,T 形管由两条管垂直焊接而成,并在横管上开若干个卸泥孔,卸泥孔的尺寸和方向可根据具体情况确定。T 形管通过改变泥浆流动速度,扩大管路横截面积和增加开口数量来降低泥浆的流速和压力。

⑤艉锚机。

为了在装驳的时候保证船体的稳定性,在船艉增加一套艉锚装置,通过滚柱实现转向。艉锚机采用液压锚机,液压源共用现有的艉缆机液压系统,艉锚机上安装测绳装置,以利于控制钢丝缆下方长度。

⑥装驳自浮管系。

装驳自浮管系包括 4 种类型:全自浮排泥管、装驳橡胶软管、装驳半自浮管和装驳自浮管。装驳自浮管一端通过快速接头连接清淤船,一端通过球形接头通过 T 形管向泥驳内装卸淤泥。

⑦研究成果。

装驳系统在已有设备条件下进行设计制造,利用最少资源的消耗实现快速可靠的装驳,并且该设计能够适应海上恶劣的施工环境,球形快速接头和绞车提升形式能够减少人员的劳动力,采用自浮管进行输排泥,确保海上管线耐久性和可靠性,并提高海上施工的安全性。

(3) 技术改造效果

①研制了用于多种工况下使用的新型多功能清淤吸淤头装置,创新研发了利用恒压技术的基槽床面清淤防损系统和触底保护装置,同时采用人字形双流道结构,通过旋转挡板实现单向或双向清淤,首次实现了在基床面上清淤。

②研发了基槽床面清淤防损系统,从连接的结构形式、PLC 控制系统、液压控制系统三个方面进行设计,通过基于实时动态的位置、角度定位技术与液压控制操作技术相结合,达到动态操作。

③研发了 80 m 超长刚性桁架结构桥架,采用多吊点恒张力同步起升技术,具有刚度好、重量轻、带浮力的特点,满足海上–50 m 基槽清淤要求。

④研发了一套精确定位控制系统,修正因桥梁架变形因素对吸淤头装置定位精度的影响,同时研制清淤吸淤头触底识别装置,实现清淤过程的全程跟踪。

⑤研发了快速装驳系统,实现水上管线快速对接作业,满足现场通航要求。

2. 整平船技术改造

（1）技术改造研究思路

①主要技术方案。

整平船技术改造项目利用原有抛石船的大小车系统，增设大车梁和小车平台，安装一套能够上下升降的桁架。为保证抛石船在顶升状态下仍然能有效清除水下近 50 m 水深处的淤泥，桁架长 65 m，截面形状为三角形，三个顶角位置设置三根齿条，采用齿轮齿条的驱动形式控制其升降，在桁架头部安装有两台大功率泥泵，通过软管与吸淤头连接，可单独调控吸头高度。调节吸口装置的开闭和高度以实现碎石垄顶和垄沟内淤泥的清除。清淤系统设备方案如图 4-50 所示。

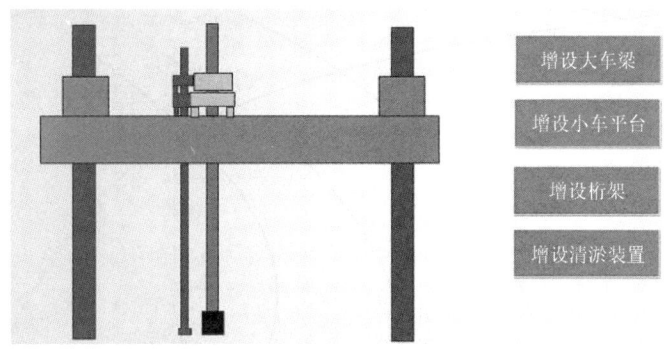

图 4-50　清淤系统设备方案示意图

由于清淤装置桁架位置随大小车移动，泥泵排出泥水经桁架内排泥管管引至海面以上后，再通过排泥软管排至软管绞车处，软管绞车将随桁架位置的移动收、放排泥软管，保证排泥软管与桁架排泥管（硬管）的有效连接。排出泥水经过外连的排泥软管，再排至 1 km 以外。

为尽量减少增设的清淤系统设备占用大车行程的空间，不影响原有抛石整平能力，在保证结构强度的情况下，大车新增梁与原有大车梁的间距及桁架尺寸都已被压缩至最低限度。大小车行走的位置和排泥软管相应的位置如图 4-51 所示。

②关键技术研究。

要保证清淤系统只清除碎石基床表面浮泥而不扰动碎石垫层，就需要严格控制吸口处水流速度。综合考虑清淤效率和流速控制等诸多因素，最终清淤泥泵采用荷兰 DAMEN 公司的 DOP250 型大型泥泵，通过液压系统调节泵的转速实现吸口处的流速控制。图 4-52 为 DOP250 型大型泥泵实物图。

清淤系统能否有效清淤，清淤装置的吸淤头是关键，吸口的位置、形状决定了吸口处的流场和清淤的有效范围。吸口沿碎石垄方向移动，通过控制开闭前后的吸口阀板，保持吸口一直朝向碎石垄前方，一次移动能够清除一条碎石垄上淤泥。主吸口两侧还设有两个辅吸口，位于碎石垄的两侧垄沟上方，用于清除垄沟内淤泥。

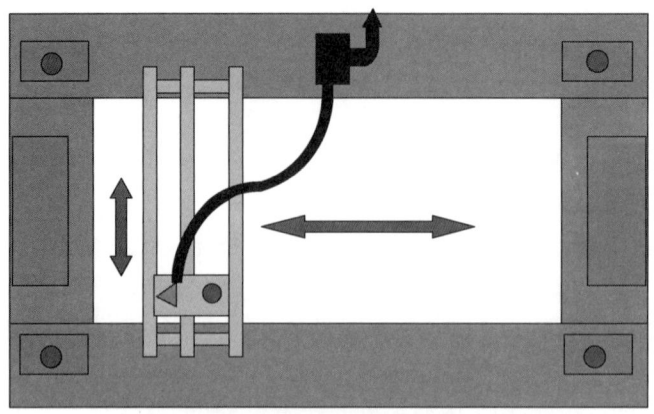

图4-51 大小车行走的位置和排泥软管相应的位置示意图

图4-52 DOP250型大型泥泵实物图

清淤装置头部还设置有一套高压冲水系统,将海水至吸口四周的喷水口喷出,能够扰动碎石垄面及垄沟上的淤泥,以增强清淤效果。

③清淤装置控制系统。

清淤装置控制系统属于典型的综合应用系统。涉及 GPS-RTK、声呐、倾斜仪、自动追踪、电-液传动控制、电气位置控制等多项技术的综合应用。清淤系统采用高程控制及泥泵流量控制方式,通过采集 GPS 数据、泥泵运行数据和水下成像设备数据,将更多控制信息,检测环节纳入系统操作管理,以适应碎石基床表面清淤这种高难度的作业要求。

上海振华重工(集团)股份有限公司(以下简称上海振华重工)根据多年对自动化

码头技术的研究与实践，尤其是 RTG 高精度定位技术的成熟应用，以及在海工领域动力定位控制系统的研究，结合自身成熟的电液控制技术、位置控制技术，以及在抛石整平控制系统方面取得的经验，研发了一套较为实际的清淤装置控制系统。

（2）技术改造研究内容

工区计划对整平船进行改造，主要包括现场前期准备工作、原大车主梁平台修改、新增大车主梁吊装、新增小车架及上下保持架吊装、清淤桁架上段吊装、桁架下段头架及吸淤头吊装、清淤桁架对接等。

①现场前期准备工作。

（a）主、顶甲板面需修改处进行清理，对干涉的部件进行清除并修复甲板，新增设备电源线穿舱件提前修改到位，专业人员对液压机管系小件进行放样测量并将数据反馈给上海振华重工，在基地进行制作。

（b）顶甲板船艉左舷增加电气房、液压泵站，并提前将此处船体加强修改到位。

（c）主甲板左舷靠横向中心线处增加排泥管软管绞车，并提前将此处船体加强修改到位。

（d）大小车架上需移除或移位的电缆拖链、托架、电气控制箱等提前进行修改。

（e）提前拆除小车架上抛石管升降机构侧梯子平台。

（f）将船艉侧大车原车挡切除并向船艉移位约 2.1 m，同时左右舷各增加一段 2.1 m 轨道。

（g）将大车靠船艉侧一根主梁上梯子平台整体割短，电缆托架拆除，栏杆向主梁侧移位，另大梁底部增加拖链支架。

②原大车主梁平台修改。

a. 原大车主梁平台修改。

原大车主梁平台修改具体内容如下，修改示意图见图 4-53。

（a）原电缆拖链支架整体拆除。

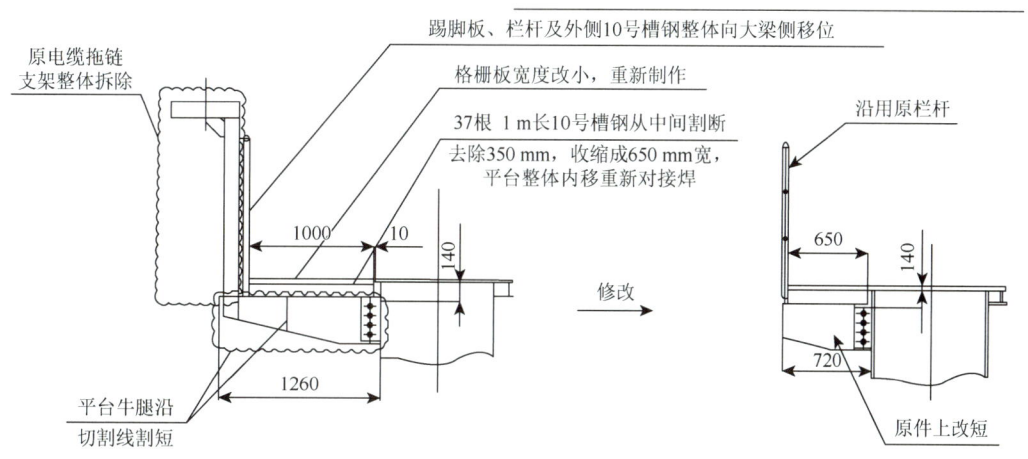

图 4-53　原大车主梁平台修改示意图（单位：mm）

（b）平台框架中 1 m 长 10 号槽钢从中间割断去除 350 mm，收缩成 650 mm 宽，平台整体内移重新对接焊。

（c）踢脚板、栏杆及外侧 10 号槽钢整体向大梁侧移位。

（d）平台牛腿沿切割线改割短。

（e）格栅板宽度改小，重新制作。

b. 增加小车拖链支架。

利用发运至现场的标准小吊耳将支撑架吊装到位，先将与大梁上表面的焊缝完成，现场制作平台，然后利用平台将支撑架与主梁腹板的焊缝焊好。

人员到拖链支架平台上装焊肘板并将 6 段踏步平台及栏杆安装到位，所有工作完成后将悬挂支撑割除。小车拖链支架示意图如图 4-54 所示。

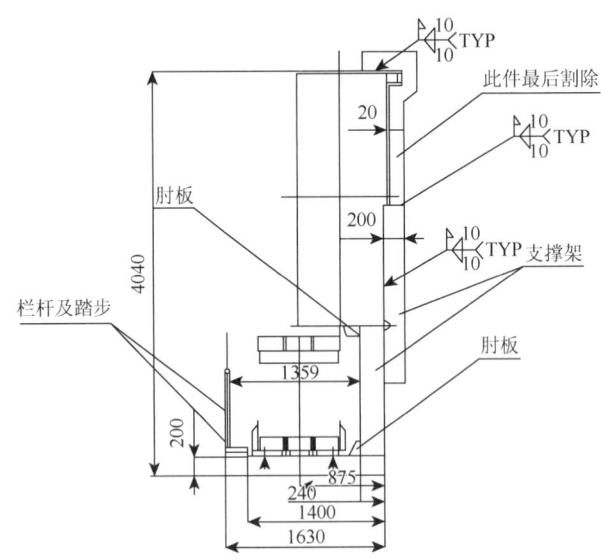

图 4-54　小车拖链支架示意图（单位：mm）

③新增大车主梁吊装。

吊装前测量原主梁腹板的平面度，根据测量数据修割新增主梁端部余量，并留足焊接收缩余量。焊接完成后焊接肘板，并复测轨道直线度及规矩等，合格后焊接轨道压板。

吊装时风力需小于 5 级，使用"沿江 2 号" 700 t 浮吊从抛石船右舷吊装作业，臂架角度 60°，采用副钩吊装。大车主梁吊装示意图如图 4-55 所示。

④新增小车架及上下保持架吊装。

首先将小车架上梯子平台安装到位，吊装前将小车架反面防脱钩支座装焊到位，防脱钩支架通过标准小吊耳、手拉葫芦、卡马等固定在支座旁边，待小车架组件吊装到位后再将支架移到位，拧紧螺栓。吊装前根据测量原小车架腹板的平面度数据修割铰轴支座端部余量，并留足焊接收缩余量。对接焊完成后测量小车架规矩开档。

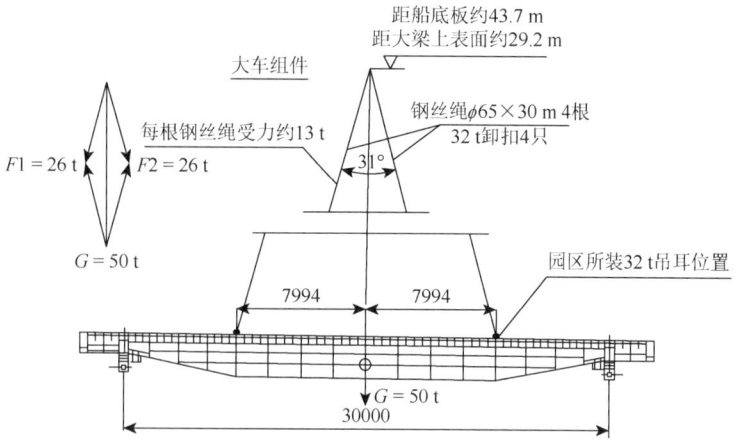

图 4-55 大车主梁吊装示意图（单位：mm）

吊装时风力需小于 5 级，使用"沿江 2 号" 700 t 从整平船右舷吊装作业，臂架角度 60°，采用副钩吊装。

最后将抬升装置组件、锁紧装置吊装到位，并通电试运行，然后方可采用 2600 t 浮吊吊装桁架上段。

吊装示意图如图 4-56 所示。

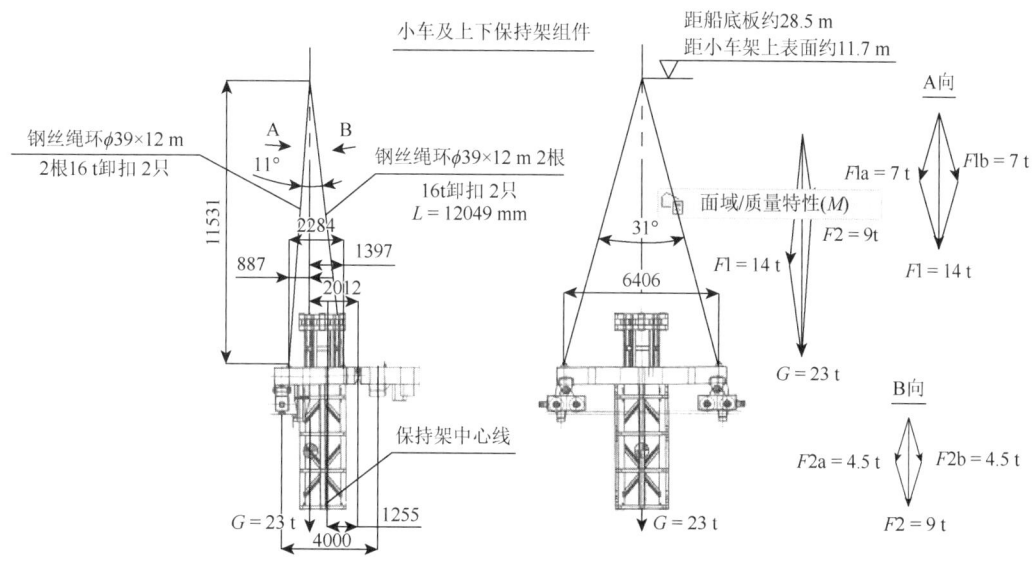

图 4-56 吊装示意图（单位：mm）

⑤清淤桁架上段吊装。

清淤桁架分为两段，其中上段长 64.571 m，下段长 1.475 m。

清淤桁架上段吊装前将整平船下降为浮态工况，吃水约 4 m，小车靠右舷侧停车，吊装时采用东海工 7 号主吊，盐中捞 386 辅吊，将桁架缓慢调离台架约 10 cm，停留

10 min，观察辅吊、构件及吊耳有无异常情况，如有异常停止起吊直至无异常情况后方可起吊至所需高度。桁架从水平状态起吊至完全竖直后，辅吊松钩。按图纸要求调整并保证齿轮中心与桁架桩腿圆管中心距 478 mm 后，最后定位焊接升降机锁紧装置。清淤桁架上段吊装示意图见图 4-57。

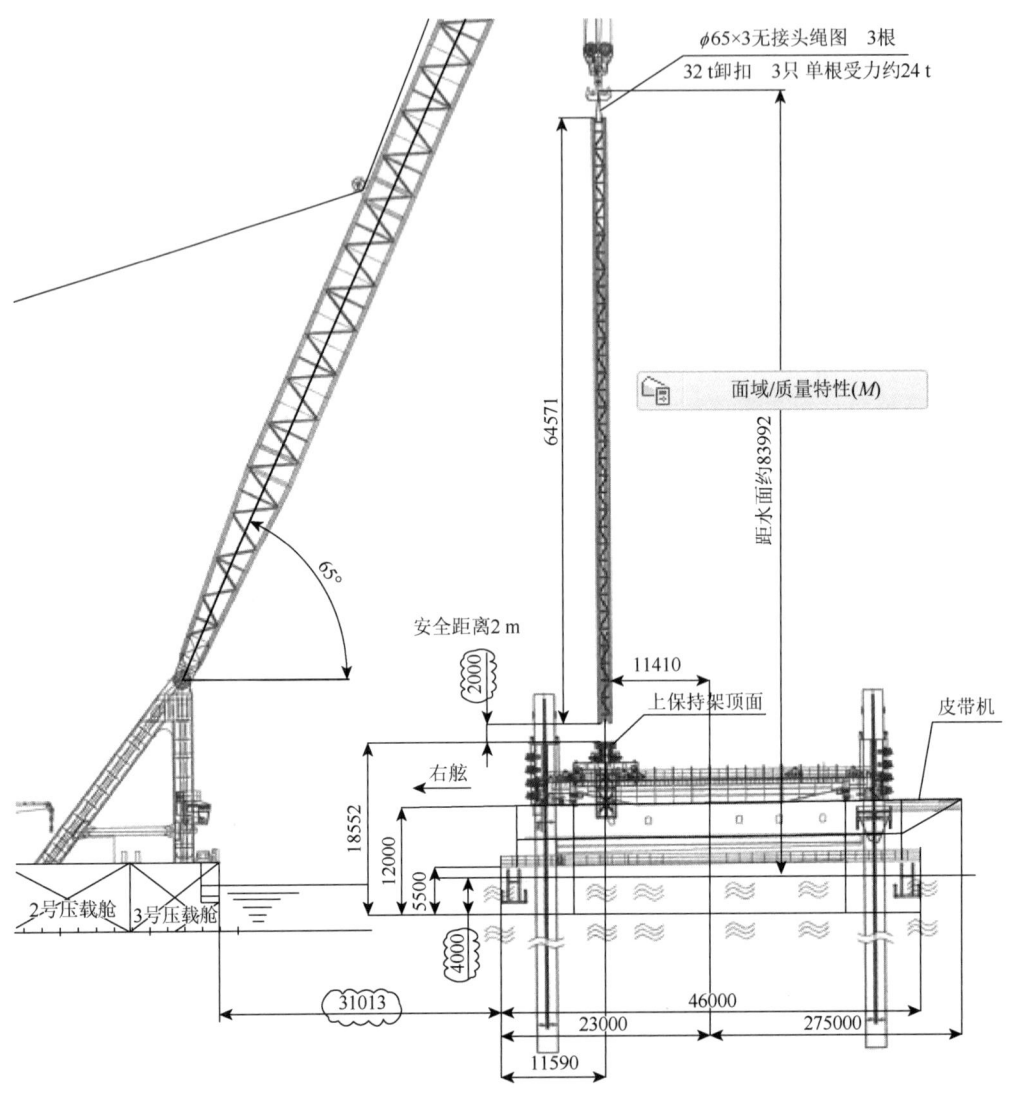

图 4-57 清淤桁架上段吊装示意图（单位：mm）

⑥清淤桁架下段头架及吸淤头吊装对接。

清淤桁架下段、清淤头架、清淤吸淤头、泥泵管系、喷水泵部分管系在上海振华重工基地安装制作成组件，运至现场。

组件发送至珠海现场后，将组件吊装至囤船上并固定好，囤船为锚缆设别，需做好带缆工作，以防止后续作业时囤船碰撞整平船桩腿。将囤船开至整平船月池下方，然后下放桁架，与下部组件间距控制在 50 cm 左右，通过 4 个 10 t 手拉葫芦提升下部组件脱离囤船，完成对焊接。对接示意图见图 4-58。

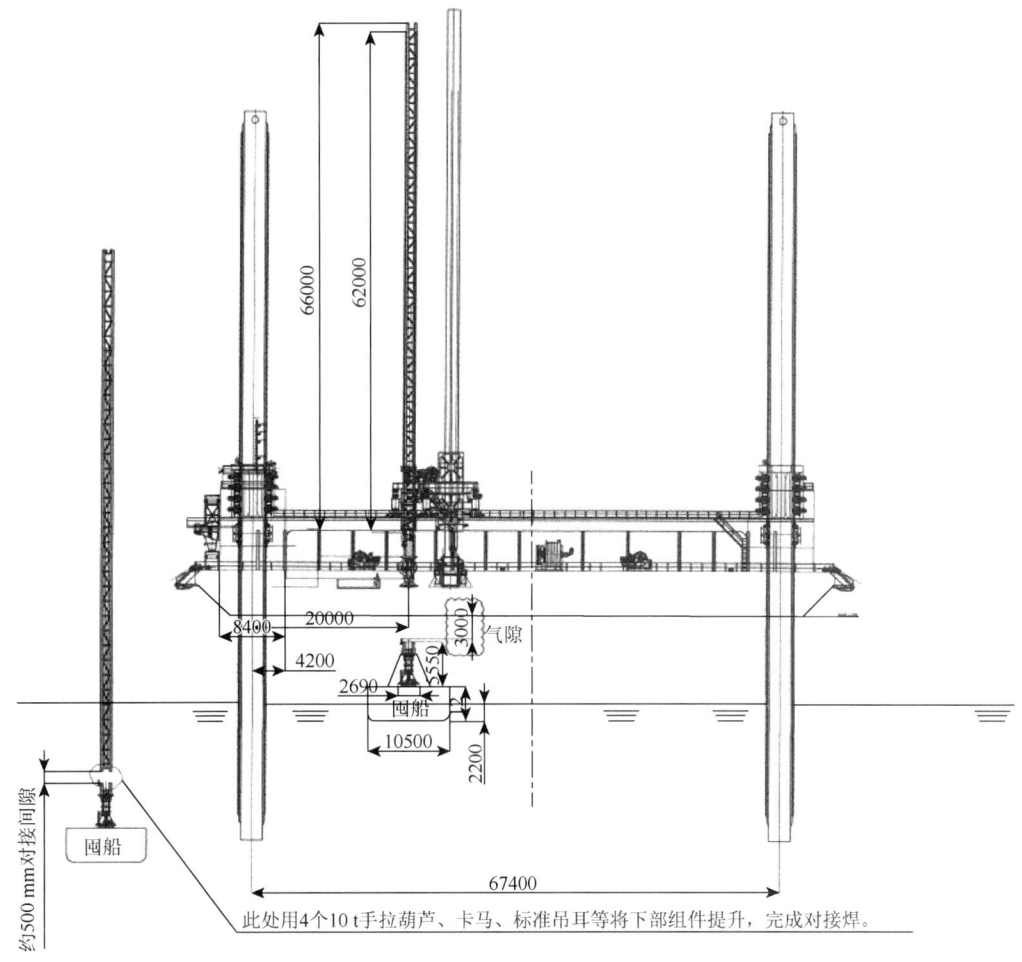

图 4-58　清淤桁架下段头架及吸淤头吊装对接示意图（单位：mm）

对焊接完成后完善泥泵管系及喷水管系，所有工序全部完成后平台抬升并下降清淤装置至极限位置，吊安装桁架顶端的信号接线箱电器柜。安装电气房、液压站及泥管绞车。

（3）技术改造效果

①抛石船第一期技改工作。

上海振华重工现场改装人员于 2015 年 2 月 28 日入驻抛石船改装现场，截至 2015 年 3 月 12 日分别完成了改装工艺平台搭设、系统电源电缆铺设、抛石管改装平台、甲板开孔和封堵等前期工作。一期改造现场如图 4-59 所示。

②抛石船第二期技改工作。

抛石船第二期技改工作于 2015 年 4 月 10 日开始，截至 2015 年 5 月 30 日，清淤系

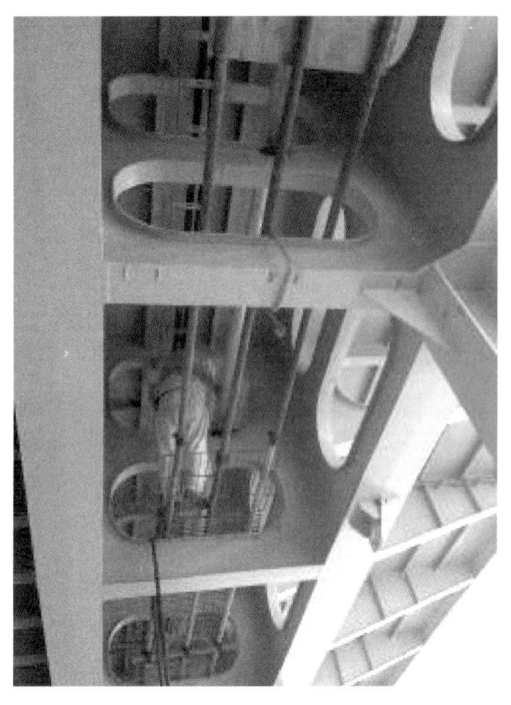 

图 4-59　一期改造现场

统的大部分设备的安装和调试都在此技改周期内完成。电气房、液压站等设备吊装之后，完成了电缆、油管的拖链和托架改制。

大车新梁、小车架分别于 2015 年 4 月 17 日、18 日吊装上船，2015 年 4 月 27 日桁架吊装上船，如图 4-60～图 4-62 所示。

图 4-60　大车新梁吊装

第 4 章 地基基础施工

图 4-61 小车架吊装

图 4-62 桁架吊装

安装完成桁架升降装置排装之后,于 2015 年 4 月 29 日完成桁架与吸淤头结构对接,如图 4-63 所示。

图 4-63 桁架与吸淤头结构对接

2015年5月1日，清淤系统排泥软管安装到位。至2015年5月8日，大小车台车安装更换到位，泥泵及吸淤头油缸、遥控蝶阀等设备安装完成。桁架升降装置在调试过程中，出现刹车失效的情况，经过现场工作人员努力，改进优化液压系统和控制系统，于2015年5月26日，桁架升降装置调试工作完成。

③抛石船第三期技改工作。

抛石船第三期技改工作于2015年6月25日开始，主要工作内容为设备调试和系统功能试验。现场工作人员克服重重困难，先后解决了吸淤头油缸失效、遥控蝶阀卡死、油缸行程传感器进水损坏、信号电缆损坏、泥泵液压油流量不足、泥泵运转参数无显示、液压站故障、GPS信号不稳定、控制系统通信故障、控制程序修改等诸多问题，并于2015年7月6日和7日分别完成泥泵功能试验和泥管绞车与大小车联动试验，如图4-64和图4-65所示。

图4-64 泥泵功能试验

④抛石船第四期技改工作。

抛石船第四期技改工作于2015年7月23日开始，主要工作内容为控制系统调试和清淤试验。控制系统程序经过反复修改，终于形成了一套能够稳定控制吸头高程、泥泵运转和软管绞车收放的程序，并于2015年7月29日、30日、31日分别在试验段碎石垄和原泥面上进行清淤试验，测试了不同控制高度和不同泥泵功效情况下的清淤效果。2015年8月1日，经现场工作人员反复检测、试验，困扰清淤系统多天的发动机断路器跳闸问题解决，清淤系统首次实现双泵全功率运行。不同工况下的出水效果如图4-66所示。

图 4-65　泥管绞车与大小车联动试验

图 4-66　不同工况下的出水效果

⑤清淤系统试验效果。

2015 年 7 月 23 日至 8 月 1 日，抛石整平船于西人工岛侧进行设备调试和清淤系统试验。并于 29 日、30 日、31 日分别进行碎石垫层第 1 垄、第 3 垄和原泥面清淤系统试验。试验之前经过声呐扫测和潜水员探摸，了解了试验段碎石垄和原泥面的标高，并对碎石垄上淤泥的淤积情况进行了统计。根据声呐扫测数据和潜水员探摸情况，确定了清淤系统吸淤头设定标高，然后在试验过程中对泥泵功效进行调节，检验试验效果。清淤试验之后，通过抛石管声呐进行检测，然后利用潜水员水下探摸确认清淤效果。具体试验情况见表 4-3。

表 4-3　抛石船清淤系统试验情况

第 1 垄碎石垫层清淤试验		第 3 垄碎石垫层清淤试验		原泥面清淤试验	
吸淤头高度 30 cm	单泵功率 80%时，排泥管出口出水	吸淤头高度 30 cm	单泵功率 80%时，排泥管出口出水	吸淤头高度 20 cm	单泵功率 80%时，排泥管出口出现明显浑浊污水
	双泵功率 55%时，排泥管出口出水		双泵功率 55%时，排泥管出口出水		
吸淤头高度 20 cm	单泵功率 80%时，排泥管出口出现明显浑浊污水	吸淤头高度 20 cm	单泵功率 80%时，排泥管出口出现明显浑浊污水		双泵功率 55%时，排泥管出口出现明显浑浊污水
	双泵功率 55%时，排泥管出口出现明显浑浊污水		双泵功率 55%时，排泥管出口出现明显浑浊污水		
吸口高度 12 cm	单泵功率 80%时，排泥管出口出现明显浑浊污水	吸口高度 15 cm	单泵功率 80%时，排泥管出口出现明显浑浊污水	吸口高度 15 cm	单泵功率 80%时，排泥管出口出水
	单泵功率达到满负荷时，出口处出现明显浑浊污水，排泥管内有碎石碰撞管壁声音，判定为碎石垄上碎石已启动，小块碎石被吸出排走		单泵功率达到满负荷时，出口处出现高浓度浑浊污水		单泵功率达到满负荷时，出口处出现高浓度浑浊污水
	双泵功率达到 55%时，排泥管出口出水		双泵功率达到 55%时，排泥管出口出水		双泵功率达到 55%时，排泥管出口出水
	双泵功率达到 70%时，出口处出现明显浑浊污水，排泥管内有碎石碰撞管壁声音		双泵功率达到 70%时，出口处出现明显浑浊污水，但未见高浓度污水		双泵功率达到 70%时，出口处出现明显浑浊污水，但未见高浓度污水
			1 号泥泵保持满负荷运转，切换吸头泥门朝向，大车沿清淤过的碎石垄往回走，排泥管出口处未现高浓度浑水。初步判定为碎石垄上已无留存淤泥，此工况下清淤效果最好		

4.2.4 清淤施工技术原理与工艺

1. 专用清淤船施工技术原理与工艺

（1）施工技术原理

通过自主研发了多种工况使用的新型多功能吸淤头、80 m 超长刚性桁架结构桥架、高精度吸淤头定位监控系统及对清淤工艺优化，形成了"定点盖章"式高精度清淤施工工艺，实现了高精度定点清淤和对沉管钢封门保护的要求，有效解决了槽底变坡度清淤施工难题。

（2）施工工艺

1）布锚方式

鉴于隧道基槽槽底平整度高差基本上都介于 –60～ + 40 cm，为确保吸淤头的安全，清淤船"捷龙"轮的施工采用六锚定位（图 4-67），垂直于基槽顺流布锚，有利于施工安全及提高施工时间利用率。

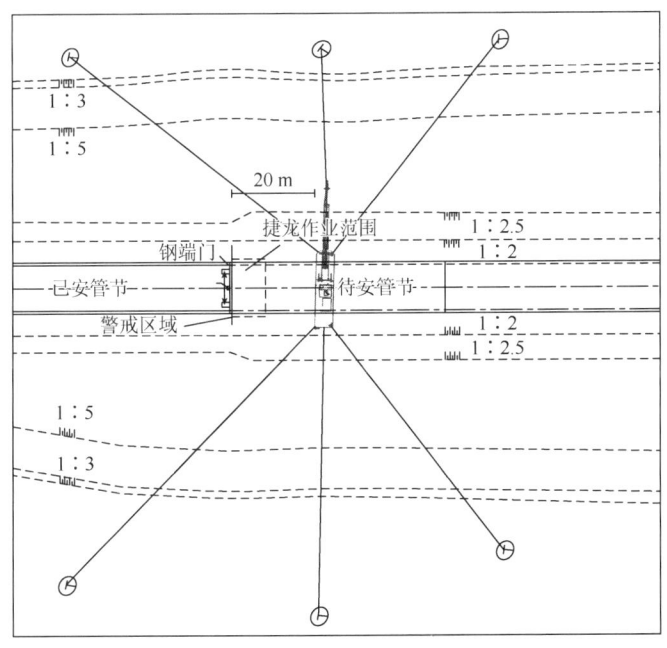

图 4-67　六锚定位示意图

2）施工平面定位控制

清淤船"捷龙"轮安装两套 GPS-RTK 定位系统（设备定位精度≤5 cm），实时接收连续运行基准站信号或海上定位平台差分信号，在船舶清淤监控系统中输入基槽定点清淤的设计位置，系统自动实时显示船位、吸淤头槽中的位置，以此进行平面定位控制。

3）施工高程控制

根据基槽碎石基床的实测标高，将每一条和每个断面的计划清淤深度，输入船舶清淤监控系统。用 GPS-RTK 采集高程数据，结合船舶深度控制系统，精确控制吸淤头下放深度。

为确保吸淤头下放过程中，最大限度地避免对基槽槽底面造成撞击破坏，吸淤头与桥梁架的连接采用铰接结构，通过液压装置实现吸淤头的平稳收放。

吸淤头上安装有触底感应装置，在施工过程中，一旦吸淤头接触到基床，在操控室的触底感应装置即时亮灯，表明吸淤头已触底，无须继续下放。这样，既保障了清淤效果，又更好地保护了吸淤头和基床面。

4）"定点盖章"式施工工艺

清淤船定点清淤施工时（图 4-68），利用清淤监控系统的泥浆密度显示和水深测量装置进行清淤施工监测。当清淤点的浓度和水深达到设计要求后，通过收放锚缆移动船舶至下一个清淤点。完成单点清淤后，系统会记录清淤轨迹。

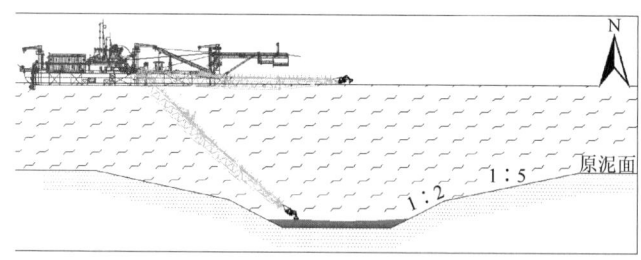

图 4-68 清淤船定点清淤施工示意图（垂直于基槽，"定点盖章"式清淤）

定点清淤施工前，工程人员将根据回淤物厚度及范围，拟定清淤次数及点距，绘制定点清淤网格图。清淤覆盖次数则主要根据淤积物特性和厚度及检测结果而定，一般为1～3 次，但如果原基槽底高差不平，对清淤效果影响较大，可能需要第 4 次甚至更多次。清淤点距通常取纵、横向方向 1.8～3.0 m。清淤整体施工顺序呈 S 形布置。单点吸淤时间则主要根据淤积物厚度和泥浆密度计读数而定。考虑边坡淤泥回流影响，为有效清除坡脚处淤泥，将清淤范围适当扩大至南北侧边线以外约 10 m 范围。施工过程中，通过自行研发的"精确清淤监控系统"的"GIS 电子图形系统"，可实时在计算机屏幕显示、监测开挖深度，并自动生成开挖记录文件，对每一个定点清淤位置及完成深度进行记录，便于后期检测比对。"捷龙"轮"定点盖章"式清淤施工导航网格示意图及清淤监控系统轨迹记录见图 4-69 和图 4-70。清淤施工中，"捷龙"轮通过长约 1000 m 的排泥管线，采用过渡接头与水上管线相连实现装驳，将清淤泥浆通过排泥管线输送至锚泊的自航泥驳，满载后运至卸泥区抛卸。

5）施工工艺流程图

基于"捷龙"轮船舶特性，研究了"定点盖章"式高精度清淤工艺，流程图见图 4-71。

第4章 地基基础施工

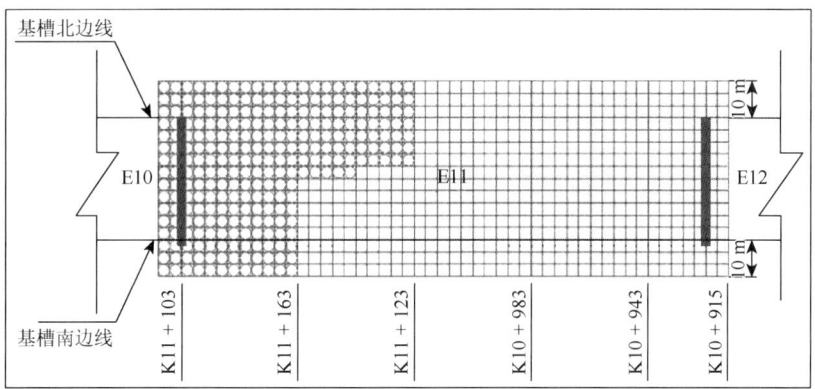

图 4-69 "定点盖章"式清淤施工导航网格示意图

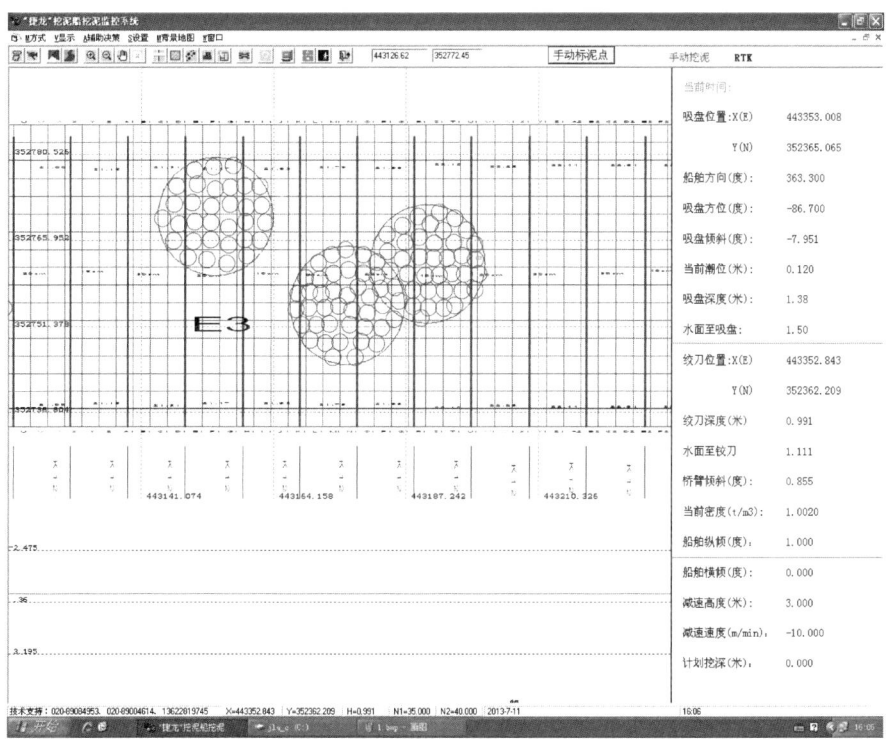

图 4-70 "定点盖章"式清淤监控系统轨迹记录

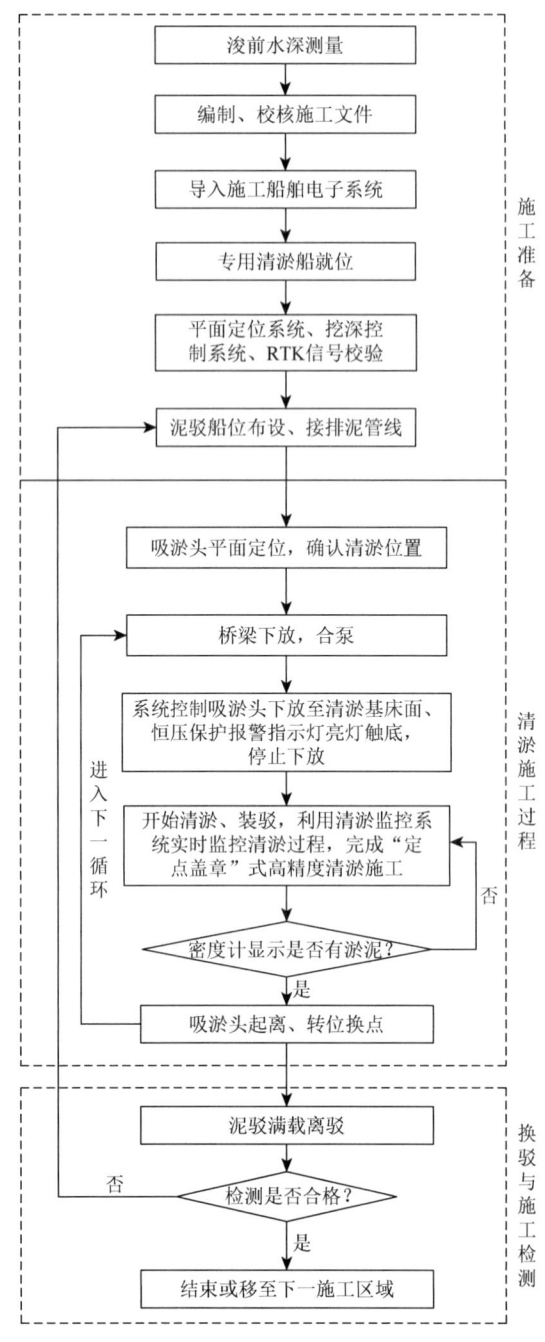

图 4-71 "定点盖章"式高精度清淤工艺流程图

2. 耙吸挖泥船清淤施工技术原理与工艺

（1）施工技术原理

耙吸挖泥船是一种装备有耙头挖掘机具和水力吸泥装置的大型自航、装舱式挖泥船。

挖泥时，将耙吸管放到水下，利用泥泵的真空作用，通过耙头和吸泥管自河底吸收泥浆进入挖泥船的泥舱中，泥舱满后，起耙航行至抛泥区开启泥门卸泥，或者直接将挖起的泥土排除船外。施工过程中主要利用可以显著提高疏浚效率与精度的动态定位和动态航迹系统（DPDT）及疏浚轨迹导航系统（DTPS），DPDT 是利用各类传感器测船的运动状态及风浪流等环境力，通过计算机的实时计算来控制艏侧推、CPP 及舵产生适当的推力和转矩，以抵消环境力的影响，使挖泥船尽可能在设定的船位、艏向或预定航迹进行疏浚施工，从平面上进行控制，保证对边坡区域全面覆盖，减少漏清风险。DTPS 能够显示疏浚矩阵、差异矩阵，可对水深测量文件色块视需要进行调整，施工过程中动态显示挖泥断面，并且耙头与船体的比值图物完全相同。操耙手可根据断面显示控制下耙深度，使清淤后断面控制在目标深度范围内。DPDT 基本原理、DTPS 显示界面和 DPDT 控台分别如图 4-72～图 4-74 所示。

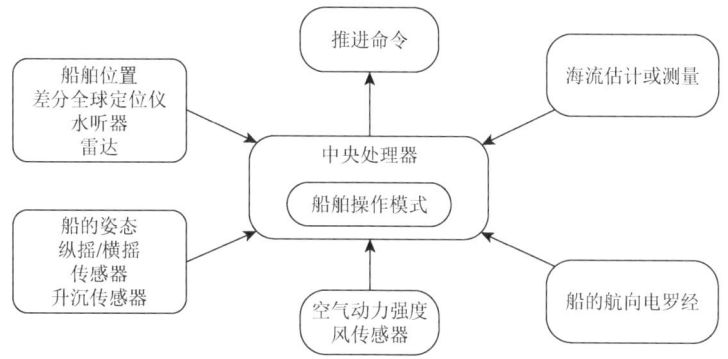

图 4-72 DPDT 基本原理图

图 4-73 DTPS 显示界面图

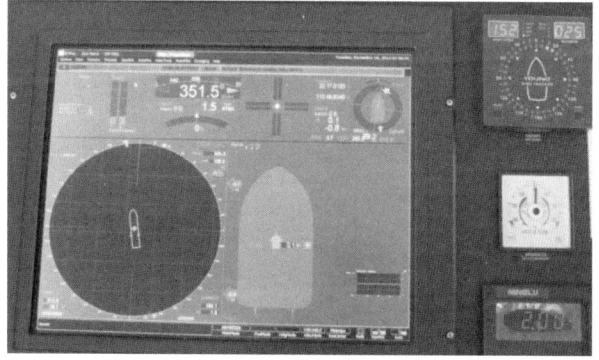

图 4-74 DPDT 控台图

（2）施工工艺（平面定位、高程控制、施工工艺流程）

1）施工平面定位控制

平面定位采用差分全球定位系统（differential global positioning system，DGPS），利用

安装在船舶驾驶楼顶部的 DGPS 和设置在船舶驾驶楼内的电子罗经仪进行平面控制。另外,利用船舶配套的监控与数据采集系统,可实时在计算机屏幕显示并监测船体平面位置。

2）施工高程控制

挖深控制系统主要由 GPS-RTK 接收天线、挖泥计算机测控系统、挖泥传感器等组成。施工前,依据设计施工图计算每个断面的设计开挖深度,并输入开挖监控系统作为定深开挖依据。利用潮位遥报仪实时接收潮位信息,实时输入施工辅助决策系统,并通过系统计算机采集安装在桥梁上的角度传感器测量的下放角度,计算机处理后实时显示绞刀在高程面下的深度,达到控制绞刀头高程的目的。

3）DPDT、DTPS 施工工艺

根据设计要求的开挖范围及标高,制作施工导航文件。耙吸挖泥船在横流条件下作业,涨潮时段集中开挖北半部,退潮时段集中开挖南半部,平潮整个施工区均匀布线,以达到同步加深的效果。船位示意图如图 4-75 所示。

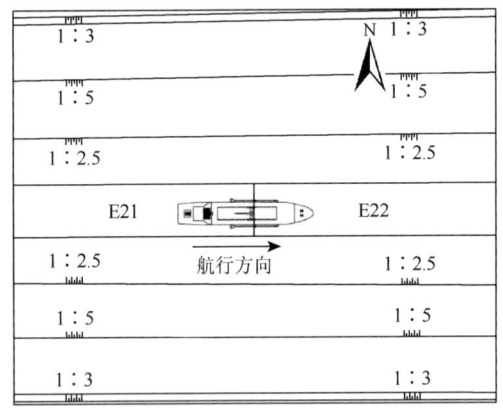
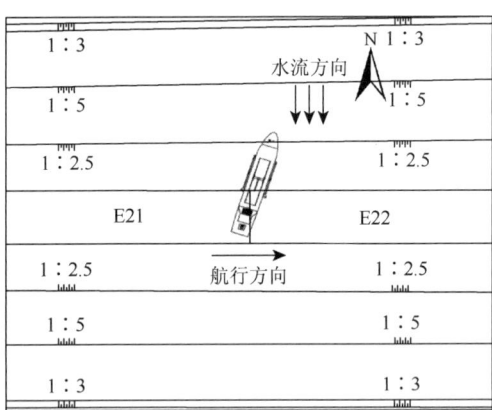
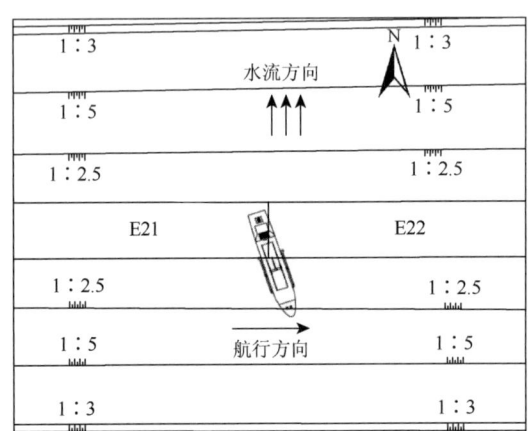

图 4-75 耙吸挖泥船在横流条件下作业时的船位示意图

通过 DPDT、DTPS,可实时在计算机屏幕显示、监测开挖深度。同时,可自动生成开挖记录文件,对每一点开挖位置及完成深度进行记录,便于后期监测比对。

根据设计标准断面及边坡成型现状，边坡编制高差为 2 m 的台阶式施工导航文件、槽底编制间隔 5 m 的施工导航文件，均匀布线，分层清淤，如图 4-76 所示。具体步骤如下。

第一步：根据开挖区域和施工作业条件合理布设挖泥航迹线，在系统的预设航迹点表中输入航迹线各控制点坐标。

第二步：按预设航迹线路进行试航作业，根据现场风、浪、流、涌等环境力影响合理调整船艏向、偏航角和航速控制挖泥船耙头以与预定的航迹最小的偏差航行，经多次试航作业综合选取合适的船艏向和航速并输入系统参数设置。

第三步：由船员人工控制船舶以合适的船艏向和航速航行至清淤施工区域预定航迹线的起点上，然后切换到 DPDT 控制模式，系统将自动开始操作船舶，控制挖泥船按预定航迹线航行及耙头设定标高开始疏浚过程。

第四步：船舶到达航迹线终点时停止挖泥，起升耙管到安全高度，船航行至下一条航迹线。

第五步：放下耙头，重复进行挖泥。

施工过程中同时通过 DTPS 的导航系统清晰获得开挖情况，实时调整下耙深度，船舶由西往东以 0.5～1.0 kn 航速匀速前进，总体施工方向由坡顶向坡底方向推进。采取不溢流、不开高压冲水作业方式对回淤边坡进行高精度清淤施工，装满舱容即停止施工。

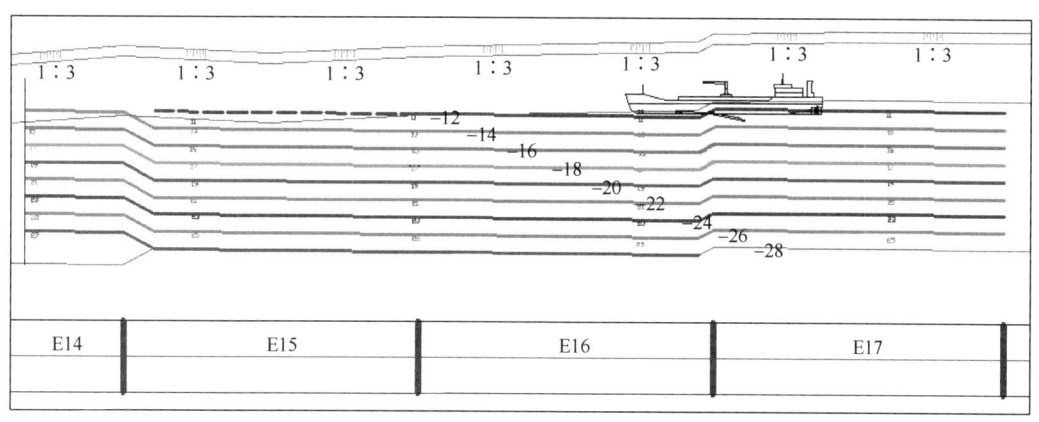

图 4-76 耙吸挖泥船边坡淤积物清除施工计划布线示意图

4）施工工艺流程

耙吸挖泥船开挖施工工艺流程如图 4-77 所示。

3. 整平船清淤施工技术原理与工艺

（1）施工技术原理

①清淤原理。采用齿轮齿条的驱动形式控制其升降，在桁架头部安装有两台大功率

图 4-77 耙吸挖泥船开挖施工工艺流程图

泥泵，通过软管与吸淤头连接，可单独调控吸淤头高度。调节吸口装置的开闭和高度以实现碎石垄顶和垄沟内淤泥的清除。清淤原理示意图如图 4-78 和图 4-79 所示。

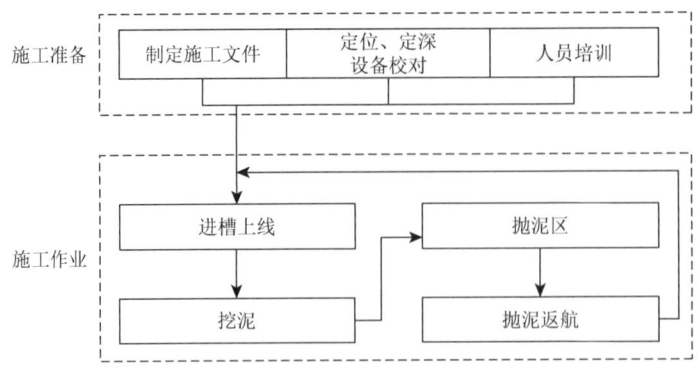

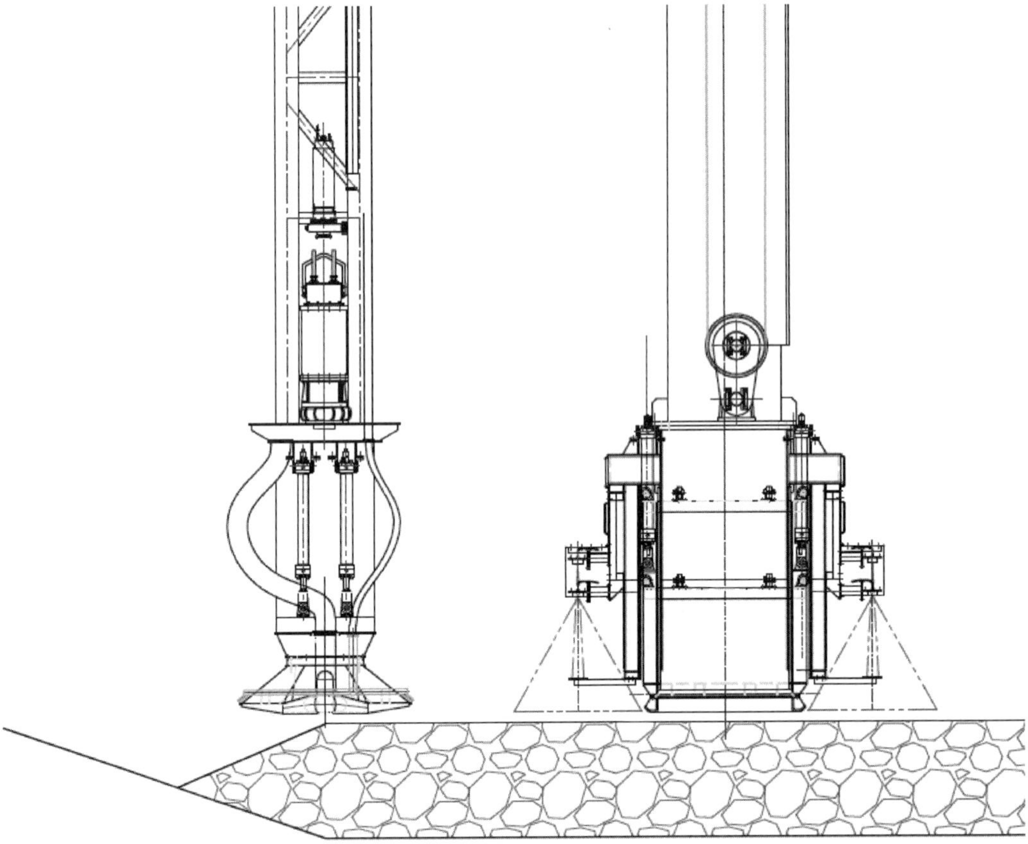

图 4-78 清淤原理示意图 1

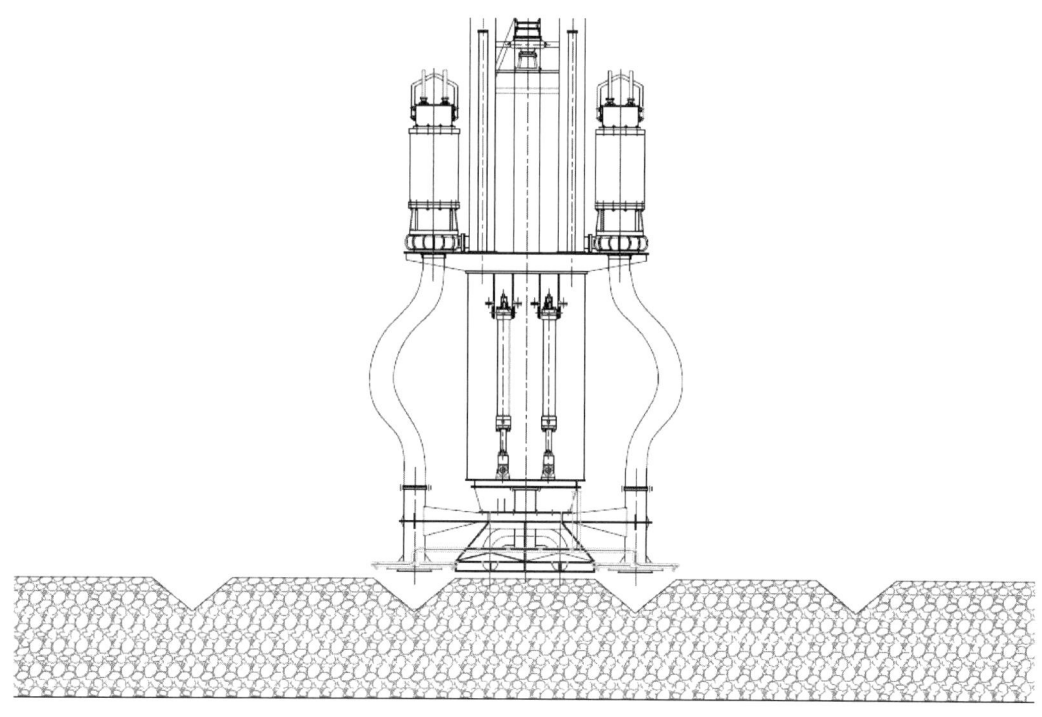

图 4-79 清淤原理示意图 2

②清淤高程控制的基本原理。当船体就位时，按照大地高程理论，设计要求深度：

$$H_Z = H_g + D + h_g$$

可以操作大小车到恰当的位置，然后设定一个标准 GPS 高度 H_1，同时也决定了油缸标准伸缩量 h_2，即

$$H_1 - h_1 - h_2 = H_Z$$

由于船体结构变形及大车结构扰度的影响，H_2 是实时变化的，但是 H_Z 的设计深度要求是不变的，所以清淤油缸必须要根据扰度的变化加以补偿，即可得出油缸实时伸出的量为

$$h_3 = h_2 + H_2 - H_1$$

式中，H_1——GPS 天线相位中心的设定绝对高度（常数）；

H_2——GPS 天线相位中心的实时高度；

H_Z——设计要求深度；

h_1——清淤架高度（为常数）；

h_2——油缸标准伸缩长度；

h_3——油缸实时伸缩长度；

h_g——高程控制距离，即吸淤头到碎石垫层顶部的距离；

H_g——基层深度

D——碎石垫层高度。

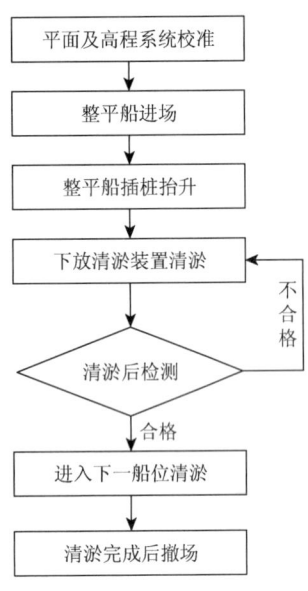

图 4-80　整平船清淤流程图

可见只要船体稳定就位，根据 GPS 高程读数 H_1 和碎石垫层基层的深度 H_g，就可以确定清淤油缸标准伸出的量 h_2；当然，操作人员需要先让清淤桁架下放到合适的深度，以便油缸能有充分调节伸缩量的能力，这样清淤的高程控制即可满足高程控制要求。在系统设计时，考虑泥沙含量、淤泥层厚度及板结的程度等对清淤效果的影响，该控制系统可以对高程进行调整，即吸淤头到碎石垫层顶部的距离进行设定或修正，以达到最好的清淤效果。

（2）施工工艺

①清淤流程。整平船清淤流程如图 4-80 所示。

②施工方法。

（a）平面及高程系统校准。

采用与整平船平面及高程系统校准相同的方法对清淤系统的平面及高程系统进行校准，即将整平船移位至测量平台附近 500 m 范围内插桩抬升，在测量平台上架设全站仪对清淤系统的平面及高程系统进行校准。

（b）整平船进场。

选择合适气象水文条件进行拖航。整平船拖航时，桩腿最低点与平台底部基线平齐，采用吊拖为主，傍拖为辅的方式进行拖航。整平船拖航示意图见图 4-81。

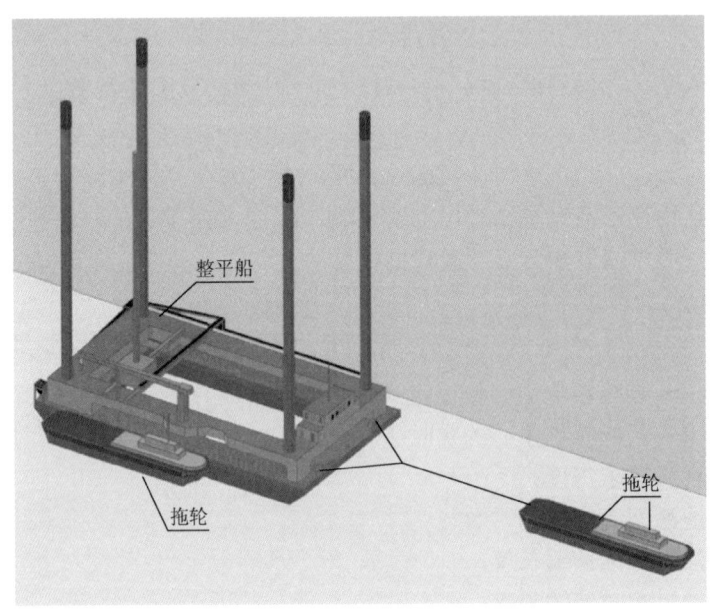

图 4-81　整平船拖航示意图

(3) 整平船插桩抬升

清淤桁架固定于抛石管南侧（靠近船尾侧）5.4 m 处，清淤时船位较整平时船位整体往北移 5.4 m，如图 4-82 所示。采用对角压载方法将整平船抬升至施工高度。

(4) 下放清淤桁架进行清淤

清淤桁架通过引用抛石管平面系统数据实现平面定位。上部额外安装一台 GPS 实现高程控制。

下放清淤桁架至底部高程在碎石垄顶上方一定距离（需根据清淤试验确定）。吸淤头高程通过类似抛石管刮道液压高程控制系统控制，避免清淤时破坏碎石基床。

清淤桁架下部设置 3 个吸淤头，中间吸淤头清理垄顶回淤物，两侧吸淤头之间的间距为 2.85 m，清理垄沟中回淤物。DOP250 型大型泥泵将淤泥抽吸到船上，然后经过可收放的软管排至左舷软管快速接头处，再经过漂浮软管排至 1 km 以外。吸淤头两侧设置喷水装置，用于将回淤物冲散。系统清淤示意图见图 4-83。

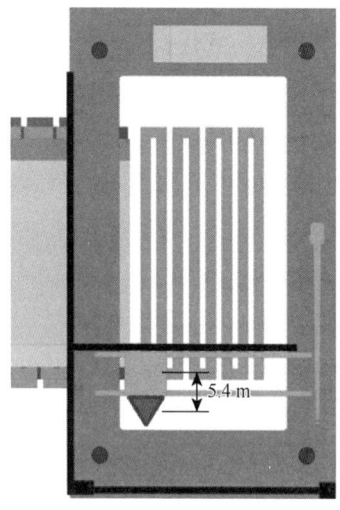

图 4-82 清淤桁架位置示意图

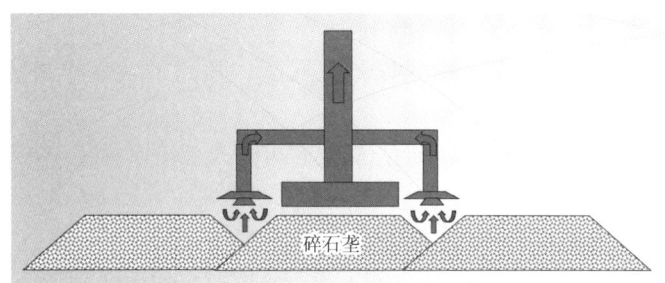

图 4-83 系统清淤示意图

清淤装置头部还设置有一套冲水系统，将海水从吸口四周的喷水口喷出，能够扰动碎石垄面及垄沟上的淤泥，增强清淤效果，如图 4-84 所示。

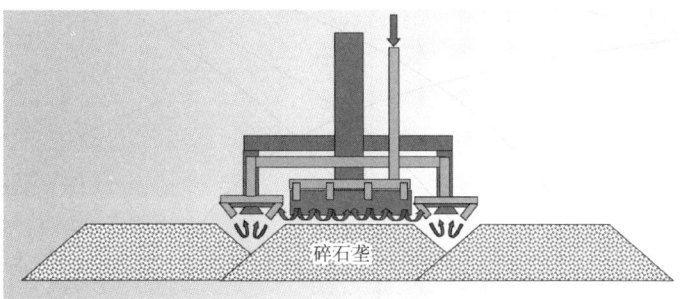

图 4-84 冲水系统清淤示意图

（5）进入下一船位清淤

经声呐检测清淤结果符合设计要求后，方可拔桩进入下一船位清淤。整个管节碎石垫层清淤完成后整平船撤场。

4.2.5 施工质量控制与检测

1. 专用清淤船清淤

（1）施工质量控制

①施工前可进行典型施工，掌握高精度定点清淤施工控制要领，结合施工环境合理进行分段、分条施工。

②在施工前和施工过程中，现场船机、技术管理人员加强船机维护保养和关键备件管理工作，应定期组织对专用清淤船吸淤头、测量设备、专用清淤船的清淤控制系统、GPS-RTK 平面及深度定位系统的精度进行校验，确保满足相关规范的精度要求。

③施工过程中，清淤操作手严格按挖泥轨迹显示系统所显示信息严控作业范围及深度。

④加密施工过程检测工作频率，以防止漏清、欠清，实施全过程监控确保工程质量。

⑤保证测量数据的可靠性和准确性，必要时可与人工潜水探摸结果及取样相结合。

（2）施工检测

通过多波束测量（图 4-85 和图 4-86）、音叉密度仪（图 4-87）密度检测、人工探摸与取样（泥浆取样分析见图 4-88）等检测方式，分析专用清淤船清淤施工质量。

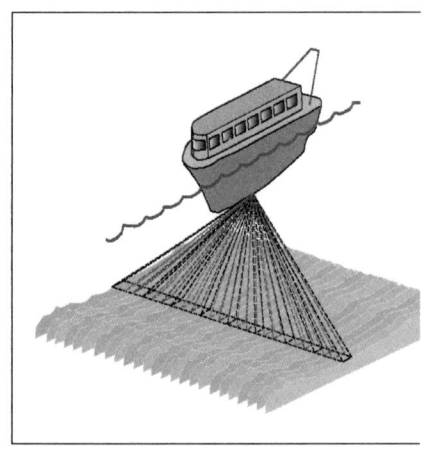

图 4-85　多波束测量示意图

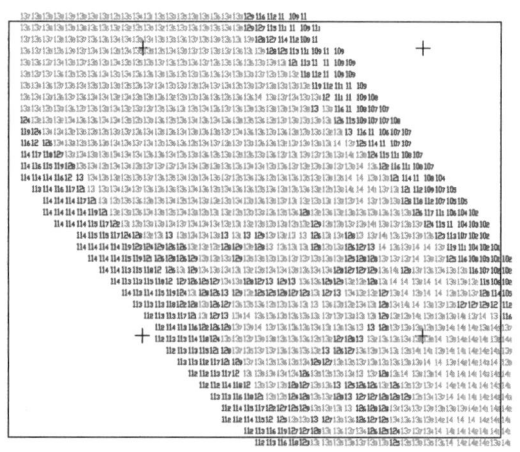

图 4-86　多波束测量水深图

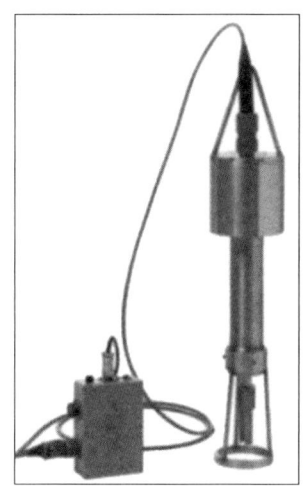 

图 4-87　音叉密度仪　　　　　　　　　图 4-88　泥浆取样分析

2. 耙吸挖泥船清淤

（1）施工质量控制

①施工进场前对驾驶员、操耙手进行详细施工技术交底。
②船舶进场前进行耙头深度和平面定位校准。
③施工前仔细校核施工文件，确保准确无误。
④施工期间，配置经验丰富的驾驶人员与操耙手承担本次施工任务，为了保证清淤质量及进度，由常规作业时一人操作双耙调整为一人操作一耙。
⑤施工中加强检测。耙吸挖泥船清淤施工期间每天进行检测，分析不同施工阶段、不同施工环境条件下的施工效果，掌握基槽清淤情况，及时更新施工文件，以指导下一步的施工。

（2）施工检测

耙吸挖泥船施工检测方法同专用清淤船。

3. 整平船清淤

（1）施工质量控制

要达到清除碎石垄面上淤泥而不扰动碎石垫层的目的，关键在于控制清淤系统吸头标高。采用单泵清淤时，泥泵可设定为全功率运行以提高出口处排水压力。采用双泵清淤时，泥泵功率可以适当降低，但不应低于85%，以保持泥泵运转转速，保证清淤效果和出水压力。

（2）清淤后检测

清淤完成后采用声呐沿图 4-89 所示路线进行检测，图 4-89 中①线路表示横断面测量，检测碎石垄中心线的高程；②线路为纵断面测量，检测碎石垫层垄沟高程。检测标准同碎石垫层铺设标准。

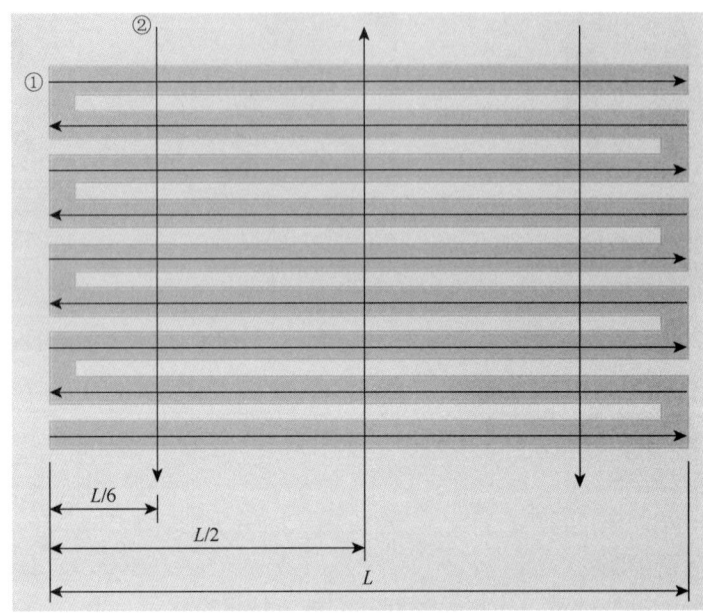

图 4-89　声呐检测路线图

4.3　抛石夯平

4.3.1　概述

为便于容淤、清淤，消除管底淤泥对基础沉降的影响，在基床开挖完成后，抛填 10～100 kg 块石并夯平。一般区段抛石厚度 2 m，局部区域抛石厚度 3.5 m。抛填块石共约 50 万 m³，夯平约 25 万 m²，夯后标高控制在 ±30 cm 以内，工程量大，精度要求高。抛石典型断面示意图如图 4-90 所示。

4.3.2　施工工法比较

1. 振动锤夯实与重锤夯实对比试验

沉管隧道基础块石施工具有超水深、变水深、高精度等施工特点，传统重锤夯实已

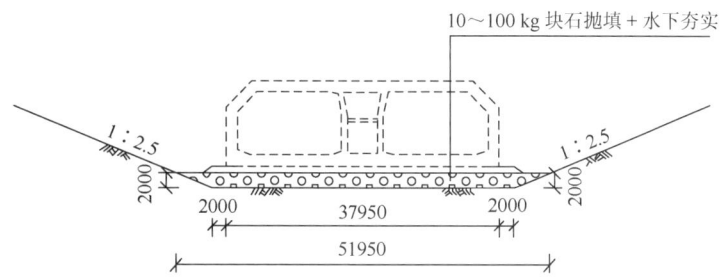

图 4-90　抛石典型断面示意图（单位：mm）

不能满足施工需要，本次施工采用液压振动锤产生的激振力对块石基床进行振动夯平。在西人工岛分别进行液压振动锤与普通重锤夯沉对比试验及液压振动锤浸水夯沉试验，验证液压振动锤对块石振动夯平工艺的可行性。

普通重锤夯实实验采用 4 t 重锤，落距 4 m，底面积 0.97 m²，冲击能为 164 kJ/m²，按重锤夯实技术要求进行施工。块石规格为 10～100 kg，堆厚 2.3 m，顶尺寸为 11 m×11 m，普通夯锤施工如图 4-91 所示。

图 4-91　普通夯锤施工图

液压振动锤采用两台 APE200-6 振动锤，在共振梁下加装一块 2.5 cm 厚夯板，夯板尺寸为 5.0 m×2.5 m，起重设备吊振沉系统进行试验，如图 4-92 所示。

图 4-92　液压振动锤

浸水试验在西人工岛 X01 钢圆筒中进行，块石抛填厚度约 2 m，共进行了 5 个点位夯平，如图 4-93 所示。

图 4-93　液压振动锤浸水试验

2. 小结

①通过夯沉对比试验表明：液压振动锤激振力达到 150 kN/m^2 时，持续 30 s 夯实效果可以达到普通夯锤（164 kJ/m^2）12 夯次的夯实效果，夯实效率远远高于普通夯锤，并且夯后平整度比普通夯锤好。液压振动锤夯平工艺完成了原有工艺中重锤夯实及潜水员水下整平两道工艺。

②在西人工岛钢圆筒内抛石后注水，模拟夯锤在水下施工，结果证明夯锤在水下振动平稳，深水夯平施工可行性得到验证。

4.3.3　抛石夯平设备技术改造

选用长 82 m、宽 28 m 方驳作为施工专用船舶并进行改造。在船舷左侧设置两条 C 形轨道，两台抛石小车可在轨道上移动，实现定点抛石。抛石小车料斗处连接可伸缩钢溜管，套管确保石料下料过程中不受水流影响。

溜管利用最小内径 1.2 m，最大内径 1.5 m 的 4 节套管连接组成，抛石小车两侧设置卷扬机，溜管可以通过卷扬机自由升降，以适应 16～52 m 水深变化要求，溜管底部装置多通道测深仪，抛填过程中对下料点块石标高进行实时监测，控制抛石标高。

将 APE600 液压振动锤、夯板、共振梁、液压油管吊装系统等共同组成液压振动系统，通过夯平小车上的卷扬机完成振动系统升降，夯平小车与抛石小车共用同一 C 形轨道，实现定点振动夯平。APE600 液压振动锤，最大激振力为 4948 KN，在动力柜转速达到 1500 r/min 时，激振力约为 3000 kN，达到工作最佳状态。港珠澳大桥沉管隧道基础采用液压振动锤对块石基床振动夯平工艺，在国内尚属首次。

开发专用的定位系统，该定位系统由 GPS、高精度激光测距仪、霍尔传感器、倾角传感器、多通道测深仪、台式计算机等组成，用其进行平面及高程控制。通过 GPS 流动站，可以对船体进行平面定位，利用激光测距仪实施监测小车在 C 形轨道上的位置。利用 GPS、倾角传感器、霍尔传感器及多通道测深仪来进行抛石、夯平高程控制。

开发测量控制系统，集成抛石、夯平功能，实现实时监测，显示可视化界面，如图 4-94 所示。

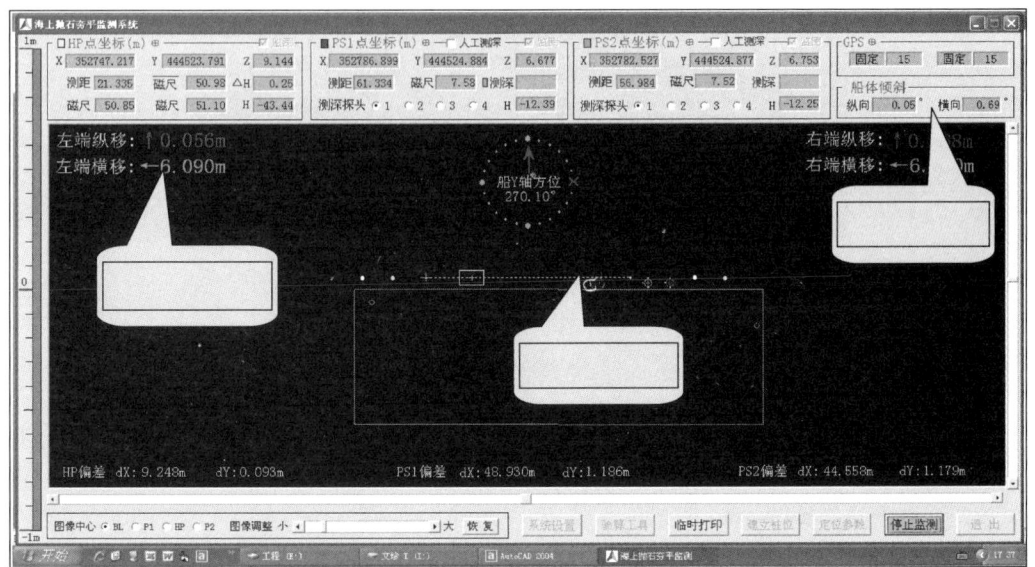

图 4-94 测量控制系统

4.3.4 施工技术原理与工艺

1. 基床抛石施工

抛石施工前，对石料进行检验。石料饱和单轴极限抗压强度不低于 50 MPa。石料不成片，无明显风化和裂缝。

抛石夯平船横跨基槽驻位，运料船靠抛石夯平船船舷右侧向存料区上料，用 2 台挖掘机倒料，另 2 台挖掘机进行下料。

抛石船精确定位到指定基线后，下放溜管。根据典型施工表明，溜管底口至基底为 4.5 m 左右抛填效果最佳。探头距溜管底口距离 1 m，利用溜管侧壁测深探头，准确控制溜管下放高度。当探头显示水深数据为 5.5 m 时，溜管停止下放。

溜管高度设置完成后，根据抛前基底标高估算每个点位的抛石量，根据典型施工结果，抛石采用矩形网格形式抛填，间距 3 m。块石抛填时监测系统对水下块石的标高变化情况进行实时监测，根据估算的抛石量和监测数据指导施工。一个点位抛填完，抛石溜管小车在 C 形轨道上移动至下一点位进行抛石。为严格把控抛石质量，每个断面抛石施工分粗抛、精抛两次完成。抛石施工如图 4-95 所示。

图 4-95 抛石施工

2. 基床夯平施工

待抛石施工自检合格后，进行基床块石夯平作业。夯平施工时，将抛石溜管提升并将 2 台抛石小车固定在船头 C 形轨道上。在测量定位系统指导下，通过夯平小车进行定点夯平。夯平施工如图 4-96 所示。

图 4-96 夯平施工

夯锤下放完成后进行夯平作业，开启动力柜转速至 1500 r/min，夯平时间严格按照设计要求进行控制，夯平施工时钢丝绳带 10 t 拉力，以保证夯板处于水平状态。同时测量控制系统对夯板底标高进行实时监测，根据监测数据控制夯板下沉量，达到要求后停止夯平。夯平施工中，每个断面的点间距 4 m，块石夯平分段实施，每层夯平厚度不宜大于 2 m，相邻断面和相邻夯点之间搭接量 1 m，以确保夯平作业覆盖整个抛石区域。

4.3.5 施工质量控制与检测

1. 回淤检测及控制

块石抛填、夯平施工应在基槽开挖到位后尽快实施，各工序合理衔接，流水作业，尽量缩短晾槽时间；管节基槽开挖与块石抛填间晾槽时间如大于 1 个月，或期间遇有台风、寒潮过境等情况，应在抛石施工前对基槽进行回淤检测；回淤检测结果应及时反馈设计单位以确定是否进行清淤。

2. 施工质量检验

块石验收满足《港珠澳大桥施工及质量验收标准》及相关规范的要求。检验方法和数量等符合《港珠澳大桥施工及质量验收标准》及《水运工程质量检验标准》(JTS 257—2008)等文件中相关部分的要求。验评标准见表 4-4。

表 4-4 基础块石验评标准

序号	检查项目	规定值或允许偏差	检查方法和频率
1	夯平后所有测点最大允许偏差	±30 cm	参照《港珠澳大桥施工及质量验收标准》及相关规范实施
2	块石两侧顶边线与设计位置平面允许偏差	0～+100 cm	

沉管隧道基础块石抛填及夯平施工共有 31 个管节、31 个检验批，施工质量全部满足设计要求及规范规定并通过监理验收。

4.4 碎石基床铺设

4.4.1 概述

港珠澳大桥是由桥、岛、隧组成的跨海交通集群工程，是中国交通建设史上技术最复杂、环保要求最高、建设要求及标准最高的工程之一，其中主体结构——海底沉管隧道长 5664 m，为目前世界上最长的沉管隧道。

港珠澳大桥岛隧工程项目施工现场航运繁忙，地处外海流速大、波浪大、台风多、可作业天数少，基槽和基床存在回淤的风险等复杂的施工环境对沉管垫层整平都会造成不同程度的影响。

另外，沉管隧道设计有多种纵坡，碎石基床整平坡度变化大；整个沉管隧道基床需整平面积达 23.8 万 m^2，整平工作量大；沉管基床的水深自 8~45 m，水深变化大，整平标高控制难度大；沉管基础的整平工艺和整平精度要求非常高。沉管隧道采用碎石基床刮铺法。

4.4.2 施工工法比较

从沉管隧道基床设计的发展及实例调查来看，按处理方法大致可分为先铺法和后铺法两大类，先铺法指先铺碎石垫层，后铺法包括喷砂、压砂与压浆三种方法。

沉管隧道基槽开挖后槽底与管节底面间存在众多不规则空隙，如果不予处理，可能导致地基土受力不均，引起不均匀沉降。采用刮砂或刮石的刮铺先铺法或喷砂、压浆、压砂等的后铺法都可解决地基土受力不均问题，目前国内外部分已建成的具有代表性的沉管隧道工程参数及特点如表 4-5 所示。

表 4-5 国内外部分已建成的具有代表性的沉管隧道工程参数及特点一览表

项目	荷兰马斯河水下公路隧道	中国香港地铁过海隧道	丹麦厄勒海峡沉管隧道	中国上海外环隧道	土耳其博斯普鲁斯海峡隧道	韩国釜山—巨济沉管隧道
沉管类型	混凝土	混凝土	混凝土	混凝土	混凝土	混凝土
断面尺寸（宽×高）	24.77 m×8.39 m	13.1 m×6.5 m	38.8 m×8.6 m	43 m×9.55 m	15.3 m×8.6 m	24.64 m×9.97 m
沉管段全长/km	0.584	1.400	3.510	0.736	1.387	3.240
管节数	9	14	20	7	11	18
管节长/m	61.35	100	176	100~108	98.5~130	180
最大水深/m	22	24	30	30	60	48
管节基础	后喷砂基础	先铺法碎石基础	先铺法碎石基础	后压砂基础	先铺法碎石基础	先铺法碎石基础
建造年份	1937~1942	1975~1979	1995~2000	1999~2003	2004~2008	2006~2010

在港珠澳大桥岛隧工程初步设计阶段，鉴于对项目建设条件及工程风险控制的认识水平，经过对地质条件和各种地基形式的比选分析，基础选择为先铺碎石垫层。

4.4.3 设备技术改造

在综合分析国内外先进施工技术和施工设备的基础上，充分认识到沉管隧道基础铺设及整平具有环境恶劣、施工难度大、施工条件差等特点，通过研究攻克离岸深水条件下自升式整平船连续供料、碎石铺设整平船抬升锁紧系统、碎石铺设整平精度的测控系统、铺设整平质量检测等一体化施工作业过程中的一系列关键技术，为港珠澳大桥沉管隧道碎石基床铺设与整平提供关键船机装备，满足港珠澳大桥沉管隧道碎石基床铺设整平的高精度要求。

1. 平台式整平船升降系统研究

自升平台式抛石整平船要做到"站得住、升得起、拔得出",抬升系统是关键。抬升系统在平台的设计制造和使用中具有相当重要的位置,能够保证平台或船体具有良好的安全性能及使用性能。自升式整平船如图 4-97 所示。

港珠澳大桥岛隧工程项目部联合上海振华重工大胆创新,设计研发新一代的双速(可调速)升降系统,攻克的四大关键技术包括大载荷抬升机构设计与制造技术、大模数(>100)大尺寸齿条高精度加工技术、大速比人字齿行星齿轮的设计与制造技术及抬升系统(72 套电机驱动装置)的同步控制技术,应用变频电机驱动大速比的行星减速箱,通过行星减速箱驱动大模数的爬升齿轮,并且采用变频控制系统来实现各机构的控制及同步问题,自升式平台升降系统示意图见图 4-98。

图 4-97 自升式整平船

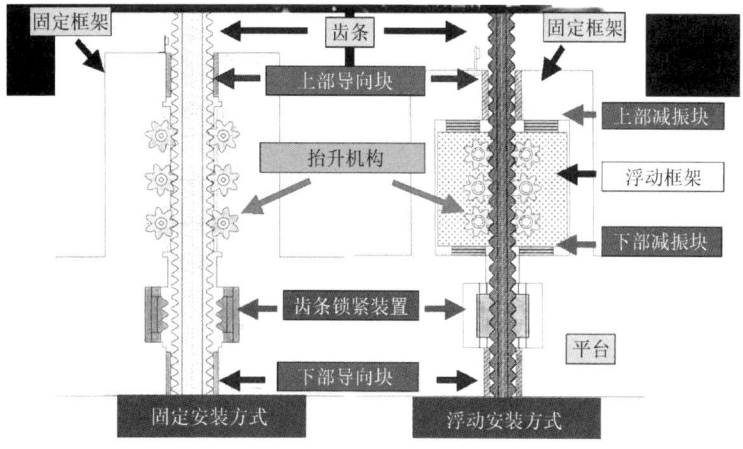

图 4-98 自升式平台升降系统示意图

具体升降动作：当要升起船身时，由电机直接驱动平行轴减速箱，平行轴减速箱与行星减速箱组成的高速比传动机构，输出高扭矩来驱动爬升齿轮，与桩腿上的齿条进行啮合运动，以此实现船身相对桩腿的上下动作。

抛石整平船有4根圆柱形桩腿，每腿上对称布置有2排齿条，每侧齿条上均等布置了4套抬升机构，整船共有32套抬升机构（图4-99和图4-100）。如此多的机构在船体的升降过程中，需要保持同步运行，必须通过控制台、水平仪、扭矩检测等监控系统，时时保证船体水平及其稳定性。当船身升到指定高度时，锁紧系统开始工作，锁紧系统中的齿条与桩腿上的齿条啮合锁紧，由此平台完成整个升降动作。

图4-99　抬升机构示意图1

图4-100　抬升机构示意图2

桩腿升降系统是碎石铺设整平船的关键设备之一，针对隐道基础复杂的地基条件和作业工况，要求整套抬升机构的可抬升载荷大、安全系数高且自重要轻，能确保整个船体稳定在桩腿上；同时通过电气系统的控制可实现无级调速，提高系统工作。

可抬升载荷大、安全系数高与自重轻本身是矛盾的，由于船体或平台往往都是几千或上万吨，均摊到单个抬升机构上，也有很高的额载抬升能力。以港珠澳大桥岛隧工程项目为例，要求额定抬升能力200 t，预压抬升能力300 t，暴风载荷则达到454 t，这些参数都对机构提出了很高的要求；安全系数高则意味着在设计过程中，计算的安全系数要高，但由于船体重量限制，对可变载荷的要求，抬升机构超重则整船可变载荷减小，所以对抬升机构的重量限制要求很苛刻。考虑这些因素，港珠澳大桥岛隧工程项目通过设计初期的有限元分析，详细的设计计算，最终采用变频电机驱动、人字齿形式的减速箱来实现大扭矩输出，实现平台的升降，具体包括如下内容。

（1）高速比重载减速箱的研制

港珠澳大桥岛隧工程项目抬升机构减速箱由平行轴减速箱和行星减速箱组合而成，速比达到近6000，同时平行轴和行星减速箱内部均采用了人字齿（图4-101）的形式，在确保输出重载荷的同时更确保了设备的高可靠性，单套抬升机构最高暴风载荷达到 454 t。该设备打破了国外的垄断，上海振华重工在国内已经拥有人字齿的专利。人字齿的特点如下：

①结合多年来设计制造减速箱的经验，将人字齿直接用于平行轴、行星减速箱中，承载能力更大，使港珠澳大桥岛隧工程项目从一开始就领先于国外同类产品。

图 4-101　人字齿

②充分利用人字齿的优点，减速箱采用了人字齿结构，传动平稳，承载能力大：采用 12°以上的齿轮螺旋角，增加了齿轮啮合的重合度，提高了齿轮传动的平稳性和整个减速箱的承载能力。

③轴向力相互抵消，轴承（尤其是低速轴承）的受力状况明显改善，显著提高轴承的使用寿命，保证轴承可靠工作。

④性能优越，结构紧凑：充分利用行星传动体积小、重量轻、单级速比大，承载能力大的优势，在要求大扭矩的减速箱的后两级采用行星传动，结构更紧凑，外廓尺寸更经济，成本更低，节省了宝贵的机构布置空间，利于机构布置。

⑤经济性能优越：满足大速比、大扭矩的工况要求。

（2）大模数爬升齿轮开发

由于抬升机构的特点决定了最终船体的升降、保持都直接依靠齿轮与齿条的强度，所以对爬升齿轮的要求极高。要求大模数（模数为 80）、高强度的爬升齿轮与齿条设计与制造技术（图 4-102），通过齿轮与齿条的双啮合运动，确保平台工作的稳定性。

爬升齿轮的重要性决定了对其从设计到制作的严格要求，从材料的选

图 4-102　大模数爬升齿轮

择、模数的确定、制造的精度到检验都需严格把关,船级社规范要求,爬升齿轮需做低温冲击试验。

(3) 变频电机驱动技术

电机负责提供抬升机构的驱动力,可通过电气控制,实现平台和桩腿的抬升速度的无级调速,并具备载荷大时速度慢、载荷小时速度快等特性。充分利用变频电机的优势,在抬升平台时可降低速度,提高安全性;抬升桩腿时可提高速度,从而提高工作效率。

(4) 原型试验台的研制

为验证项目成果的工作原理及运行的实际效果、可靠性,顺利通过船级社的认证,同时配套开发了抬升系统的试验台。试验台的最大能力达到 1500 t,远超港珠澳大桥岛隧工程项目暴风极限载荷要求的 454 t。原型试验台则提供了过载试车,以此检验产品的平台。

抬升试验台的成功研制,将为后续项目的开发奠定了基础,取得一手的试验数据。试验台试制方法,采用倍增减速器的方法增大扭矩,2 套抬升机构对拖的方法验证抬升系统的可靠性;或用大推力油缸加载的方法验证制动器的可靠性及齿轮、齿条的极限载荷。

目前,该套抬升机构已申请国家专利,并通过审核。原型试验已通过验船师检验,图 4-103 为抬升系统试验台。

图 4-103 抬升系统试验台

2. 平台式整平船桩腿锁紧系统研究

针对港珠澳大桥岛隧工程项目的工作特点,即相对常规平台上使用的锁紧系统,其在一年中调整的次数平均不到 5 次,但港珠澳大桥岛隧工程项目的锁紧系统几乎每天需要调整,即要求每 24 h 内要有一次松开和锁紧。因此,对锁紧系统的调整效率和可靠性都要比平台上采用的要求要高。经反复论证和研究,港珠澳大桥岛隧工程项目决定采用主要由 4 个蜗轮蜗杆顶升器和 4 个承力楔块及 2 个齿形块组成的锁紧系统，港珠澳大桥岛隧工程项目上共需 4 套，每个桩腿处布置 1 套。该系统的特点是：①调整速度快，整船完成一次松开或锁紧仅需 30 min 左右；②适应性强，能使船体锁定在相对桩腿的任一位置；③可靠性高，机构的调整形式简单，并且在完成锁紧后，由于蜗轮蜗杆顶升器具有自锁特性，所以不再需要外部动力的支持。锁紧系统整体方案见图 4-104。

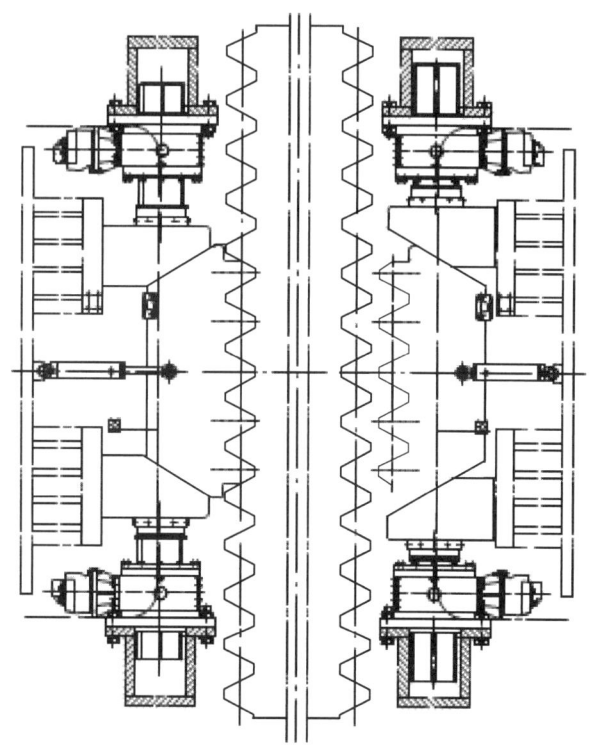

图 4-104 锁紧系统整体方案图

锁紧系统选取最恶劣的工况进行了三维有限元分析计算，足以满足船级社的相关要求。图 4-105 为部分计算云图。

（1）自升式整平船与桩腿实现连接和分离技术的研究

①在桩腿支撑平台的工况下锁紧、松开施工方法。

锁紧过程：第一步，驱动插销油缸缩回；第二步，驱动下蜗轮蜗杆顶升器使齿形块与桩腿齿条进行垂直对中；第三步，驱动复位油缸，使齿形块与桩腿齿条啮合；第四步，驱动上蜗轮蜗杆顶升器使其与齿形块可靠接触（油马达堵转）；第五步，再驱动下蜗轮蜗杆顶升器使其与齿形块可靠接触（油马达堵转）；第六步，释放抬升系统，完成锁紧，即抛石船与桩腿实现刚性连接。

松开过程：第一步，驱动下蜗轮蜗杆顶升器退出（将一个桩腿的两个下蜗轮蜗杆顶升器全部退出约 15 mm）；第二步，驱动该桩腿处的抬升机构使平台向上微动；第三步，驱动上蜗轮蜗杆顶升器退出至要求的位置；第四步，交替驱动复位油缸和下蜗轮蜗杆顶

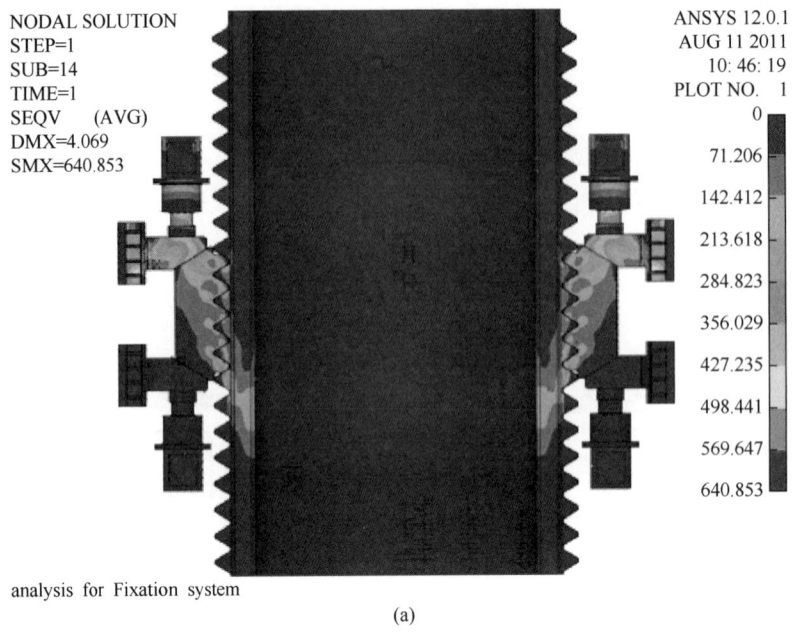

(a)

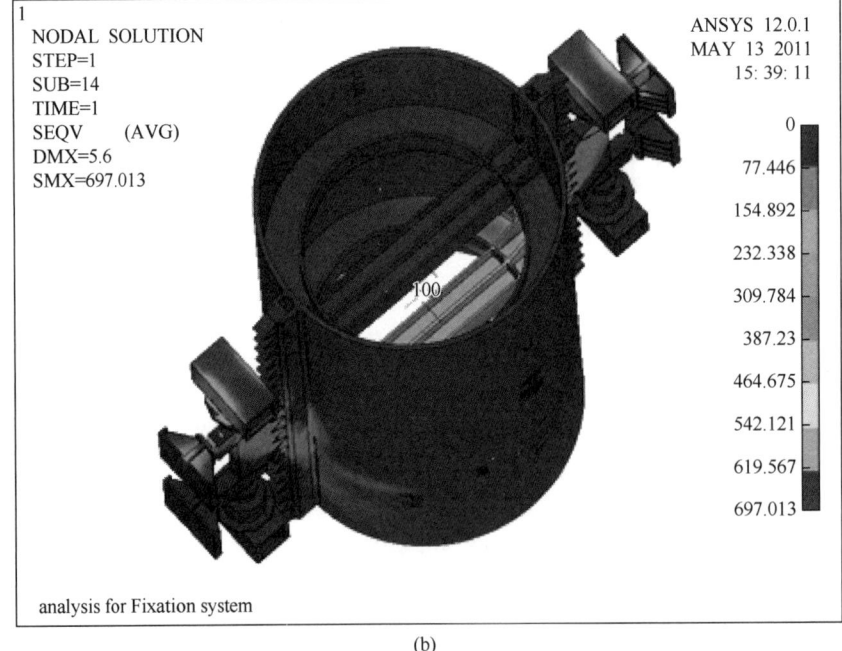

(b)

图 4-105 部分计算云图（后附彩图）

升器，直到将齿形块退出至要求的位置；第五步，驱动插销油缸伸出，完成松开，即抛石船与桩腿实现可靠分离。

②在平台支撑桩腿的工况下锁紧、松开施工方法。

锁紧过程：第一步，驱动插销油缸缩回；第二步，驱动下蜗轮蜗杆顶升器使齿形块与桩腿齿条进行垂直对中;第三步,驱动复位油缸,使齿形块与桩腿齿条啮合;第四步,驱动下蜗轮蜗杆顶升器使其与齿形块可靠接触(油马达堵转);第五步,再驱动上蜗轮蜗杆顶升器使其与齿形块可靠接触(油马达堵转);第六步,释放抬升系统,完成锁紧,即抛石船与桩腿实现刚性连接。

松开过程:第一步,驱动上蜗轮蜗杆顶升器退出至要求的位置(将一个桩腿的两个上蜗轮蜗杆顶升器全部退出至要求的位置);第二步,驱动该桩腿处的抬升机构使桩腿向上微动;第三步,交替驱动复位油缸和下蜗轮蜗杆顶升器,直到将齿形块退出至要求的位置;第四步,驱动插销油缸伸出,完成松开,即抛石船与桩腿实现可靠分离。抛石船与桩腿处于分离或连接状态示意图见图4-106。

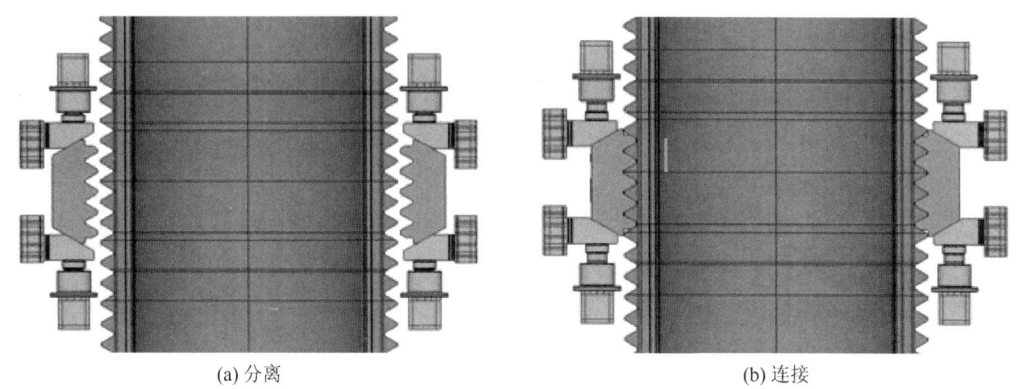

(a) 分离　　　　　　　　　　　　　　(b) 连接

图4-106　抛石船与桩腿处于分离或连接状态示意图

(2) 锁紧系统试验台的研制

为验证锁紧系统的可行性和可靠性,顺利通过船级社的认证,同时配套开发了锁紧系统的关键设备蜗轮蜗杆顶升器的试验台。试验台采用整体钢结构形式,利用4个大推力油缸作加载装置。每个蜗轮蜗杆顶升器都将在试验台上测试,测试合格后才能用到项目上,确保在项目上使用的蜗轮蜗杆顶升器都是可靠的。目前已成功申请国家专利并通过船级社验收,验证了锁紧系统的可靠、高效,能够保证抛石整平船的载荷顺利转移和牢固锁止,试验台见图4-107。

3. 平台式整平船供料系统研究

(1) 供料船设计

通过对国内外水下基床整平石料供应工艺的资料分析,水下基床整平石料的供应均是采用抓斗机或输送机自石料运输船上向整平船或整平机转运石料。由于石料转运机械设备的间歇性,加之无配套的石料储存系统,使基床整平的效率受到影响,整平船或整平机不能发挥有效的功能。港珠澳大桥沉管隧道基础施工工程规模大、工期紧,碎石垫层基础施工工艺复杂,现有的整平基床石料供应,远远不能满足港珠澳大桥沉管隧道基础施工的要求,因此开展碎石铺设整平船供料系统的研究是很有必要的。

图 4-107　锁紧系统试验台

根据港珠澳大桥沉管隧道施工进度要求，一节沉管基础约 14 000 m²，须用 7 个船位 8 d 内完成整平，一个船位要完成基础整平近 2000 m²，因此必须创新研发一套满足沉管隧道施工进度要求的整平石料供应系统，必须提高平台式整平船的石料供应系统效率，以提高基床整平效率。研发建造具有存料、上料及为运料船定位功能的新型碎石供料船。通过供料船石料输送系统输送到整平船的石料皮带输送系统，组成碎石供料船与整平船间从上料输送、联动控制于一体的高效实用的碎石铺设整平船石料供应系统。设计建造一艘满足施工现场的风、波浪、流速、潮汐等条件下的碎石铺设供料船。供料船设计效果图见图 4-108。

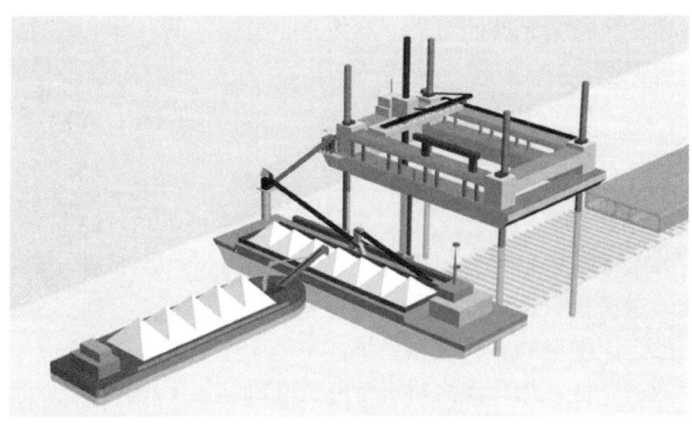

图 4-108　供料船设计效果图

（2）供料船主尺度及主要施工性能参数

①船舶主尺度见表 4-6。

表 4-6 船舶主尺度

总长 L_{oa}	垂线间长 L_{pp}	型宽 B	型深 D	设计吃水 d	设计排水量 Δ	载货量	干舷
95.08 m	87.60 m	25.00 m	5.20 m	3.20 m	6459.00 t	~4803 t	2.014 m

②主要施工性能参数。

甲板料仓石料存储能力：≤2000 m³。

锁固供料船重载状态向整平船供料的皮带机出料口高度：≤19 m。

平台式碎石铺设整平船与锁固供料船之间的作业距离：5 m。

旋转式出料皮带长≤20 m，挑高 6 m。

旋转式出料皮带舷外跨度：8～10 m。

主皮带（向整平船供料）宽 1.2 m，输送能力≤600 m³/h。

副皮带（向沉管锁固供料）宽 1.2 m，输送能力≤600 m³/h。

主、副皮带传送速度：1.6 m/s。

（3）作业工况及自存工况

①作业工况见表 4-7。

表 4-7 作业工况

作业水深	波高	潮差	流速	蒲氏风力
10～50 m	≯1.5 m	≯3.0 m	≯1.5 m/s	≤7 级

②自存工况。

在 7 级＜风力≤9 级时，就近锚泊抗风。

在风力＞9 级时，异地锚泊抗风。

4. 测控系统研究

（1）整平机构模型试验方案

港珠澳大桥沉管隧道碎石基床铺设整平船的整平精度是一项关键的技术指标，针对基床整平高精度的要求，通过使用高精度的测量控制仪器设备和模拟制作抛石整平机构进行陆上和水下碎石整平试验，通过试验验证碎石基床铺设整平机构所能达到的精度，找出影响测量精度的主要因素和解决方法，确定满足测量精度要求的测控仪器设备。整平机构模型试验方案示意图见图 4-109。

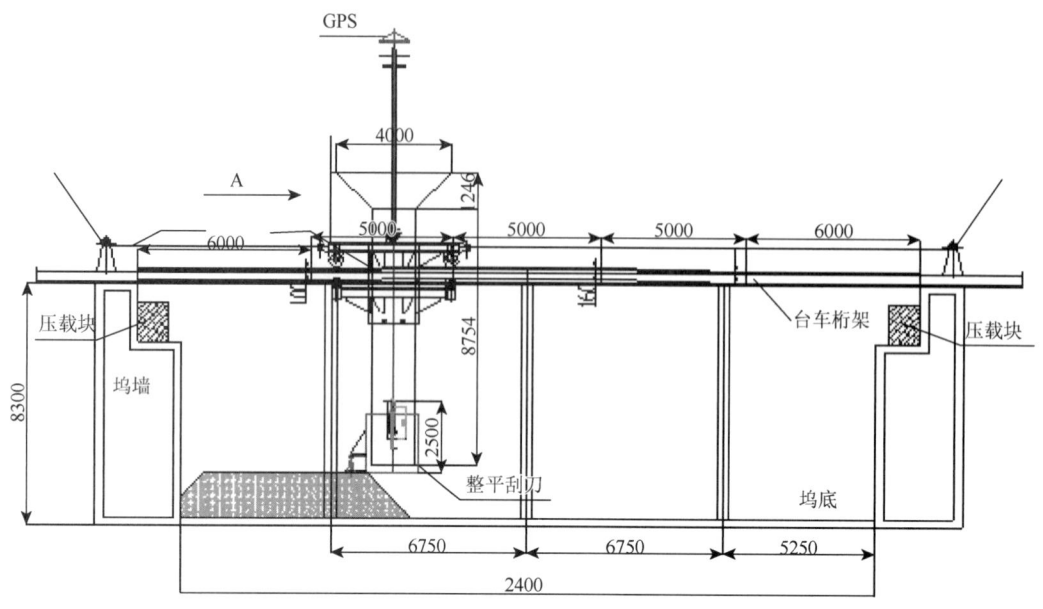

图 4-109　整平机构模型试验方案示意图（单位：mm）

（2）整平机构模型试验内容

①基于沉管隧道基础不同坡度变化和水深的设计要求，研制整平机构模型试验装置并进行试验研究。

试验主要内容：研制整平机构水下抛石整平足尺模型；在中交一航局第二工程有限公司后海基地修船坞安装整平机构模型试验装置；在不同坡度和水深工况下，利用高精度位置传感器和水深压力传感器，采用计算机工作站数据采集系统，进行水下整平机构的结构装置和抛石整平的效能试验，为整平机构的设计制造和安装调试提供依据。

②基于沉管隧道基础的设计精度和质量要求，分析和研究回声测深仪、倾斜仪、GPS接收机等测量仪器的特点和所能达到的精度，选择能够满足基床设计质量要求的测量仪器，同时结合所确定的整平方案和工作方式。在调研的基础上进行方案比选和论证，确定水下被测点标高测量方案，研究适用于水下整平机械的高程测控装置，为水下整平机的研制提供整平标高测控手段。

③对新型测控仪器设备进行广泛调研，重点针对回声测深仪、压力传感器测深仪、倾斜仪和GPS接收机等的特点，分析各自感应器单元的物理特性和其敏感的干扰因素，研究各主要干扰因素的特性并有针对性地制定消除方法或补偿计算方法。同时对不同型号感应器元件进行比选，遴选出高性能元件。

④不同碎石级配进行模拟基床整平试验。

⑤采用 26～63 mm 碎石不同级配，进行模拟基床整平试验，检测碎石级配对整平精度的影响，验证在不同级配情况下的整平基床的精度。

⑥模拟碎石基床分层与不分层整平试验对基床整平精度的影响。

⑦在上述分析研究的基础上，从碎石基床整平方式、基床高程和精度测控方式、整平机构的通信检测形式及各种不同级配情况下的整平基床精度等方面，制定抛石整平系统测控总体方案，并通过试验对总体方案进行功能性验证，在此基础上进行技术设计，开发出能够适应所设定施工条件的深水基床整平测控系统，开发研制适用于水下整平机械高程测控的测控装置。

（3）试验成果

2011 年 10 月 9 日整平测控系统调试完毕。调试过程中进行了无水状态下整平，铺设了 1 条 1.2 m 厚碎石垄。10 月 10 日下午至 11 月 3 日共进行 4 次试验。第一次试验是在无水状态下进行的碎石基床整平试验；第二次试验是在有水状态下进行的碎石基床整平试验；第三次试验是回声测深仪检测试验，检测试验是在第二次（有水状态下）整平试验的碎石基床上，进行了二次回声测深仪试验；第四次试验是在有水状态下进行的碎石基床整平试验。此次试验采用了浮动短基线方法（双天线 GPS）的测量系统工作情况。现场试验见图 4-110，碎石垄铺设见图 4-111。

通过多次碎石基床整平模型试验共采集记录约十几万个试验数据。

第一次试验为无水状态下碎石基床整平试验，根据自动记录刮刀底面高程数据（图 4-112），计算中误差为 10.2 mm；第二次试验为有水状态下碎石基床整平试验，自动记录刮刀底面高程数据，计算中误差为 12.5 mm；第三次试验为有水状态下，利用回声测深仪对已整平的基床进行质量检测试验；第四次试验是在有水状态下进行的碎石基床整平试验。此次试验采用了浮动短基线方法（双天线 GPS）的测量系统。自动记录刮刀底面高程数据，计算中误差可达 6.5 mm。

图 4-110　现场试验

图 4-111　碎石垄铺设

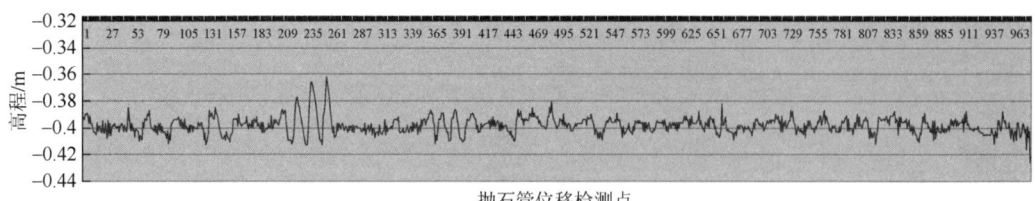

图 4-112　系统自动记录整平刮刀底面高程曲线图

试验结果表明：研制的碎石基床整平足尺模型装置及测控装置是成功的；测控系统软件采用三维空间坐标编制，能够适应不同高度差的轨道和倾斜面的整平。实测数据表明，该测控系统具有较高的测控精度。

5. 整平船施工管理控制系统研究

碎石铺设整平船水下精确抛石整平作业涉及船舶定位系统、船舶锚泊系统、桩腿升降和锁紧系统、抛石管升降控制系统、整平台车行走控制系统和物料搬运控制系统等多项技术的融合，系统间配合复杂。在抛石整平施工作业前、后过程中利用 GPS、声呐等技术，对水下定位、水下运动、水下测量产生的一系列问题进行解决修正，实现对深水条件下高精度碎石铺设的工程管理。作者团队通过自主创新，研究开发了一套控制管理系统软件以应对整个工程船系统的复杂需求，实现了集整平船定位测量、水下抛石、深水整平、质量检测为一体的施工控制管理。抛石整平船施工管理控制系统调试现场见图 4-113。

图 4-113 抛石整平船施工管理控制系统调试现场

（1）研究现状

抛石整平船施工管理系统，属于典型的综合应用系统，涉及 GPS-RTK、声呐、倾斜仪，自动追踪；皮带传输控制、电-液传动控制、电气变频控制等多项技术的综合应用。国内目前完成的抛石整平系统可以实现的整平精度虽已能达到较高水平，但无应对深水条件开发设计的抛石系统。国际上目前有两种抛石整平系统可以实现精度相对较高的抛石作业，一种采用平面定位结合波浪补偿实现抛石作业，另一种采用插桩抬升定位实现深水抛石作业。作者团队研究设计采用的抛石管理系统是后一种方式，即通过引进消化再创新的形式，改进细化传动系统设计，将更多控制信息，检测环节纳入操作管理系统，以适应水文条件更为严峻、抛石效率更高的深水条件下高精度基床抛石整平作业。

（2）整平船施工管理控制系统研究

开发研制深水整平船施工作业的一体化管理控制软件，实现对整平船定位、碎石输送系统的控制、下料管升降的控制、整平刮刀的高程调节、整平台车纵向和横向移动的控制、下料管料石高位和低位的控制、碎石整平的同步质量检测等自动化控制。

①水下目标的水平坐标和高程坐标动态定位系统。

研究将 GPS-RTK 技术实际应用到沿海工程作业水域，通过固定 GPS 基站 + 电台，与船上数个移动 GPS 基站结合，组成一套由 5 个 GPS 测量点组成的 GPS 定位系统，协助实现对工程船的作业区域进行准确定位，并对抛石管的作业位置进行实时跟踪，确保最终对水下抛石位置的精确定位。在实际工程应用中，使用全站仪、扫平仪等辅助工具来校准 GPS 高程信号，为精确定位提供保证。

②结合水下液压油缸定位作业，形成施工管理系统。

研究一套一体化的离散控制管理系统，借助抬升技术实现对船体进行升降控制，摆脱波浪力对船体的干扰，使系统能采用声呐技术及末端油缸定位技术实现对抛石管底部高程的精确控制。对物料搬运、抛石管实时跟踪，作业前与作业后测量，抛石机构各个子系统控制协调，开发友好人机界面（图 4-114），并最终对水下精确铺石作业提供技术保障。

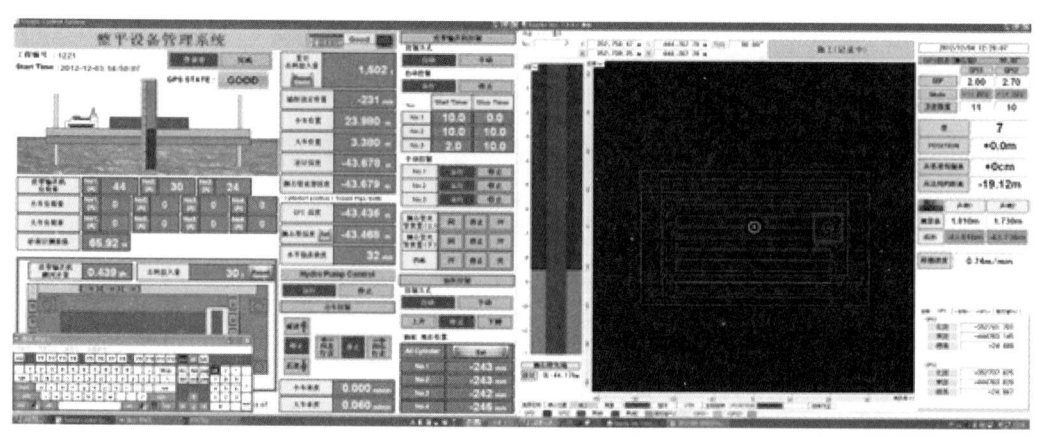

图 4-114　整平船施工现场抛石整平试验施工管理系统截屏

③整平施工控制的基本原理。

整平船移船定位：在船体诱导系统中输入 GPS1 和 GPS2 坐标，诱导系统根据船体和 GPS 的相对位置关系可显示出目标船位位置，并计算实际位置距离目标船位的距离，通过中央控制台上的 6 台锚机绞车遥控主令控制器，操纵 6 台锚机绞车，使船体移向目标船位。当屏幕显示整平机有效整平作业面轮廓逐渐靠近待整平基床轮廓，当实际船位距离目标船位距离偏差控制在 ±10 cm 时，停止操作，整平船定位就位完成。船体诱导系统见图 4-115。

抛石管平面及高程控制：抛石管顶部设置一台 GPS，控制室顶部设置两台 GPS。

平面定位 GPS 和抛石管位置平面相对固定,通过两台 GPS 可实现抛石管平面位置准确定位,抛石管顶部 GPS 可控制抛石管底部高程,结合抛石管底部可自动伸缩液压油缸技术自动修正抛石管移动时产生的挠度,进而实现抛石管底部高程的精确控制。

(3) 现场试验验证

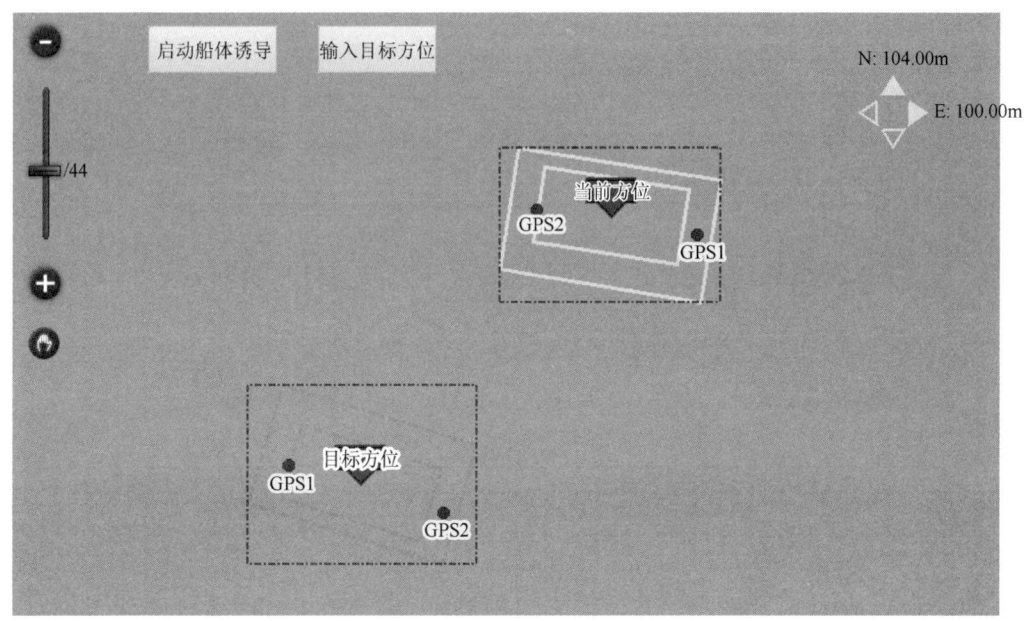

图 4-115　船体诱导系统截图

自主研发的整平船施工管理系统在沉管隧道施工作业现场进行了施工管理系统试验。试验的项目主要有:抛石船定位系统校正和调试;船上 GPS 校正和调试;抛石管 GPS 校正和调试;抛石管头部声呐校正和调试;现场实际抛石整平试验;现场测量碎石垄精度,等等。

施工管理系统各分系统校正调试完成后开始正式的实际抛石整平施工作业。整平船于 2012 年 12 月 4 日在 E12 管节水深−43.7 m 的区域完成了一个船位的抛石整平试验后,采用声呐验证了其抛石整平试验数据。

通过整平船施工管理控制系统的 GPS 定位校正、抛石管头部声呐调试、船上倾斜仪精调和中控室通信联合调试等试验,验证了本船施工管理系统的设计能力和所属测控仪器设备的可靠性。

通过上述试验的实施,验证了施工管理系统的设计能力和可靠性。现场整平试验自动记录的数据结果表明抛石整平船已成功达到其设计目的;整平船的施工管理系统可以实现对平台移船定位、碎石输送系统的控制、抛石管升降的控制、整平刮刀的高程调节、整平台车纵向和横向移动的控制、抛石管内料位高度测量、水下目标的水平坐标和高度坐标动态精确定位,并实现碎石基床整平的同步质量检测等自动化控制。整平船施工管理控制系统经校正和现场试验,证明其已达到研制的目标,能够保证碎石垫层的铺设整平精度;能够较好地完成港珠澳大桥岛隧工程的碎石垫层铺设整平工作;其铺设整平精度能够满足港珠澳大桥沉管隧道碎石垫层铺设的精度要求。

6. 高精度碎石铺设整平船设计建造

由中交第一航务有限公司(中交一航局)和上海振华重工共同研发了平台式碎石铺设整平船,其性能和参数如下。

(1)碎石铺设整平船

平台式碎石铺设整平船设计用途是为港珠澳大桥岛隧工程中隧道沉管的碎石垫层铺设作业,负责铺设水深 10～50 m 范围内所有沉管管节的碎石垫层,在不移动船身的情况下碎石铺设整平作业范围可达 48.2 m×25.2 m,具有在异地浅水区以升降形式避风,抗台自存的能力。整平船平面图、断面图如图 4-116 和图 4-117 所示。

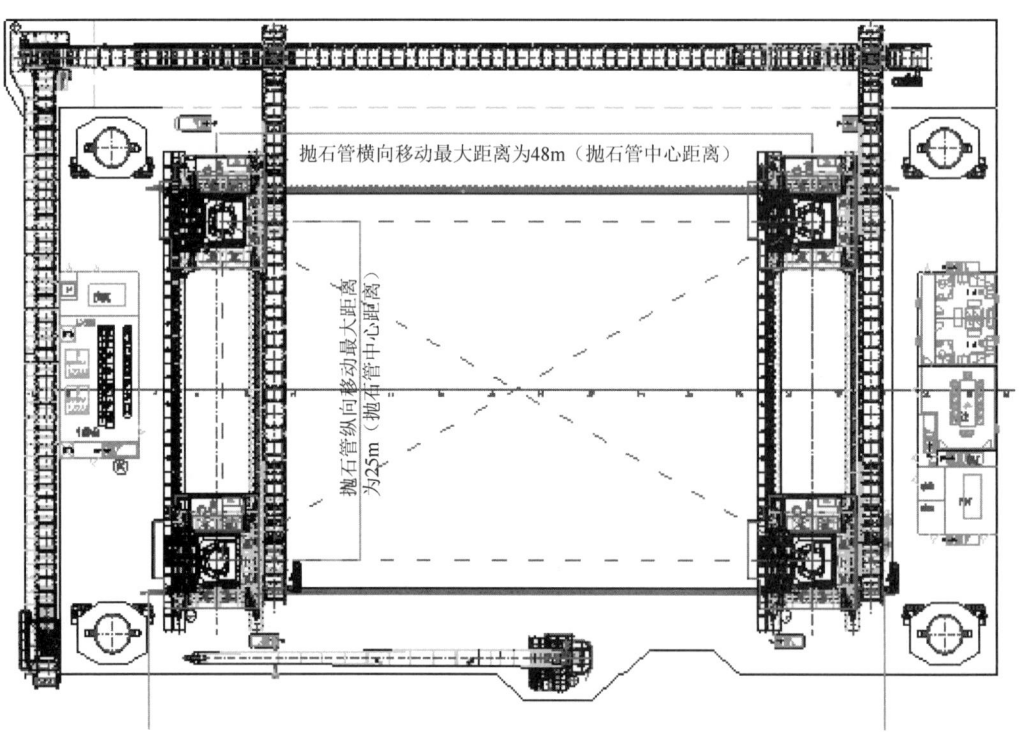

图 4-116 碎石铺设整平船平面图

第4章 地基基础施工

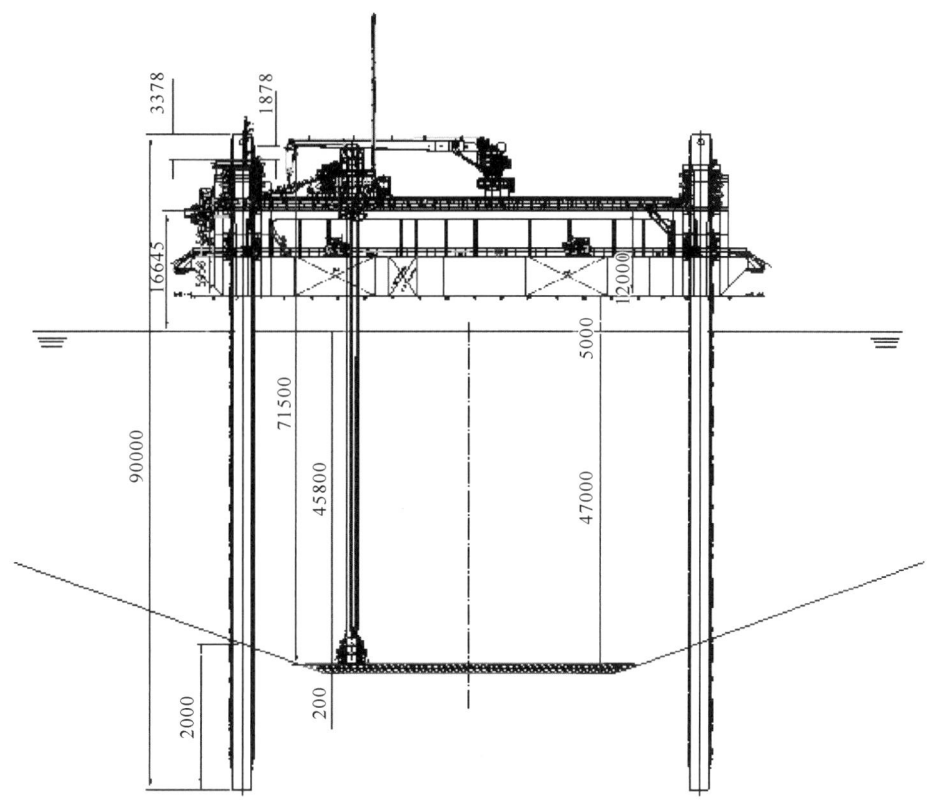

图4-117 碎石铺设整平船断面图（单位：mm）

（2）抛石整平船

抛石整平船主船体为箱形回形结构，四角上布置有4根采用齿轮齿条形式驱动的桩腿；中间月池上部设置一台纵向移动的台车，台车上为带有抛石管的小车，小车可以沿台车横向移动，以实现抛石管的大范围作业能力。船上还配置了供给料皮带机、柴油发电机组、压舱注排水系统、系留和操船锚机等各种辅助设备。

抛石整平船的主要功能为抛石整平，其包括的设置有石料传送系统、整平台车、抛石管及其控制系统、测量系统。

（3）主要尺寸和性能

主要尺寸和性能见表4-8。

表4-8 主要尺寸和性能

主要尺寸						
型长	型宽	型深	设计吃水线	桩腿总长	抛石管总长	中间月池尺寸
81.8 m	46 m	5.5 m	4 m	90 m	75 m	59 m×30 m
主要性能							
最大船舶作业水深		40 m		整平作业水深		10～50 m	

• 145 •

续表

主要性能			
一次最大碎石铺设厚度	1.7 m	每个船位整平尺寸	25 m×48 m
最大石料粒径	80 mm	铺设整平精度	±40 mm
设计铺设速度（沿管节轴线推进速度）	≤3 m/h	自持力	15 天

（4）作业工况、设计自存条件及拖航

作业工况、设计自存条件及拖航见表4-9。

表4-9 作业工况、设计自存条件及拖航

作业工况					
最大波高	波浪周期（对应最大波高）	有效波高	最大流速（表面流速）	最大风速	潮差
2.8 m	8.7 s	1.5 m	1.5 m/s	25.8 m/s	≯3 m
设计自存条件					
水深	最大波高	波浪周期（对应最大波高）	最大流速	最大风速	
10～15 m	6.5 m	8.7 s	2 m/s	51.5 m/s	
拖航					
设计风速 36 m/s		设计风速 51.5 m/s		设计风速 25.8 m/s	
完整稳性，近程拖航		完整稳性，近程拖航		破舱稳性	

（5）锚泊设备与缆系

锚泊设备与缆系见表4-10。

抛石整平船按6点移位锚泊要求配置工作锚设备。需采用中央控制和机旁控制两种方式操作。工作锚绞车设置在主甲板上。艏、艉部工作锚锚索均通过导向滑轮和舷边转动导缆器引出船外，并同工作锚连接。

表4-10 锚泊设备与缆系

工作锚				
数量	锚和锚平衡杆的重量	锚型	锚索	长度
6个	8.5 t	丹福尔大抓力锚	ϕ46 mm 钢丝绳	700 m×6
移位锚机					
数量	钢丝绳	锚机拉力	锚机速度	空载速度	静态刹车支持负载	容绳量
6个	ϕ46 mm	400 kN	0～12 m/min（拉力为400 kN时）	≤20 m/min	1200 kN（滚筒内层）	700 m
锚浮漂、锚头缆						
本船配备锚浮漂6只，锚头缆6条及其卡环等所有的连接附件。						

（6）整平船桩腿结构、升降锁紧装置

1）桩腿结构

桩腿结构为直径 2200 mm 的钢管外焊接两条背对背安装的齿条无桩靴,头部为半封闭"兴"字形结构,整根桩腿长 80 m,共 4 根。

2）升降装置和锁紧装置

抛石船每根桩腿上皆背对背布置有一对齿条,且每根桩腿周围都布置了固定的自升式框架结构,其中包含了分 4 层相对安装的总共 8 套抬升机构装置,因此整个平台总共有 32 套抬升机构。整个升降系统全部采用变频电机驱动的方式,有效行程 57 m。

①升降机构抬升能力见表 4-11。

表 4-11 升降机构抬升能力

操作	负载情况	单套机构能力
额定抬升载荷	—	200 t
预压抬升载荷	最大抬升载荷	300 t
预压下降载荷	—	300 t
预压静载荷	最大静载荷	320 t
风暴下自存载荷	最大预压载荷	454 t

②抬升速度：

第一,抬升装置在额定抬升载荷下,抬升速度最大为 0.457 m/min；

第二,抬升装置在预压抬升载荷下,抬升速度最大为 0.26 m/min；

第三,抬升装置在单独抬升桩腿时,抬升速度可提升至 0.53 m/min；

第四,升降机构的锁紧工作由驱动电机的制动器完成。

整平船抬升桩腿齿条全行程试验图见图 4-118。

图 4-118 整平船抬升桩腿齿条全行程试验图

（7）抛石整平系统

抛石整平系统设备主要分为抛石整平设备和石料输送设备,系统调试如图 4-119 所示。

石料经皮带输送设备经过 4 次提升,投入抛石管进料口；抛石管随大车和小车的移动,完成规定行程,同时将石料铺设至海底槽床上。

抛石管的移动范围超过 48.2 m×25.2 m（抛石管中心到中心），作业水深范围 10～50 m，一次最大铺设厚度 1.7 m，石料粒径满足 20～60 mm 基本要求，以满足港珠澳大桥岛隧工程碎石铺设的需要。8 个有效工作日内可以完成单节沉管碎石垫层的施工。

1）抛石整平设备

①抛石管主要结构为一根直径 ϕ1524 mm 的圆管，管外为方形加强结构。抛石管从上至下共有 8 段开口作为石料的进料口。抛石管头部是固定的主管和可以伸缩的平衡管，通过 4 根平衡油缸共同作用可以调节平衡管的伸出长度，以满足抛石整平的精度要求，如图 4-120 所示。抛石管头部安装有 2 套声呐系统，用于检测海底槽床（抛石前的检测）和已铺设碎石基层高度。同时，设置倾斜仪检测抛石管倾斜程度，纠正抛石管角度。

图 4-119　整平船抛石整平系统调试照片　　　　图 4-120　整平船抛石管头部照片

②抛石管起升绞车安装在移动小车上，采用双卷筒、单驱动的形式。通过滑轮组负责抛石管的起升和锁止。

③抛石管夹持机构共 2 副，分别安装在抛石管固定架的上下位置，它们通过中间油缸的行程变化可以压紧或松开抛石管。抛石管夹持机构主要作用是确保抛石管在到位锁止之后，不会再发生偏转晃动。

④行走台车（大车）横跨整个月池，采用齿轮齿条驱动，带动抛石管纵向移动，完成抛石整平作业过程中的纵向位移。采用 4 部电机分别驱动 4 台小台车，带动整个台车移动。在左右两边皆设置了反滚轮以限制台车的倾覆或跳动。行走台车行程 50 m，移动速度 0.1～2.8 m/min。

⑤移动小车在行走台车上移动，采用齿轮齿条驱动，带动抛石管横向移动，完成抛石整平作业过程中的横向位移，如图 4-121 所示。移动小车驱动机构与行走台车驱动机构通用。移动小车上面设置有司机室，抛石管起升绞车、抛石管固定架和抛石管软管导向支架，如图 4-121 所示。抛石管夹持机构和导向轮等设备也都安装在抛石管固定架上。行走台车行程 26 m，移动速度 0.1～2.8 m/min。

第 4 章 地基基础施工

图 4-121 行走台车和移动小车

2）石料输送设备

石料输送设备采用皮带输送机的形式，通过 4 台皮带输送的接力传送，将进料料斗内的石料送入抛石管。皮带输送机包括固定式和带移动尾车的移动式两种，两种形式皮带输送机的相同部件可以通用。

皮带输送机输送能力 1020 t/h，皮带运行速度 75 m/min，皮带宽度 1200 mm。

皮带输送机设电子皮带秤一台，其称量误差在±0.25%以内，皮带秤系统称量误差在±2%以内，具有瞬时流量和累加量显示，并具有流量输出功能。

移动式皮带输送机也分为纵向和横向两个方向输送石料。两部皮带机上各带有一部移动式尾车分别跟随行走台车和移动小车。随台车移动的皮带机将石料输送至随小车移动的皮带机，随小车移动的皮带机最终将石料投入小车内的抛石管进料口。

(8) 轮机部分

抛石整平船设有三台主柴油发电机组，每台功率 500 kW，任意两台可以并车供电，另一台备用，满足全船生产作业及生活用电的正常需要。非生产作业及停泊时使用一台柴油发电机组。

船舶机舱内还设有两台空气压缩机及空气瓶，一台作为舱底油水分离器，另一台作为生活污水处理装置，淡水及卫生水压力柜各一只，用于燃、滑油、冷却水、舱底、压载、消防等各系统的泵组若干。

船舶机舱设监视室，内设主配电板、集中监视台。

(9) 自动控制系统

1) 船舶机舱监测报警

抛石整平船在船舶机舱集控室，设船舶机舱监测报警系统一套，主要用来实时监测主发电机、应急发电机、空压机等船舶机舱设备和配电板的主要参数的工作状态，并在异常时给予报警。船舶机舱监测报警系统同时用来监测船舶机舱设备用的油、水舱的液位和温度,并在设定值处给予报警。

通过现场总线将所有监测参数信号送入集控室的监控计算机。

2) 压载控制系统

抛石整平船在中央控制室,设压载控制系统一套,主要用来根据需要,实现预压载和浮水作业功能。在模拟板上实现压载水泵的起停、遥控阀门的开关操作。

压载控制系统同时对压载水舱的液位(容积)和船体四角吃水进行监测,并能根据测量吃水,计算和显示船体的倾斜角度。压载控制系统另配套有船体挠度监测系统。

3) 移船定位(控制)系统

抛石整平船在中央控制室,设移船定位控制系统一套,主要依据 DGPS 显示的船位参数,操作 6 台锚绞车来完成移船和定位,定位精度为 ±10 cm。

根据需要,各锚绞车可就地单台操作,也可遥控单/联动操作。

4) 甲板升降(控制)系统

抛石整平船在中央控制室,设甲板升降控制系统一套。拟采用齿轮齿条形式实现抛石整平船在 4 根桩腿上的同步匀速升降,同步升降前做好预压载工作。

船体设有倾斜仪管理,在控制台上设有指示和报警,并且能实时显示船体相对位置与姿态。

①每根桩腿上标有长度,并在控制台上设有升降长度指示。

②每根桩腿上的承受力在控制台上显示,并在安全上限给予报警。

③每根桩腿上设有 4 对电动齿轮,采用交流变频驱动。

压载工作采用对角桩腿压载方式,主要依靠船体重量,配合少量压载水舱进行压载。整平船中央控制室见图 4-122。

图 4-122 整平船中央控制室

5) 石料输送(控制)系统

抛石整平船在整平作业测控室设有石料输送系统。石料输送系统自受料斗开始,经过一段纵向固定和一段横向固定的皮带输送装置（机），再经过一段纵向移动皮带输送装置，输送到抛石整平机上的横向移动皮带输送装置，再由其最终将石料输送至布料管内。其中移动皮带输送装置需配有张紧装置。

石料输送系统可根据整平效率协调送料船控制（调整）石料流量，石料流量在控制台上显示并可控。

6）抛石整平监控系统

抛石整平船在整平作业测控室设有一套抛石整平监控系统，该系统除了实现对纵向行走台车和横向行走台车的行进控制，以及对抛石（下料）管升降及锁固控制的基本操作功能，还具备对整平前后的高程测量功能。

纵、横向行走台车的传动电机均采用交流变频驱动，实现无级调速，并能自动纠正行走偏差。纵、横向台车的移动简图和参数能够在测控室控制台上显示与控制。

抛石（下料）管的升降绞车的传动电机采用变频驱动，管的下端利用液压缸进行微调以满足标高及坡度的要求。管中的料位高度能够自动检测与控制。抛石（下料）管的升降及锁固可在测控室控制台上显示与控制。

抛石管末端设有油缸微调系统，可以通过位移传感器进行抛石管的微调。

抛石管设有倾斜管理系统，可通过控制台获得倾斜报警并调整。

抛石管的平面位置、倾斜度、底标高及料位、整平前后标高、流速与潮位等参数可在控制台上显示与控制。

管理工作站通过 GPS-RTK 系统及声呐系统，对抛石管的状态及整平面进行作业前检测和作业后扫描，实现管理作业。

高程测控可采用格洛纳斯导航卫星系统、声呐等先进适用的测控技术和装置实现。DGPS 通过 RTK 中继站提供精确的位置信号，高程测控的所有数据以图表方式自动显示、记录、储存、拷贝和打印。

抛石整平船在整平作业测控室，设置闭路电视（closed circuit television，CCTV）监控系统一套，对整个抛石系统进行监控。

4.4.4 施工技术原理与工艺

（1）施工原理

整平船拖航至施工现场后，进行抛锚定位，漂浮状态定位精度达到 ±10 cm 时，进行插桩抬升，供料船就位，下降抛石管并设定施工标高，供料船供料通过操控大小车行走实现纵横基床铺设。抛石管顶部设置 GPS 可控制抛石管底部高程，大小车行走过程产生的挠度通过抛石管底部设置的液压油缸自动进行修正，整个整平过程可时刻保证抛石管底部高程达到 ±3 cm 的精度。

（2）施工工艺

1）整平船工前校准

港珠澳大桥岛隧工程工程基槽最大水深近 50 m，平均水深 35 m，为了控制碎石基床整平能够达到设计精度,满足沉管沉放对接测控需求,整平船进场施工前,需对抛石管底部高程、抛石管平面位置、船体倾斜仪进行校准如表4-12所示。

表4-12 工前校准要求表

项目	要求	采用仪器
抛石管底部高程	±3 cm	扫平仪和全站仪
抛石管平面位置	±3 cm	全站仪
船体倾斜仪	±1 cm	扫平仪

2)潜水探摸基槽

清淤完成后,需潜水对基槽进行探摸和多波束检测确认,回淤物未超过设计要求时整平船方可进场,如图4-123和图4-124所示。

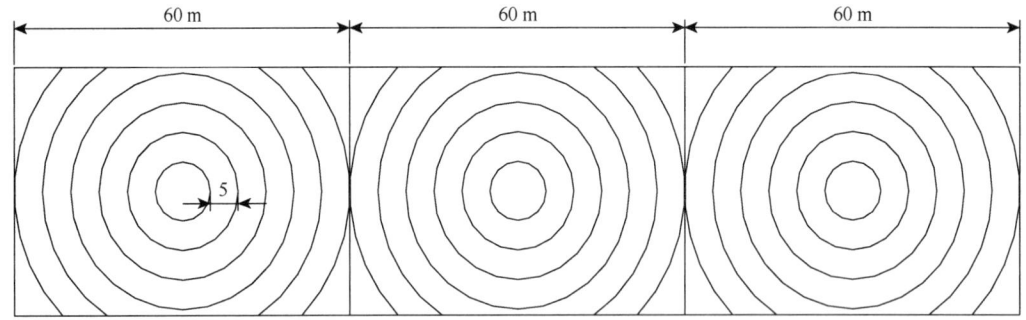

图4-123 探摸路径示意图

图4-124 多波束检测示意图

每个管节长180 m,潜水探摸分三次进行,一次探摸长度为60 m,探摸路径沿半径为 5 m 递增的圆进行，每 5～10 m 探摸一个点。

碎石垫层铺设施工过程中，为避免前一船位的回淤物被挤至下一船位并堆积，施工过程中每施工两个船位后潜水对后面船位的基槽进行探摸，确认回淤物是否超过设计要求。如果超过则需整平船退场，清淤船进场进行清淤。

3）整平船进场

整平船移船进场由拖轮拖带，拖航时整平船的 4 根桩腿直立，桩腿最低点与平台底部基线平齐，船舶处于漂浮状态。拖带到整平施工位置抛锚定位。整平船采用 GPS-RTK 定位，平面定位精度控制在 ±100 mm 以内。

4）整平船插桩抬升

①整平船调平。整平船在下降桩腿前首先将整平船调平。通过调整压载水舱，观察船体倾斜仪的读数，将船体调整到水平状态。

②整平船抬升。整平船抬升通过桩腿抬升装置进行，抬升装置安装在升降主结构内，通过电机驱动减速箱，减速箱带动爬升齿轮与桩腿齿条进行啮合运动，以此实现整平船抬升。

③整平船抬升压载。整平船抬升压载采用对角直接压载抬升，如图 4-125 所示。整平船 4 根桩腿同时入泥，持续给桩腿施加荷载，到桩腿站立稳固为止。调整压载水舱先向对角的 2 根桩腿附加超载荷（1.3 倍），再向另外 2 根桩腿也附加超载荷。在整个预压载过程中要确保可变荷载均匀分布在 4 根桩腿上，平台水平倾斜不超过 0.5°。

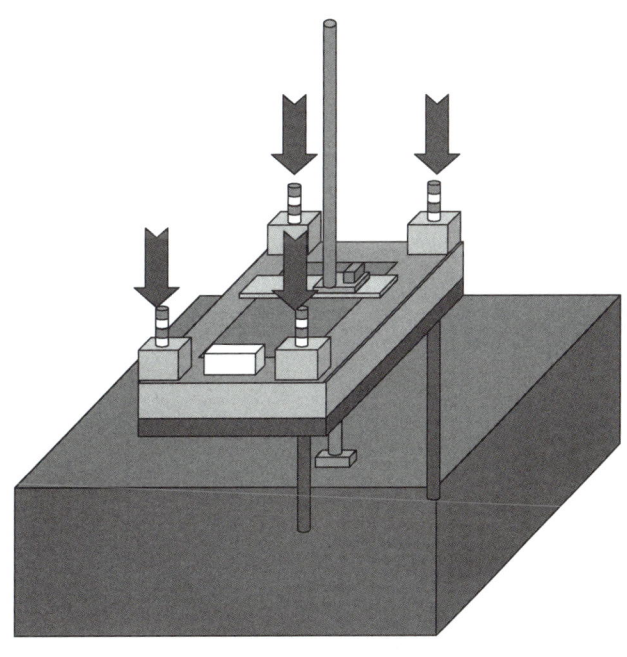

图 4-125 对角直接压载抬升示意图

施工时为避免潮水及波浪的影响，整平船平台抬升高度 h 为可预测的高潮位 + 预测最大波高/2 + 富余高度（0.5 m）。

5）作业参数校准

①施工位置确认。整平船平台抬升完成后，在控制系统中输入碎石垫层第一条垄中心线两端点坐标及垄间距。此时确认计划铺设区域是否在铺设范围内，若不满足要求需重新定位抬升平台。如图 4-126 所示。

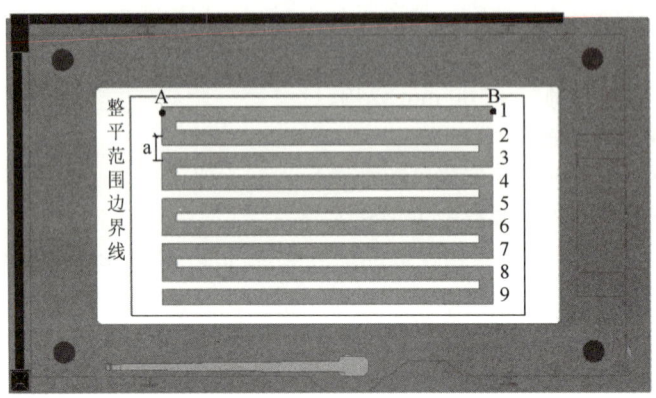

图 4-126　施工位置确认示意图

②声呐校准确认。声呐受水深、水温、盐分浓度等因素的影响使测量值产生误差，因此每次作业前都需要对声呐进行校准。校准时，将抛石管降至整平作业深度，通过校准用声呐与反射板的声速参数对施工管理用声呐的参数进行修正。

③抛石管高度确认。为了精确校核抛石管系统的高程准确性，需要对抛石管高度进行确认，如图 4-127 所示。距东人工岛、西人工岛较近的 3 个管节的碎石垫层铺设时，在施工声呐下放安装反射板，将塔尺固定于反射板上，然后将抛石管至于水中，通过西人工岛上水准仪测量反射板标高并与系统测量反射板标高进行对比。

图 4-127　抛石管高度确认

其余管节铺设时，需将抛石管置于已安管节尾端 3 个已知点（通过贯通测量获取坐标）上方 1.0 m 处，通过潜水员水下测量进行确认（在抛石管底部做好标记点，将抛石管降低至接近沉管尾端预埋点，通过 GPS 将标记点移至预埋点正上方，水下潜水员进行确认，然后将抛石管抬升至离预埋点 1.0 m 位置处，水下潜水员使用可伸缩并可以锁定的测量尺进行测量，将测量尺吊出水面进行读数），如图 4-128 所示取 3 个点的平均值作为标准值，若存在偏差，通过调整抛石管长度消除。

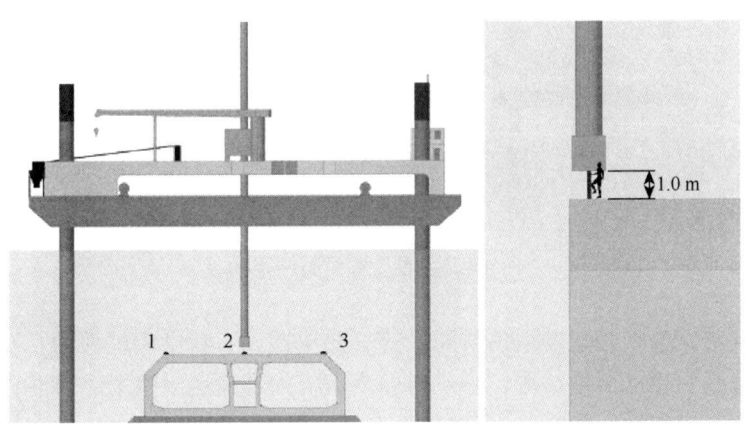

图 4-128　抛石管高度确认示意图

④船体倾斜仪校准。

在行走台车的两条轨道两端架设扫平仪接收器，测出 4 点相对高差，通过将升降 4 根桩腿将其高差调至 2 mm 以内，然后进行倾斜仪归零。

⑤料位计校准。

将钢卷尺固定于料位计钢丝绳上，下降料位计 25 m，通过卷尺实测下降长度并在料位系统中进行修正。

⑥抛石管定位。

首先，作业高程的确定。

管节首端基础高程 = 已安管节尾端基础垫层实测顶高程；

管节尾端基础高程 = 待安管节尾端设计高程 + 当期沉降量；

待安管节尾端碎石垫层高程确定后，对管节纵向坡度做相应微调。

其次，抛石管起、终点的确定。抛石管底标高校准完成后，通过抛石管顶部设置的 GPS 确认抛石管的平面位置及抛石管的底标高，通过行走台车和移动小车将抛石管定位于施工位置。为保证碎石基础的起点和终点处的整平质量，抛石管的起点和终点均应选择在垫层以外。

6）供料船定位、供料

①供料船定位。供料船在管节基础未铺设一侧横跨基槽顺流方向布置，供料船

与整平船之间保持 5 m 以上距离，避免供料船与整平船碰撞。运料船运料至现场后，顺基槽布置，采用船头皮带机将石料供应到供料船上，由于供料船长度方向和水流垂直，受水流的影响很大，供料时尽量选择高、低平潮流速小的时段进行。船位布置见图 4-129。

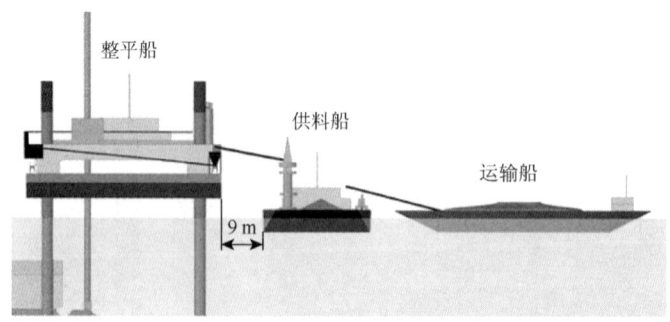

图 4-129　整平船组船位布置

②石料供应。整平船配专用供料船，碎石垫层铺设石料供应过程为：石料通过皮带运输船运至现场并输送至供料船，经供料船皮带机抬升输送至整平船料斗，再经整平船皮带机 3 次抬升进入抛石管料口。石料供应效果见图 4-130。

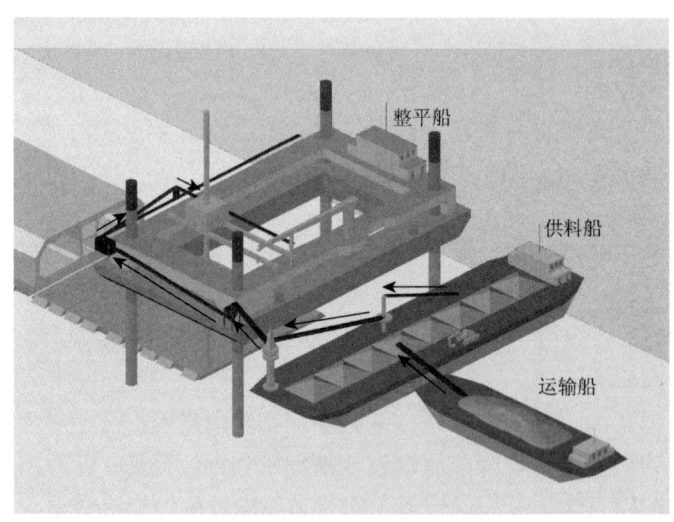

图 4-130　石料供应效果图

7）碎石垫层铺设

①施工方向的确定。根据国外沉管隧道基础铺设施工经验，碎石垫层底层铺设方向沿沉管安装方向进行。这样做的好处是，可以避免少量浮泥被挤到对接端而无法清理。碎石垫层上层铺设方向亦为沿沉管安装方向。施工方向效果见图 4-131。

第4章 地基基础施工

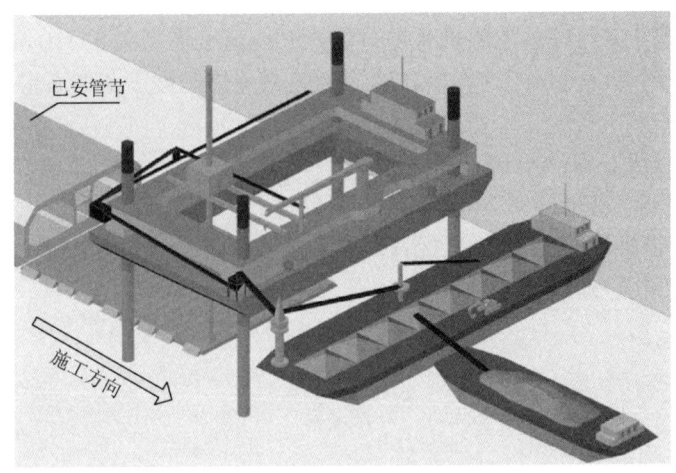

图 4-131 施工方向效果图

②垫层纵坡的控制。碎石基础沿纵向设有纵坡，共有 29 种坡度，最大纵向坡度位于 E33 管节，坡度为 3.029%，最小坡度位于 E18 管节，坡度为 0.0%。其中，部分管节坡度相差不大，如 E14～E17 管节，坡度分别为 –0.325%、–0.300%、–0.300%、–0.277%，合并相近的集中坡度，制作 4 种管头调整段来对所有坡度进行施工，4 种管头调整段的坡度分别为 0%、1.0%、2.0%、3.0%。以此铺设标高从抛石管中心进行管理，垄中心标高与设计标高一致，垄两端最大误差控制在 4.5 mm。

③碎石垫层铺设分层厚度。整平船铺设碎石垫层厚度均为 1.3 m。碎石垫层铺设分两层施工，碎石垫层顶层厚 30 cm，底层厚 1.0 m，先进行底层铺设，再进行顶层铺设，保证顶层铺设时每条垄的底标高一致，如图 4-132 所示。

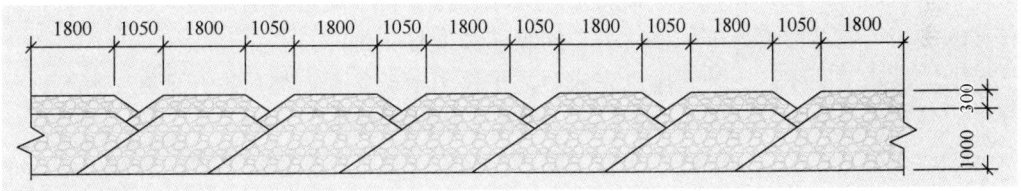

图 4-132 碎石垫层分层示意图（单位：mm）

④抛石管移动速度。综合考虑整平船的设计参数、工程施工进度计划要求及底层、顶层碎石基础精度要求等因素，拟采用底层碎石铺设抛石管行走速度为 1.0 m/min，顶层碎石铺设抛石管行走速度为 0.8 m/min，垫层验收抛石管行走速度为 1.5 m/min。抛石管行走速度对工期和施工精度影响明显，整平船进场后需要进行典型施工确定抛石管行走速度。

⑤垫层铺设作业。垫层铺设作业包括料位管理、铺设作业和余料处理。

第一，料位管理。底层碎石铺设时，石料是连续下落到抛石管内的，铺设速度按照 1.5 m/min 计算，1 m 厚的碎石垫层每分钟需要的碎石量为 5 m³，皮带机的供料能力为

8 m³/min，满足要求。通过重锤测量将抛石管内料位高度控制在 5~10 m，测量时需要停止皮带后采用重锤进行测量，这样操作的原因是避免重锤被下落的石料掩埋，提起重锤时损坏钢丝绳。

顶层碎石铺设时，石料下落至抛石管内料位高度 10 m 后停止，然后开始铺设施工，此时重锤可以安排一定的频率连续不断的测量抛石管内的料位高度。当料位高度下至 5 m 后再启动皮带机补料至 10 m（经计算补料一次抛石管铺设长度约 10 m）。图 4-133 是石料高度测量示意图。

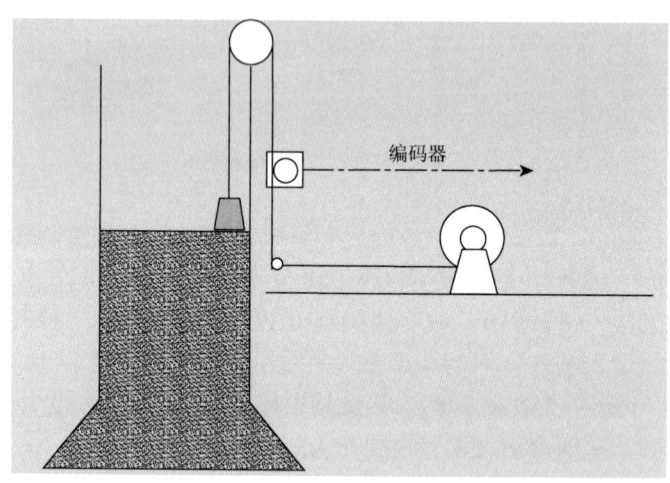

图 4-133　石料高度测量示意图

第二，铺设作业。碎石垫层铺设是碎石通过抛石管移动进行的排出、铺设作业，抛石管的移动是通过行走台车和移动小车的纵移和横移实现的。

上坡段施工顺序：一条垄施工完成后，平移至下一条垄，然后抬升至施工标高，进行下一条垄铺设施工，如图 4-134 所示。按此步骤循环施工。

下坡段施工顺序：一条碎石垄施工完成后抛石管降低至下道碎石垄的标高，然后平移至下道碎石垄进行下道碎石垄铺设施工，如图 4-135 所示。按此步骤循环施工。E18 管节（坡度为 0.0%）按下坡段施工顺序进行铺设施工。

第三，余料处理。一个船位底层和顶层铺设施工完成后，抛石管内剩余石料在碎石垫层铺设区域外排出，为了尽量少浪费石料，在铺设结束前的最后阶段，要严格控制抛石管内碎石的高度，使之在铺设结束时料位高度控制在 50~100 cm。图 4-136 是抛石管内余料处理平面示意图。

第4章 地基基础施工

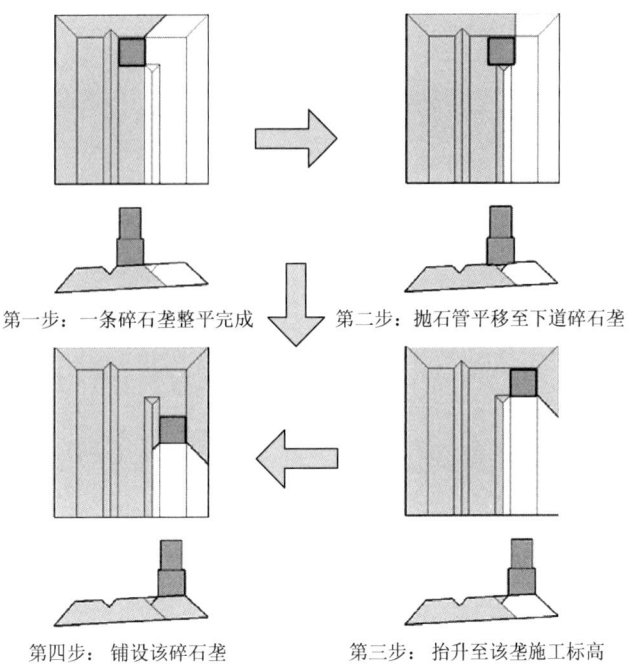

图 4-134 上坡段碎石垫层铺设施工示意图

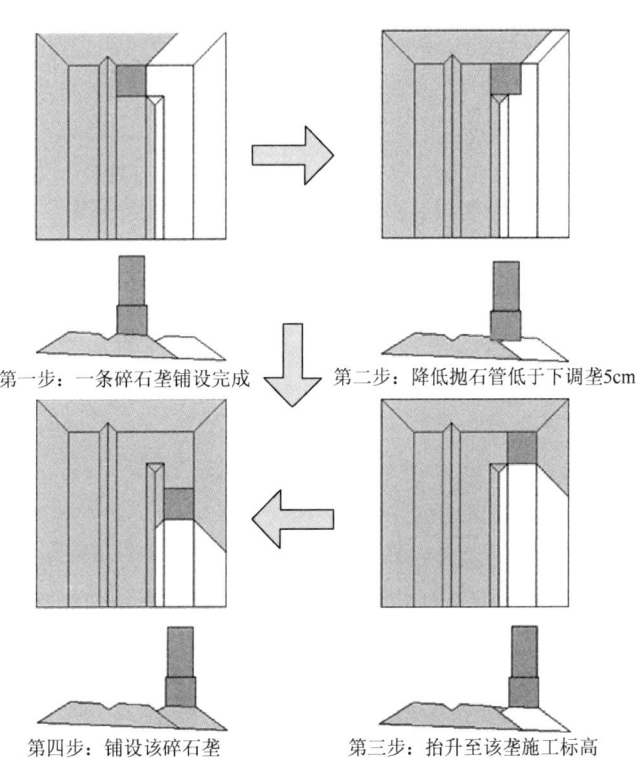

图 4-135 下坡段碎石垫层铺设施工示意图

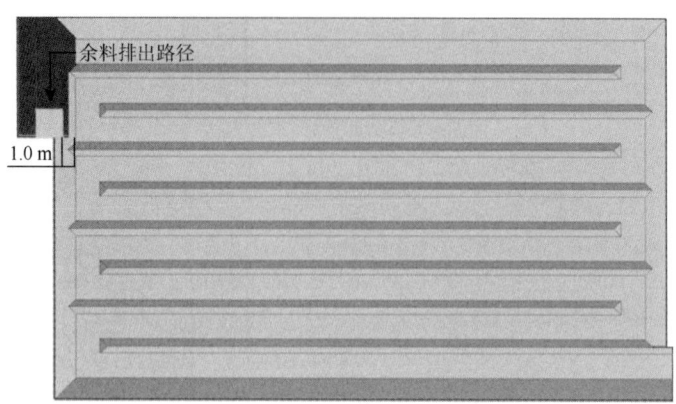

图 4-136 抛石管内余料处理平面示意图

8）碎石垫层检测

①声呐校准。每次验收前都需要对声呐进行校准。校准时，将抛石管降至施工深度，通过调整校准声呐音速当测量值显示 1.5 m 时将此音速应用于碎石垫层铺设使用声呐。图 4-137 是声呐校准示意图。

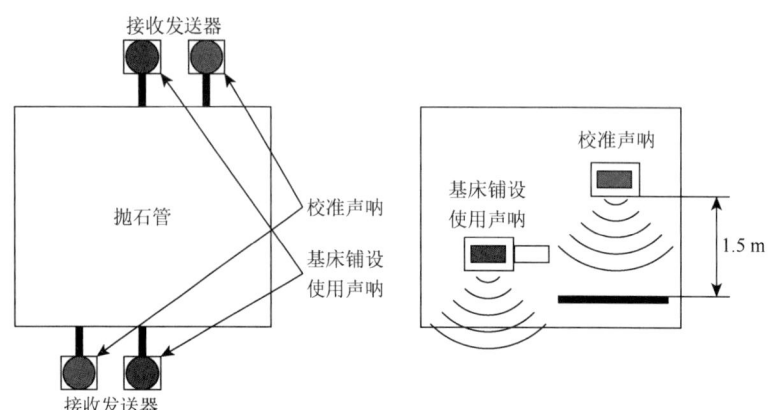

图 4-137 声呐校准示意图

②检测方法。碎石垫层铺设到达一个船位的终点后，需对碎石垫层的标高进行质量检测。检测分为抛石管底部声呐检测和多波束检测，抛石管底部声呐检测按照图 4-138 的检测线检测铺设碎石垫层的标高。图 4-138 中①表示横断面测量，检测碎石条带中心线的高程；②为纵断面测量，检测碎石垫层宽度的 $L/6$ 和 $L/2$ 共 3 条线的高程。图 4-139 为多波束检测成果图。

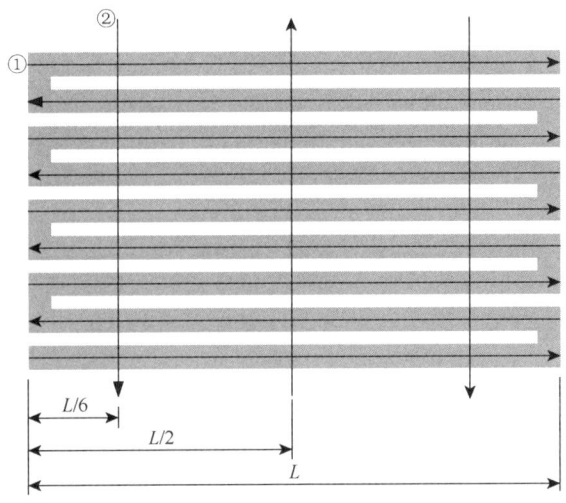

图 4-138　碎石垫层标高检测示意图

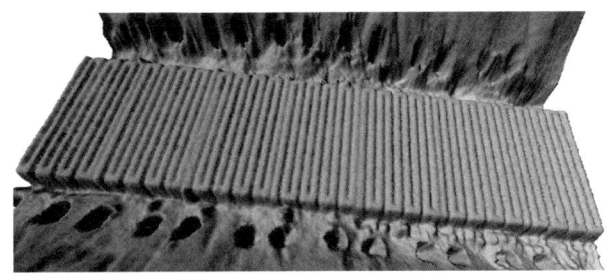

图 4-139　多波束检测成果图

检测结束后,通过计算机管理系统输出检测的横断面、纵断面检测报告。

9)不合格处理

当碎石垫层存在部分超出要求范围时,采用抛石管局部刮平处理或重新铺设。

10)整平船下降、拔桩、移位

一个船位碎石垫层铺设完成检测合格后,整平船下降入水,通过船体浮力将 4 根桩腿拔出(若 4 根桩腿不能同时拔出,可先拔出一对角 2 根桩腿再拔出另一对角 2 根桩腿)。

此时一个船位碎石垫层铺设结束,移船至下一船位进行碎石垫层铺设。按上述施工步骤重复作业直至一个管节碎石垫层铺设作业完成。整平船移至锚地待命。

4.5　回淤监测

4.5.1　概述

沉管基础回淤监测主要目的是通过监测沉管基础施工各个阶段基槽的回淤状态及边

坡稳定性，分析统计回淤规律，为沉管基础各阶段的施工提供基础数据参考，并对临界及异常情况进行预警，防范施工风险。

4.5.2 监测内容及要求

（1）边坡稳定性

边坡稳定性监测主要由多波束水下地形测量实施，反映边坡精挖完成后至对应管节沉管安放之日的稳定性状态，为工程的各项决策提供数据支持。边坡稳定性监测多波束水下地形测量的频率为1个月1次。

边坡稳定性分析是通过多波束水下地形测量数据绘制横断面图及水深差值色块图，分析基槽边坡的回淤物厚度变化、坡度变化及异常滑塌等情况，重点分析精挖完成后至边坡清淤前及边坡清淤后边坡的稳定性状态。

（2）基槽施工期维护性回淤监测

基槽施工期维护性回淤监测是通过多波束水下地形测量反映基槽在粗挖阶段的回淤状态，如果开挖前回淤物达到一定的厚度，则需要清淤。在此期间，多波束水深测量的频率为1个月1次。

（3）精挖前回淤监测

精挖前回淤监测是通过多波束水下地形测量数据反映基槽在粗挖结束后至精挖开始前的回淤状态，如果精挖开始前基槽的回淤物达到一定的厚度，则需要进行清淤施工。在此期间，多波束水下地形测量的频率为1个月1次。

（4）抛石夯平前回淤监测

抛石夯平前回淤监测通过多波束水下地形测量结合人工探摸组合方式实施，通过数据分析反映基槽在精挖结束后至抛石夯平开始前的回淤状态，如果抛石夯平前基槽的回淤物达到一定的厚度，则需要进行清淤施工。在此期间，晾槽时间较长的管节段，多波束水下地形测量的频率为1个月1次，在抛石夯平前进行监测，并结合人工探摸的结果综合分析碎石铺设前基槽回淤物厚度及分布规律。

（5）碎石铺设前回淤监测

碎石铺设前回淤监测是通过多波束水下地形测量结合人工探摸，分析反映基槽在抛石夯平后至碎石基床铺设开始前的回淤状态，以便指导碎石基床铺设前清淤施工。监测期间，对抛石夯平后晾槽时间较长的管节，多波束水下地形测量的频率为1天1次，在碎石铺设前进行监测，结合人工探摸的结果综合分析碎石铺设前基槽回淤物厚度及分布规律。

（6）沉管安放回淤监测

沉管安放回淤监测通过多波束水下地形测量结合人工探摸的方式开展，通过测量数据分析反映已铺设整平后的碎石基床在沉管安放前的回淤状态，如果已铺基床回淤物达到一定的厚度，则需要采取一定的减淤、清淤或其他措施。在碎石基层铺设期间至沉管安放前，多波束水下地形测量的频率为1天1次，人工探摸的频率根据现场作业情况决定，一般为1天1次）。由于从碎石基床铺设至沉管安放历时较短，碎石基床的回淤厚度通常为厘米级，采用人工探摸实际情况为主，多波束水下地形测量为辅，两者相互验证。

（7）已安管节回淤监测

已安管节回淤监测通过多波束水下地形测量数据绘制横断面图、计算管顶回淤厚度分析已安管节自然回淤状态，多波束水下地形测量频率为6个月1次。

4.5.3 监测方法

（1）多波束水下地形测量

多波束水下地形测量是主要监测手段，现场使用的多波束R2 Sonic 2024系统是一套宽带超高分辨率多波束回声测深系统，具备在线调频功能，可以在200 kHz和400 kHz之间连续在线选择20多个工作频率，而不是被限定在2～3个工作频率。在测量过程中可以根据实际环境调整系统频率，从而达到最佳的量程和条带覆盖宽度效果，同时可实现条带覆盖角度在线可调，系统的波束角度可以调整为0.5°×1°，即覆盖宽度可在10°～160°范围内调整，可以根据实际作业情况灵活选择合适的覆盖角度，当选择一个较窄的覆盖扇区时，所有的声学水深点集中在这个窄条带内以增加系统的分辨率检测细小的水底特性。图4-140为R2 Sonic 2024系统组成示意图。

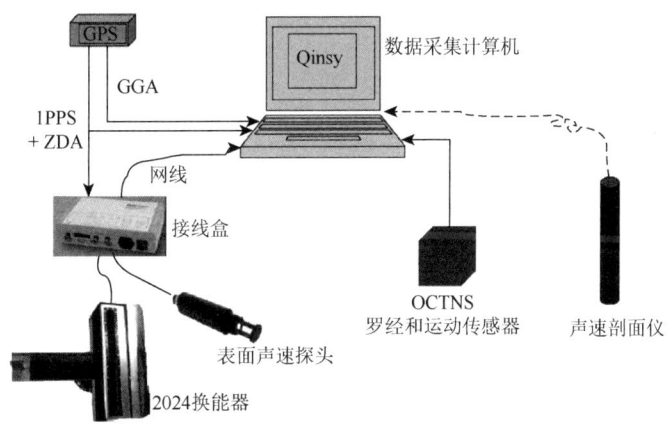

图4-140　R2 Sonic 2024系统组成示意图

R2 Sonic 2024系统采用Qinsy软件进行外业导航及数据采集，接收东人工岛测量平台或西人工岛测量平台基站实时差分信号，实现多波束系统搭载RTK三维水下地形测量，自动采集并同步记录RTK实时定位数据、水下地形数据、罗经数据、三维涌浪数据等信息。三维水下地形测量外业采集直接采用GPS-RTK高精度的高程信息取代传统的水位观测数据，有效减小船舶动吃水变化带来的误差，提高了水下地形测量的精度。为避免RTK整周模糊度失解影响水深测量的精度，在进行RTK三维水下地形测量时同步采集西人工岛测量平台自动水位站的水位数据,并与RTK水位进行相互对比验证,保证水下地形测量的精度。测量配备专用测量船,该测量船具有测量井自动控制升降功能,多波束换能器固定安装,同时定期对换能器姿态进行校正维护,以避免仪器安装误差对测量结果造成影响。为提高波束回波信号质量和减小船舶动吃水影响,测量过程中应降低航速,并保持稳定航向。

(2)人工探摸

人工探摸是指采用潜水员手持测量尺直接测量碎石基床面回淤物厚度并通过取样器取样检测回淤物密度的监测方法。

碎石垫层铺设过程中每天采用人工探摸方法对已铺设和未铺设区域进行回淤监测,碎石垫层铺设完成后每天采用人工探摸方法对铺设好的碎石基床进行回淤监测。潜水探摸记录表如图4-141所示。

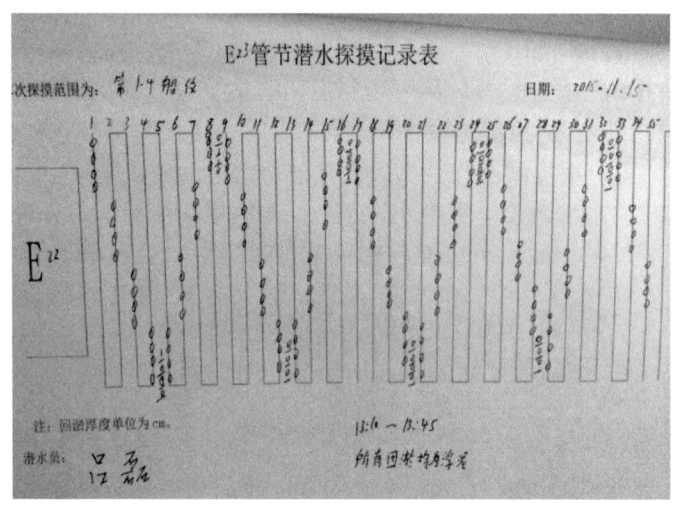

图4-141 潜水探摸记录表

(3)回淤盒

回淤盒回淤监测是指在已铺设好的碎石基床上放置回淤盒,定期取放回淤盒观测回淤盒内回淤厚度及回淤物性状的回淤监测方法。回淤盒实物图如图4-142所示。

回淤监测方法如下:

①回淤监测中,在碎石基床第一船位第三条垄上安放4个回淤盒,并做好编号和时间记录。

②于第二日取出1号盒,第三日取出二号盒。取出同时在原1、2号位置上重新安放两个空盒。以后依此类推。3、4号回淤盒在观测期结束时取出。

③每次取盒前均应封闭盒盖,记录准确的取盒时间。

④回淤盒安放方法与以前一致,尽量避免位移和丢失。

⑤取出回淤盒后立即送交现场实验室,并进行淤积厚度、粒度等分析,并保留样品。

第 4 章 地基基础施工

图 4-142 回淤盒实物图

4.5.4 监测成果

（1）边坡稳定性

选择有代表性的基槽断面分析，伶仃航道以西 E1~E10 精挖成槽到沉管安放时间间隔较小，选择 E8 管节作为典型横断面；E11~E15 精挖成槽到沉管安放时间间隔较长，选择 E11、E13 管节作为典型横断面；E16~E26 沉管安放前对边坡进行了清淤处理，选择 E19、E26 管节作为典型横断面，如图 4-143~图 4-147 所示。

E8 管节由于精挖成槽后到沉管安放仅间隔 3 个月，从断面分析管节回淤小，边坡保持稳定；E11 和 E13 管节精挖成槽到沉管安放虽然时间间隔长，有一定回淤，但边坡总体稳定；E19 管节边坡回淤较为明显，其中北边坡回淤明显大于南边坡，为了保证沉管安放安全，对边坡进行清淤处理，之后边坡总体稳定；E26 管节北边坡回淤较为明显，2015 年 11 月 27 日到 2016 年 3 月 24 日期间回淤加剧，为了保证沉管安放安全，对边坡进行清淤处理，之后边坡坡面结构相对稳定。

管节监测过程中，基槽南边坡有一定的回淤，但边坡基本趋于稳定，从水下地形色块图中发现 E15 管节、E21 管节、E24 管节发生局部边坡滑塌现象，如图 4-148~图 4-150 所示。E15 管节监测时间为 2015 年 2 月 23~24 日，从色块图分析发现北边坡发生滑塌，对碎石基床面造成了污染；E21 管节和 E24 管节监测时间为 2015 年 1 月 15~21 日，其中 E21 管节北边坡多次出现小面积滑塌，E24 管节北边坡两处发生滑塌。

从边坡稳定性监测数据来看，沉管隧道基槽边坡自精挖完成之后至管节安放之日，总体保持了稳定的状态，同时也有局部边坡滑塌现象的发生。经分析，边坡滑塌的现象均发生于 2015 年 1 月至 2015 年 2 月期间，受珠江上游内伶仃砂场采砂影响，现场水域泥沙含量增大，在水流作用下，在基槽范围内逐渐淤积，引起局部边坡不稳定，继而发生滑塌。

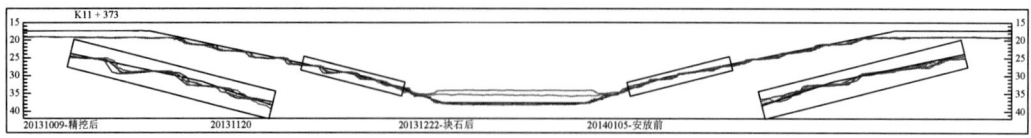

图 4-143　E8 管节典型横断面（k11+373）

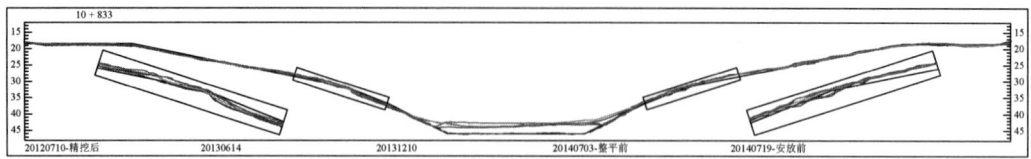

图 4-144　E11 管节典型横断面（k10+833）

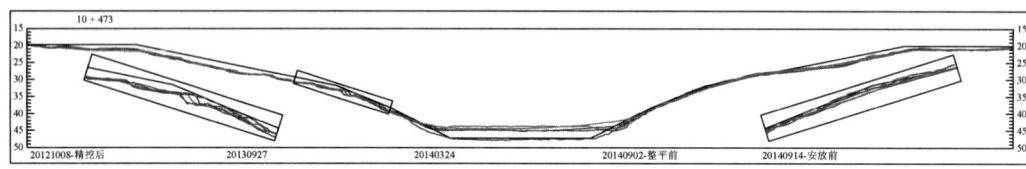

图 4-145　E13 管节典型横断面（k10+473）

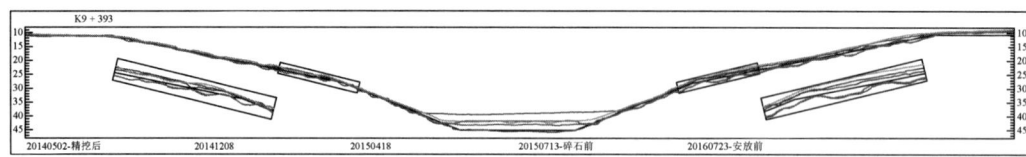

图 4-146　E19 管节典型横断面（k9+393）

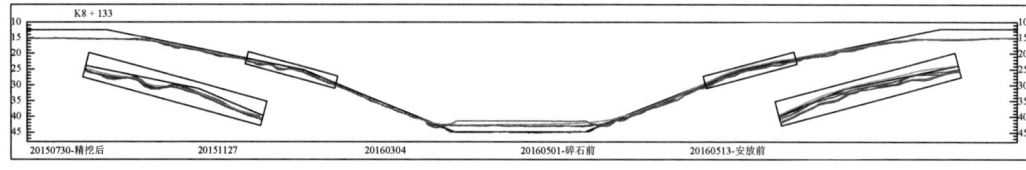

图 4-147　E26 管节典型横断面（k8+133）

（2）基槽施工维护性回淤监测

基槽施工维护性回淤监测成果分析方法主要是按管节计算某一施工间歇期内的槽内回淤厚度，分析基槽回淤规律。伶仃航道以西 E6～E10 管节 2011 年 10 月完成粗挖施工，通过 E8、E9、E10 管节监测分析区域回淤规律；E11～E15 管节持续开挖，施工期回淤规律无法统计；E16～E19 管节粗挖晾槽时间基本一致，选取 E16、E19 管节监测来分析区域回淤规律；E20～E26 管节粗挖晾槽时间基本一致，选取 E23、E26 管节监测来分析区域回淤规律；E27～E30 管节粗挖施工水深浅，同时晾槽时间基本一致，选取 E28 管节监测来分析回淤规律。回淤厚度和强度见表 4-13 和图 4-151 所示。

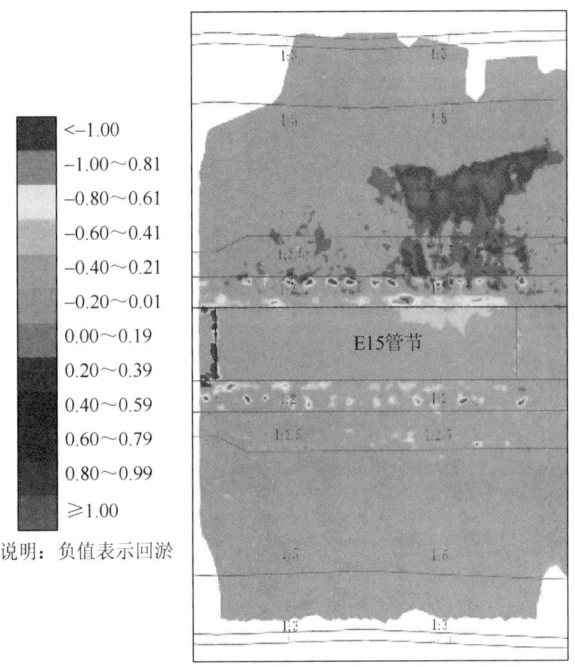

图 4-148　E15 管节差值色块图（后附彩图）

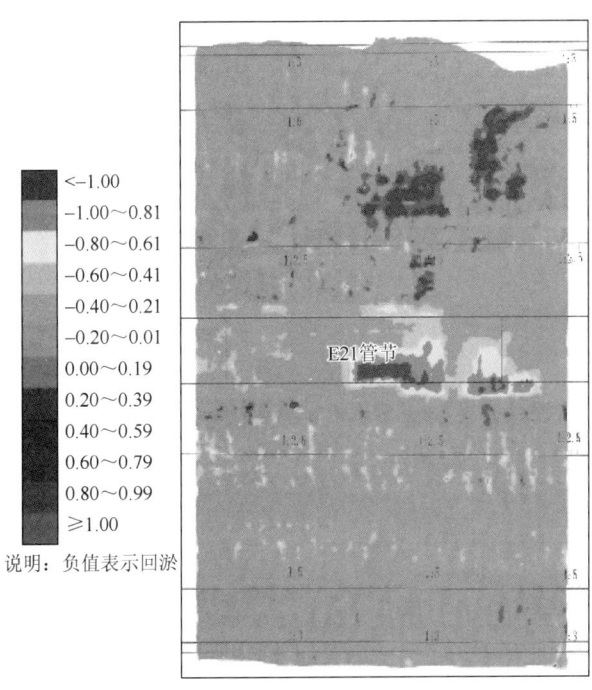

图 4-149　E21 管节差值色块图（后附彩图）

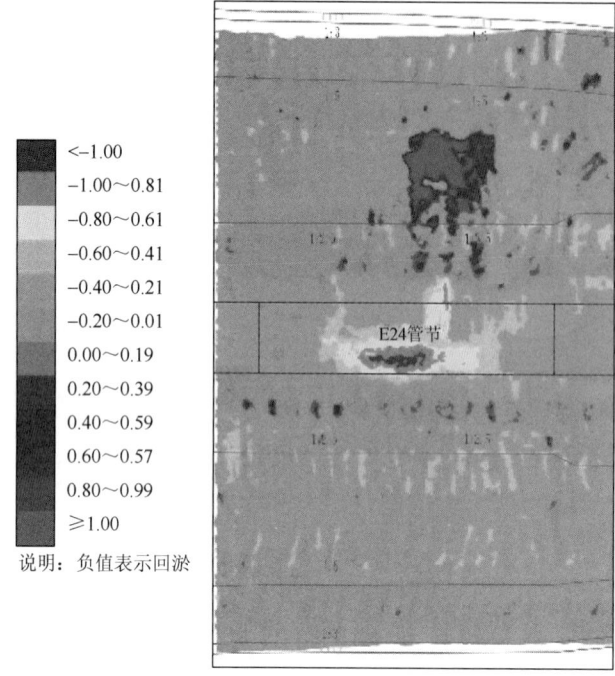

图 4-150 E24 管节差值色块图（后附彩图）

在基槽施工维护性回淤监测过程中，各监测段回淤情况如下：

①伶仃航道以西 E8、E9、E10 管节晾槽时间久，2013 年以前回淤小，月回淤强度在 0.1 m 以下，进入 2013 年 1 月，E9 和 E10 管节回淤加强，月回淤强度达到 0.2 m；

②E16 管节 2013 年 5 月 17 日至 10 月 18 日月回淤强度为 0.12 m，晾槽时间较长，回淤厚度为 0.61 m；E19 管节 2013 年 7 月 8 日至 10 月 20 日回淤加剧，月回淤强度达到 0.41 m，回淤厚度为 1.41 m；

③E23 管节 2014 年 6 月 8 日至 9 月 29 日月回淤强度达到 0.53 m，回淤厚度为 2.01 m；E26 管节回淤监测结果显示，2014 年 5 月 26 日至 9 月 29 日月回淤强度和 E23 管节相同，同时 2014 年 9 月 29 日至 12 月 8 日，回淤加剧，这和珠江上游内伶仃砂场采砂有一定关系；

④E28 管节水深浅，2013 年 12 月 14 日至 2015 年 4 月 28 日月回淤强度为 0.21 m，晾槽时间长，回淤厚度达到 3.44 m。

表 4-13 基槽施工期维护性回淤监测情况统计表

管节	监测起始时间	监测结束时间	监测时间/d	回淤厚度/m	回淤强度/(m/月)
E8	2011-10-26	2013-01-01	433	0.49	0.03
E9-1	2011-10-26	2013-01-01	433	0.63	0.04
E9-2	2013-01-01	2013-03-13	71	0.46	0.19
E10-1	2011-10-26	2013-01-01	433	0.64	0.04

第4章 地基基础施工

续表

管节	监测起始时间	监测结束时间	监测时间/d	回淤厚度/m	回淤强度/(m/月)
E10-2	2013-01-01	2013-03-13	71	0.49	0.21
E16	2013-05-17	2013-10-18	154	0.61	0.12
E19	2013-07-08	2013-10-20	104	1.41	0.41
E23	2014-06-08	2014-09-29	113	2.01	0.53
E26-1	2014-05-26	2014-09-29	126	2.25	0.53
E26-2	2014-09-29	2014-12-08	70	1.52	0.65
E28	2013-12-14	2015-04-28	500	3.44	0.21

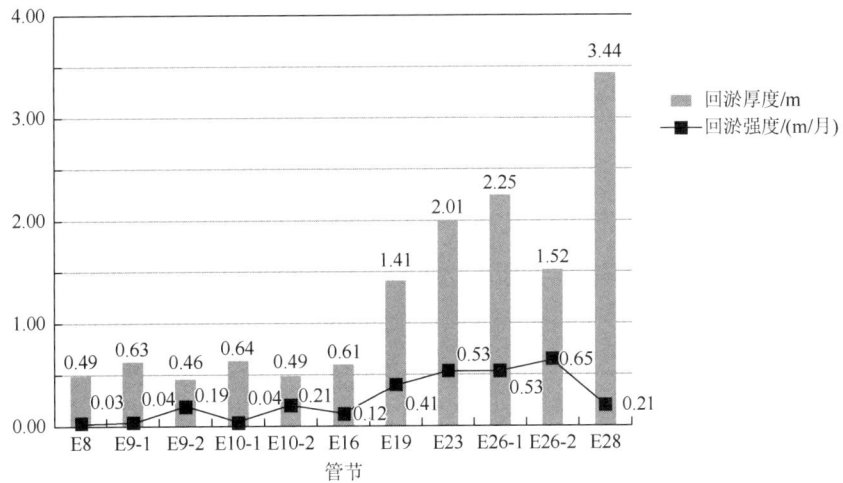

图 4-151 基槽施工期维护性回淤厚度和强度

（3）精挖前回淤监测

精挖前回淤监测成果分析方法主要是通过管节计算某一施工间歇期的回淤厚度，分析基槽在粗挖结束后至精挖开始前的回淤规律及强度。基槽粗挖施工完成后下一道施工工序为精挖施工，晾槽时间较长时，需进行回淤监测，选取 E8、E10、E13、E15、E19、E22、E26 管节分析回淤规律，如表 4-14 和图 4-152 所示。

基槽精挖前回淤监测中，各监测段回淤情况如下：

①伶仃航道以西 E8 和 E10 管节 2013 年 5 月 28 日～9 月 24 日回淤强度小，回淤厚度小；

②E13 管节粗挖成槽时间为 2012 年 6 月 13 日，到 2012 年 8 月 20 日这段时间回淤少；

③E15 管节粗挖成槽时间为 2012 年 11 月 6 日，到 2014 年 3 月 24 日这段时间回淤强度小，但晾槽时间长，回淤厚度达到 1.45 m；E19 管节粗挖成槽时间为 2014 年 2 月，到 2014 年 3 月 24 日这段时间回淤强度明显比前面管节大，月回淤强度为 0.42 m，回淤厚度为 0.56 m；E22 管节粗挖成槽时间为 2014 年 10 月 21 日，到 2015 年 1 月 26 日这段

时间回淤加剧,月回淤强度为 0.85 m,回淤厚度达到 2.76 m,这和珠江上游内伶仃砂场采砂有一定关系;

④E26 管节粗挖成槽时间为 2015 年 5 月,到 2015 年 7 月 14 日这段时间回淤趋于平缓,月回淤强度为 0.29,回淤厚度为 0.57 m。

表 4-14 精挖前回淤监测情况统计表

管节	监测起始时间	监测结束时间	监测时间/d	回淤厚度/m	回淤强度/(m/月)
E8	2013-05-28	2013-09-24	119	0.19	0.05
E10	2013-05-28	2013-09-24	119	0.28	0.07
E13	2012-06-13	2012-08-20	68	0.07	0.03
E15	2012-11-06	2014-03-24	503	1.45	0.09
E19	2014-02-12	2014-03-24	40	0.56	0.42
E22	2014-10-21	2015-01-26	97	2.76	0.85
E26	2015-05-15	2015-07-14	60	0.57	0.29

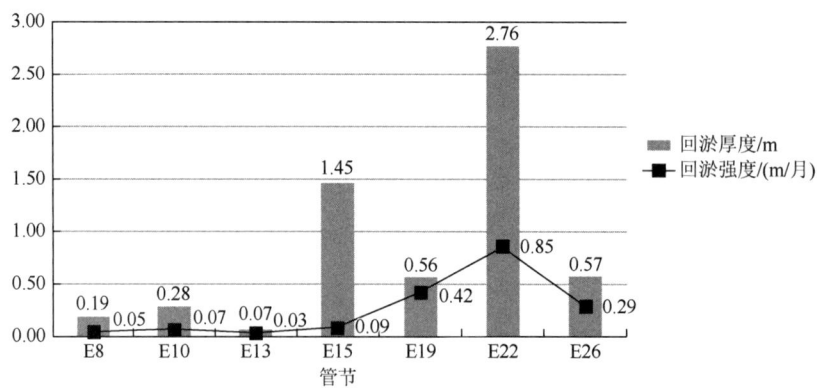

图 4-152 精挖前回淤厚度和强度

(4) 抛石夯平前回淤监测

抛石夯平前回淤监测成果分析方法主要是按管节计算回淤厚度,分析基槽在精挖结束后至抛石夯平开始前的回淤规律及强度。一般情况下,基槽精挖结束后,立即开始抛石夯平施工,若晾槽时间过长,需进行回淤监测,选取 E5、E18、E19、E22、E23、E26 管节分析回淤规律,如表 4-15 和图 4-153 所示。

抛石夯平前回淤监测中,E5 管节 2012 年 12 月 13 日至 2013 年 3 月 11 日时间段回淤异常,和同期 E9、E10 管节基槽维护性回淤异常类似,月回淤强度为 0.44 m,回淤厚度达到 1.28 m;E18、E19、E22、E23 管节回淤异常,回淤强度大,主要是监测管节两侧水深浅,同时存在施工,导致回淤物汇集于水深相对较深的管节;E26 管节精挖完成时间为 2015 年 7 月 30 日,晾槽 27 d,回淤趋于平缓,回淤厚度为 0.16 m。

表 4-15 抛石夯平前回淤监测情况统计表

管节	监测起始时间	监测结束时间	监测时间/d	回淤厚度/m	回淤强度/(m/月)
E5	2012-12-13	2013-03-11	88	1.28	0.44
E18	2014-02-28	2014-04-11	42	0.59	0.42
E19	2014-05-02	2014-06-08	37	0.92	0.75
E22	2015-05-10	2015-05-26	16	0.73	1.36
E23	2015-05-28	2015-06-16	19	0.53	0.84
E26	2015-07-30	2015-08-26	27	0.16	0.18

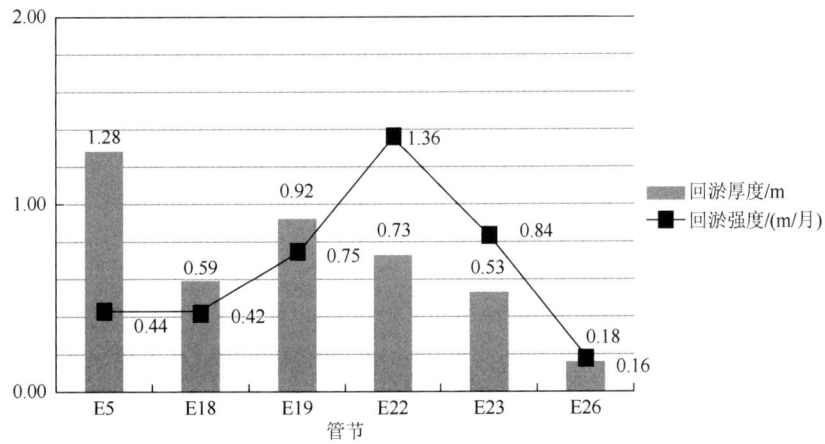

图 4-153 抛石夯平前回淤厚度和强度

（5）碎石铺设前回淤监测

碎石铺设前回淤监测成果分析方法主要是按管节计算某一间歇期的回淤厚度，分析基槽在抛石夯平后至碎石基床铺设开始前的回淤规律及强度。基槽抛石夯平后下一道施工工序为碎石铺设，E1～E10 管节段抛石夯平后晾槽时间短，监测主要以人工探摸为主，因此，监测期间选取基槽 E5、E11、E13、E14、E16、E19、E22、E26 管节来分析回淤规律，回淤情况详如表 4-16 和图 4-154 所示。

①E1～E10 管节段抛石夯平后，回淤小，如 E5 管节，2013 年 8 月 31 日至 9 月 24 日晾槽时间 24d，回淤 0.05 m，其中大部分管节夯平后即进行碎石铺设；

②E11、E13、E14 管节夯平时间较早，2013 年 1 月至 2014 年 5 月时间段月回淤强度小，在 0.1 m 以下，但晾槽时间长，回淤物较厚，在实际探摸取样过程中发现回淤物板结的现象；

③E16 管节夯平后监测发现 2014 年 10 月到 12 月回淤明显比前面其他管节大，月回淤强度为 0.48 m，回淤厚度达到 0.93 m；E19 管节夯平后，2014 年 7 月到 12 月这段时间月回淤强度为 0.76 m，明显大于在 2014 年 3 月之前的精挖前回淤强度 0.42 m，回淤

厚度达到 3.96 m；

④E22 管节夯平后 2015 年 6 月 20 日至 9 月 1 日时间段月回淤强度为 0.48 m，回淤厚度为 1.17 m；

⑤E26 管节夯平后 2015 年 11 月 3 日到 12 月 22 日回淤明显减弱，月回淤强度仅为 0.15 m，回淤厚度为 0.24 m，之后回淤加剧，到 2016 年 3 月 4 日回淤厚度达到 1.05 m，月回淤强度为 0.43 m，这和珠江上游内伶仃砂场重新开始采砂有一定关系。

表 4-16 碎石铺设前回淤监测情况统计表

管节	监测起始时间	监测结束时间	监测时间/d	回淤厚度/m	回淤强度/(m/月)
E5	2013-08-31	2013-09-24	24	0.05	0.07
E11	2012-12-15	2014-04-29	500	1.01	0.06
E13	2013-01-01	2014-04-29	483	0.78	0.05
E14	2013-01-01	2014-05-21	505	0.85	0.05
E16	2014-10-14	2014-12-11	58	0.93	0.48
E19	2014-07-07	2014-12-11	157	3.96	0.76
E22	2015-06-20	2015-09-01	73	1.17	0.48
E26-1	2015-11-03	2015-12-22	49	0.24	0.15
E26-2	2015-12-22	2016-03-04	73	1.05	0.43

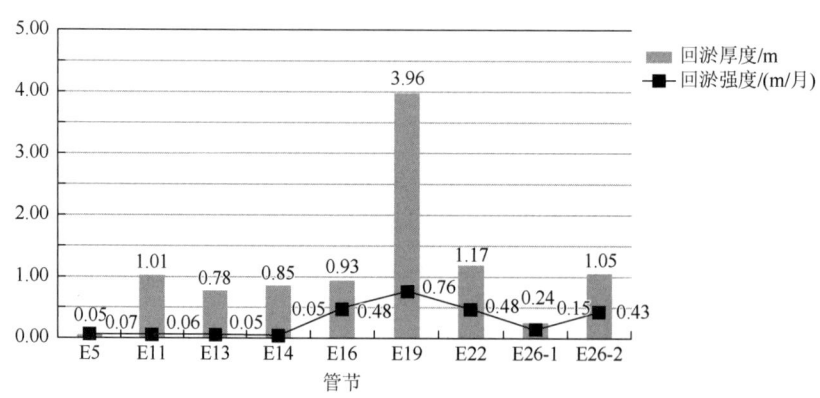

图 4-154 碎石铺设前回淤厚度和强度

（6）沉管安放回淤监测

沉管安放回淤监测成果分析主要是利用碎石基床铺设后两期数据制作基床回淤差值图，以供沉管安放决策提供依据。以 E15 管节三次碎石基床铺设过程中和 E22 管节碎石基床铺设过程中回淤监测为例分析沉管安放前回淤规律，如图 4-155～图 4-159 所示。

①E15 管节第一次碎石基床铺设时间为 2014 年 11 月 2～13 日，图 4-155 表示 E15 管节前两个船位 2014 年 11 月 7 日碎石铺设完成后到 11 月 13 日碎石垄顶回淤情况，普遍存在回淤，最大回淤值为 0.17 m，平均厚度为 0.12 m，结合人工探摸结果，碎石基床已不满足沉管安放的要求；E15 管节第二次碎石基床铺设时间为 2015 年 2 月 12～22 日，图 4-156 为 E15 管节第二次碎石铺设时前两个船位 2015 年 2 月 16 日碎石铺设完成后到 2 月 22 日碎石垄顶回淤情况，回淤较小，最大回淤值为 0.08 m，平均厚度为 0.05 m，结合探摸结果，符合沉管安放要求，但是在沉管出运过程中，2 月 24 日监测数据显示北边坡发生滑塌，对碎石基床面造成了污染，如图 4-155 所示，已不满足沉管安放的条件；E15 管节第三次碎石基床铺设时间为 2015 年 3 月 16～24 日，图 4-157 为 E15 管节第三次碎石铺设时第二个和第三个船位 2015 年 3 月 20 日碎石铺设完成后到 3 月 24 日碎石垄顶回淤情况，回淤较小，最大回淤值为 0.07 m，平均厚度为 0.02 m，结合探摸结果，符合沉管安放要求。

②E22 管节碎石基床铺设开始时间为 2015 年 10 月 11 日，前两个船位碎石铺设完成时间为 10 月 14 日，之后由于台风的影响，碎石基床铺设完成时间为 10 月 30 日，图 4-158 为前两个船位碎石基床 10 月 14 日到 10 月 30 日垄顶回淤情况，最大回淤厚度为 0.18 m，平均回淤厚度为 0.10 m，到 11 月 4 日对前两个船位进行清淤施工，图 4-159 为前两个船位碎石基床清淤后 10 月 14 日至 11 月 5 日垄顶回淤情况，最大回淤厚度为 0.08 m，平均回淤厚度为 0.05 m，结合探摸结果，符合沉管安放要求。

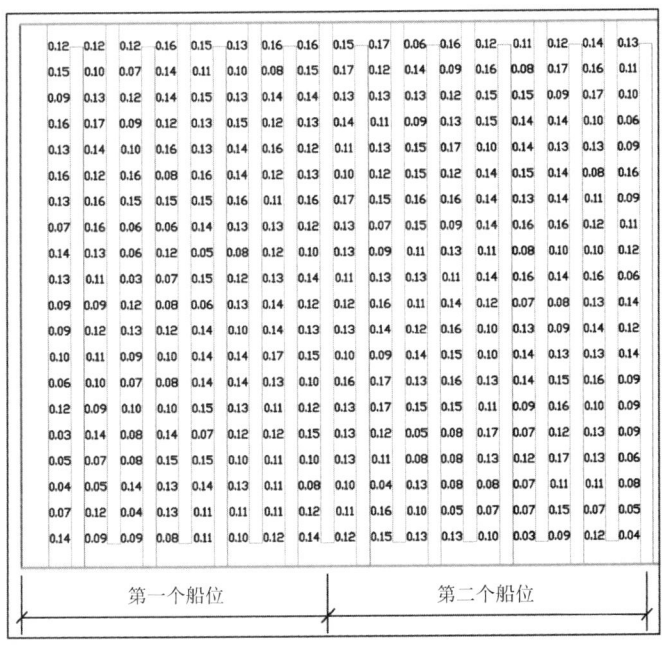

图 4-155　E15 管节碎石基床回淤统计 1

（7）已安管节回淤监测

已安管节回淤监测从 2014 年 12 月开始，选取 E6、E8、E10、E13 管节分析沉管回

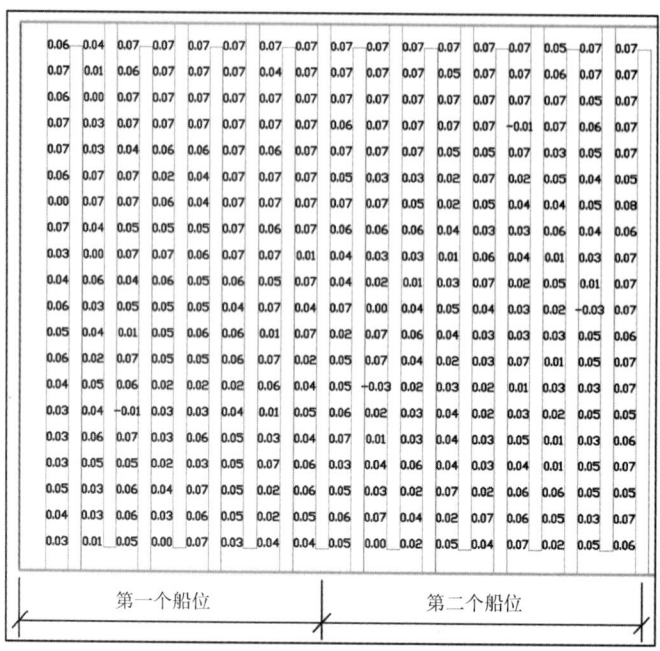

图 4-156　E15 管节碎石基床回淤统计 2

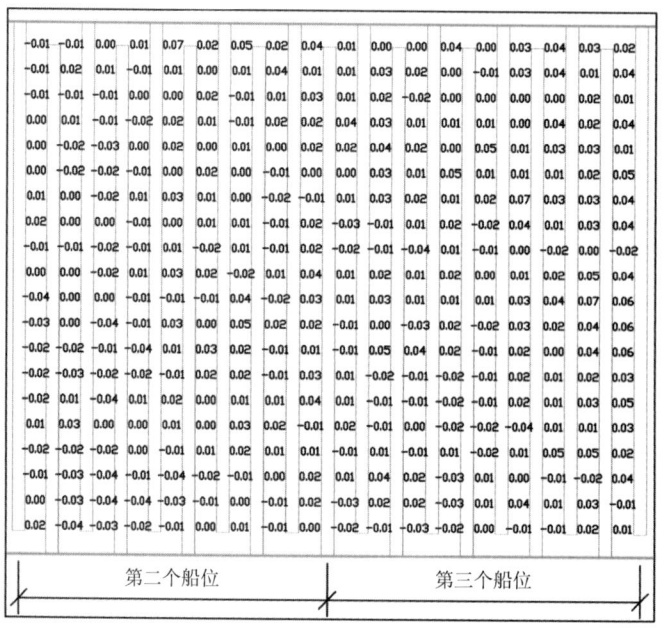

图 4-157　E15 管节碎石基床回淤统计 3

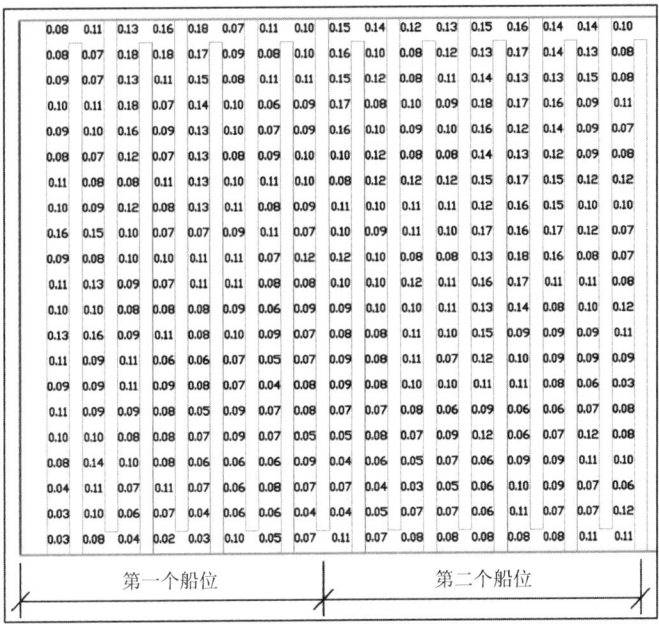

图 4-158 E22 管节碎石基床回淤统计 1

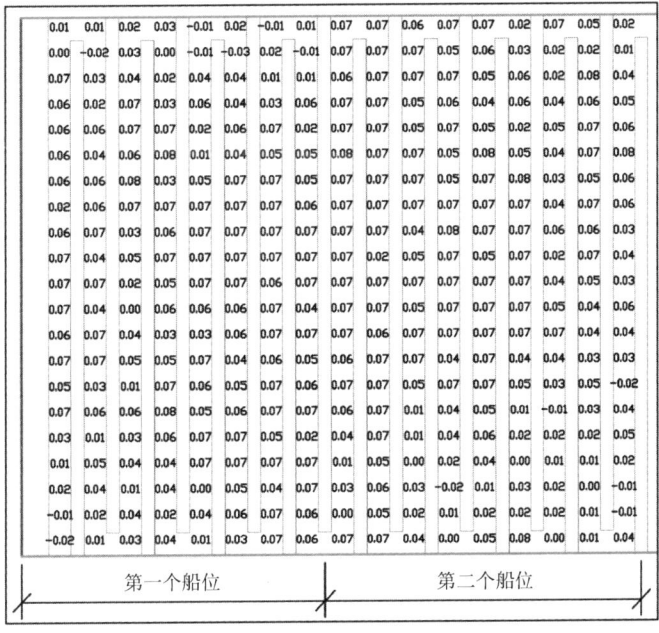

图 4-159 E22 管节碎石基床回淤统计 2

淤情况,如表4-17、图4-160～图4-163所示。横断面图显示基槽边坡稳定,沉管顶部回淤较小,回淤物集中于沉管坡脚两侧,其中北坡脚平均淤积厚度在1.35 m以上,南坡脚平均淤积厚度为1.08 m以上。

表4-17 已安管节回淤情况统计

管节	区域	监测起始时间	监测结束时间	监测时间/d	回淤厚度/m	回淤强度/(m/月)
E6	北坡脚	2014-12-14	2016-04-16	489	1.56	0.10
	管顶	2014-12-14	2016-04-16	489	0.06	0.00
	南坡脚	2014-12-14	2016-04-16	489	2.20	0.13
E8	北坡脚	2014-12-14	2016-04-16	489	1.43	0.09
	管顶	2014-12-14	2016-04-16	489	0.08	0.00
	南坡脚	2014-12-14	2016-04-16	489	1.08	0.07
E10	北坡脚	2014-12-14	2016-04-16	489	2.21	0.13
	管顶	2014-12-14	2016-04-16	489	0.07	0.00
	南坡脚	2014-12-14	2016-04-16	489	1.34	0.08
E13	北坡脚	2014-12-14	2016-04-16	489	1.35	0.08
	管顶	2014-12-14	2016-04-16	489	0.09	0.01
	南坡脚	2014-12-14	2016-04-16	489	1.67	0.10

备注:管节顶部计算范围为管节中心线南北两侧各 15 m 以内区域,南、北坡脚计算范围为管节中心线南北两侧各 30～50 m 区域。

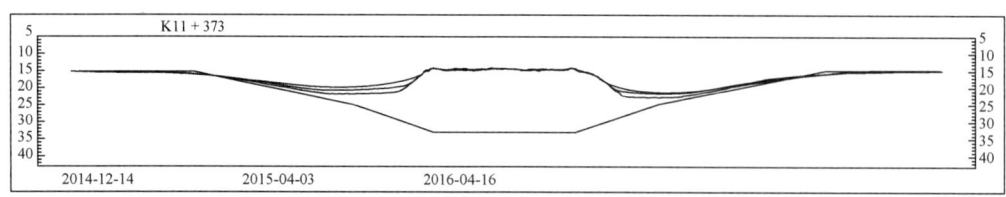

图4-160 E6管节典型横断面(k11+773)

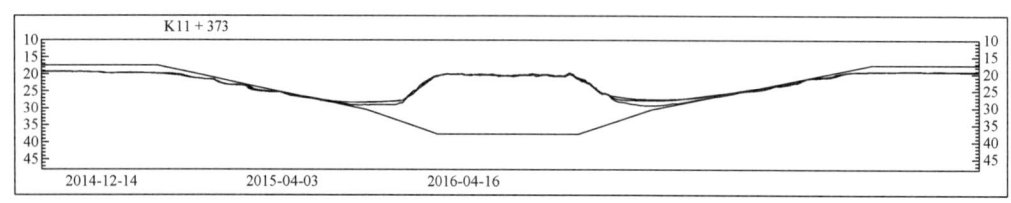

图4-161 E8管节典型横断面(k11+373)

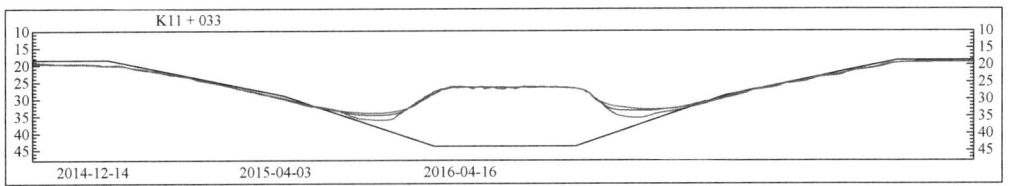

图 4-162　E10 管节典型横断面（k11+033）

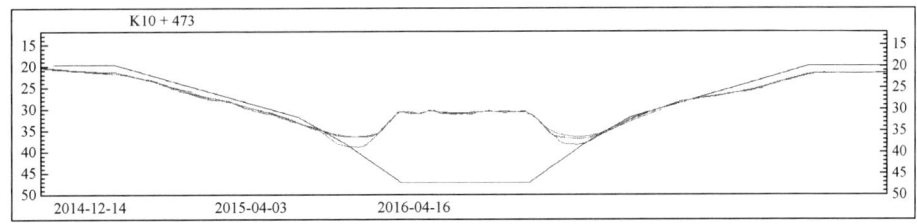

图 4-163　E13 管节典型横断面（k10+473）

第 5 章　地基基础试验研究

5.1　概　　述

港珠澳大桥沉管隧道采用了 PHC 刚性桩复合地基、挤密砂桩复合地基、高压旋喷桩复合地基多种复合地基，同时采用了块石夯平＋碎石基床整平形式的组合基床，针对如此大规模的组合基床和复合地基的应用，在施工前期为了掌握不同地基基础的关键参数进行了大量试验，获取了丰富的数据，为后续大规模施工打下了坚实的基础。

5.2　碎石基床物理模型试验

5.2.1　试验概况

初步设计提出了天然地基和桩基础两大类隧道基础形式，并采用整平船铺设的带垄沟碎石垫层作为隧道基床。考虑基础设计的重要性，在施工图阶段对初步设计方案中实践经验不足的方面作进一步的试验验证。

隧道沉管段基础分段及各段采用的基础情况如表 5-1 所示。

表 5-1　隧道沉管段基础分段及各段采用的基础情况

基础纵向布置	东人工岛头段	东过渡段	中间段	西过渡段	西人工岛头段
区段	东人工岛头段	东过渡段	中间段	西过渡段	西人工岛头段
管节	E33～E32	E31～E24	E23～E6	E5～E3	E2～E1
基础	打入钢管支撑桩	不同安全系数的钢管支撑桩	天然地基	不同安全系数的钢管支撑桩	打入钢管支撑桩

续表

碎石垫层	3.5 m 厚 E33 满铺、E32 带垄沟	1.5 m 厚带垄沟	1.5 m 厚带垄沟	1.5 m 厚带垄沟	3.5 m 厚 E1 满铺、E2 带垄沟
具体参数	隧道结构下方设置碎石垫层，天然地基 1.5 m 厚，桩顶碎石 0.6 m 厚				

除支撑桩 E1 和 E33 管节采用满铺的碎石垫层外，其他桩基段和天然地基段均采用带垄沟的碎石垫层结构，桩顶碎石垫层厚 0.6 m，单垄垄顶宽 1.8 m，V 形槽顶宽 1.012 m，深 0.337 m，坡率 1∶1.5 自然休止；管节接头设置 3.825 m 宽槽。图 5-1 和图 5-2 分别为各区段碎石垫层典型平面图和纵断面图。

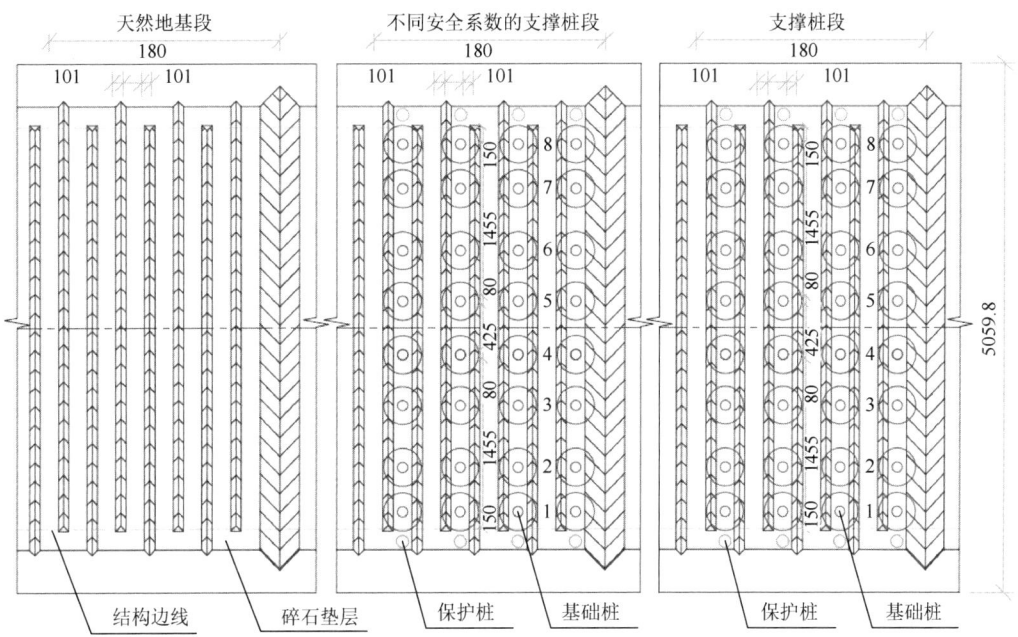

图 5-1 各区段碎石垫层典型平面图（单位：cm）

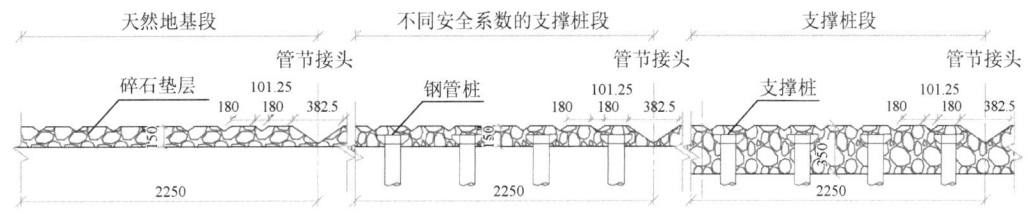

图 5-2 各区段碎石垫层典型纵断面图（单位：cm）

港珠澳大桥沉管隧道基础设计采用了先铺的碎石垫层，该基础方案的工程案例较少，尤其是隧道斜坡段支撑桩基础桩顶设桩帽，桩帽与沉管间设置碎石垫层，碎石垫层作为桩基与沉管结构间传力构造的工程实践经验极少，目前仅挪威比约维卡隧道一个案例，而其建设条件与港珠澳大桥沉管隧道差异较大，可比性不大；此外，桩基础采用碎石垫层传力的机理、理论分析资料，设计规范及依据资料缺乏，同时沉管隧道碎石垫层及桩基在水中作业时存在平整度、夹淤泥、偏位、倾斜、桩周软弱下卧层等诸多不确定性需要分析。

通过试验对天然地基段和桩基段碎石垫层变形、传力机理开展研究，获取其沉降量、压缩模量等设计参数和指标，研究各影响因素对上述指标的影响，从而验证碎石垫层方案对港珠澳大桥沉管隧道的适用性，为工程建设提供支持。

5.2.2 试验目的

碎石基床物理模型试验目的如下：

①研究沉管隧道基础碎石垫层在竖向静荷载及水平往复移动情况下的受力与变形机理；

②确定沉管隧道基础碎石垫层的合理碎石级配及各区段碎石垫层的合理厚度；

③获取基础碎石垫层沉降量、等效压缩模量、桩顶荷载分配等设计参数与指标；

④定量分析碎石垫层基底材料、淤泥夹层厚度、钢桩帽与碎石垫层相对偏位、倾斜等的影响；

⑤为设计和施工材料、设备、工艺的选择提供依据。

5.2.3 试验方法

1. 试验参数

（1）碎石级配

级配是影响碎石承载能力和等效压缩模量的重要因素。试验参考类似工程碎石级配的参数，对 B1、B2、B3、B4、B5 这 5 个级配水平展开研究。考虑碎石垫层施工工艺、力学性能、容淤能力、对管节结构水平移动的敏感性、抗冲刷稳定性等因素，确定最优级配。表 5-2 是碎石级配影响因素水平等级表。

表 5-2 碎石级配影响因素水平等级表

筛分粒度/mm	筛分通过率（干重）				
	B1	B2	B3	B4	B5
125					100
75					70~100
63		100	100	100	
53	100		25~35		
50					40~100

续表

筛分粒度/mm	筛分通过率（干重）				
	B1	B2	B3	B4	B5
37.5					10~70
31.5	25~35	25~35	<8	60~100	
26.5					
19					2~20
16				45~100	
9.5					0~2
8				25~75	
4.75					0
4				10~60	
2.36	<8	<8			
2				5~45	
1				0~30	
0.5				0~15	

（2）碎石垫层铺设厚度

结合隧道纵向不同区间的碎石垫层初步设计方案及有无桩基等工况，对碎石垫层铺设厚度分别为 0.45 m、0.6 m、1.0 m、1.2 m、1.5 m、2.0 m 的 6 种情况分别展开研究。表 5-3 是碎石垫层铺设厚度影响因素水平等级。

表 5-3　碎石垫层铺设厚度影响因素水平等级

水平	A1	A2	A3	A4	A5	A6
碎石垫层铺设厚度	桩顶碎石垫层			天然地基碎石垫层		
	0.45 m	0.6 m	1.0 m	1.2 m	1.5 m	2.0 m

（3）碎石垄构造尺寸

结合碎石垫层的铺设工艺，研究相邻垄中心距分别为 2.6 m、2.8 m，对应垄沟顶宽分别为 0.4 m、0.5 m 两种水平展开研究。表 5-4 是碎石垄构造影响因素水平等级。

表 5-4　碎石垄构造影响因素水平等级

水平	G1/H2	G2/H3
相邻垄中心距	2.6 m	2.8 m
垄沟顶宽	0.4 m	0.5 m

(4) 碎石垫层基底材料

碎石垫层基底材料的承载力、抗剪强度、黏聚力、摩擦角等特性对碎石垫层本身的整体性能和沉降量有显著影响。结合港珠澳大桥沉管隧道基础初步设计方案及对比试验的需要，对基底材料分别为砂、泡沫板（模拟软弱下卧层）、钢桩帽、刚性基础及其相互组合的各种工况展开研究。表5-5是碎石垫层基底材料影响因素水平等级。

表 5-5 碎石垫层基底材料影响因素水平等级

水平	C1	C2	C3	C4
碎石垫层基底材料	砂	泡沫板	钢桩帽	刚性基础

(5) 回淤层厚度

碎石垫层铺设完成等待管节沉放的间隙，碎石垫层顶可能产生淤积，该回淤层的厚度将对碎石垫层实际的承载能力和沉降量产生影响，同时垫层顶淤泥在管节沉放压力作用下挤入碎石空隙的程度需要研究。本次试验对回淤层厚度分别为0、0.3 m两种水平展开研究，回淤层设置于碎石垫层顶。表5-6是回淤层厚度影响因素水平等级。

表 5-6 回淤层厚度影响因素水平等级

水平	E1	E2
回淤层厚度/m	0	0.3

(6) 钢桩帽与碎石垄顶面相对倾斜度

隧道路线纵坡及桩基施工偏差将造成钢桩帽与碎石垄顶面产生相对倾斜，该倾斜度影响垫层的受力效果，较大的水平倾斜会影响垫层的受力均匀性，并对传至桩基和基底的竖向力产生影响。结合隧道结构底纵坡及桩基和碎石施工误差的要求，对相对倾斜度分别为0、4%两种水平展开研究。为试验方便保持垫层顶水平，将倾斜完全通过调整桩身实现。表5-7是钢桩帽与碎石垄顶面相对倾斜度影响因素水平等级。

表 5-7 钢桩帽与碎石垄顶面相对倾斜度影响因素水平等级

水平	D1	D2
钢桩帽与碎石垄顶面相对倾斜度	0	4%

(7) 钢桩帽与碎石垄相对平面偏位

碎石垄及桩基因施工定位误差将造成钢桩帽与碎石垄相对平面偏位，对桩基的受力、桩土荷载分担产生较大影响。试验对钢桩帽与碎石垄相对平面偏位分别为0、0.5 m两种水平展开研究。表5-8是钢桩帽与碎石垄相对平面偏位影响因素水平等级。

第5章 地基基础试验研究

表 5-8　钢桩帽与碎石垄相对平面偏位影响因素水平等级

水平	F1	F2
钢桩帽与碎石垄相对平面偏位	0	0.5 m

（8）落管预压

考虑落管施工产生的预压作用，试验对预压荷载分别为 0、30 kPa、60 kPa 三种水平展开研究。表 5-9 是落管预压影响因素水平等级。

表 5-9　落管预压影响因素水平等级

水平	I1	I2	I3
落管预压	0	30 kPa	60 kPa

2. 试验装置

（1）试验槽

①大试验槽。试验槽内净空长×宽×高 = 5.625 m×4.8 m×4.1 m，采用钢筋混凝土基座、型钢梁柱，侧墙顶底分别设置若干处进水孔和排水孔，并与加水和抽水装置相连。在试验槽四周侧壁设置光滑边界，边界应尽量平整、摩擦系数要求小于 0.1。其立面图、平面图见图 5-3。

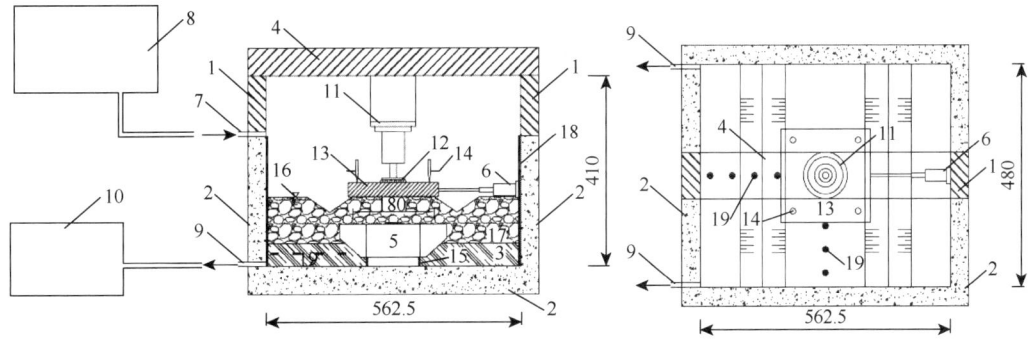

图 5-3　大试验槽立面图、平面图（单位：cm）

1. 钢结构立柱；2. 试验槽；3. 垫层基础；4. 反力梁；5. 钢桩帽；6. 水平加载千斤顶；7. 进水孔；8. 水箱；9. 排水孔；10. 抽水装置；11. 竖向加载千斤顶；12. 水平滚动装置；13. 加载板；14. 位移传感器；15. 应力传感器；16. 水位；17. 碎石垫层；18. 光滑边界板；19. 压力盒

②小试验槽。小试验槽置于大试验槽中部，内净空长×宽×高 = 2.84 m×2.84 m×1.85 m，四立面采用型钢梁柱和钢板拼装组成，小试验槽内空尺寸调整通过在内壁宽度方向上设置 10 cm 厚可拆装钢结构来实现。小试验槽内侧壁平整度不大于 1/600、摩擦系数要求小于 0.1。其立面图、平面图见图 5-4。

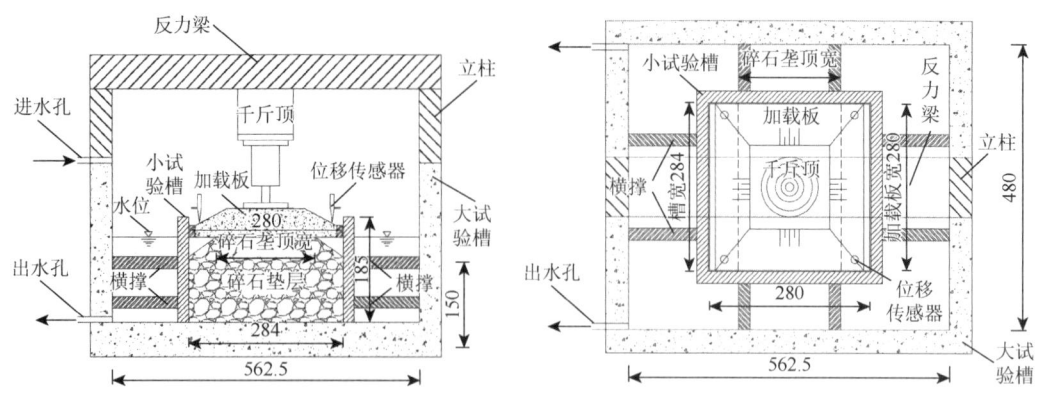

图 5-4 小试验槽立面图、平面图（单位：cm）

（2）加载系统

加载系统对试验中所需施加的荷载类型及所施加荷载的大小、速率等进行控制。加载设备采用液压千斤顶，并配备数字显示装置和保压装置。液压千斤顶量程可满足设计最大荷载即可，千斤顶加载精度应满足设计要求。

试验加载时千斤顶直接作用在反力梁上，而后载荷传递给与试验槽底板相连接的型钢框架，形成自平衡体系。

在加载板一侧设置水平千斤顶，水平往复移动加载板，研究加载板水平往复移动作用下碎石垫层的受力变形。水平往复移动加载中应确保加载板始终保持水平。

加载稳定的判别条件，试验前期采用慢速维持荷载法，考虑采用慢速维持荷载法一次试验时间很长，试验的工况及组数又很多，为在要求的时间内得出需要的结果，从第二批第二次试验开始将加载判稳条件调整为快速维持荷载法。竖向加载系统和水平加载系统分别见图 5-5 和图 5-6。

图 5-5 竖向加载系统

图 5-6 水平加载系统

（3）量测系统

量测系统由各种量测设备组成，主要包括位移传感器、应力传感器、百分表、水准仪等，其中应力感应器主要用于量测碎石垫层传递与桩基顶面的荷载。根据不同的试验工况，选择不同的量测设备。应确保量测系统在水中工作的可靠性和量测精度。

在钢桩帽下方内侧应力传感装置应尽量远离桩帽肋板，以避免肋板连接处应力集中对量测成果产生影响。

在桩基段碎石垫层试验中，在碎石垫层顶面下 20 cm 处沿槽轴线方向特定位置各设置若干压力盒，研究加载板荷载扩散传递规律、桩和桩间碎石的荷载分担比例。位移量测系统和变形量测系统分别见图 5-7 和图 5-8。

图 5-7 位移量测系统

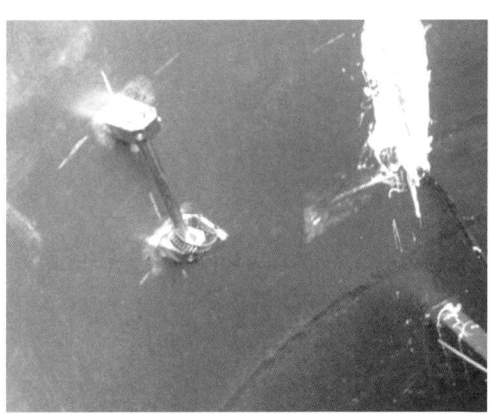

图 5-8 变形量测系统

5.2.4 试验过程

整个试验共分 5 批开展了 25 次水中试验，试验研究过程见表 5-10。

表 5-10 试验研究过程表

批次	次数	简要介绍
第一批	2 次	天然地基段标准情况下大试验槽有限侧限水中试验
第二批	6 次	天然地基段不同垄沟构造小试验槽完全侧限水中试验，支撑桩段标准情况大试验槽有限侧限水中试验
第三批	3 次	支撑桩段垄沟偏位和桩帽倾斜情况下大试验槽有限侧限水中试验
第四批	2 次	支撑桩段碎石满铺和回淤情况下大试验槽有限侧限水中试验
第五批	12 次	天然地基段不同碎石级配、落管预压、回淤情况下小试验槽完全侧限水中试验

1. 天然地基段

（1）有限侧条件

试验为天然地基条件，标准碎石垄沟垫层在竖向荷载及水平位移作用下的变形模量、荷载变形曲线、变形形态试验。试验示意图如图 5-9 所示。

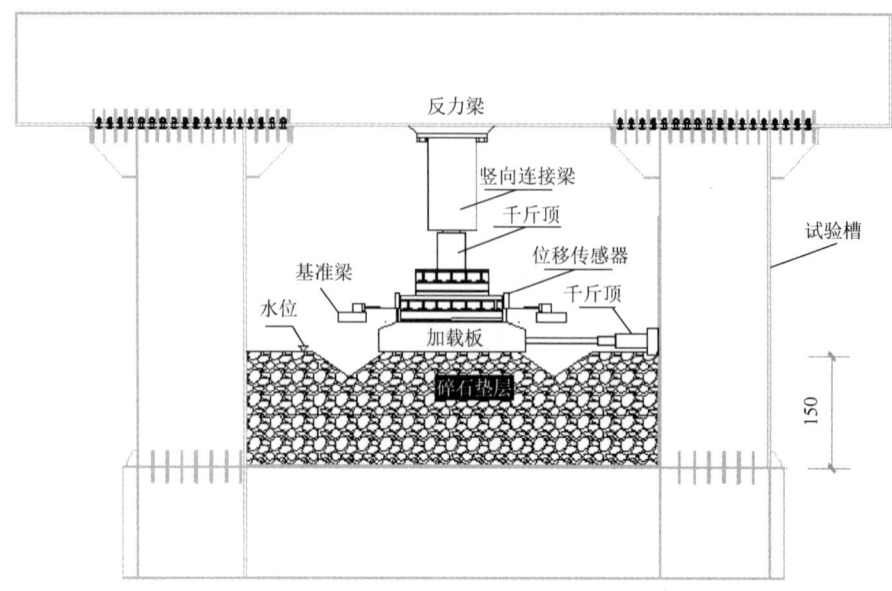

图 5-9 试验示意图(单位：cm)

现场试验条件及加载情况如表 5-11 和表 5-12 所示。

表 5-11 试验条件

试验槽	碎石垫层						桩基			泡沫板密度（kg/m³）/厚度/(cm)	回淤厚度/cm
	厚度/m	垄顶宽(m)/沟宽(m)	级配编号/最大粒径/(mm)	初始空隙率/%	初始密度/(kg/m³)	含泥量（%）/含沙量（%）	桩顶碎石厚度/m	平面偏位(m)/倾斜度（%）			
大	1.5	1.8/1.0	B1/53	47	1430	0.8/0	无桩基	无桩基	无	0	

表 5-12 加载情况

加载板尺寸	竖向			水平	
	最大加载量/kN	管节底部等效荷载集度/kPa	加载级数/卸载级数	移动幅值/cm	速度（cm/min）/次数
2m×2m	2484.29	175.66	5/1	±2.5	0.125/1

注：最大加载量相当于天然地基段管节沉放、回填覆盖、最不利回淤并考虑管节受车辆荷载及 1.1 安全系数的管节底部等效荷载集度，并按隔垄受力考虑。

竖向加载过程中，碎石垄侧面逐渐塌陷，加载板陷入碎石顶面（图 5-10）。水平往复位移试验过程中，碎石顶面无明显变化，加载板沉降明显（图 5-11）。

本次试验加载过程荷载-沉降曲线见图 5-12，压缩模量曲线见图 5-13。等效割线模量为 2.710 MPa。

图 5-10 竖向加载完成碎石顶面情况

图 5-11 水平加载完成碎石顶面情况

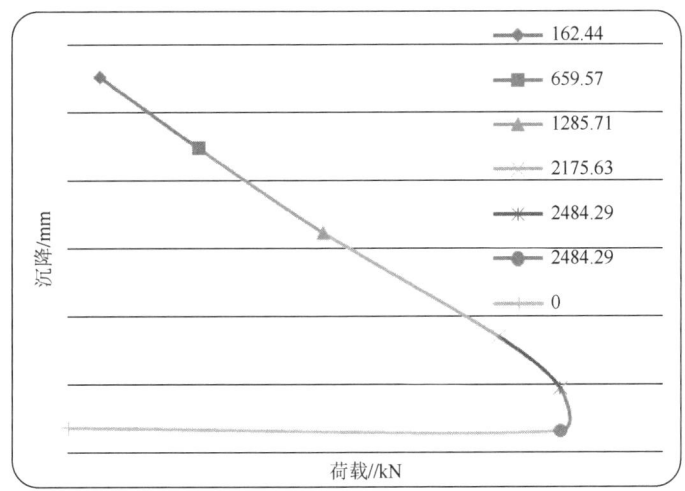
图 5-12 荷载-沉降曲线（后附彩图）

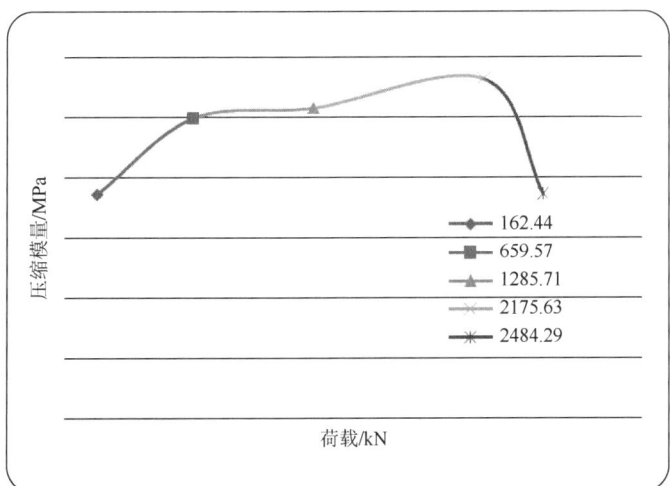
图 5-13 压缩模量曲线（后附彩图）

在第二次试验中，尝试了不同的横向移动速度及次数，加载条件如表 5-13 所示。

表 5-13 加载条件

加载板尺寸	竖向			水平	
	最大加载量/kN	管节底部等效荷载集度/kPa	加载级数/卸载级数	移动幅值/cm	速度（cm/min）/次数
2m×2m	1128.5	175.66	5/1	±1.5	0.033/5

竖向加载完成后，碎石垄部分向两侧轻微塌陷（图 5-14）。水平往复位移试验过程中，加载板逐渐陷入碎石顶面，碎石垄侧面塌陷（图 5-15）。

图 5-14 竖向加载完成碎石垄情况

图 5-15 水平加载完成碎石垄情况

本次试验加载过程荷载-沉降曲线见图 5-16，压缩模量曲线见图 5-17。等效割线模量 4.071 MPa。

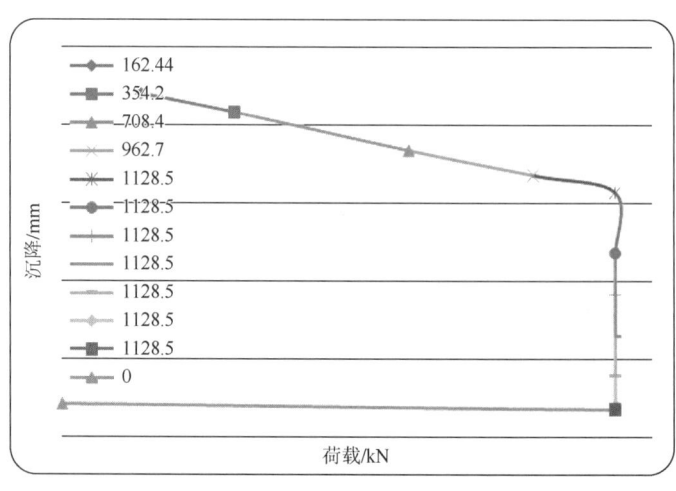

图 5-16 荷载-沉降曲线（后附彩图）

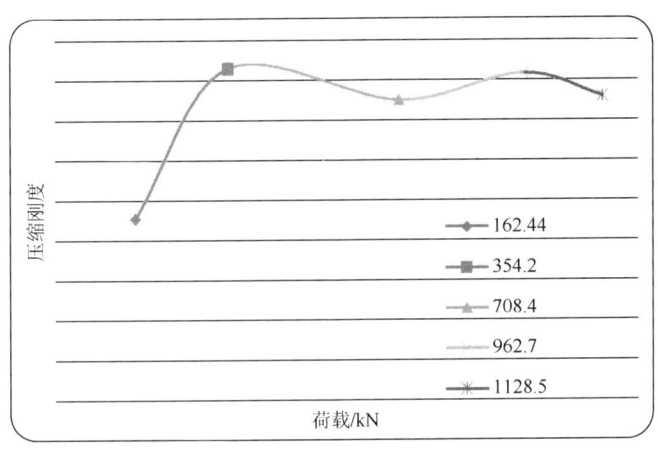

图 5-17 压缩模量曲线（后附彩图）

竖向荷载+结构水平往复位移试验结果表明，标准垄沟形式的碎石垫层对沉管结构水平位移极其敏感，在竖向荷载+结构水平往复位移作用下，碎石垫层发生持续沉降，且不收敛。

（2）完全侧限条件

本次试验为完全侧限条件，标准垄沟碎石垫层在竖向荷载作用下的变形模量、荷载变形曲线、变形形态试验。试验示意图见图 5-18。

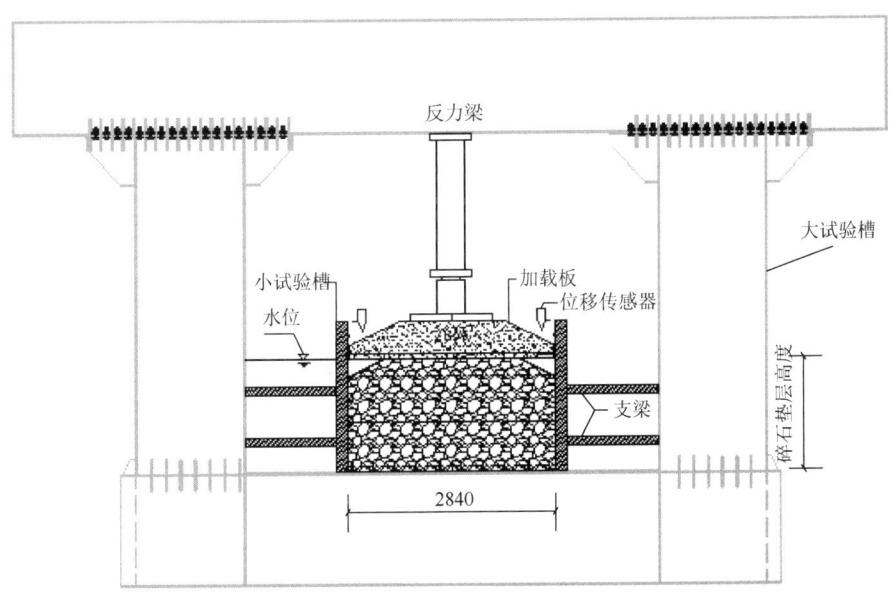

图 5-18 试验示意图（单位：mm）

现场试验条件及加载情况如表 5-14 和表 5-15 所示。

表 5-14 试验条件

试验槽	碎石垫层							桩基		泡沫板密度/(kg/m³)/厚度(cm)	回淤厚度/cm
^	厚度/m	垄顶宽(m)/沟宽(m)	级配编号/最大粒径/mm	初始空隙率/%	初始密度/(kg/m³)	含泥量(%)/含沙量(%)		桩顶碎石厚度/m	平面偏位(m)/倾斜度(%)	^	^
小	1.5	1.8/1.0	B1/53	—	1583	0.7/1		无桩基	无桩基	无	0

表 5-15 加载情况

加载板尺寸	竖向				水平	
^	最大加载量/kN	管节底部等效荷载集度/kPa	加载级数/卸载级数		移动幅值/cm	速度(cm/min)/次数
2.8m×2.8m	2850	363.53	12/1		无	无

带垄沟碎石垫层在竖向加载作用下垄沟坡面有少量坍塌。竖向加载完成垫层顶面情况见图 5-19。

图 5-19 竖向加载完成垫层顶面情况

本次试验加载过程荷载-沉降曲线见图 5-20，压缩模量曲线见图 5-21。等效割线模量 6.697 MPa。

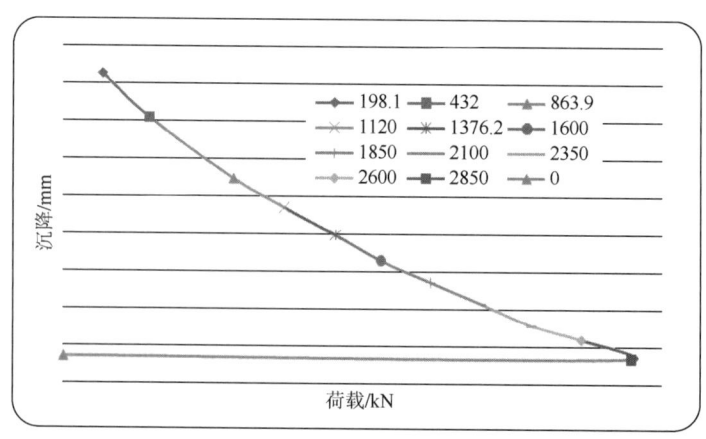

图 5-20 荷载-沉降曲线（后附彩图）

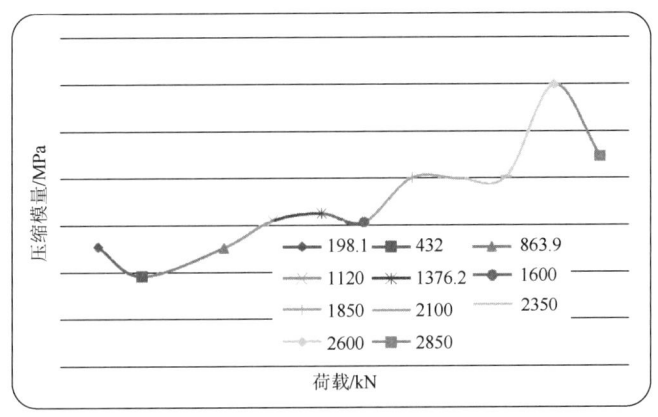

图 5-21　压缩模量曲线（后附彩图）

（3）不同碎石级配的影响

在完全侧限条件下，采用如下碎石试验条件及加载条件见表 5-16 和表 5-17。

表 5-16　试验条件

试验槽	碎石垫层						桩基		泡沫板密度(kg/m³)/厚度(cm)	回淤厚度/cm
	厚度/m	垄顶宽(m)/沟宽(m)	级配编号/最大粒径(mm)	初始空隙率/%	初始密度/(kg/m³)	含泥量(%)/含沙量(%)	桩顶碎石厚度/m	平面偏位/倾斜度(%)		
小	1.5	1.8/1.0	B4/31.5	41.6	1600	2.0/0	无桩基	无桩基	无	0

表 5-17　加载情况

加载板尺寸	竖向			水平	
	最大加载量/kN	管节底部等效荷载集度/kPa	加载级数/卸载级数	移动幅值/cm	速度(cm/min)/次数
2.8m×2.8m	1343.6	171.36	6/1	无	无

注：最大加载量相当于天然地基段管节沉放、回填覆盖、最不利回淤并考虑管节受车辆荷载的管节底部等效荷载集度。

带垄沟碎石垫层在竖向加载作用下垄沟形态轻微变化。竖向加载完成垫层顶面情况见图 5-22。

本次试验加载过程荷载-沉降曲线见图 5-23，压缩模量曲线见图 5-24。等效割线模量 3.83 MPa。

碎石级配、粒径对垫层荷载-沉降变形、垫层刚度有一定影响，粒径减小，荷载作用下沉降量较大。

2. 支撑桩段

（1）标准条件

本次试验为标准碎石垄沟垫层及标准桩位情况，碎石垫层支撑桩在竖向荷载作用下的变形模量、荷载变形曲线、变形形态试验。试验示意见图 5-25。

图 5-22　坚向加载完成垫层顶面情况

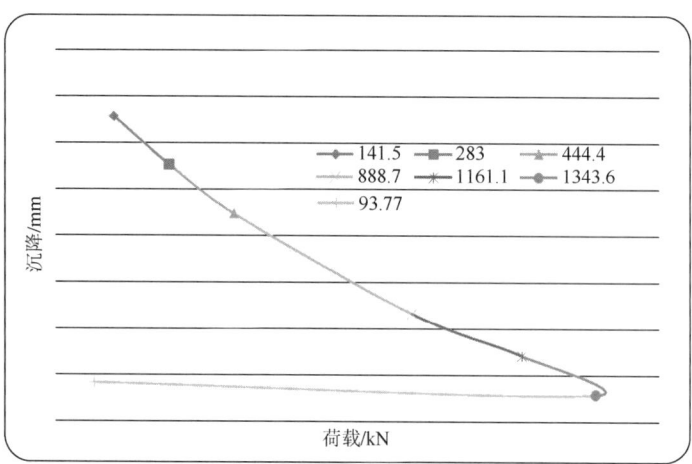

图 5-23　荷载-沉降曲线（后附彩图）

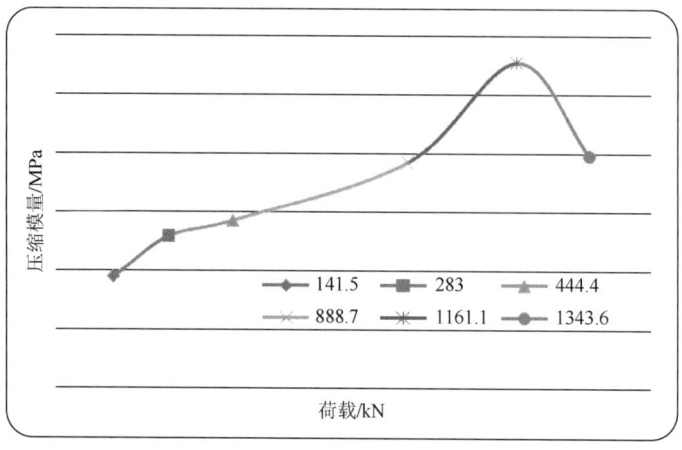

图 5-24　压缩模量曲线（后附彩图）

第 5 章 地基基础试验研究

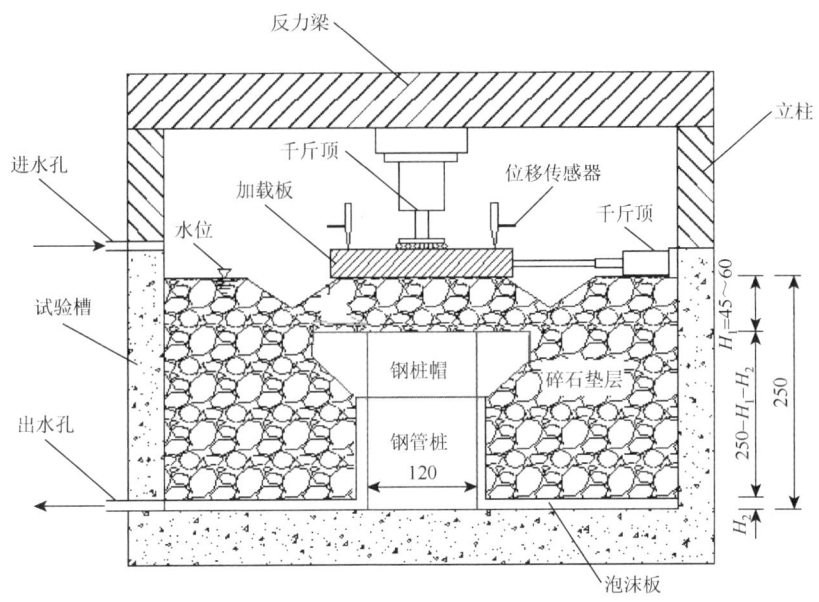

图 5-25 试验示意图（单位：cm）

现场试验条件及加载情况如表 5-18 和表 5-19 所示。

表 5-18 试验条件

试验槽	碎石垫层						桩基		泡沫板密度 (kg/m³)/厚度(cm)	回淤厚度/cm
	厚度/m	垄顶宽(m)/沟宽(m)	级配编号/最大粒径/(mm)	初始空隙率/%	初始密度/(kg/m³)	含泥量/含沙量(%)	桩顶碎石厚度/m	平面偏位(m)/倾斜度(%)		
大	2.5	1.8/1.0	B1/53	—	1500	—	0.6	0/0	7/24	0

表 5-19 加载情况

加载板尺寸	竖向			水平	
	最大加载量/kN	管节底部等效荷载集度/kPa	加载级数/卸载级数	移动幅值/cm	速度(cm/min)/次数
2.6m×2.8m	5947.9	161.19	10/1	无	无

由于软弱下卧层的存在，在碎石垫层自重作用下，安装加载板前桩周碎石垫层顶面已经低于桩顶碎石垫层，可见碎石垫层顶面呈凸形，见图 5-26。随荷载增大，桩顶处垫层垄沟逐渐坍塌，见图 5-27。试验完成吊起加载板后，发现在桩顶区域碎石压碎情况明显（1.6 m×2.1 m 椭圆范围内），经分层开挖桩顶 60 cm 范围内碎石普遍存在该现象，见图 5-28 和图 5-29。桩顶碎石试验前后筛分结果比较见图 5-30。

图 5-26　安装加载板前垫层顶面情况

图 5-27　桩顶处垫层垄沟坍塌

图 5-28　桩顶区域碎石压碎情况 1

图 5-29　桩顶区域碎石压碎情况 2

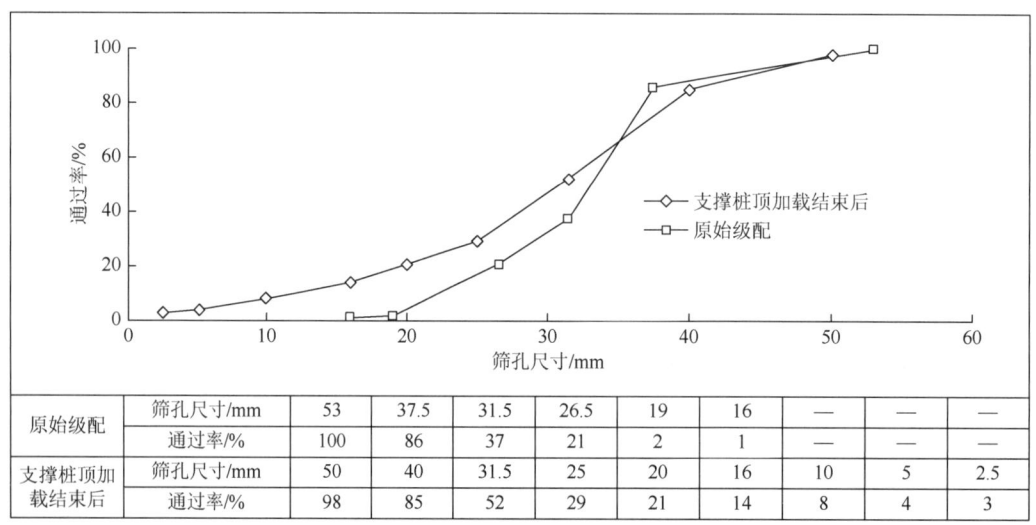

	筛孔尺寸/mm	53	37.5	31.5	26.5	19	16	—	—	—
原始级配	通过率/%	100	86	37	21	2	1	—	—	—
支撑桩顶加	筛孔尺寸/mm	50	40	31.5	25	20	16	10	5	2.5
载结束后	通过率/%	98	85	52	29	21	14	8	4	3

图 5-30　桩顶碎石试验前后筛分结果对比

本次试验加载过程荷载-沉降曲线见图 5-31，压缩模量曲线见图 5-32。等效割线模量 6.90 MPa。

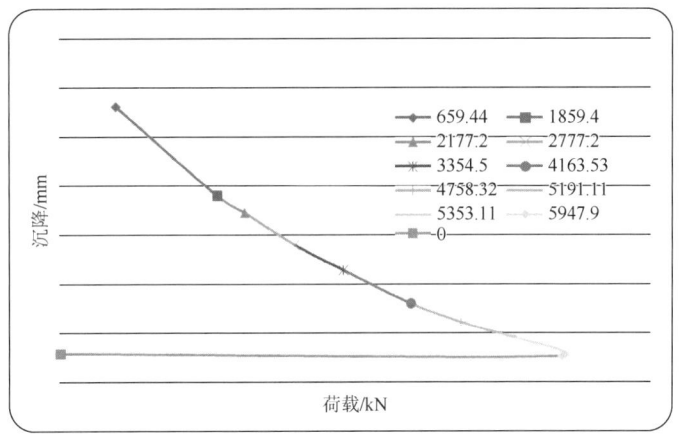

图 5-31　荷载-沉降曲线（后附彩图）

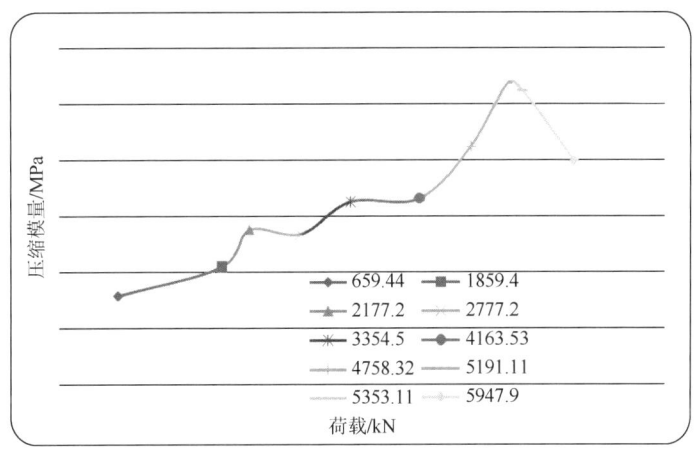

图 5-32　压缩模量曲线（后附彩图）

在碎石垫层自重作用下，支撑桩的存在导致碎石垫层产生不均匀沉降，桩顶碎石垫层沉降量小于桩间碎石垫层沉降量。沉管结构荷载主要由桩顶碎石垫层传递给桩，桩间碎石垫层受力很小。随着加载量的增加，碎石存在向两侧垄沟"挤出"的现象；桩顶碎石局部应力集中，部分碎石有压碎现象；顶部碎石垫层的压密沉降量较大，桩顶"刺入"碎石垫层作用明显；沉管底部碎石垫层有效支撑面积约为桩帽面积的 60%，桩顶垫层顶面碎石有部分压碎现象。

（2）桩位偏移情况

本次试验为标准垄沟碎石垫层在桩位偏移 0.5 m 情况，碎石垫层支撑桩在竖向荷载作用下的变形模量、荷载变形曲线、变形形态试验。试验条件和加载条件与前面相同，试验示意图见图 5-33。

安装加载板前桩周碎石垫层顶面已经低于桩顶碎石垫层,可见碎石垫层顶面呈凸形,见图 5-34。随荷载增大,桩顶处垫层垄沟逐渐坍塌,见图 5-35,加载板逐渐向桩位偏移的反方向一侧倾斜。试验完成吊起加载板后,桩顶区域碎石压碎情况明显（1.5 m×2.0 m 椭圆范围内）,见图 5-36 和图 5-37。桩顶碎石试验前后筛分结果比较见图 5-38。

桩身应变计安装平面图、断面图及编号见图 5-39。各级加载下应变（计算轴力）观测及计算结果见表 5-20。桩间土承受约 23% 上部荷载。支撑桩身侧壁应变相差 10 倍,支撑桩承受较大偏心弯矩。

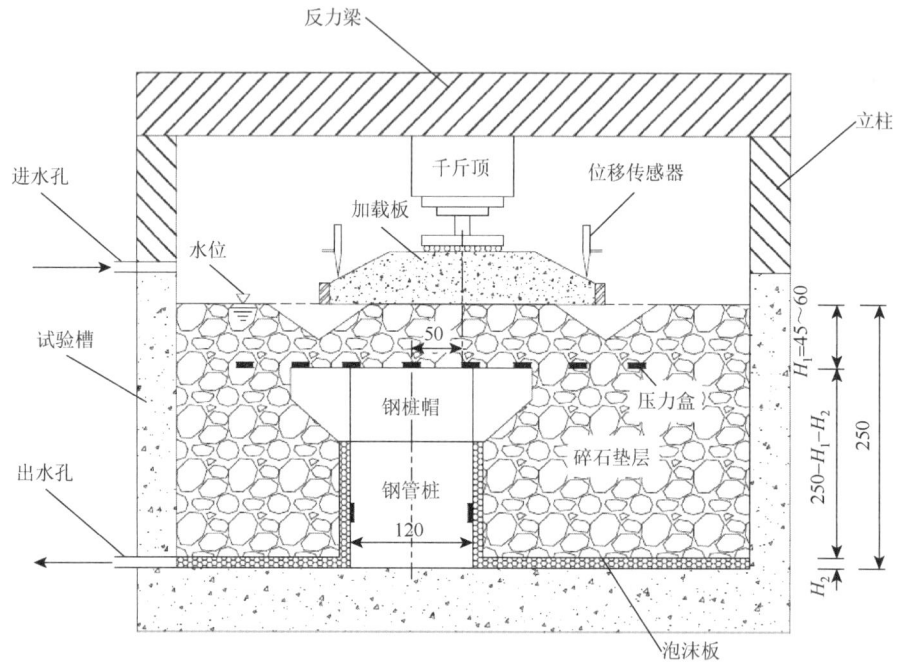

图 5-33 试验示意图（单位：cm）

图 5-34 安装加载板前垫层顶面情况

图 5-35 桩顶处垫层垄沟坍塌

第5章 地基基础试验研究

图 5-36 加载完成后垫层顶面情况

图 5-37 桩顶区域碎石压碎情况

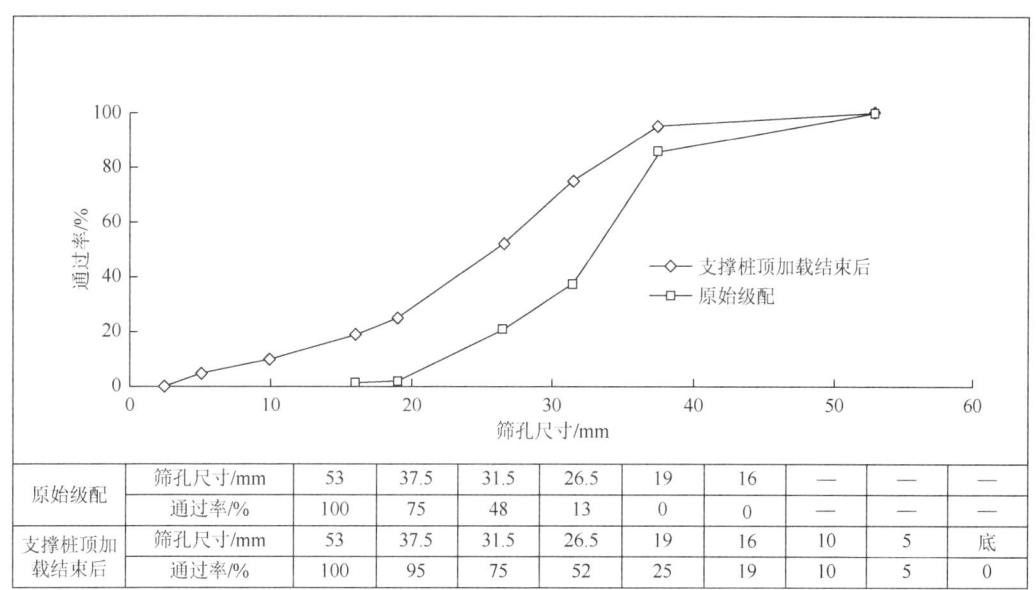

	筛孔尺寸/mm	53	37.5	31.5	26.5	19	16	—	—	—
原始级配	通过率/%	100	75	48	13	0	0	—	—	—
支撑桩顶加载结束后	筛孔尺寸/mm	53	37.5	31.5	26.5	19	16	10	5	底
	通过率/%	100	95	75	52	25	19	10	5	0

图 5-38 桩顶碎石试验前后筛分结果比较

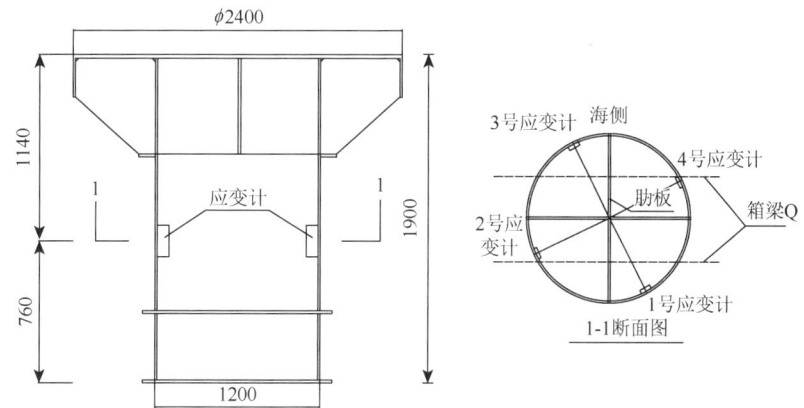

图 5-39 桩身应变计安装平面图、断面图及编号（单位：mm）

表 5-20 桩身应力测量结果

设计荷载/kN		0	377.2	1859.4	2177.2	2777.2	3354.5	4163.5	4758.3	5191.1	5353.1	5947.9	94.95
1号	应变/με	0	−14	−85	−112	−166	−221	−294	−332	−372	−385	−434	−13
2号		0	−8	−28	−31	−39	−46	−46	−60	−68	−76	−76	−3
3号		0	−3	−1	0	−2	−3	−5	−10	−14	−15	−18	−4
4号		0	−56	−252	−293	−348	−400	−499	−559	−591	−611	−668	−5
平均值		0	−20	−91	−109	−139	−167	−211	−240	−261	−272	−299	−6
计算轴力/kN		0	310	1394	1664	2121	2558	3221	3667	3992	4150	4564	97

各级载过程中，加载板逐渐向桩位偏移的反方向一侧倾斜，采用水准测量方法，分别在第四、七、十级加载结束时测量四个百分表支座位置高程。计算四个百分表测点的沉降差，对侧沉降偏差 7.82 mm。

本次试验加载过程荷载-沉降曲线见图 5-40，压缩模量曲线见图 5-41。等效割线模量 5.62 MPa。

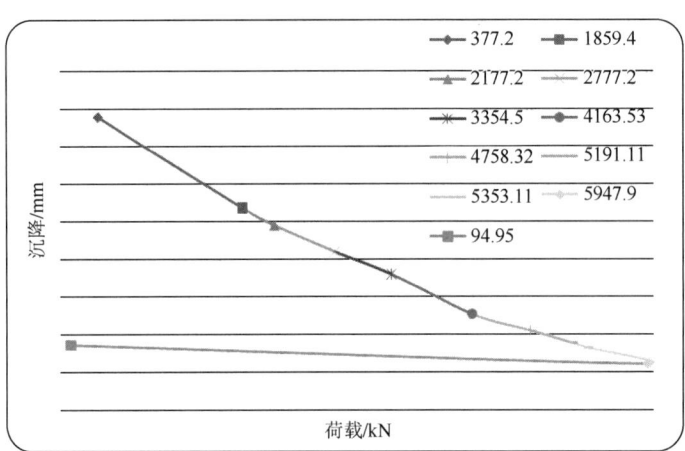

图 5-40 荷载-沉降曲线（后附彩图）

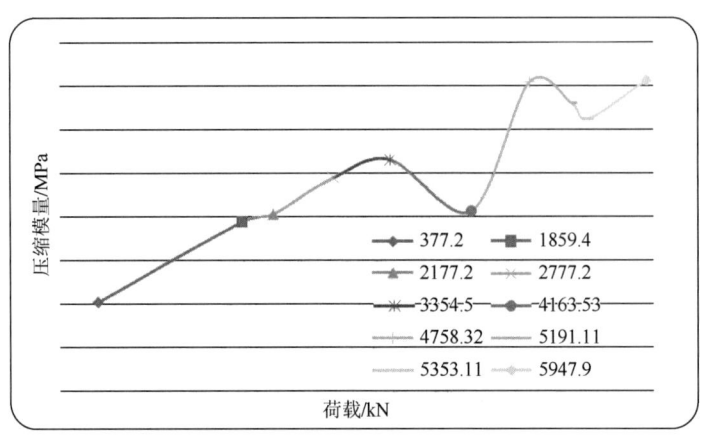

图 5-41 压缩模量曲线（后附彩图）

当模拟碎石垄与桩中心存在施工偏位误差时，桩顶碎石垫层受力及变形更不均匀，总的压密沉降量和沉降速率更大，表明不同施工偏位情况下的基础刚度将有较大差异，支撑桩与碎石垄沟的相对偏位导致沉管底部承受不均匀支撑力，支撑桩承受较大偏心弯矩。

（3）桩顶倾斜

本次试验为标准垄沟碎石垫层在支撑桩顶面与垫层存在4%倾斜度，碎石垫层-支撑桩在竖向荷载作用下的变形模量、荷载变形曲线、变形形态试验。试验示意图见图5-42。

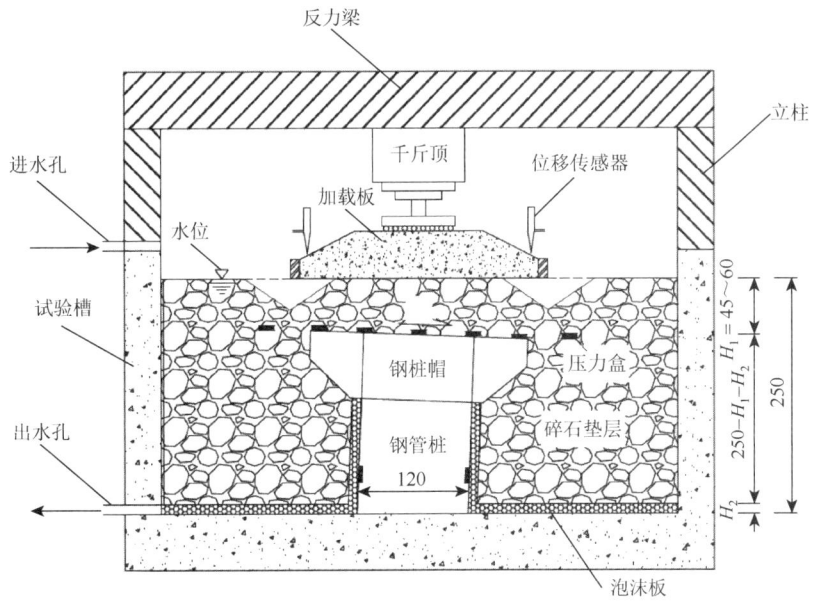

图5-42 试验示意图（单位：cm）

安装加载板前桩周碎石垫层顶面已经低于桩顶碎石垫层，碎石垫层顶面呈凸形。随荷载增大，桩顶处垫层垄沟逐渐坍塌，加载板倾斜不明显。试验完成吊起加载板后，桩顶区域碎石压碎情况明显（1.5 m×2.1 m 椭圆范围内），见图5-43和图5-44。桩顶碎石试验前后筛分结果比较见图5-45。

图5-43 桩顶区域碎石压碎情况1

图5-44 桩顶区域碎石压碎情况2

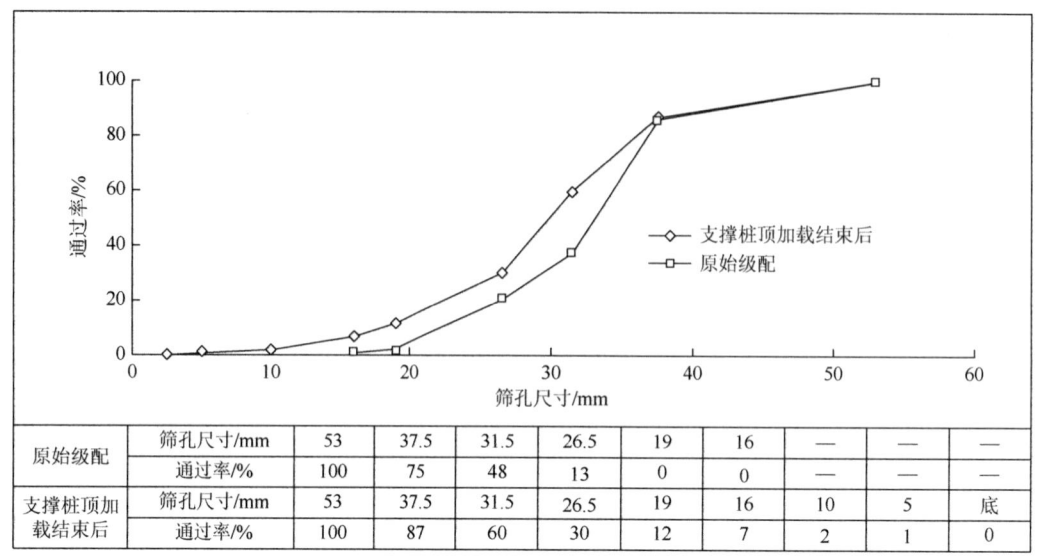

原始级配	筛孔尺寸/mm	53	37.5	31.5	26.5	19	16	—	—	—
	通过率/%	100	75	48	13	0	0	—	—	—
支撑桩顶加载结束后	筛孔尺寸/mm	53	37.5	31.5	26.5	19	16	10	5	底
	通过率/%	100	87	60	30	12	7	2	1	0

图 5-45　桩顶碎石试验前后筛分结果比较

本次试验加载过程荷载-沉降曲线见图 5-46，压缩模量曲线见图 5-47。等效割线模量 6.72 MPa。

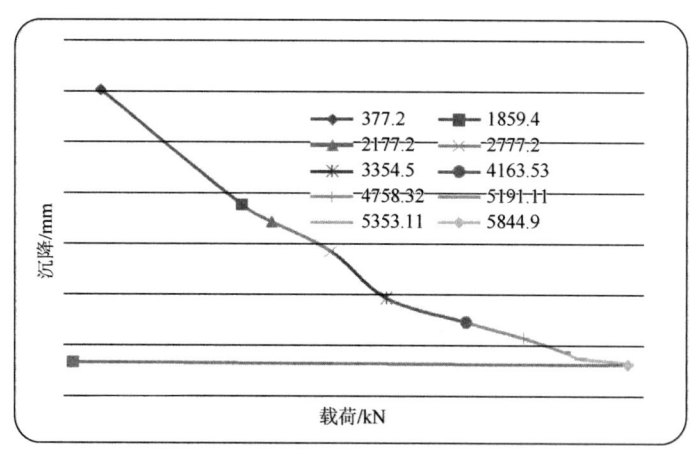

图 5-46　荷载-沉降曲线（后附彩图）

支撑桩顶面与垫层存在 4%倾斜度时，相比较标准桩位情况，试验结果接近。

（4）回淤情况

本次试验为碎石垫层无垄沟并回淤 0.3 m 情况，碎石垫层-支撑桩在竖向荷载作用下的变形模量、荷载变形曲线、变形形态试验。试验示意图、试验条件和加载情况分别见图 5-48、表 5-21 和表 5-22。

第 5 章 地基基础试验研究

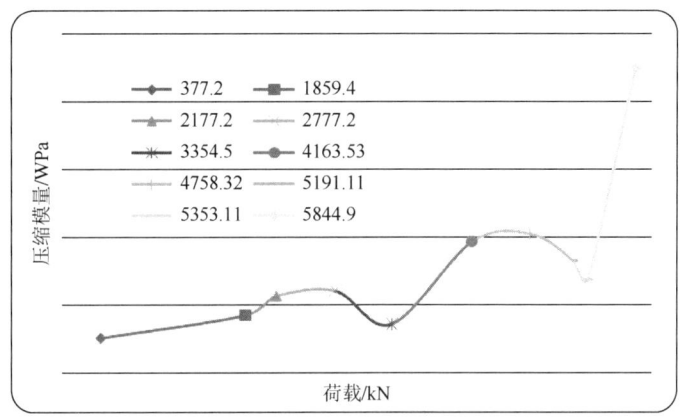

图 5-47 压缩模量曲线（后附彩图）

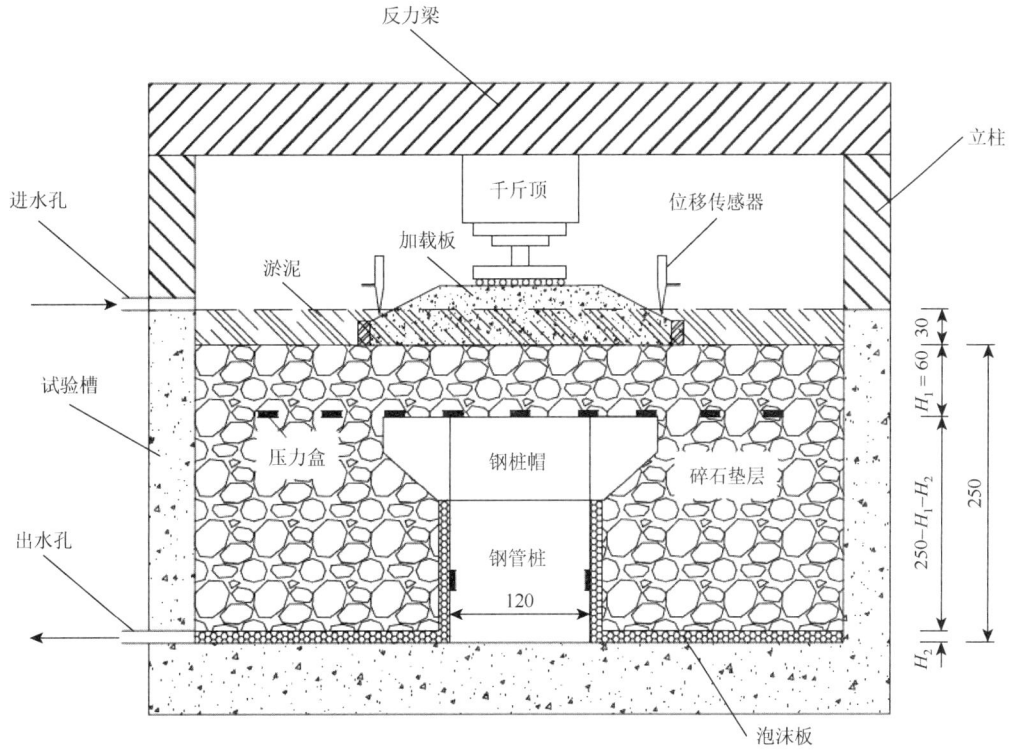

图 5-48 试验示意图（单位：cm）

表 5-21 试验条件

试验槽	厚度/m	碎石垫层 垄顶宽(m)/沟宽(m)	级配编号/最大粒径/mm	初始空隙率/%	初始密度/(kg/m³)	含泥量(%)/含沙量(%)	桩基 桩顶碎石厚度/m	平面偏位(m)/倾斜度(%)	泡沫板密度(kg/m³)/厚度/cm	回淤厚度/cm
大	2.5	2.8/0	B1/53	—	—	0.3/0	0.6	0/0	7/24	30

201

表 5-22 加载情况

加载板尺寸	竖向			水平	
	最大加载量/kN	管节底部等效荷载集度/kPa	加载级数/卸载级数	移动幅值/cm	速度/(cm/min)/次数
2.8m×2.8m	5947.9	161.19	10/1	无	无

灌注淤泥前桩周碎石垫层顶面已经低于桩顶碎石垫层,碎石垫层顶面呈圆凸形,见图 5-49。抽取海水后,浮泥沉入碎石垫层,见图 5-50。试验结束吊走加载设备,挖开顶层碎石观测,桩顶 60 cm 高度范围碎石空隙内均有淤泥融入,见图 5-50 和图 5-51。

图 5-49 灌注淤泥前垫层顶面情况

图 5-50 淤泥融入碎石垫层

图 5-51 淤泥融入碎石垫层

本次试验加载过程荷载-沉降曲线见图 5-52,压缩模量曲线见图 5-53。等效割线模量 11.84 MPa。

对比前次试验结果,碎石垫层顶面回淤淤泥层情况,试验结果接近。

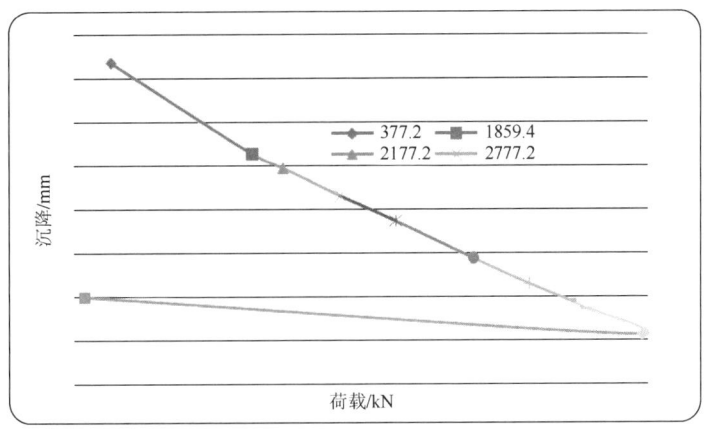

图 5-52 荷载-沉降曲线（后附彩图）

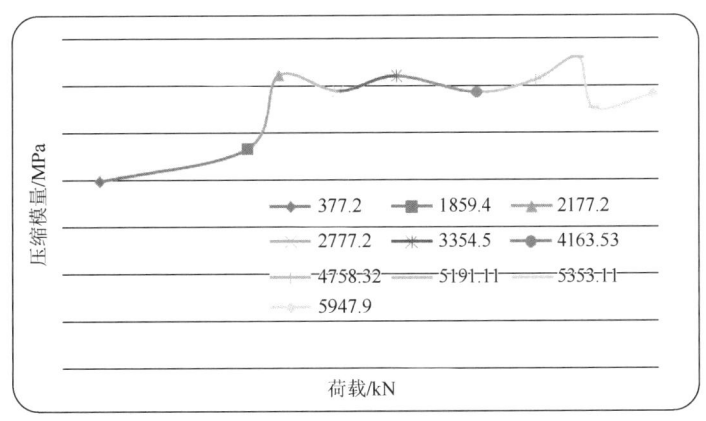

图 5-53 压缩模量曲线（后附彩图）

5.2.5 试验结果

碎石垫层作为桩顶传力构造，受力变形机理复杂，影响因素众多，个别影响因子十分敏感，试验结果离散性较大，因此，将碎石垫层，特别是带垄沟的碎石垫层，作为桩顶传力构造的基础方案设计尚存在较大困难，工程应用存在风险。

带垄沟碎石垫层的沉降变形对加载板的水平移动非常敏感，无论竖向荷载的减少，水平移动幅度的减小，还是移动速率的降低，都难以有效控制水平移动导致的沉降。满铺碎石垫层与带垄沟碎石垫层的卸载回弹量绝对值均较小，相比而言，满铺碎石垫层卸载回弹量约为压缩量的 9%，而带垄沟碎石垫层卸载回弹量为压缩量的 4‰～3%，可见碎石垫层的压缩量中弹性变形所占比例很小，压缩主要是由压密变形和垄沟导致的碎石颗粒侧向"挤出"造成的。对于垄顶宽 1.8 m 而言，两种不同的垄沟宽度（1.0 m 和 0.8 m）对垫层的压缩模量影响不大，压缩模量相差约 15%。碎石级配对垫层的压缩模量影响不大，最大碎石粒径从 53 mm 增大到 125 mm，增加了 1 倍左右，压缩模量变化量约为 20%，含泥量对碎石垫层的压缩模量影响较为明显。

由于桩基周围软弱下卧层的存在，在碎石垫层自重作用下，碎石垫层顶面的不平整度将增大，桩顶位置相对"凸出"，初期竖向荷载将完全由桩基承担。桩顶（直径 2.4 m）的碎石垫层受力变形形态与垄沟关系密切，无垄沟时，碎石垫层的传力范围呈圆形；有垄沟时，碎石垫层的传力范围呈椭圆形，短轴为垂直垄沟方向，可见垄沟的存在限制了碎石垫层的应力扩散范围，增大了桩顶的应力集中。有垄沟相比无垄沟的情况，碎石垫层沉降量增大约 5%。桩的水平偏位对沉降影响明显，0.5 m 偏位情况下沉降量将至少增加 20%且有蠕变发展趋势。桩身 0～4%的相对倾斜、碎石垫层顶部的回淤（厚度 0.3 m）对碎石垫层压缩模量影响不大。

5.3 PHC 刚性桩复合地基载荷试验

5.3.1 试验概况

港珠澳大桥岛隧工程西人工岛岛上隧道基础采用 PHC 刚性桩复合地基。为保证 PHC 刚性桩复合地基设计参数选取合理，进行 PHC 刚性桩单桩竖向抗压静载试验、单桩及多桩复合地基、天然地基的载荷试验。

PHC 刚性桩直径 500 mm，壁厚 125 mm，平均桩长 27 m（包括 0.23 m 长钢桩靴）。设计桩顶标高–10 m，桩底标高–37.0 m。试验点标高–10.0 m，–10.0～–18.0m 为回填砂，–18.0 m 以下为经过堆载预压过的土层。地质柱状图例见表 5-23。

表 5-23 地质柱状图例

图例	层底高程/m –10.00	层厚/m	地层描述
	–18.00	8.00	回填中粗砂：中密–密实
	–30.00	12.00	淤泥质粉质黏土及黏土：灰色，饱和，含少量细砂

续表

图例	层底高程/m -10.00	层厚/m	地层描述
	-34.00	4.00	粉质黏土及粉土
	-38.29	4.29	粉质黏土夹砂,夹多层薄层粉细砂
	-43.79	5.50	粉质黏土夹砂,夹多层薄层粉细砂
	-50.29	6.50	粗砂,极密实,级配较差

5.3.2 试验方法

1. 单桩竖向抗压静载试验

单桩竖向抗压静载试验采用锚桩法,试验布置和现场见图 5-54 和图 5-55。

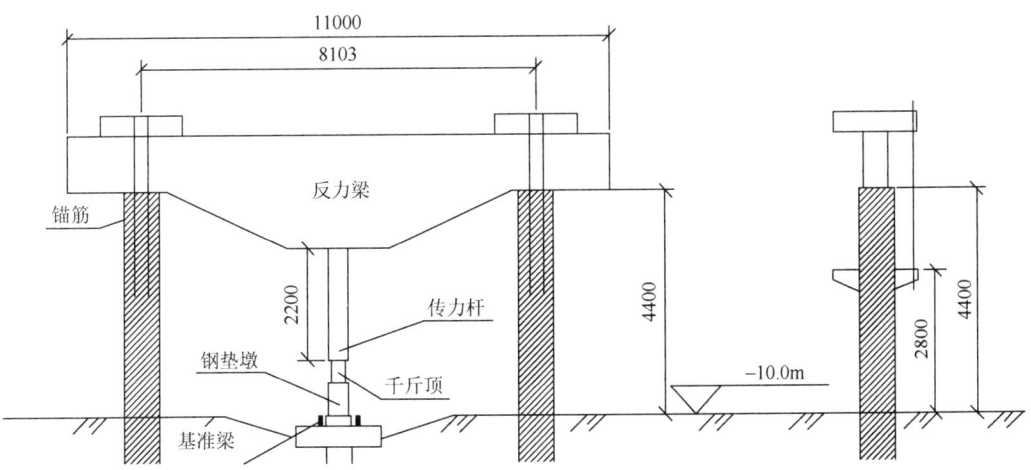

图 5-54 单桩竖向抗压静载试验立面布置图(单位:mm)

图 5-55 单桩竖向抗压静载试验现场

试验采用 2 根 1 型锚桩,理论计算最大施加反力 1800 kN,满足设计最大加载的要求。试验加载采用 1 台 200 t 级别千斤顶加载,采用 10 根长 4.0 m,直径 32 mm 的精轧螺纹钢作为锚筋,锚筋与锚桩之间采用双面焊焊接长度不小于 160 mm。

单桩竖向抗压静载试验:采用慢速维持荷载法,每级加载后间隔 5 min、10 min、15 min 各测读一次,以后每隔 15 min 测读一次,累计 1 h 后每隔 30 min 测读一次;若沉降不超过 0.1 mm/h,并连续出现两次,可认为在该级荷载下达到相对稳定,可加下一级荷载。卸载时,每级卸载值为每级加载值的 2 倍,每级荷载维持 30 min,每隔 15 min 测读一次残余沉降,读两次后即可卸下一级荷载,全部卸载后,隔 3 h 再读一次。单桩抗压加载分级表见表 5-24 和表 5-25。

表 5-24 单桩抗压加载分级表 1

级别	1	2	3	4	5	6	7
荷载/kN	200	300	400	500	600	700	800
级别	8	9	10	11	12	13	14
荷载/kN	900	1000	1100	1200	1300	1400	1500
级别	15	16	17	18	19	20	21
荷载/kN	1200	1000	800	600	400	200	0

表 5-25 单桩抗压加载分级表 2

级别	1	2	3	4	5	6	7
荷载/kN	600	800	1000	1200	1400	1600	1700
级别	8	9	10	11	12	13	14
荷载/kN	1800	1900	2000	2100	2200	2300	2400
级别	15	16	17	18	19	20	21
荷载/kN	2500	2600	2700	2800	2900	3000	2800

续表

级别	22	23	24	25	26	27	28
荷载/kN	2600	2400	2200	2000	1800	1600	1400
级别	29	30	31	32	33	34	35
荷载/kN	1200	1000	800	600	400	200	0

试验终止条件：

①在某级荷载下的沉降量大于前级沉降量的 2 倍，并经 24 h 沉降速率未能达到相对稳定标准；

②在某级荷载下的沉降量大于前级沉降量的 5 倍；

③总加载量已经达到预定的最大试验荷载。

2. 天然地基载荷试验

天然地基载荷试验，承压板尺寸 2.3 m×2.3 m，采用钢板与型钢焊接而成，详见图 5-56。

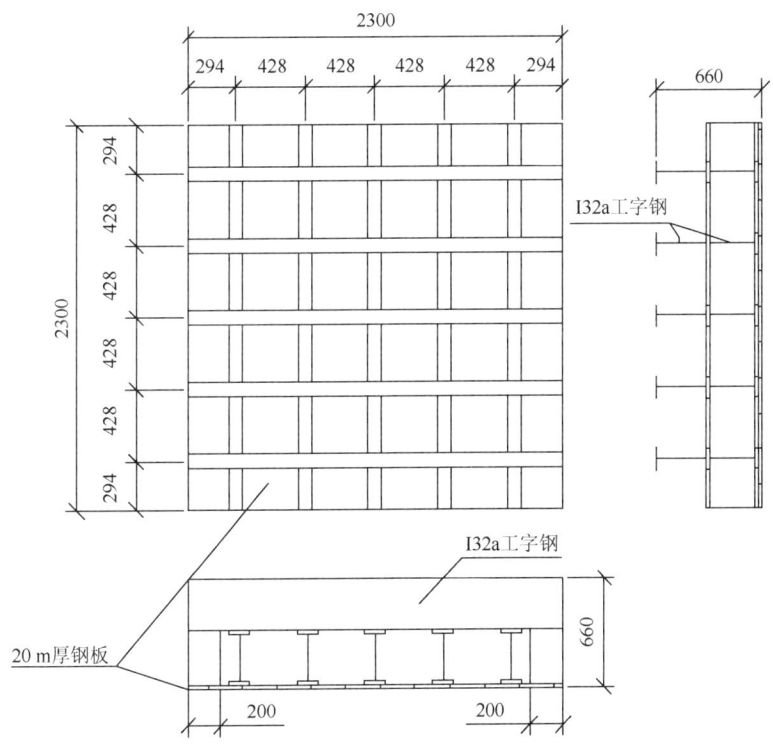

图 5-56　2.3 m×2.3 m 承压板设计示意图（单位：mm）

天然地基载荷试验采用锚桩联合堆载法，试验正立面图、侧立面图和现场见图 5-57～图 5-59。

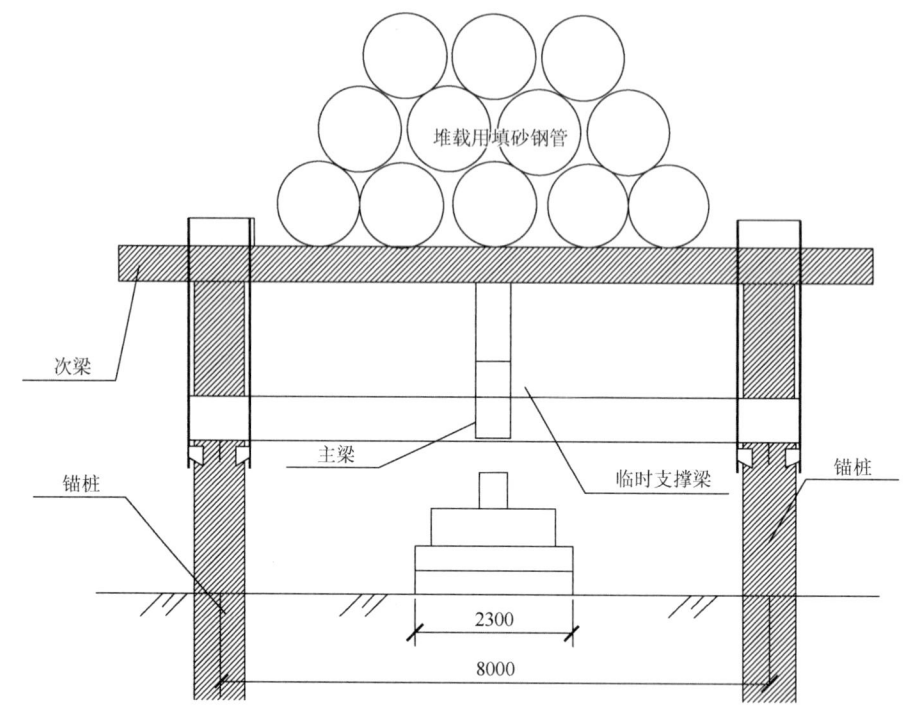

图 5-57 天然地基载荷试验正立面图（单位：mm）

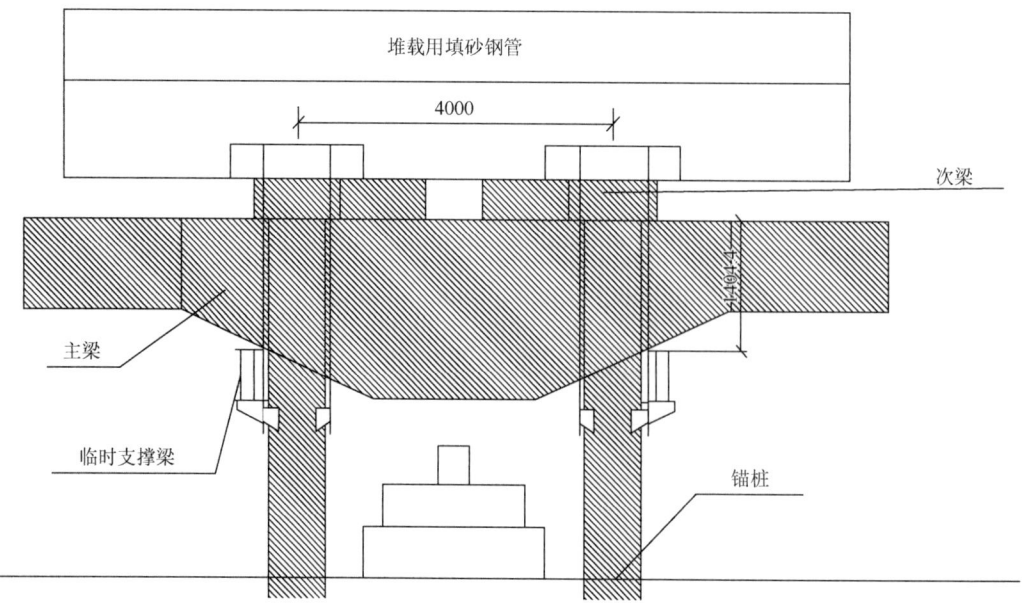

图 5-58 天然地基载荷试验侧立面图（单位：mm）

图 5-59 天然地基载荷试验现场

试验采用 4 根 3 型锚桩及 2400 kN 填砂钢管,理论计算最大施加反力 4400 kN。试验加载采用 1 台 500 t 级别千斤顶加载,采用 14 根长 4.0 m,直径 32 mm 的精轧螺纹钢作为锚筋,锚筋与锚桩之间采用双面焊焊接长度不小于 160 mm。

根据最大试验荷载将荷载分级,每次加载后,按间隔 10 min、10 min、10 min、15 min、15 min,以后每隔 30 min 测读一次沉降,当在连续 2 h 的沉降速率不大于 0.1 mm/h 时,可加下一级荷载。卸载级数可为加载级数的 2 倍,等量进行,每卸一级,间隔 30 min 读记回弹量,待卸完全部荷载后间隔 3 h 读记总回弹量。天然地基荷载试验加载计划见表 5-26。

表 5-26 天然地基载荷试验加载计划表

级别	1	2	3	4	5	6	7	8
荷载/kN	300	450	600	750	900	1050	1200	1400
级别	9	10	11	12	13	14	15	—
荷载/kN	1600	1800	1400	1000	600	200	0	—

试验终止条件:
①承压板周围的土明显地侧向挤出;
②沉降 s 急剧增大,荷载-沉降(p-s)曲线出现陡降段;
③在某一级荷载下,24h 内沉降速率不能达到稳定;
④沉降量与承压板宽度之比大于或等于 0.06。

3. 单桩复合地基载荷试验

单桩复合地基载荷试验采用锚桩联合堆载法,试验布置与天然地基载荷试验相同。在载荷板下方安放土压力盒及铺设 30 cm 碎石垫层,碎石垫层范围超过承压板四周 1.0 m

以上。碎石垫层铺设完成并搭设好反力梁后，安放承压板，然后加载进行预压，预压卸载不再发生回弹后进行试验，如图 5-60 和图 5-61 所示。

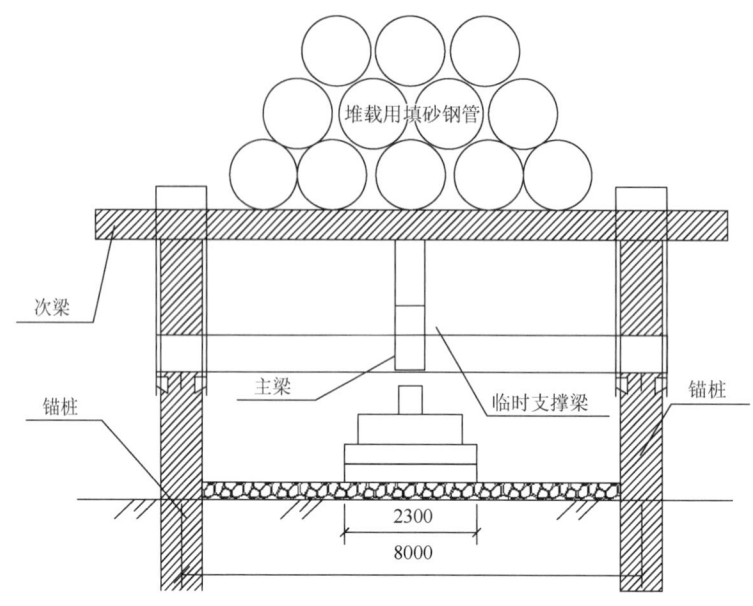

图 5-60　单桩复合地基载荷试验立面图（单位：mm）

图 5-61　单桩复合地基载荷试验现场

根据最大试验荷载将荷载分级，每次加载后，按间隔 10 min、10 min、10 min、15 min、15 min，以后每隔 30 min 测读一次沉降，当连续 2 h 的沉降速率不大于 0.1 mm/h 时，可加下一级荷载。卸载级数可为加载级数的 2 倍，等量进行，每卸一级，间隔 30 min 读记回弹量，待卸完全部荷载后间隔 3 h 读记总回弹量。单桩复合地基加载分级见表 5-27。

表 5-27 单桩复合地基加载分级表

级别	1	2	3	4	5	6	7	8
荷载/kN	600	900	1200	1500	1800	2100	2400	2700
级别	9	10	11	12	13	14	15	16
荷载/kN	3000	3200	3400	3600	3800	4000	4200	4400
级别	17	18	19	20	21	22	23	24
荷载/kN	4600	4800	5000	4600	4200	3800	3400	3000
级别	25	26	27	28	29	30	31	32
荷载/kN	2600	2200	1800	1400	1000	600	200	0

试验终止条件：
①承压板周围隆起或产生破坏性裂缝；
②相对沉降（总沉降与承压板宽之比）大于或等于 0.06；
③总加载量已经达到预定的最大试验荷载。

试验承压板下桩间土及 PHC 刚性桩桩顶布置土压力盒。在土压力盒埋设前，铺设 10 mm 厚的细砂，在 PHC 刚性桩桩顶及桩间土进行找平。然后安放土压力盒并在土压力盒上铺设砂袋进行保护。土压力盒安装期间，采用水平尺对砂层、土压力盒进行找平。土压力盒埋设位置见图 5-62~图 5-64。

土压力盒测试采用自动采集仪随载荷试验过程进行，采集间隔时间 10 min。

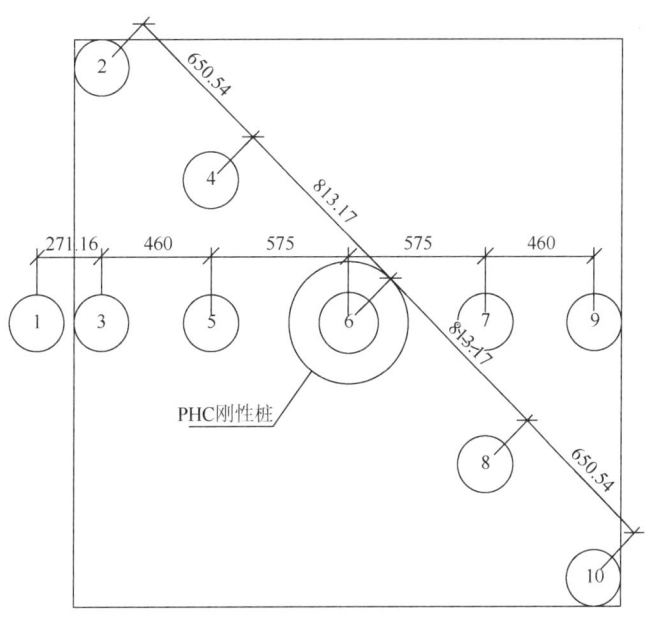

图 5-62 单桩复合地基载荷试验土压力盒埋设平面图（单位：mm）

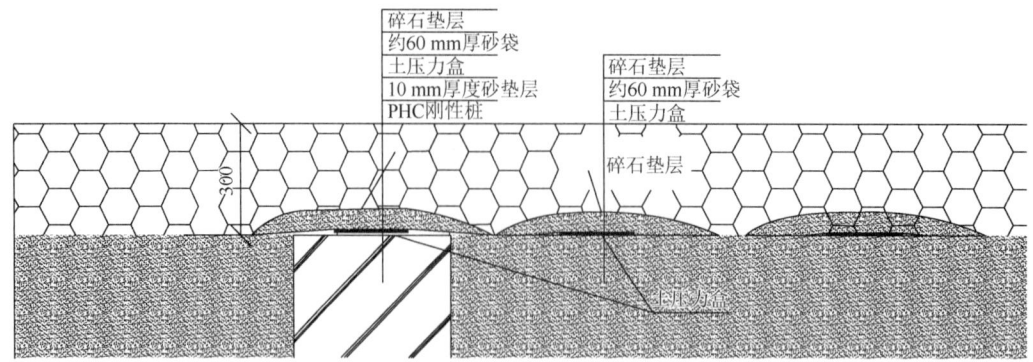

图 5-63 单桩复合地基载荷试验土压力盒埋设剖面图（单位：mm）

图 5-64 单桩复合地基载荷试验土压力盒安放图

4. 多桩复合地基载荷试验

多桩复合地基载荷试验采用锚桩联合堆载法。承压板尺寸 4.6 m×4.6 m，厚 1.0 m，如图 5-65 所示。

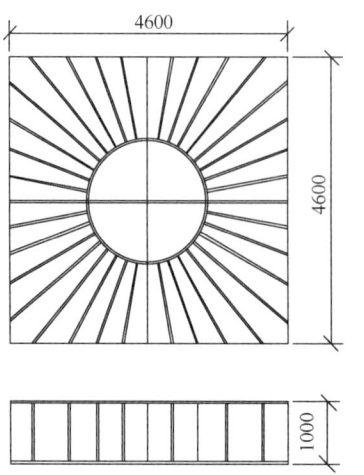

图 5-65 4.6 m×4.6 m 承压板平面图（单位：mm）

试验布置图如图5-66和图5-67所示。

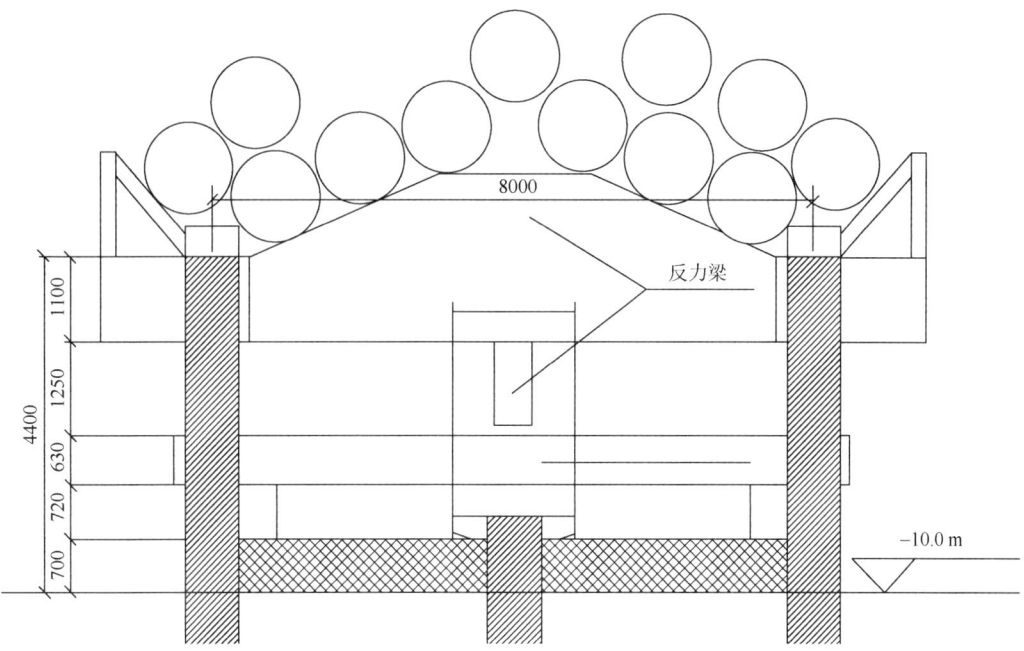

图5-66 多桩复合地基载荷试验布置立面图（单位：mm）

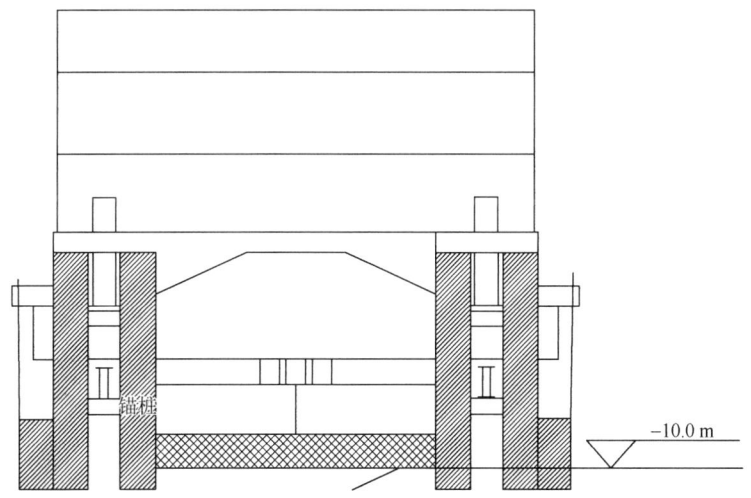

图5-67 多桩复合地基载荷试验侧布置立面图（单位：mm）

多桩复合地基载荷试验：根据最大试验荷载将荷载分级，每次加载后，按间隔10 min、10 min、10 min、15 min、15 min，以后每隔30 min测读一次沉降，当连续2 h的沉降速率不大于0.1 mm/h时，可加下一级荷载。卸载级数可为加载级数的2倍，等量进行，每卸一级，间隔 30 min 读记回弹量，待卸完全部荷载后间隔 3 h 读记总回弹量。多桩复合地基加载分级见表 5-28。

表 5-28 多桩复合地基加载分级表

级别	1	2	3	4	5	6	7
荷载/kN	2000	3000	4000	5000	6000	7000	8000
级别	8	9	10	11	12	13	14
荷载/kN	9000	10000	8000	6000	4000	2000	0

试验终止条件：
①承压板周围隆起或产生破坏性裂缝；
②相对沉降（总沉降与承压板宽度之比）大于或等于 0.06；
③总加载量已经达到预定的最大试验荷载。

土压力监测方式与单桩复合地基载荷试验相同，布置平面图如图 5-68 所示。

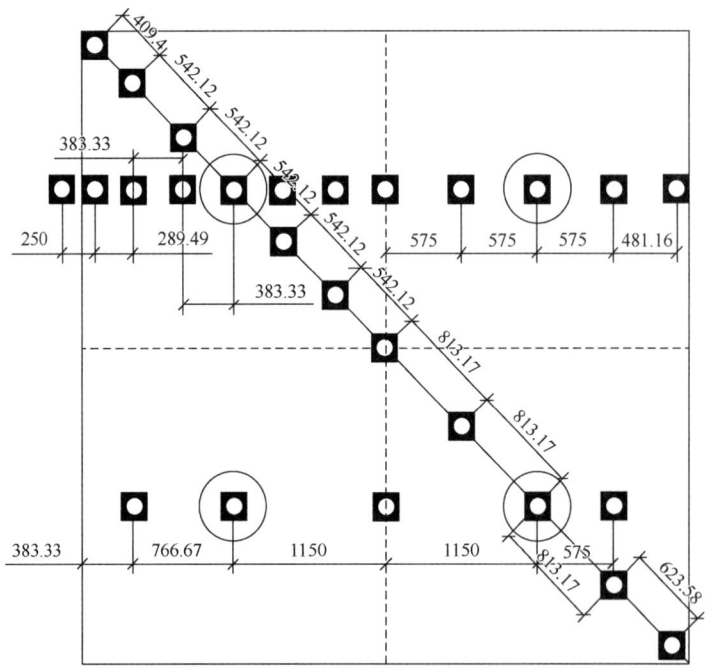

图 5-68 多桩复合地基载荷试验土压力盒布置平面图（单位：mm）

5. 桩身完整性检测

当桩的断面发生异常时（缩颈、离析、夹泥或断裂），桩顶瞬间施加的脉冲应力波就会在这样的断面发生反射，PIT 桩身完整性检测仪就是利用接收和分析波在桩中传播及反射的信号来检测桩身质量。

在检测时，用胶黏材料将加速度计固定在桩顶上，用手锤或力棒在桩顶作若干次敲击以产生应变脉冲波，美国引进的 PIT 桩身完整性检测仪接收加速度信号，并加以分析处理，最后由打印机或绘图仪输出数据及图像。低应变现场检测示意图如图 5-69 所示。

根据美国基桩动力学公司提供的不同阻力大小、不同缺陷位置、不同缺陷程度及位置的应力波速度标准图谱，结合实测工程桩波形及桩的实际情况，即可判断出桩的完整性情况。

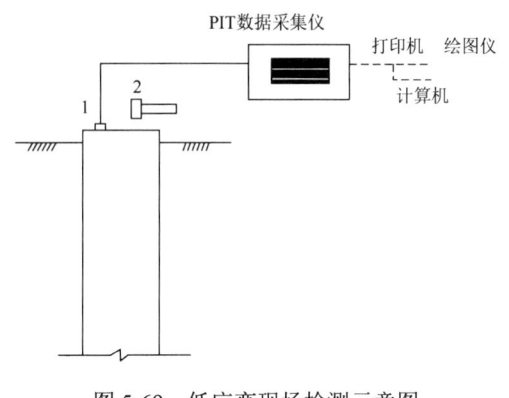

图 5-69 低应变现场检测示意图
1. 加速度计；2. 力锤

5.3.3 试验结果

1. 单桩竖向抗压静载试验结果

单桩竖向抗压静载试验荷载-沉降曲线及 s-lg$t$ 曲线如图 5-70～图 5-73 所示。根据《建

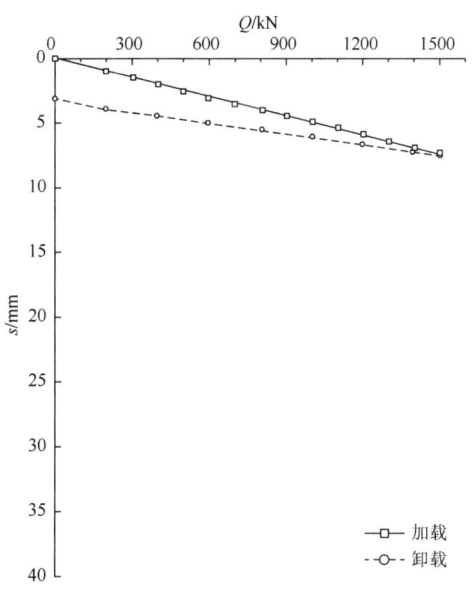

图 5-70 单桩竖向抗压静载试验荷载-沉降曲线（最大加载值 1500 kN）

筑基桩检测技术规范》（JGJ 106—2003）及试验采集数据，单桩竖向抗压极限承载力不小于 3000 kN。

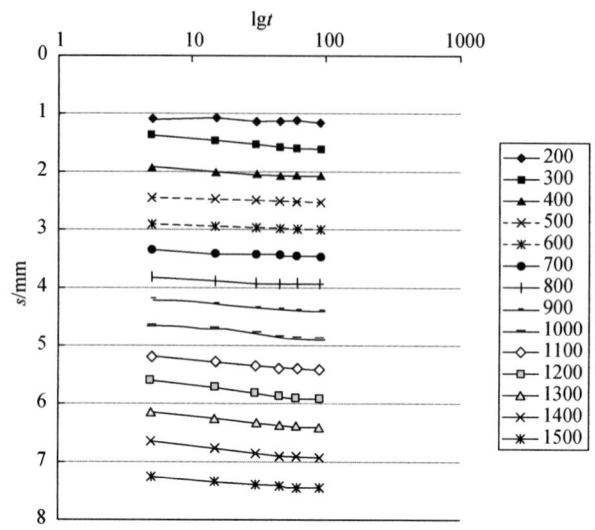

图 5-71 单桩竖向抗压静载试验 s-$\lg t$ 曲线（最大加载值 1500 kN）

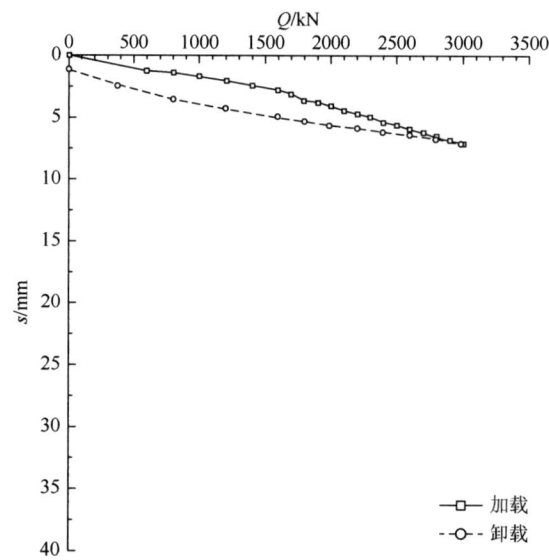

图 5-72 单桩竖向抗压静载试验荷载-沉降曲线（最大加载值 3000 kN）

2. 天然地基载荷试验结果

根据《建筑地基基础设计规范》（GB 50007—2002），承载力特征值当压力-沉降曲线上有明显的比例界限时，取该比例界限对应的荷载值，当极限荷载小于对应比例界限的荷载值的 2 倍时，取极限荷载值的一半。根据实测压力-沉降曲线，天然地基载荷试验承

第 5 章 地基基础试验研究

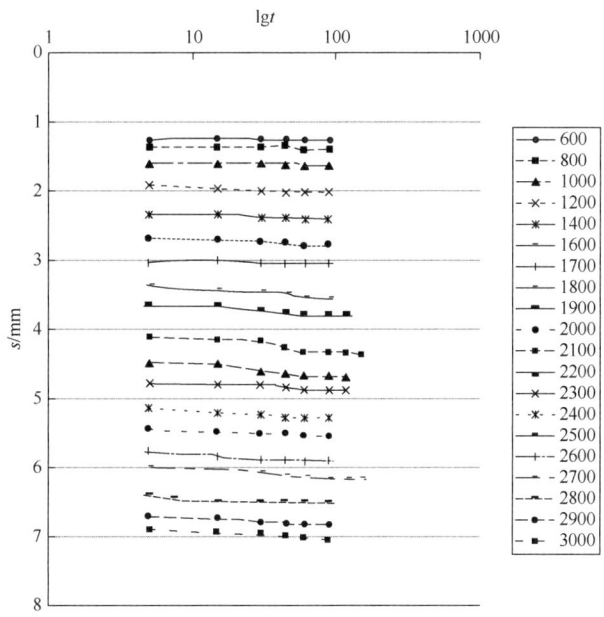

图 5-73 单桩竖向抗压静载试验 s-$\lg t$ 曲线（最大加载值 3000 kN）

载力特征值取极限荷载值的一半，即 151.2 kPa。压力-沉降曲线、s-$\lg t$ 曲线分别如图 5-74 和图 5-75 所示。

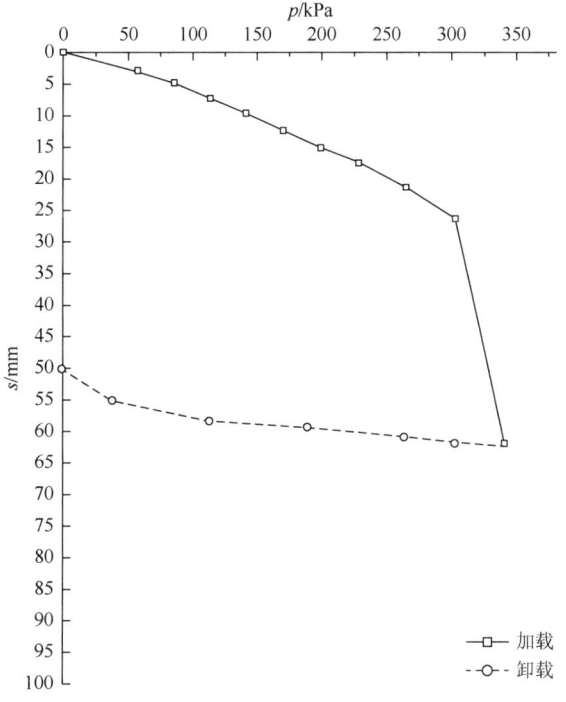

图 5-74 天然地基载荷试验压力-沉降曲线

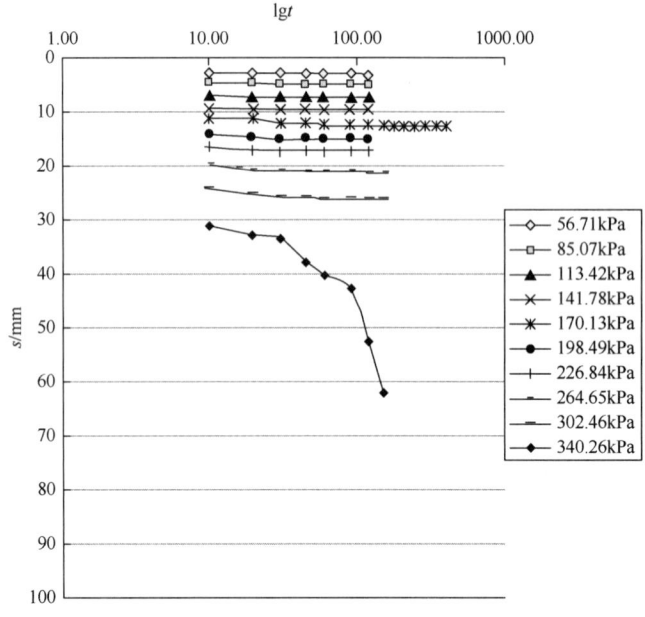

图 5-75 天然地基载荷试验 s-$\lg t$ 曲线

3. 单桩复合地基载荷试验结果

（1）承载力

根据《建筑地基处理技术规范》（JGJ 79—2002），当压力-沉降曲线上极限荷载能够确定，承载力特征值当压力-沉降曲线上有明显的比例界限时，取该比例界限对应的荷载值，当极限荷载小于对应比例界限的荷载值的 2 倍时，取极限荷载值的一半。

实际单桩复合地基载荷试验最大加载值 5000 kN，根据实测压力-沉降曲线，在加载期间内曲线没有出现明显的沉降急剧增大的现象，同时压力-沉降曲线也非平缓的光滑曲线。同时根据单桩抗压静载试验极限承载力及天然地基载荷试验的承载力结果，认为单桩复合地基实际加载值尚未达到复合地基的极限荷载，未达到破坏。因此判定单桩复合地基承载力特征值不小于极限加载值的一半，即 472.5 kPa。单桩复合地基载荷试验的压力-沉降曲线及 s-$\lg t$ 曲线分别见图 5-76 和图 5-77。

（2）桩土应力比

单桩复合地基载荷试验承压板底部应力试验结果及应力分布如图 5-78～图 5-80 所示，计算得到桩土应力比为 3.1～3.6。

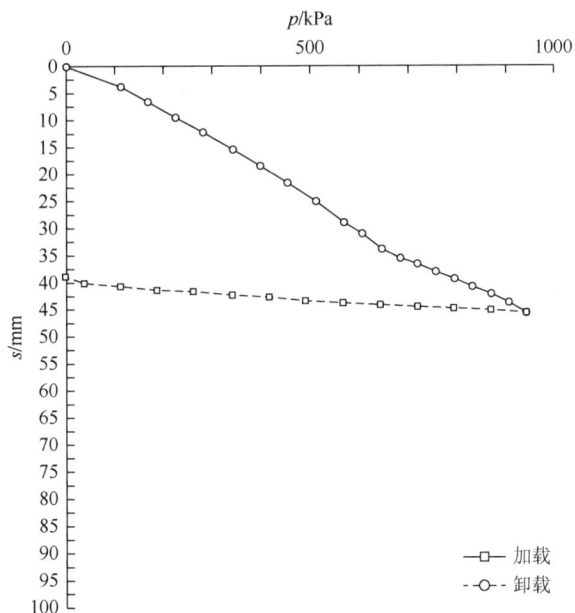

图 5-76 单桩复合地基载荷试验压力-沉降曲线

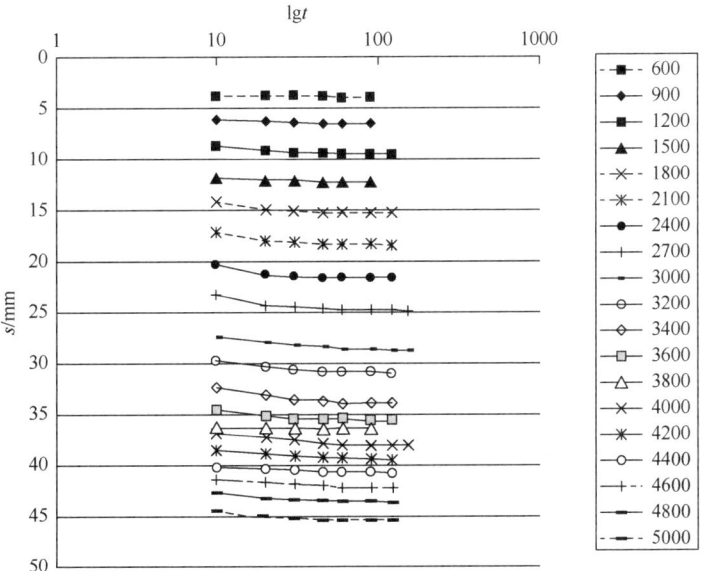

图 5-77 单桩复合地基载荷试验 s-$\lg t$ 曲线

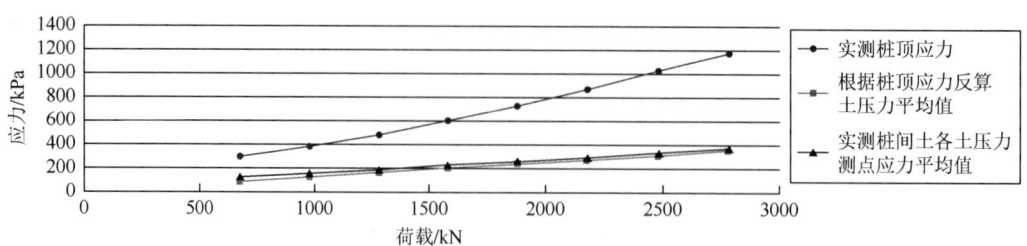

图 5-78　单桩复合地基载荷试验承压板底部应力试验结果

4. 多桩复合地基载荷试验结果

（1）承载力

由于实际多桩复合地基载荷试验，受设备最大加载能力限制，最大加载值 10 000 kN（472.5 kPa），比单桩复合地基的加载值 5000 kN（945.1 kPa）要小，远未达到破坏，因此多桩复合地基载荷试验的承载力特征值按照单桩复合地基载荷试验结果取值，即复合地基的承载力特征值不小于 472.5 kPa。压力-沉降曲线、s-$\lg t$ 曲线分别如图 5-81 和图 5-82 所示。

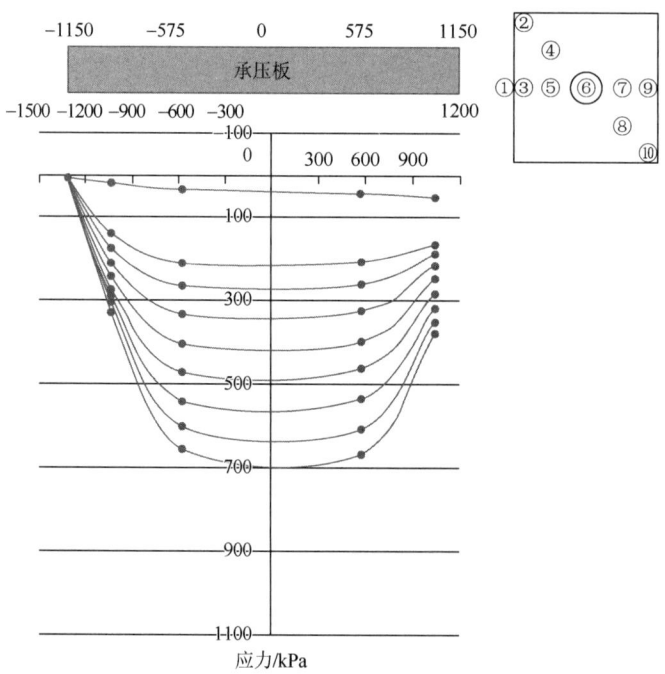

图 5-79　单桩复合地基载荷试验沿承压板对角线方向上应力分布

第 5 章 地基基础试验研究

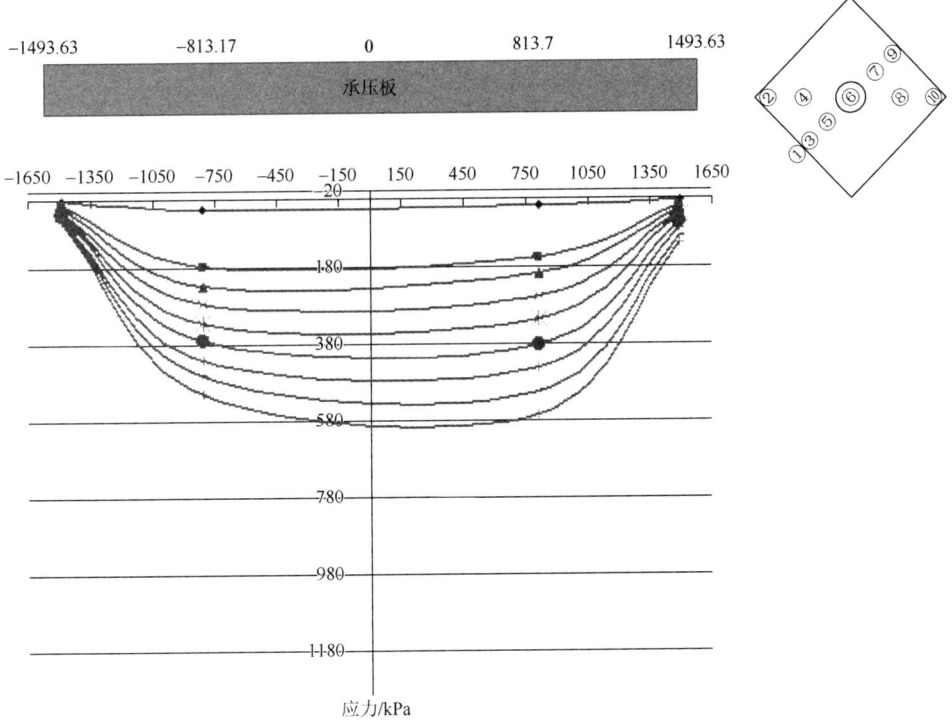

图 5-80 单桩复合地基载荷试验沿承压板边长方向上应力分布

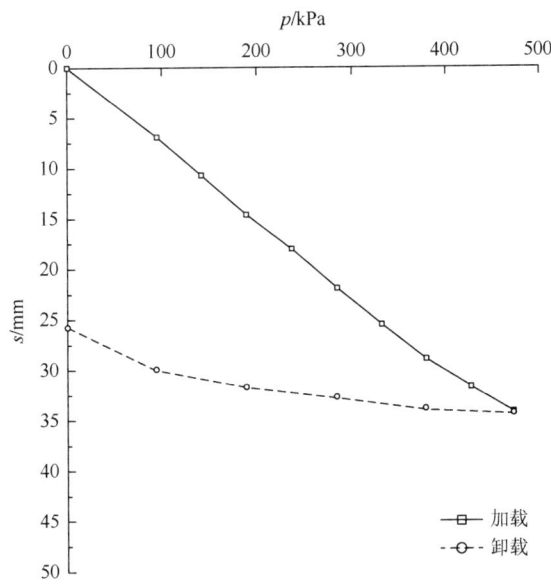

图 5-81 多桩复合地基载荷试验压力-沉降曲线（30 cm 碎石垫层）

· 221 ·

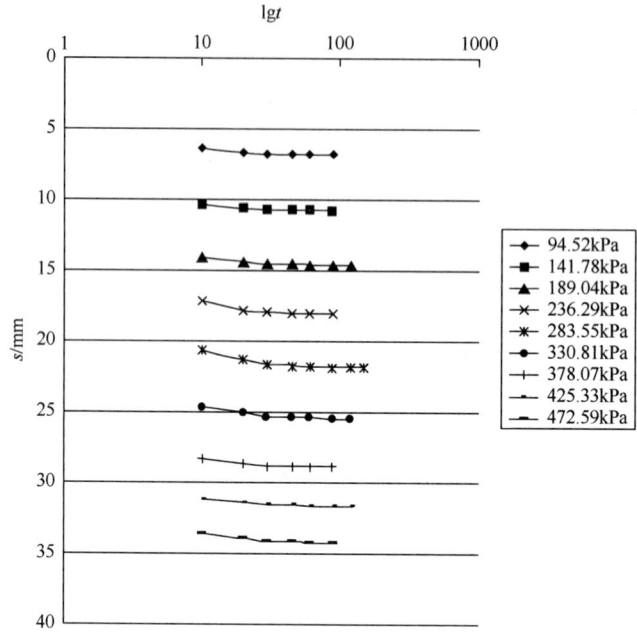

图 5-82　多桩复合地基载荷试验 s-$\lg t$ 曲线（30 cm 碎石垫层）

（2）桩土应力比

多桩复合地基载荷试验承压板底部应力试验结果及应力分布如图 5-83～图 5-86 所示，此处仅列出 30 cm 碎石垫层的工况。

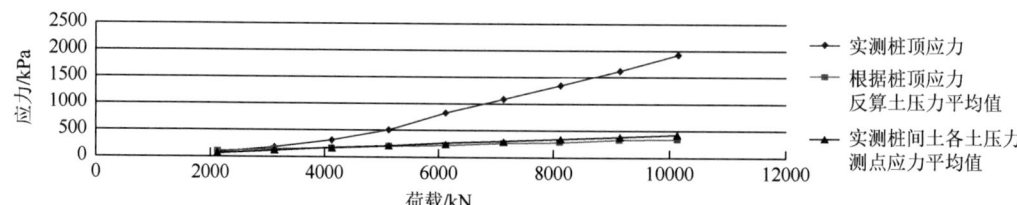

图 5-83　多桩复合地基荷载试验承压板底部应力试验结果（30 cm 碎石垫层）

各级荷载作用下，多桩复合地基不同碎石垫层厚度的桩土应力比变化曲线见图 5-86。

第 5 章 地基基础试验研究

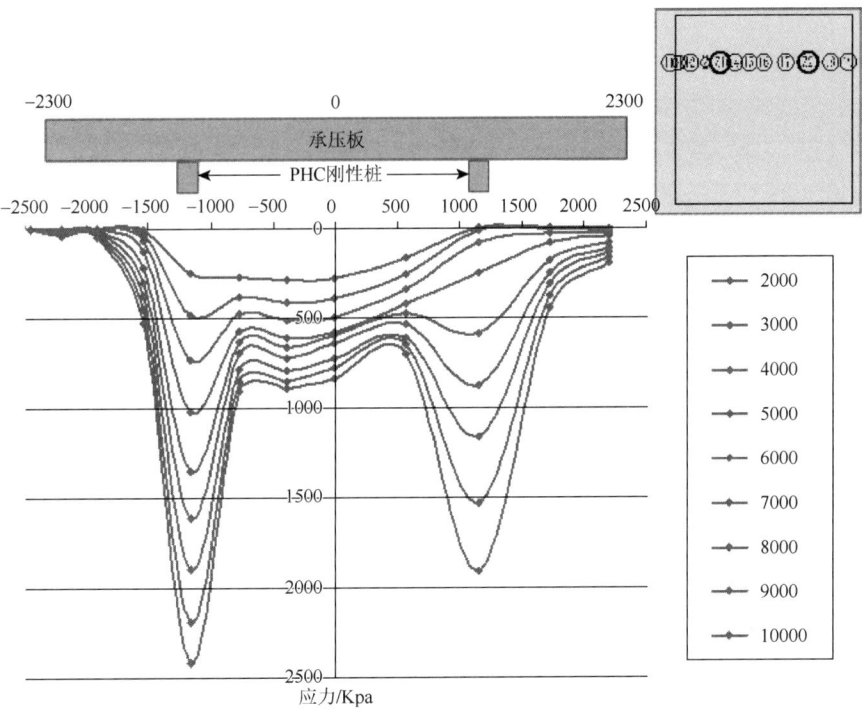

图 5-84 多桩复合地基载荷试验沿承压板边长方向上应力分布（30 cm 碎石垫层）

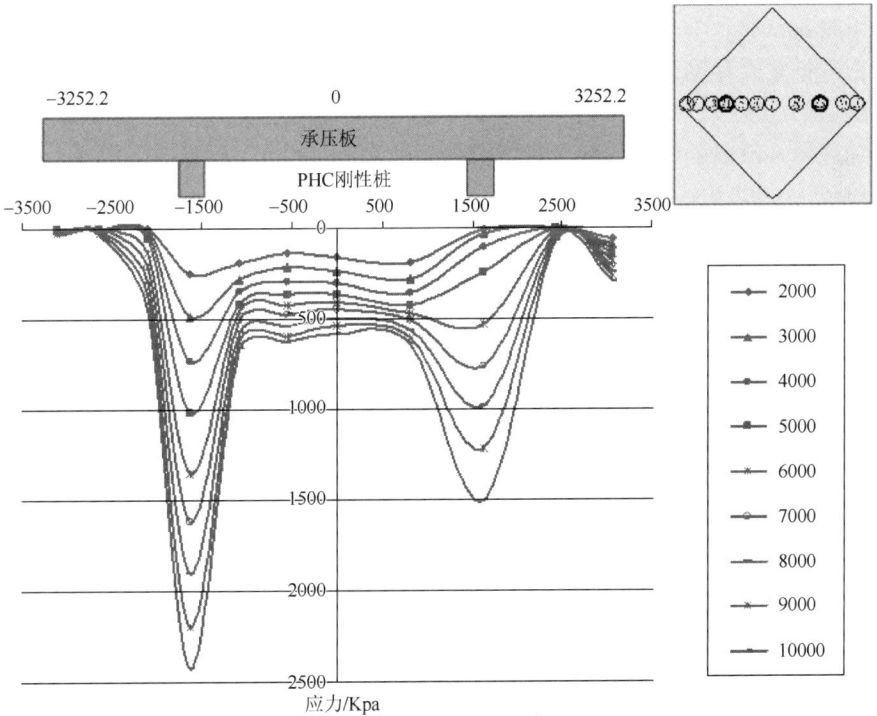

图 5-85 多桩复合地基载荷试验沿承压板对角线方向上应力分布（30 cm 厚碎石垫层）

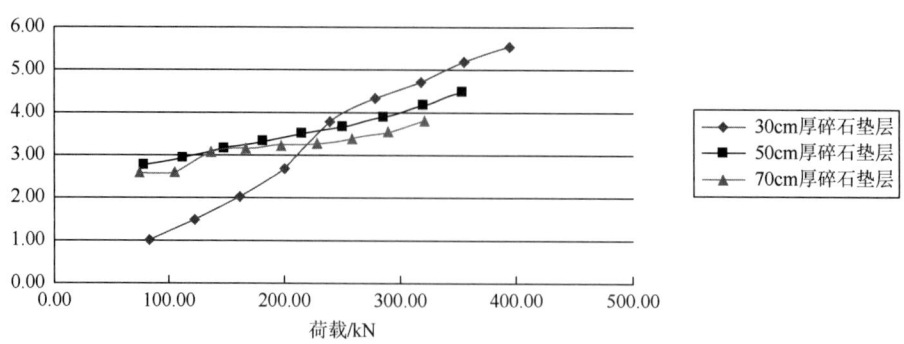

图 5-86　多桩复合地基不同碎石垫层厚度的桩土应力比变化曲线

5.4　挤密砂桩复合地基水下载荷试验

5.4.1　试验概况

港珠澳大桥沉管隧道大规模采用挤密砂桩作为地基处理技术，在不同的区域采用了不同的挤密砂桩置换率。其中在港珠澳大桥西人工岛救援码头海测采用的挤密砂桩直径 1.6 m，间距 1.8 m，呈正方形布置，置换率 62%。砂桩桩顶标高–15.0 m，桩底标高–37.0 m。砂桩顶面铺设 1.0 m 厚碎石垫层。为精确掌握挤密砂桩承载力及变形特性，在此区域进行了水下载荷试验。

挤密砂桩复合地基载荷试验位于西人工岛救援码头海侧，位置见图 5-87。试验以实际沉管隧道的施工及使用荷载为依据：岛头段沉管碎石底的最大基底应力约 150 kPa，试验预计加载至 340 kPa（2.3 倍设计值，承压板底平均应力）。承压板面积 5.4 m×5.4 m，则总的荷载为 9900 kN。

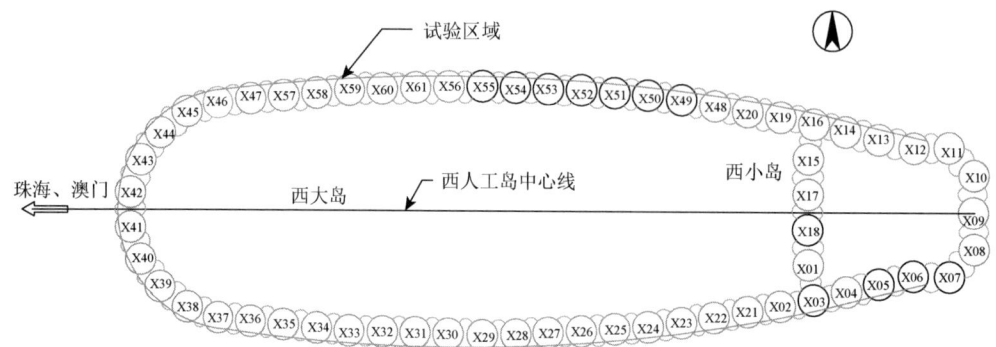

图 5-87　挤密砂桩复合地基荷载试验位置平面图

相应钻孔柱状图记录见表 5-29～表 5-31 所示。

第5章 地基基础试验研究

表5-29 挤密砂桩复合地基载荷试验钻孔柱状图记录表1

钻孔柱状图			工程编号: 11K052
			钻孔编号: ITCB013
			页　码: 1 / 3
			日　期: 2010.12.10 至 2010.12.11

工程名称: 港珠澳大桥主体工程岛隧工程补充地质勘察（西人工岛区）	勘察单位: 中交第四航务工程勘察设计院有限公司
钻进方法: 回转钻进	坐标(1954北京坐标系) X(N): 2,465,314.350　Y(E): 38,477,481.310	里程桩号 K13+16.5 右83.3 m	钻孔直径: 0.00m～9.10m 219mm　9.10m～29.10m 130mm　29.10m～43.55m 91mm　43.55m～44.00m 51mm
钻机编号: XY-3			
冲洗液: 清水		钻进方向: 垂直钻进	孔口标高: -7.46 m

钻孔进程	套管深度/尺寸	水位/日期/时间	岩芯采取率/%	R.Q.D.	裂隙指数	标贯试验	取样	层底标高/m	层底深度/m	层厚/m	图例	岩石等级	地层编号	地质年代和成因	地层描述
10.12.10	219 mm		90					-7.46	0.00						
			100				U1 1.50 2.50						①₁	Q₄ᵐ	淤泥: 灰色, 饱和, 流塑, 含少量粉细砂及腐殖物, 稍具臭味
			85												
			100				U2 4.00 5.00	-12.46	5.00	5.00					
			85										①₂	Q₄ᵐ	淤泥: 灰色, 饱和, 流塑, 含少量粉细砂及腐殖物, 稍具臭味
			100				U3 6.50 7.50								
	9.10 219 mm 127 mm		90					-16.56	9.10	4.10					
			100				U4 9.10 10.10								淤泥质黏土: 灰色, 饱和, 软塑, 含少量粉细砂及腐殖物, 稍具臭味
			95										①₃	Q₄ᵐ	
			100				U5 11.60 12.60								
			85												
			100				U6 14.10								

● 小扰动样　　▲ 水样
｜ 完全扰动样　　▼ 水位
▨ SPT标贯样　　┴ 标准贯入试验(SPT)
■ U76原状样　　⊥ 渗透试验
▨ 美兹原状样（70mm）　地下水压力计测头
Piston原状样　　观测井测头
Shellby原状样　　原位十字板试验

编制:
校对:
审核:

备注:

表 5-30 挤密砂桩复合地基载荷试验钻孔柱状图记录表 2

	工程编号:	11K052
钻孔柱状图	钻孔编号:	ITCB013
	页 码:	2 / 3
	日 期:	2010.12.10 至 2010.12.11

工程名称：港珠澳大桥主体工程岛隧工程补充地质勘察（西人工岛区）	勘察单位：中交第四航务工程勘察设计院有限公司

钻进方法：回转钻进	坐标(1954北京坐标系) X(N):2,465,314.350 Y(E):38,477,481.310	里程桩号 K13+16.5 右83.3 m	钻孔直径：0.00m～9.10m 219mm 9.10m～29.10m 130mm 29.10m～43.55m 91mm 43.55m～44.00m 51mm
钻机编号：XY-3			
冲洗液：清水		钻进方向：垂直钻进	孔口标高：-7.46 m

地层记录

深度/时间	岩芯采取率 %	取样	层底标高 /m	层底深度 /m	层厚 /m	岩土编号	地质年代和成因	地层描述
	90	15.10						淤泥质黏土：灰色，饱和，软塑，含少量粉细砂及腐殖物，稍具臭味
	100	U7 16.70–17.70						
	80	U8 19.20–20.20				①₃	Q₄ᵐ	
	85/100	U9 21.70–22.70						
	95/100	U10 24.20–25.20						
	85/100	U11 26.60–27.80	-34.76	27.30	18.20	②₁₋₁	Q₃ᵃˡ	粉质黏土：灰白色夹灰黄色，湿，软塑，含少量粉细砂
29.10 127mm 10.12.10 11.12.10	95/100	U12 29.10	-36.56	29.10	1.80	③₂₋₂	Q₃ᵃˡ	细砂夹黏土：灰色，饱和，中密，夹较多薄层状黏土，局部呈砂混黏性土状

图例说明：
- 小扰动样
- 完全扰动样
- SPT标贯样
- U76原状样
- 美兹原状样（70mm）
- Piston原状样
- Shellby原状样
- 水样
- 水位
- 标准贯入试验(SPT)
- 渗透试验
- 地下水压力计测头
- 观测井测头
- 原位十字板试验

编制：_____ 校对：_____ 审核：_____

备注：

表 5-31 挤密砂桩复合地基载荷试验钻孔柱状图记录表 3

钻孔柱状图		工程编号: 11K052
		钻孔编号: ITCB013
		页 码: 3 / 3
		日 期: 2010.12.10 至 2010.12.11

工程名称: 港珠澳大桥主体工程岛隧工程补充地质勘察 (西人工岛区)	勘察单位: 中交第四航务工程勘察设计院有限公司

钻进方法: 回转钻进	坐标(1954北京坐标系) X(N):2,465,314.350 Y(E):38,477,481.310	里程桩号 K13+16.5 右83.3 m	钻孔直径: 0.00m~9.10m 219mm 9.10m~29.10m 130mm 29.10m~43.55m 91mm 43.55m~44.00m 51mm
钻机编号: XY-3			

冲洗液: 清水	钻进方向: 垂直钻进	孔口标高: -7.46 m

钻孔进程	套管深度/尺寸	水位/日期/时间	岩芯采取率/%	RQD	裂隙指数	标贯试验	取样	层底标高/m -37.46	层底深度/m 30.00	层厚/m	图例	岩石等级	地层编号	地质年代和成因	地层描述
			90					30.10					③₃₋₂	Q₃ᵐᶜ	
			100				U13	-38.06 30.60	30.60	1.50					粉质黏土: 灰色, 饱和, 可塑, 偶夹薄层状粉细砂
			90					31.60					③₉₋₁	Q₃ᵐᶜ	
			100				U14	32.60 -40.06	32.60	2.00					粉质黏土: 灰色, 饱和, 可塑-硬塑, 偶夹薄层状粉细砂
			95					33.60							
			100				U15	34.70 35.70					③₉₋₂	Q₃ᵐᶜ	
			80					36.50							
			100				U16	37.50							
			85					38.70							
			100				U17	39.70 -47.16	39.70	7.10					
			70			40.65(5,6,6,8, 9,15) 41.10N=38	S1 40.80 41.10								粗砂: 灰黄色夹浅灰色, 饱和, 密实, 级配较差, 含少量砾砂及中砂, 磨圆度较好
			100										④₃	Q₃ᵃˡ⁺ᵖˡ	
			85			42.15(4,7,6,8, 10,16) 42.60N=40	S2 42.30 42.60								
			100												
			80			43.55(5,7,5,8, 10,14) 44.00N=39	S3 43.70 44.00	-51.46 44.00		4.30					
11.12.10			100												终孔深度为44.0m

- ● 小扰动样
- ▮ 完全扰动样
- ▨ SPT标贯样
- ■ U76原状样
- ▨ 美兹原状样 (70mm)
- ▨ Piston原状样
- ▨ Shellby原状样
- ▲ 水样
- ▼ 水位
- ⊥ 标准贯入试验(SPT)
- ⊥ 渗透试验
- ⊥ 地下水压力计测头
- ⊥ 观测井测头
- ▽ 原位十字板试验

编制: _____
校对: _____
审核: _____

备注:

5.4.2 试验内容及方法

1. 水下载荷试验方法

（1）整体试验布局

复合地基载荷试验采用锚桩反力梁法进行，主要由反力系统、加载系统、测量系统及限位装置组成，其中承压板底标高−14.0 m，操作平台顶标高+4.5 m，传力杆顶标高+5.5 m，锚桩顶标高+6.0 m，基准桩顶标高+5.5 m，如图 5-88 和图 5-89 所示。

（2）承压板

承压板设计尺寸为 5.4 m×5.4 m×1.0 m 的箱型体。承压板上下板面为 40 mm 厚钢板，腹板为 25 mm 厚钢板。腹板呈放射性布置，每 10°布置一道以加强其抗弯刚度。

采用直径 2.0 m、长 18.5 m、壁厚 20 mm 的钢管桩作为承压板的传力杆，传力杆顶标高+5.5 m。承压板上顶面与传力杆焊接，并辅以 25 mm 厚三角形肋板加强。

承压板底板角部布置沉降观测管，沉降观测管采用直径 299 mm，厚度 8 mm 的无缝钢管加工。沉降观测管之间采用直径 203 mm，壁厚 6 mm 的无缝钢管连接，以增加沉降观测管的稳定性。图 5-90 是承压板及沉降观测管布置平面图，图 5-91 是承压板布置立面图。

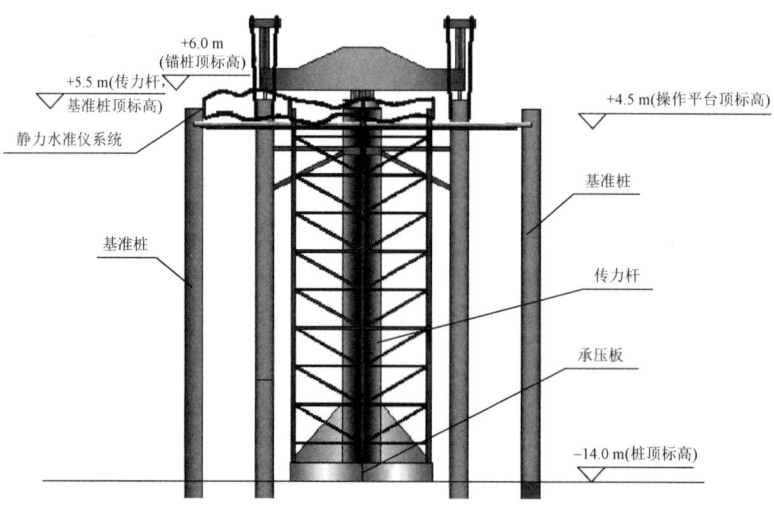

图 5-88 整体试验布局示意图

图 5-89 挤密砂桩水下载荷试验现场

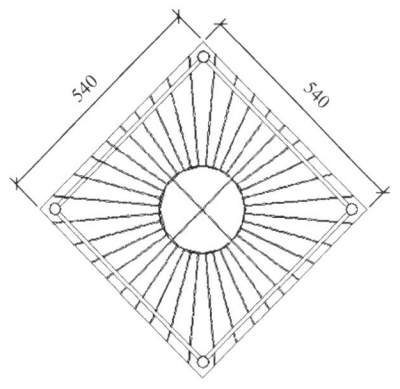

图 5-90 承压板及沉降观测管布置平面图（单位：cm）

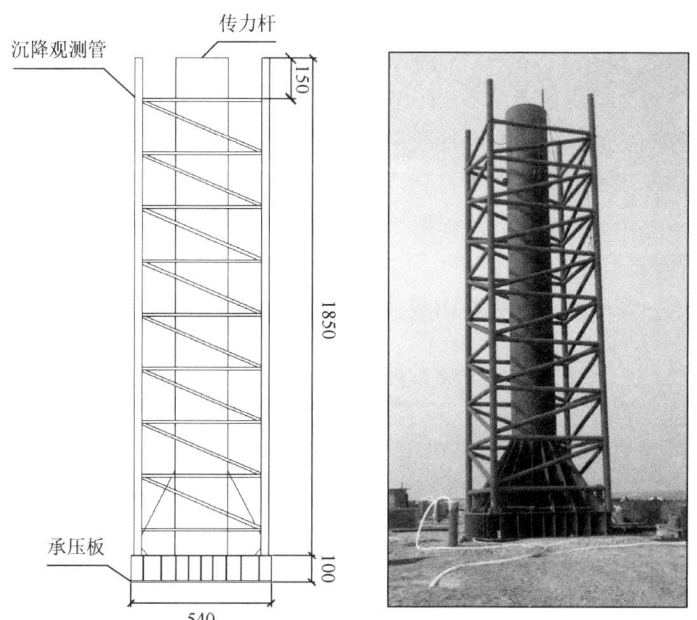

图 5-91 承压板布置立面图(单位：cm)

(3) 反力梁

锚桩反力架结构采用鱼腹式箱梁，设计单片鱼腹式箱梁承载力 10 000 kN，反力梁满足加载能力要求。单片鱼腹式箱梁结构图如图 5-92 所示。

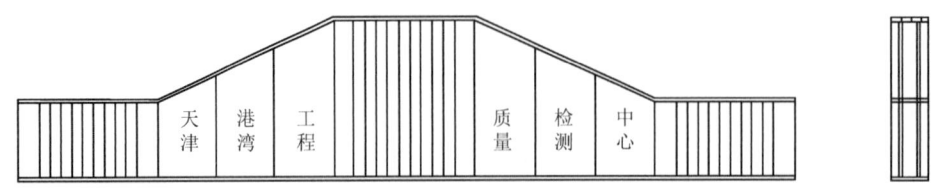

说明：
1. 图中尺寸以 cm 计。
2. 构件全部采用 Q345 钢板和焊接 Q345 钢板所对应的焊条。
3. 焊接技术按要求执行。

图 5-92　单片鱼腹式箱梁结构图

(4) 沉降测量方法

由于试验周期较长，为保证沉降观测的顺利进行，采用两种沉降测量装置同时进行观测：①沉降监测（静力水准）系统；②百分表基准梁系统。

采用沉降监测（静力水准）系统配合 1 根基准桩进行沉降观测。选择系统量程 600 mm，测量精度为量程的 0.1%，即 0.6 mm。

采用百分表配合 2 根基准桩进行沉降观测。百分表的精度为 0.01 mm，量程 50 mm。

(5) 加载系统

加载系统采用 4 台 500 t 级千斤顶，最大加载能力 20 000 kN。

(6) 加载分级及稳定标准

荷载分级按照以下分级方法和加载流程，详细荷载分级见表 5-32。

表 5-32　荷载分级表

级别	1	2	3	4	5	6	7	8
荷载/kN	2000	3000	4000	5000	6000	4000	2000	0
级别	9	10	11	12	13	14	15	16
荷载/kN	2000	3000	4000	5000	6000	7000	8000	9000
级别	17	18	19	20	21	22	—	—
荷载/kN	9900	8000	6000	4000	2000	0	—	—

加载过程中，每级荷载施加后的第一个小时内按第 5 min、15 min、30 min、45 min、60 min 进行测读，以后 3 h 内每隔半小时测读一次，之后每隔一小时测读一次，每级荷载在其维持过程中，保持荷载值的稳定。

稳定标准：

荷载稳定标准为每小时沉降量不超过 0.25 mm，且连续出现两次。

当荷载加载至第五级（6000 kN）时，荷载稳定标准为每小时沉降量不超过 0.1 mm，且连续出现 2 次。

当荷载加载至 18 级（8000 kN）时，在条件允许情况下，维持荷载 30 d，以研究其固结变形。

试验终止条件：

①沉降量急剧增大，荷载-沉降曲线上出现明显第二拐点；

②累计沉降量已大于荷载板宽度的 6%；

③某级荷载作用下荷载板的沉降量大于前一级荷载的 2 倍，且经 24 h 尚未稳定。

（7）卸载

卸载时，每级卸载量为每级加载量的 2 倍，进行逐级等量卸载，每级荷载维持 30 min，回弹测读时间为第 5min、10min、20min、30min。卸载至零后，测读残余沉降量，直至符合稳定标准。

2. 桩土应力监测方法

试验开始前将土压力盒布置在承压板下相应砂桩及桩间土位置处。孔隙水压力计埋设在载荷板中间位置，根据土层分布，孔深 10 m，沿深度方向上每隔 3 m 设置一个测头，共计布置 4 个孔隙水压力测头，具体位置见图 5-93。随着沉降测读时间进行孔隙水压力及土压力测试数据的读取。

5.4.3 试验结果

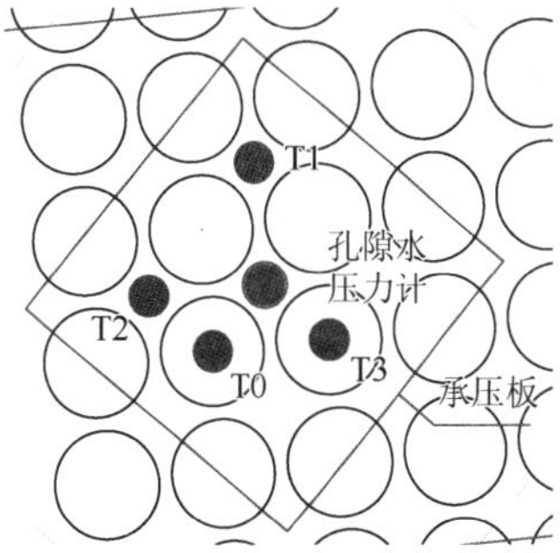

试验过程中，除采用百分表、磁致伸缩液位计测量系统相互校核外，还采用水准测量定期对沉降数据进行验证，确保沉降测量数据准确无误。磁致伸缩液位计测量系统压力-沉降曲线如图 5-94 所示。

图 5-93 土压力盒和孔隙水压力计布置平面图

试验进入荷载维持阶段后，维持荷载 8000 kN 共 50 d，沉降量由初期的 123.43 mm 增长到 148.51 mm。沉降随时间变化曲线如图 5-95 所示。

试验第 1 加载循环，加载至 6000 kN（205.76 kPa），沉降量 53.69 mm；第 2 循环加载至 9900 kN（339.5 kPa），沉降量 124.29 mm，卸载至 8000 kN（274.35 kPa）时沉降量

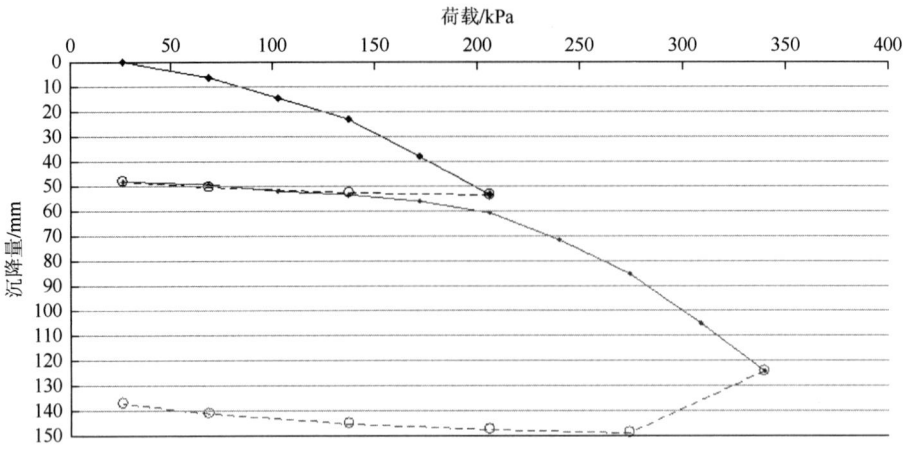

图 5-94 磁致伸缩液位计测量系统压力-沉降曲线

为 123.43 mm，经过维持荷载 50 d 后的沉降量为 148.51 mm。卸载经回弹后的沉降量为 136.82 mm。

根据土压力盒测试数据，分析砂桩顶面应力、桩间土应力、预测挤密砂桩复合地基桩土应力比 $n = 6.3$。

挤密砂桩复合地基变形模量推算结果如下。

第一次加载过程中，荷载级别在 93.51～134.77 kPa（4000～6000 kN）的变形模量：
$E_{0(挤密砂桩复合地基第一次加载)} = 8.04 \text{(MPa)}$。

第二次加载过程中，荷载级别 93.51～134.77 kPa（4000～6000 kN）的变形模量：
$E_{0(挤密砂桩复合地基第二次加载)(1)} = 32.65 \text{(MPa)}$。

图 5-95 荷载维持期间沉降随时间变化曲线

第二次加载过程中，荷载级别在 134.77～196.65 kPa（6000～9000 kN）的变形模量 $E_{0(挤密砂桩复合地基第二次加载)} = 8.11(\mathrm{MPa})$

高置换率的挤密砂桩对于原状土承载力的提高是明显的,可有效地改善地基承载力。

5.5 碎石基床水下载荷板试验

5.5.1 试验概况

港珠澳大桥沉管隧道基础采用先铺法施工,为满足沉管隧道结构对地基沉降的要求,沉管隧道沉管段采用了多种地基处理方式。包括挤密砂桩 + 堆载碎石预压,非堆载挤密砂桩 + 抛填块石层,天然地基 + 抛填块石层,并沿纵向与先铺的碎石垫层进行组合的方案。

考虑在沉管管节下沉及回填负载过程中沉降值预判对设计与施工具有重要的指导意义,开展碎石基床水下原位载荷板试验,拟通过原位试验达到以下目的:

①获取不同基础类型施工期隧道管节典型工况的短期沉降量;
②验证纵向不同基础处理方案的沉降协调性;
③数据分析处理后用以指导后续动态设计及施工控制（碎石垫层、接头剪力键、临时预应力）。

5.5.2 试验方法

载荷试验承压板尺寸为 4.5 m×9.0 m 的矩形。试验系统采用 1000 t、1600 t 起重船起吊至试验区域试验。共进行 12 组水下载荷试验,每组试验维持荷载时间 8～16 h 不等。试验地点位于沉管隧道 E4、E6、E12 管节位置处。原位载荷试验点次统计见表 5-33。

表 5-33 原位载荷试验点次统计表

基床处理方案	试验数量		
	60 kPa	100 kPa	合计
挤密砂桩 + 堆载预压 + 碎石基床	2	2	4
挤密砂桩 + 抛石夯平 + 碎石基床	2	3	5
天然地基 + 抛石夯平 + 碎石基床	1	2	3

1. 试验系统组成

试验系统由荷载块、承压板、基准板、基准板吊架、测量系统及荷载块与承压板之间的吊具组成，采用1600 t起重船进行水下吊装测试：

①吊架固定在荷载块上用于吊装基准板；

②承压板通过钢丝绳吊装在荷载块底部，安装有沉降测量系统、荷载块限位装置等。承压板顶面距离荷载块垂直净距800 mm；

③基准板采用吊架连接在荷载块上，与承压板之间水平净距5.0 m，基准板底面与承压板底面位于同一水平面上；

④测量系统安装在承压板及基准板上，采用2套测试系统独立测量承压板相对于基准板的沉降量；

⑤采用超声波测深仪测量荷载块与基础之间距离，用于试验系统安放速度的控制；

⑥采用2个水下摄像头对水下情况进行观察，指导试验系统的安装，观察承压板的安放、定位情况等。同时可检验水下的清晰度，为今后沉管安放摄像头布置进行可行性试验论证。

图5-96和图5-97分别是60 kPa、100 kPa荷载级别试验系统。

（1）荷载块

荷载块采用钢筋混凝土结构加工，共浇筑2块荷载块，满足水下加载60 kPa、100 kPa的加载要求。荷载块1重4323.66 kN，满足水下承压板60 kPa的加载要求，荷载块2重2816.4 kN，与荷载块1组合后可满足水下承压板100 kPa的加载要求，如图5-98和图5-99所示。

图5-96　60 kPa荷载级别试验系统

第 5 章 地基基础试验研究

图 5-97　100 kPa 荷载级别试验系统

荷载块上预埋钢板用于焊接基准板吊架及辅助设施的吊点等结构。

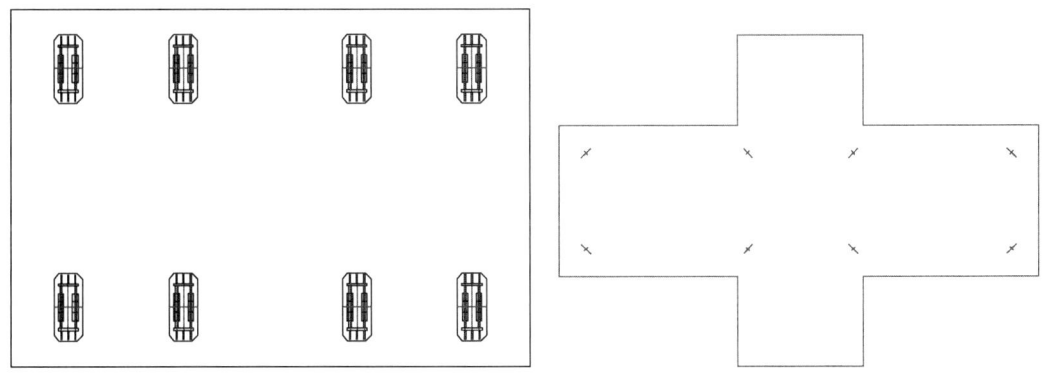

图 5-98　荷载块 1 平面图　　　　图 5-99　荷载块 2 平面图

（2）承压板

承压板底面尺寸 4.5 m×9.0 m。采用型钢及钢板焊接而成，承压板上设置安放仪器的测试台座，以及与荷载块之间的限位装置。同时承压板内填充泡沫以减轻承压板自身重量对地基沉降造成的影响，承压板结构平面图如图 5-100 所示。

· 235 ·

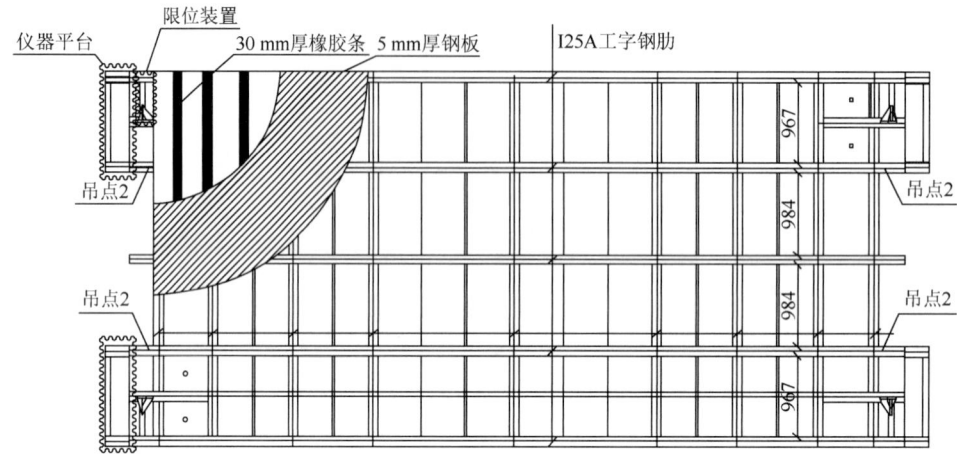

图 5-100 承压板结构平面图

（3）吊架、基准板

吊架安装在荷载块两侧，用于悬挂基准板系统。基准板距离承压板净间距 5.0 m。满足规范 3.0 倍板宽的要求。基准板上安装静力水准仪作为基准点。试验系统示意图见图 5-101。

图 5-101 试验系统示意图

（4）沉降测量系统

沉降采用基于连通管原理的静力水准仪组成的测量系统进行，沉降测量系统构成见图 5-102，静力水准仪组成示意图见图 5-103。

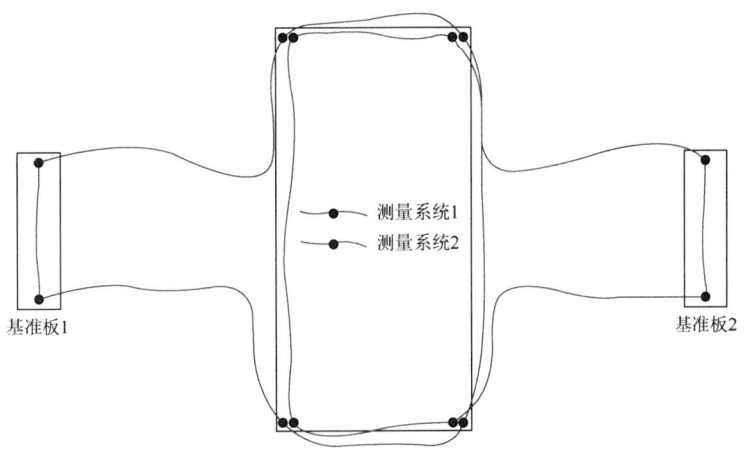

图 5-102　沉降测量系统构成

①为确保测试成功，沉降测量系统由 2 套独立的测试系统组成，分别独立测量承压板沉降。

②承压板沉降测量点位于承压板的 4 个角部，通过角部 4 个沉降点的平均值反映承压板的整体沉降量。

③基准板距离承压板之间的水平净距为 5.0 m，基准板上布置 2 个测点，用于测试基准板的不平整度，是否安放发生了倾斜。2 个测点平均值作为基准点的测量值。

④基准板上静力水准仪较承压板上静力水准仪安装高度低 50 mm，确保承压板沉降期间，沉降量在仪器测量量程内。

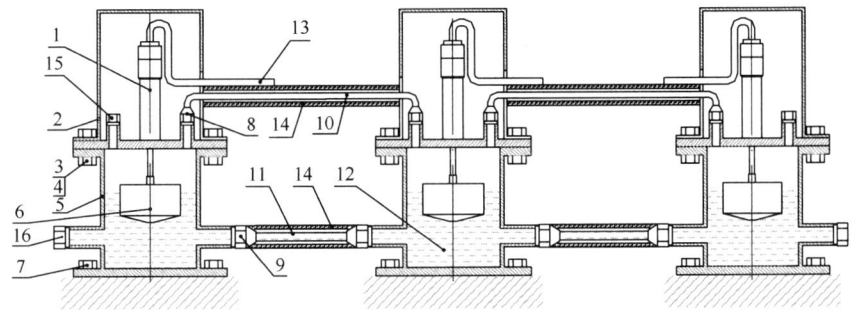

图 5-103　静力水准仪组成示意图

1. 液位传感器；2. 保护罩；3. 螺母；4. 螺栓；5. 液缸；6. 浮筒；7. 地脚螺栓；8. 气管接头；9. 液管接头；10. 气管；11. 液管；12. 防冻液；13. 导线；14. PVC 钢丝软管；15. 气管堵头；16. 液管堵头

2. 试验系统定位、安放

将试验区域坐标输入定位方驳计算机中，定位方驳根据电子海图自航至试验区域，通过锚艇抛设 4 口定位锚，完成方驳粗定位。根据定位船上 GPS 显示的安装区位置绞动锚缆，完成方驳的精确就位，试验系统沿安装在定位方驳船舷的支撑钢管位置下放。

1600 t 起重船在试验区域抛锚就位后,自航甲板驳运输方块靠泊定位方驳。起重船松后锚缆,收紧前锚缆前移就位自运输驳吊起荷载块,缓慢松前锚缆,同时绞动后锚缆向后退出一定距离,待自航甲板驳解缆驶离定位方驳后,起重船松后锚缆绞动前锚缆前移定位,准备安装荷载块。定位方驳根据 GPS 显示安装位置,调整锚缆再次精确定位,起重船吊起荷载块沿定位方驳船舷下放安装,荷载块长度方向垂直于定位方驳。荷载块安放示意图如图 5-104 所示。

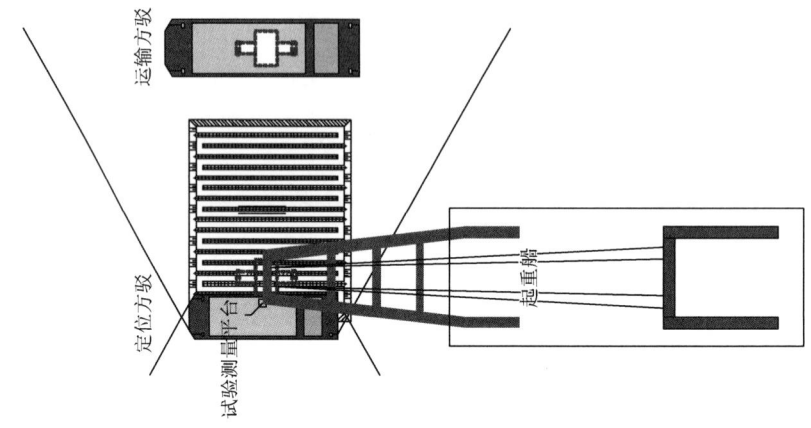

图 5-104　荷载块安放示意图

试验测试平台选择在定位方驳上,测试系统导线在起重船起吊前由运输方驳移至定位方驳上,通过定位方驳进行测试。

起重船在下放试验系统过程中应缓慢平稳,并根据安放在荷载块上的摄像头观察底部承压板情况,当快接近基床时,降低下降速度,同时密切关注超声波测深仪测试深度变化,当测深仪显示承压板已经落至基床时应立即停止下放,等待 2 min,读取仪器初始值;初始值读取完成后缓慢下放荷载块,直至荷载块完全安放在承压板上。

5.5.3　试验结果

港珠澳大桥沉管隧道基础共进行了 12 组水下载荷试验,其中 2 组载荷试验因试验区域内有回淤现象,沉降数据中包含了部分淤泥的压缩量,沉降数据不予采用。汇总 10 组试验沉降结果汇总见表 5-34,沉降量对比见图 5-105。

表 5-34　水下载荷试验沉降结果汇总表

基床处理方案	沉降量/mm			
	60 kPa		100 kPa	
挤密砂桩 + 堆载预压 + 碎石基床	44.99	33.69	72.75	88.83
挤密砂桩 + 抛石夯平 + 碎石基床	32.36	32.13	77.1	—
天然地基 + 抛石夯平 + 碎石基床	32.58	—	60.82	83.59

第 5 章 地基基础试验研究

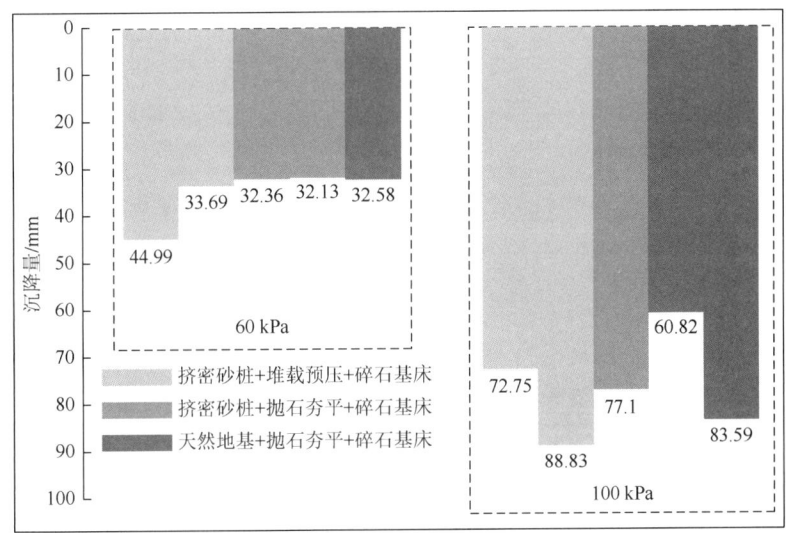

图 5-105 水下载荷试验沉降量对比示意图

通过试验结果对比分析可以得到不同荷载级别下的沉降量有明显不同。100 kPa 荷载级别下的基床沉降明显大于 60 kPa 级别下的沉降量。但在相同荷载级别作用下不同基础处理形式的沉降量无明显不同。

由沉降时程曲线得到，在不同荷载作用下，不同处理方案的沉降曲线没有明显的差异。经过对曲线统计分析发现，试验总沉降量的 90% 是在荷载施加后的 10～15 min 内完成的，沉降量的 90%～95% 是在荷载施加之后的 1～2 h 内完成的，最后 5% 的沉降也在荷载施加后的 5～6 h 内基本完成。

各试验点沉降时程曲线见图 5-106～图 5-115。

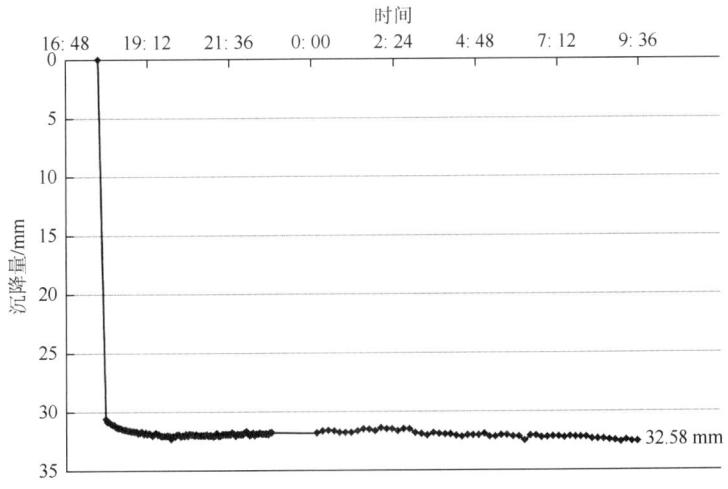

图 5-106 1 号试验点沉降时程曲线

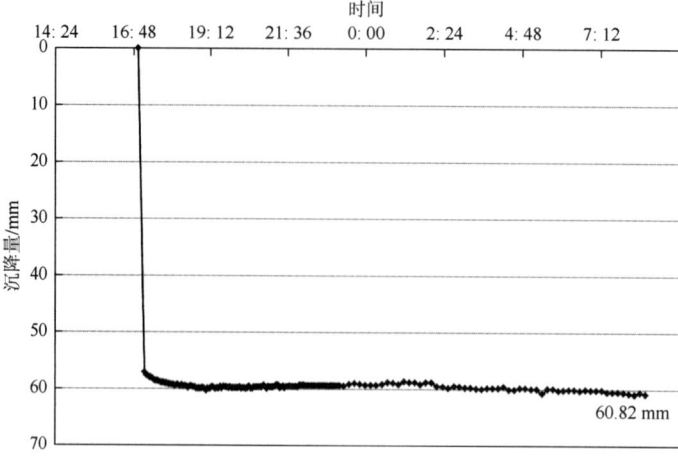

图 5-107　2 号试验点沉降时程曲线

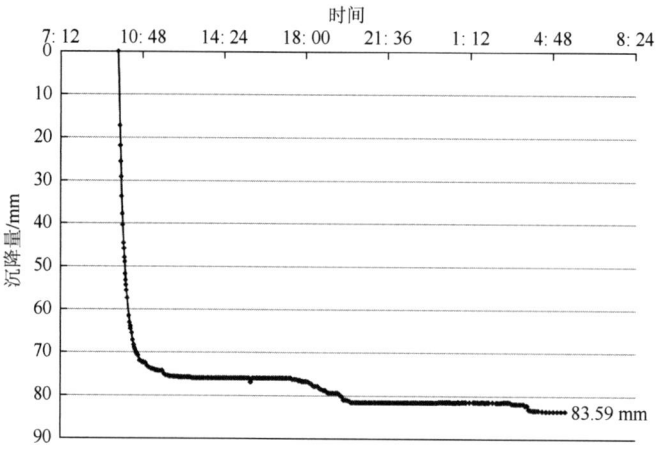

图 5-108　3 号试验点沉降时程曲线

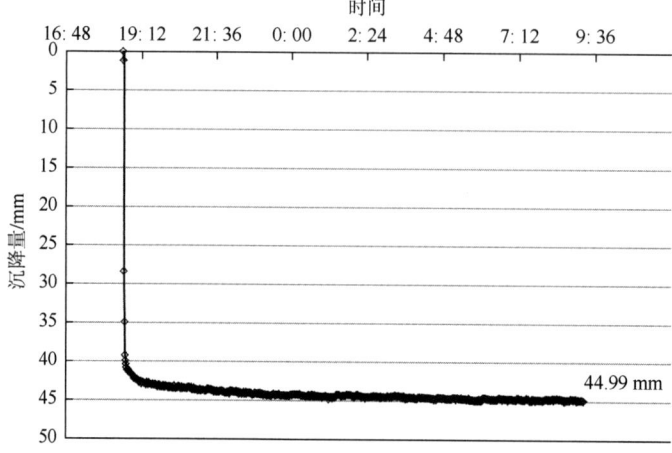

图 5-109　4 号试验点沉降时程曲线

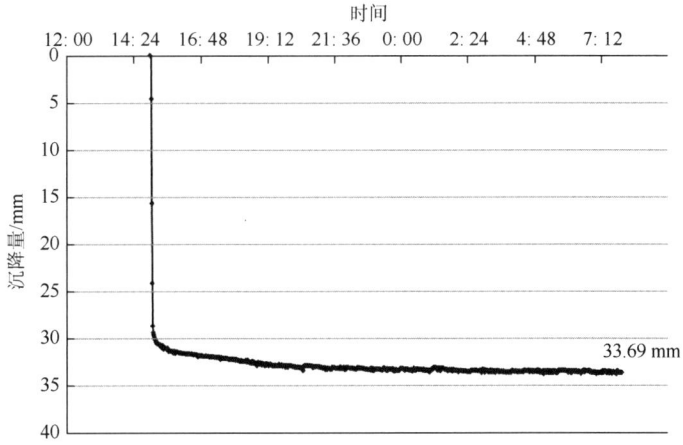

图 5-110　5 号试验点沉降时程曲线

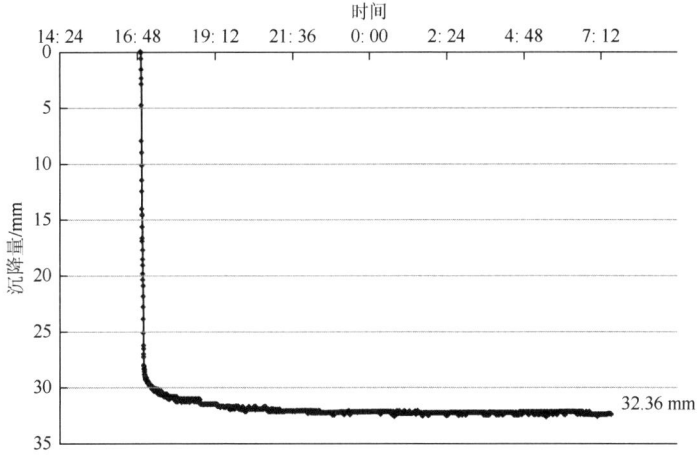

图 5-111　6 号试验点沉降时程曲线

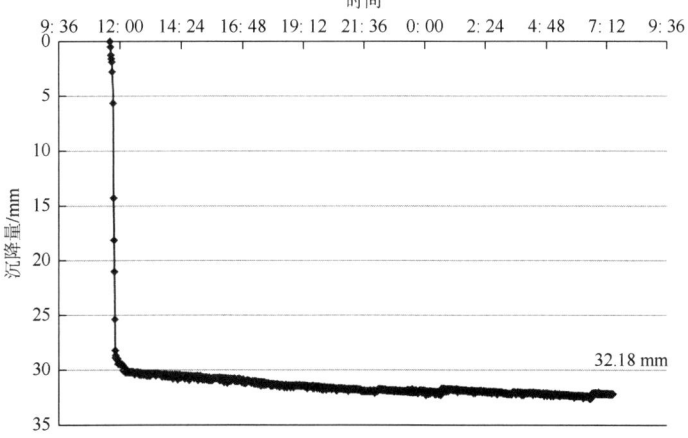

图 5-112　7 号试验点沉降时程曲线

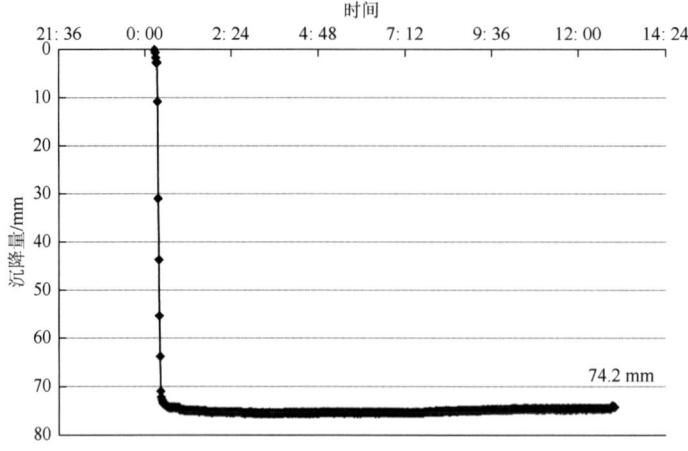

图 5-113　8 号试验点沉降时程曲线

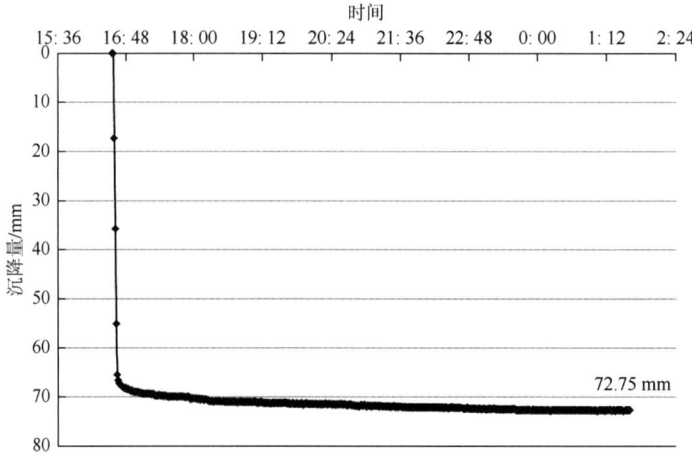

图 5-114　11 号试验点沉降时程曲线

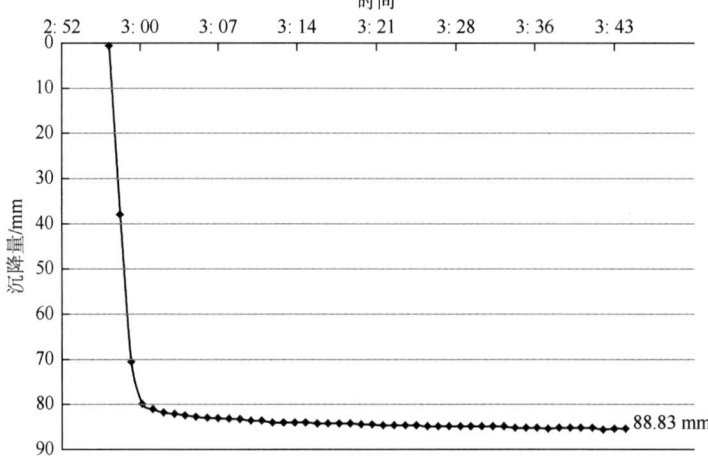

图 5-115　12 号试验点沉降时程曲线

5.6 抛石夯平试验

5.6.1 试验概况

港珠澳大桥沉管隧道基础的方案为抛填 10～100 kg 块石，厚 1.9 m，上铺 0.6 m 厚的碎石垄沟。块石通过夯实增加块石的紧密程度，消除自身的压缩量，并保证基床顶面的平整程度。

块石的夯实采用液压振动锤产生的激振力对块石基床进行整平夯实。试验通过液压振动系统与普通夯锤对比试验，评判夯实能否达到普通夯锤夯实效果，并模拟抛石高差条件下该种工艺能达到的平整效果，根据达到夯平密实所需单位面积激振力选定夯板的尺寸。

试验的主要目的如下：

①验证液压振动锤进行夯实的可行性。通过普通夯锤及液压振动锤两种方法，对比同种块石基床条件下压缩量，评判该工艺能达到的夯实效果。

②存在抛填高差的夯实效果。模拟水下抛石的高差，通过液压振沉系统振密后的能达到的平整度，判断夯实效果，反之，推断该工艺能够满足的最不利平整度要求。

③夯板尺寸的比选参考。在达到普通夯锤夯实效果的条件下，确定何种单位面积的激振力条件下能达到普通夯锤的效果，从而确定实际夯板的尺寸。

5.6.2 试验方法

1. 普通夯实效果试验

普通夯实采用 4 t 锤重，高度 4 m，底面积 0.97 m^2（164 kJ/m^2），采用 70 t 履带吊吊夯锤按重锤夯实试夯的技术要求进行夯实。块石为 10～100 kg 块石，堆厚 2.3 m，顶尺寸为 11 m×11 m，测点布置及现场情况如图 5-116 和图 5-117 所示。

施工工艺为：

①平整场地，在夯击范围内选取 3 个断面，每个断面上按每米 1 个点进行观测，求得标高平均值作为砂面标高。并抛 2.3 m 厚 10～100 kg 块石，按观测点位置测量抛石顶标高。

②夯实过程中，按采用纵横向压接半夯，夯击范围按选取的 3 个断面，每个断面上按每米 1 个点进行夯沉观测。夯实后效果如图 5-118 所示。

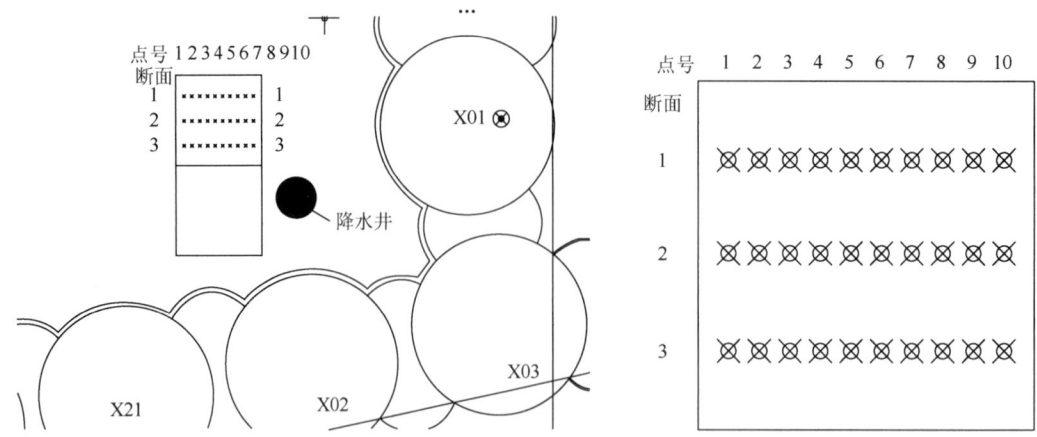

图 5-116 测点布置示意图

图 5-117 普通夯实效果试验现场图

图 5-118 普通夯实后效果图

③共进行 3 遍（12 夯次），各夯次时间在 8～8.5 h。3 个测量断面各次施工标高如图 5-119 所示。

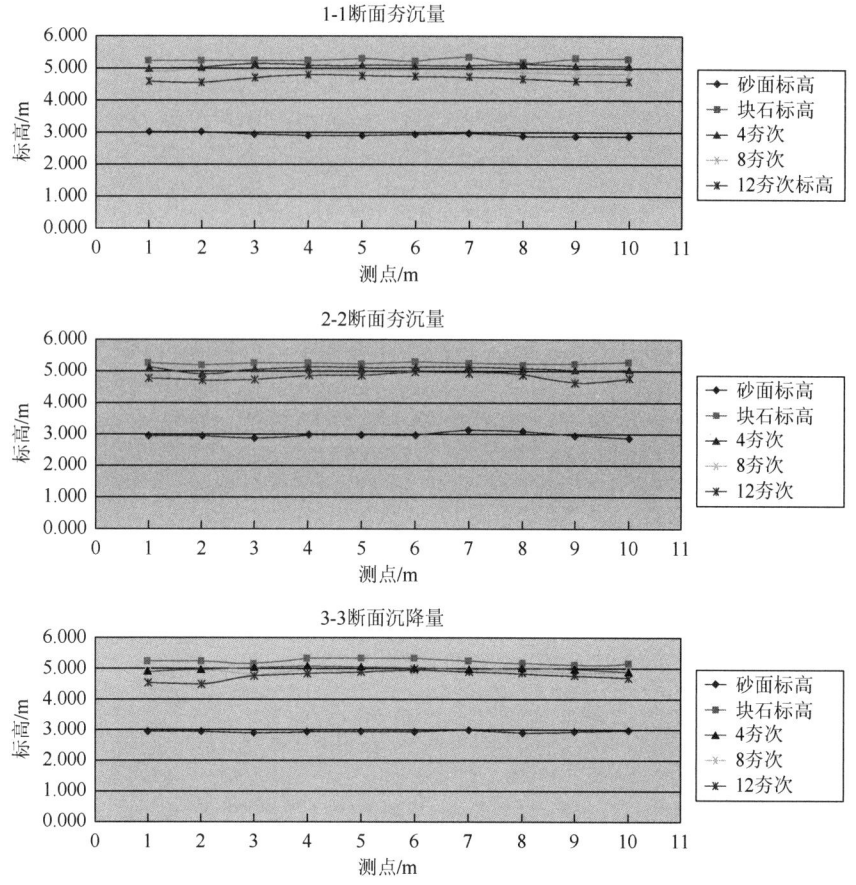

图 5-119 3 个测量断面沉降量曲线图

1-1 断面由于四周无约束，夯沉中四周塌陷明显，沉降值较大，宽度增大了约 1 m；3-3 断面块石虽有约束，但未进行夯实；2-2 断面处于中间位置，故取 2-2 断面 5、6、7 点的平均压缩值作为压缩量的计算依据。普通夯实的压缩沉降值 0.256 m，夯平前块石厚度 2.226 m，压缩率 0.12。

2. 液压振动夯实效果试验

（1）陆地液压振动夯实

液压振动夯实采用 APE200-6 振沉系统，可产生最大约 400 t 的激振力。在现有的共振梁下加装一块 2.5 cm 厚钢板，夯板尺寸为 5.0 m×2.5 m（最大单位面积激振力 320 kN/m²），起重 7 号悬吊振沉系统进行试验。图 5-120 是第一次改造后夯板实物图。

图 5-120 第一次改造后夯板实物图

块石为 10～100 kg 块石，堆厚 2.3 m，顶尺寸为 11 m×11 m，普通夯锤夯实位置相邻。

在试验过程中共进行了 5 次振沉，除第一次振沉外（在石堆的中部位置），其余由于在夯击过程中振动体往低处及无侧限的方向移动，无法保证在预定位置振动，并且振动锤减震部分锤体横向晃动明显。第一次夯实现场见图 5-121。

图 5-121 第一次夯实现场

第一次夯实第一个夯点的沉降值如表 5-35 所示。

表 5-35 第一次夯实第一个夯点的沉降值

日期	夯点		振沉时间	动力柜转速/(r/min)	振前标高/m	振后标高/m	沉降值/m
2012-01-05	1	东	4′20″	1300	5.192	4.675	0.517
		西			5.142	4.693	0.449

通过第一次试验，证明液压振动锤的夯击力能达到普通夯锤的效果，但夯板的横向移动及振动锤横向晃动无法满足实际工程应用。

第5章 地基基础试验研究

针对第一次试验情况,对锤体进行了改造。一是在夯板下加8个"齿",起固定作用;二是在夯板下加钢板增加配重(约22 t),减小振幅,在振动过程中起重船勾头吊一定重量保证锤的稳定。图5-122是第二次改造后夯板实物图。

图 5-122 第二次改造后夯板实物图

第二次陆地振动夯实效果试验共进行了7个夯点,各夯点的夯实效果如表5-36所示。

表 5-36 第二次陆地振动夯实效果试验各夯点的夯实效果

夯点		转速/(r/min)	振沉时间	吊重/t	距边尺寸/m	位移/m X	位移/m Y	沉降量/m	东西高差/m 夯前	东西高差/m 夯后	偏差值/m
1	东	1150	4′22″	0	1.5	0.017	0.030	0.110	−0.165	0.114	−0.279
	西					0.066	0.001	0.389			
2	东	1150	4′03″	0	2	−0.001	−0.123	0.111	0.183	0.111	0.072
	西					−0.179	−0.001	0.039			
3	东	1150	4′07″	0	3	−0.026	−0.020	0.074	0.044	0.014	0.030
	西					0.010	−0.055	0.044			
4	东	1360	3′07″	0	0.5	−0.014	0.051	0.247	0.118	−0.055	0.173
	西					−0.257	0.177	0.074			
5	东	1360	4′15″	0	—	−0.059	−0.070	0.147	−0.041	0.037	−0.078
	西					−0.069	−0.055	0.225			
6	东	1360	4′15″	10	—	−0.078	0.016	0.093	−0.035	0.015	−0.050
	西					0.030	−0.023	0.143			
7	东	1530	3′12″	10	—	0.011	0.045	0.155	−0.073	0.108	−0.181
	西					0.099	−0.003	0.336			

从表 5-36 中可以看出，夯板加"齿"后位移量很小，消除了在第一次试验时夯板往基床弱和低的方向移动的问题，起到了很好的"定位"效果。

在 7 个夯点中，前 4 点主要为确定夯实距离基床边沿不同时沉降位移的影响，从表 5-36 中可以看出，在距离小于 1.5 m 时，夯板的不均匀下沉现象明显，实际基床抛填时大于 2 m 为宜。

第 5、6 点主要看吊钩有无负重对振动锤的影响，从现场看，影响不大，在有吊重的情况下振动锤运行仍然平稳。

第 7 点主要验证增大激振力对夯实效果的影响及锤的运行情况，从沉降值可以看出，在加大激振力的情况下沉降量增加，但锤体在工作过程中同步轴螺栓出现松动。

（2）浸水液压振动夯实

浸水液压振动锤夯实试验在 X01 钢圆筒中进行，块石抛填厚度约 2 m，共进行了 5 次夯实，如图 5-123～图 5-125 所示。

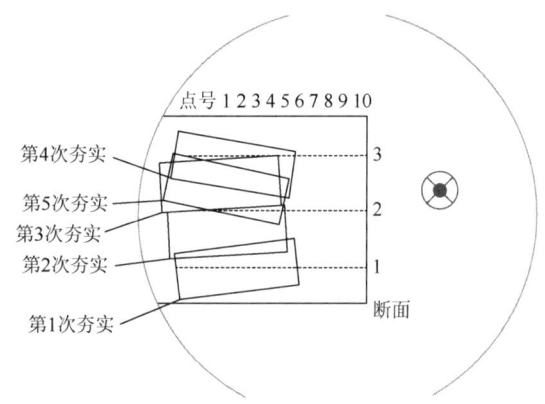

图 5-123 浸水液压振动夯实示意图

图 5-124 浸水液压振动夯实现场

图 5-125 浸水液压振动夯实试验夯实后效果

浸水液压振动夯实各夯点情况统计如表 5-37 所示。

表 5-37 浸水液压振动夯实各夯点情况统计表

夯点		转速/(r/min)	振沉时间	吊重/t	沉降/m	平均沉降/m	东西高差/m 夯前	东西高差/m 夯后	偏差值/m
1	东	1300	3′01″	0	0.630	0.592	0.230	0.153	0.077
	西				0.553				
2	东	1300	3′08″	10	0.213	0.208	0.158	0.147	0.011
	西				0.202				
3	东	1300	3′15″	10	0.512	0.413	0.333	0.134	0.199
	西				0.313				
4	东	1300	3′00″	10	0.199	0.351	−0.206	0.097	0.303
	西				0.502				
5	东	1500	3′03″	10	0.088	0.090	0.158	0.162	0.004
	西				0.092				

第 1 夯点由于靠块石边坡较近，沉降量较大。第 5 夯点是在第 4 夯点完成后在已经振过的地方复振，转速为 1500 r/min，从沉降值看，有 9 cm 的沉降，说明在增加激振力的情况下仍可夯沉。

根据提前在砂面上埋设的沉降盘测量砂面标高变化，各断面压缩量统计表如表 5-38 所示。

表 5-38 各断面压缩量统计表

项目	1-1	2-2	3-3	平均值
砂面标高/m	−1.035	−0.972	−1.016	−1.008
块石标高/m	0.940	0.932	0.878	0.917

续表

项目	1-1	2-2	3-3	平均值
振后标高/m	0.515	0.488	0.481	0.495
沉降值/m	0.425	0.444	0.397	0.422
块石厚度/m	1.975	1.904	1.894	1.924
砂沉降/m	0.180	0.151	0.162	0.164
压缩量/m	0.245	0.293	0.235	0.257
压缩率/%	0.120	0.150	0.120	0.134

各断面夯实前后的沉降曲线如图 5-126 所示，从图 5-126 中可以看出夯沉效果明显。

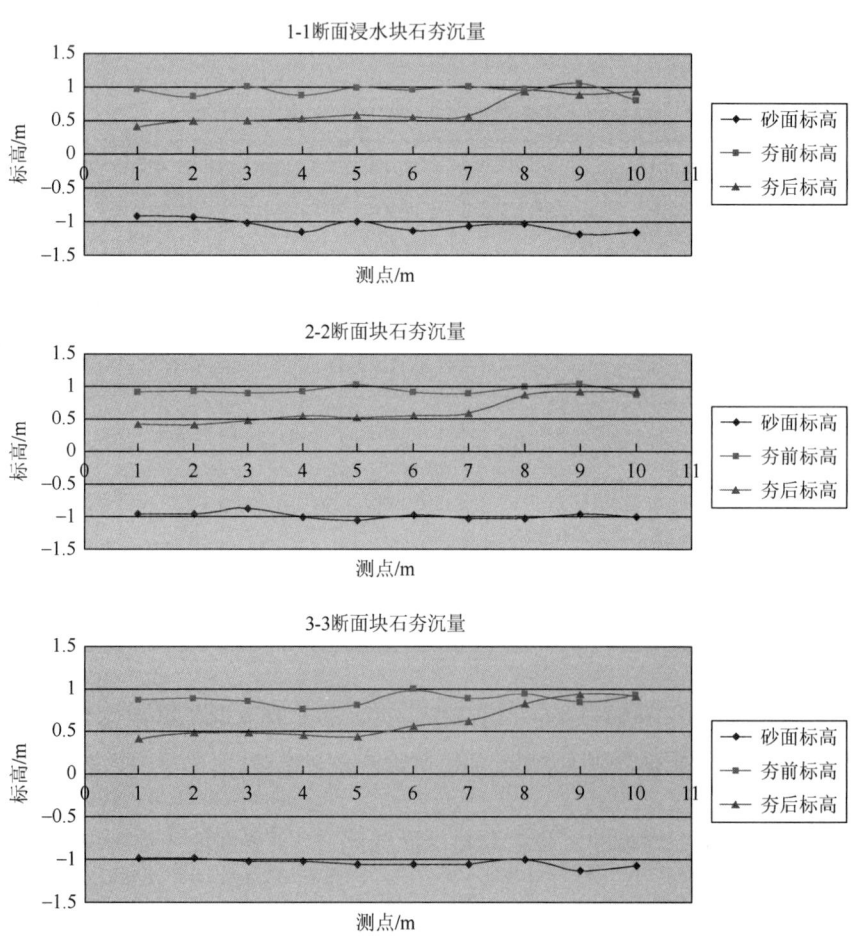

图 5-126　各断面夯实前后的沉降曲线图

3. 消峰试验

（1）浸水消峰试验

浸水消峰试验在钢圆筒内进行，施工情况如表5-39所示，实物图如图5-127～图5-129所示。

表 5-39　浸水消峰试验施工情况表

测点	转速 /(r/min)	振沉时间	吊重	夯前高程	夯后高程	位移/m X	位移/m Y	沉降/m	平均沉降/m
1	1300	1′57″	10	2.043	1.786	−0.235	−0.099	0.257	0.296
2				2.212	1.881	−0.375	−0.020	0.331	
3				2.175	1.860	−0.375	0.032	0.315	
4				2.038	1.758	−0.097	−0.053	0.280	

图 5-127　浸水消峰前实物图

图 5-128　浸水消峰中实物图

图 5-129 浸水消峰效果实物图

（2）陆地消峰试验

陆地消峰试验，共抛填 6 堆，进行 2 夯，夯实数据如表 5-40 所示。从表中可以看出，夯平效果明显。抛填和夯平效果见图 5-130 和图 5-131。

表 5-40 陆地消峰试验夯实数据表

峰号	夯前标高/m 顶	夯前标高/m 底	夯后标高/m 顶	夯后标高/m 底	夯前高差/m	夯后高差/m
1	5.128	4.261	4.458	4.51	0.867	−0.052
2	5.134	4.349	4.471	4.542	0.785	−0.071
3	5.136	4.029	4.419	4.593	1.107	−0.174
4	5.060	4.138	4.329	4.361	0.922	−0.032
5	5.096	4.398	4.414	4.354	0.698	0.060
6	5.059	4.370	4.427	4.477	0.689	−0.050

图 5-130 抛填效果

图 5-131 夯平效果

4. 夯板尺寸确定

在本次试验中,采用了三种不同的激振力,具体如表 5-41 所示。

表 5-41 三种不同的激振力数据表

类别	转速/(r/min)	激振力/kN	单平米激振力/kN
1	1150	1440	115
2	1360	1980	158
3	1520	2510	201

APE600 液压振动锤在动力柜转速达到 1520 r/min 时,激振力约为 3000 kN,发挥 70%的激振力,在该转速下是液压振动锤工作的最佳状态。根据试验情况,在 APE200-6 单平方米激振力达到 158 kN 时即能达到普通夯锤的振沉效果,APE600 液压振动锤按每平方米激振力 150 kN 计算,夯板尺寸约为 20 m²,在实际应用中建议取值 4 m×5 m。

5.6.3 试验结果

①液压振动锤夯实能达到普通重锤夯实效果。
②液压振动锤的夯实效率大大高于普通重锤夯实。普通夯实 100 m² 夯 3 遍约需要连续作业 25 h,而液压振动锤每次约 4 min 即能达到效果,20 m² 的夯板振沉约 1 h 即可完成。
③液压振动锤的夯平效果优于普通夯锤。
④在夯板加"齿"和配重后,锤组在有无吊重的情况下运行平稳,在水中锤的平稳性优于陆地。

⑤在本次试验中，夯板为1点吊，在增加吊点后，消除高差能力上还可以得到提高。

⑥在实际施工中，抛填块石落点按"梅花形"错位抛填，可有效减小块石的峰值，更有利于消峰。

⑦普通夯锤在夯实中易出现倒锤现象，对抛填后的高差要求高，液压振动锤进行夯实在高差达到1 m仍能夯平，且夯后高差小于20 cm。

⑧在实际夯沉过程中，宜分初夯和复夯两遍，初夯起到有效消峰，复夯主要密实夯平。

5.7 碎石基床纳淤机理研究

5.7.1 试验概况

在沉管隧道基础施工中，采用先铺法基床需要重点考虑回淤的影响，除了正常减淤措施外，碎石基床的纳淤能力也能减轻回淤对先铺法碎石基床的影响。

港珠澳大桥沉管隧道工程中对碎石基床的纳淤能力进行了现场试验，定性分析水下环境沉管碎石基床上部回淤层在人力扰动作用下的运动规律，量化并分析碎石级配、泥浆比重、基床形态、碎石基床厚度对碎石基床纳淤能力的影响。

试验考虑了以下内容。

①不同级配碎石的空隙率。

②碎石基床纳淤能力对级配的敏感性，采用两种碎石级配：4～6 cm、2～6 cm。

③碎石基床纳淤能力对泥浆比重的敏感性，采用两种泥浆比重：1.26、1.05。

④碎石基床纳淤能力对铺设厚度的敏感性，采用三种碎石垫层厚度：1.3 m、1.0 m、0.6 m。

⑤碎石基床纳淤能力对基床形态的敏感性，采用两种碎石基床形态：满铺、带垄沟。

⑥碎石基床纳淤能力对空隙率的敏感性。

5.7.2 试验设备

（1）玻璃槽

材质为有机玻璃，尺寸为：长92 cm、宽51 cm、高42 cm，中间采用2 cm厚有机玻璃板平均分隔，见图5-132。

（2）观察槽

为钢结构材质，加工后内净尺寸为：60 cm×80 cm×180 cm，侧面上下方向通长开槽，并采用有机玻璃黏结封槽，见图5-133～图5-135。

图 5-132　玻璃槽

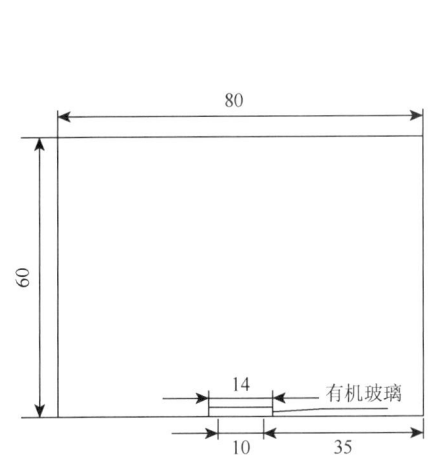

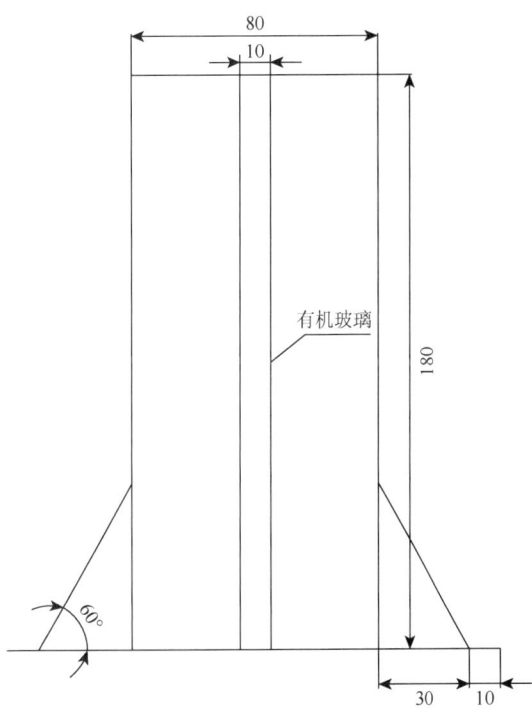

图 5-133　钢结构观察槽俯视图（单位：cm）　　图 5-134　钢结构观察槽立面图（单位：cm）

图 5-135　钢结构观察槽实物图

（3）水槽

将现有水槽（净尺寸为 1150 cm×350 cm×120 cm）进行内部空间进行分割，分割成四个小水槽及一个泥浆池，并对其中三个小水槽进行加高。改造后水槽尺寸见图 5-136 和图 5-137，水槽实物见图 5-138。

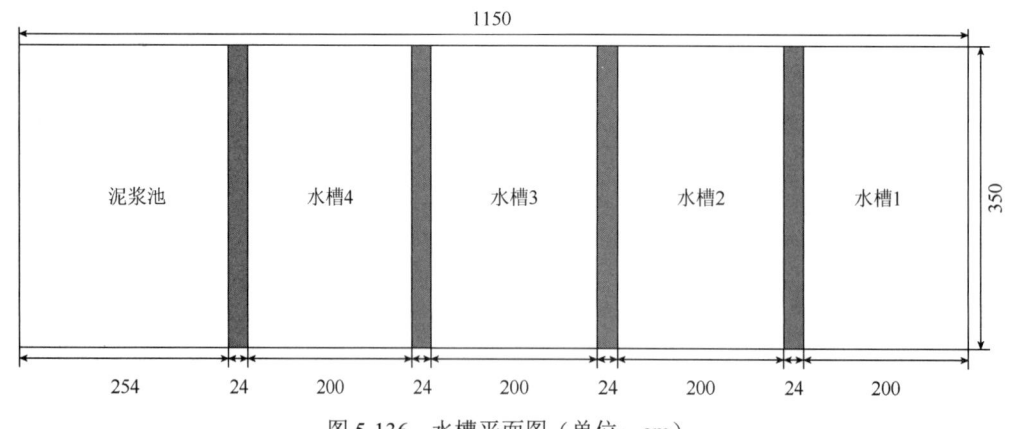

图 5-136　水槽平面图（单位：cm）

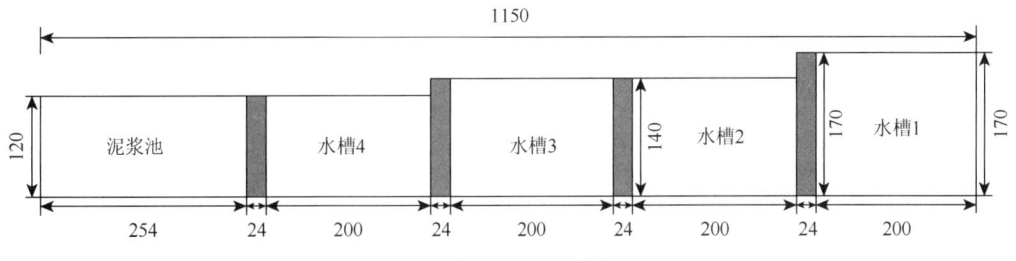

图 5-137 水槽立面图（单位：cm）

图 5-138 水槽实物图

5.7.3 试验方法

1. 碎石孔隙率量测

两种级配碎石分别实测各自的空隙率，采用玻璃槽作为试验槽。

试验步骤如下：

①将级配为 20~60 mm 及 40~60 mm 两种碎石清洗，然后放到玻璃槽内吸水饱和（吸水时间为 4 h）。

②在玻璃槽的左右两个部分分别满铺两种级配的碎石垫层，其中左侧玻璃槽内满铺 20~60 mm 级配碎石垫层，厚度为 30 cm，右侧玻璃槽内满铺 40~60 mm 级配碎石垫层，厚度为 30 cm，见图 5-139。

③分别左、右玻璃槽内注水至碎石基床顶面，见图 5-140~图 5-142。

图 5-139 玻璃槽中两种级配的碎石垫层　　图 5-140 注水实测空隙率

图 5-141 20～60 mm 级配碎石注水后顶面　　图 5-142 40～60 mm 级配碎石注水后顶面

④通过加水量的体积和已铺设碎石的体积的比值计算得到碎石基床空隙率。

2. 碎石级配的影响

试验流程如下：

试验准备 → 碎石基床铺设 → 槽内注水 → 回淤层铺设 → 人工扰动 → 纳淤效果观测

采用玻璃槽作为试验槽，试验步骤如下。

①泥浆配制：采用电子秤、量筒等工具试配 1.26 比重的泥浆，并计算所用现状淤泥与自来水的比例，根据二者比例配置所需泥浆，泥浆配制见图 5-143。

第 5 章 地基基础试验研究

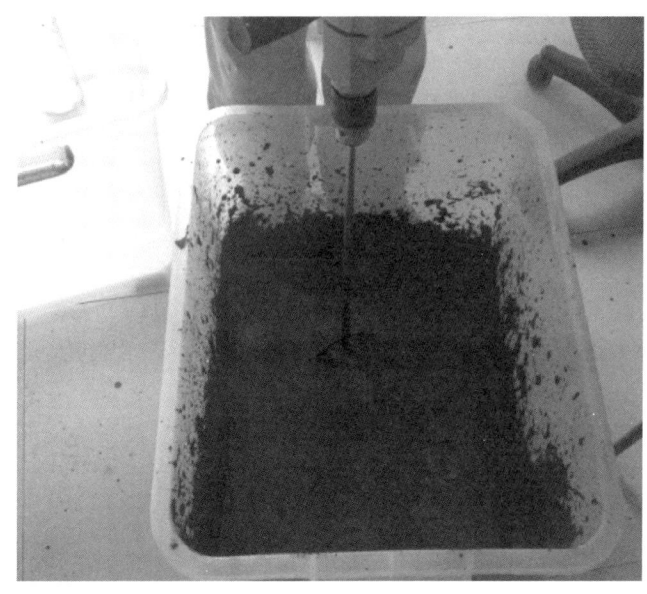

图 5-143 泥浆配制

②碎石基床铺设：将玻璃槽内两个部分分别铺设两种不同级配标准的碎石，铺设厚度为 30 cm，即空隙率试验过程，见图 5-144。

图 5-144 碎石基床铺设

③注水：向玻璃槽内注入自来水，使加水液面超出碎石顶面 3 cm，见图 5-145。

图 5-145 加注自来水

④加注泥浆：将配制好的泥浆均匀注入玻璃槽内，使玻璃槽内液面上升 1 cm，见图 5-146。

图 5-146 首次加注泥浆

⑤人工扰动：人工缓慢均匀扰动回淤层，并观察记录回淤层渗入碎石基床的运动规律，直至回淤层完全渗入碎石基床，见图 5-147。

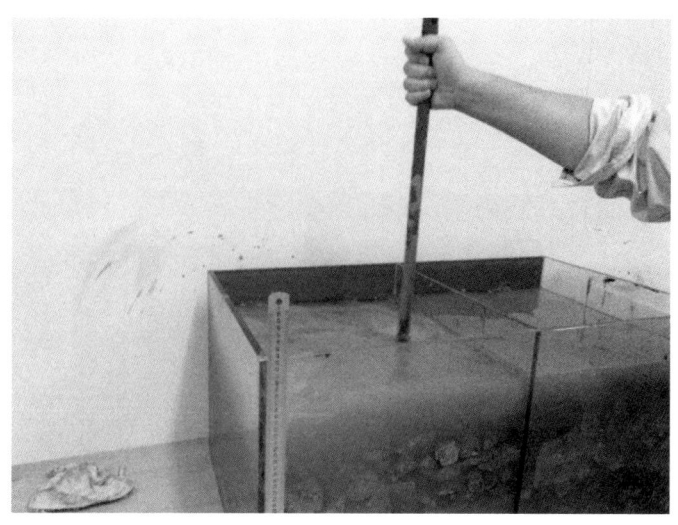

图 5-147 人工扰动

⑥重复试验步骤④~⑤直至碎石基床纳淤达到极限值,记录所用泥浆总量,过程记录见图 5-148~图 5-153。

图 5-148 首次加泥浆沉淀完成后

图 5-149　中间加泥浆沉淀完成后

图 5-150　加泥浆沉淀完成后正面

图 5-151　加泥浆沉淀完成后顶面

图 5-152 最终沉淀完成后 2~6 cm 级配侧面

图 5-153 最终沉淀完成后 4~6 cm 级配侧面

⑦计算出此种碎石级配时的"1.26 比重泥浆体积/单位体积碎石"量值作为试验的评价指标。

3. 泥浆比重的影响

试验流程如下:

试验准备 → 碎石基床铺设 → 槽内注水 → 回淤层铺设 → 人工扰动 → 纳淤效果观测

试验槽采用玻璃槽,试验步骤如下。

①泥浆配制:采用碎石级配影响试验中配制方法配制 1.26 与 1.05 两种比重泥浆。

②碎石基床铺设:将玻璃槽内左、右两个部分均匀满铺 40~60 mm 级配碎石,见图 5-154。

③注水:向玻璃槽左右两部分分别内注入自来水,使加水液面超出碎石顶面 5 cm。

④加注泥浆:将配制好的 1.05 及 1.26 泥浆分批均匀铺设在加水后的碎石基床顶面(左侧加注 1.05 比重泥浆,右侧加注 1.26 比重泥浆),见图 5-155 和图 5-156。

图 5-154　碎石基床铺设

图 5-155　首次加泥浆沉淀完成后

图 5-156　最终沉淀完成后 40～60 mm 级配侧面

⑤人工扰动：每次加注泥浆完成待泥浆沉淀稳定后人工缓慢均匀扰动回淤层，直至回淤层完全渗入碎石基床。

⑥重复试验步骤④～⑤直至碎石基床纳淤达到极限值，记录所用泥浆总量。

⑦计算出此种碎石级配时的"泥浆体积/单位体积碎石"量值作为试验的评价指标。

4. 定性观测碎石基床厚度的影响

试验流程如下：

试验准备 → 碎石基床铺设 → 槽内注水 → 回淤层铺设 → 人工扰动 → 纳淤能力测量

采用钢结构观察槽作为试验槽，见图 5-157。试验步骤如下。

①泥浆配制：根据室内试验配制泥浆时所用淤泥与水的比例，估算配制一定量 1.26 比重泥浆所用淤泥量，将此部分淤泥注入泥浆池，加注自来水，采用泥浆搅拌机搅拌，利用密度计控制泥浆比重（图 5-158 和图 5-159）。

图 5-157　钢结构观察槽

图 5-158 泥浆吊装搅拌

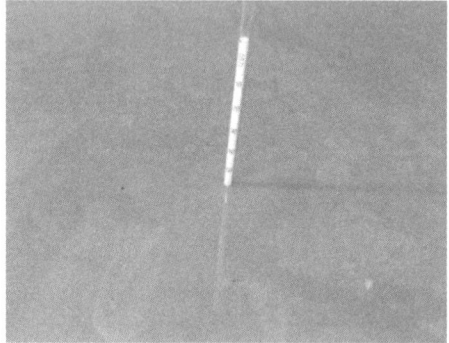

图 5-159 泥浆搅拌及比重测量

②碎石基床铺设:将试验槽内铺设现状级配碎石,铺设厚度为 1.30 m,如图 5-160 所示。

③注水:向试验槽内注入自来水,使加水液面超出碎石顶面 3 cm,如图 5-161 所示。

图 5-160 碎石基床铺设　　　　　　　　　图 5-161 注水

④加注泥浆：将配制好的比重 1.26 泥浆均匀注入试验槽内，使试验槽内液面上升 1 cm，如图 5-162 所示。

图 5-162　加注泥浆

⑤人工扰动：人工缓慢均匀扰动回淤层，并观察记录回淤层渗入碎石基床的运动规律，直至回淤层完全渗入碎石基床。

⑥重复试验步骤④～⑤直至碎石基床纳淤达到极限值，观察泥浆渗入碎石基床规律，并记录所用泥浆总量。图 5-163 和图 5-164 分别是首次加泥浆沉淀完成后和最终沉淀完成后的照片。

图 5-163　首次加泥浆沉淀完成后　　　　　图 5-164　最终沉淀完成后

⑦结束试验，并计算出此种碎石垫层厚度时"泥浆体积/单位体积碎石"量值作为试验的评价指标。

5. 定量分析碎石基床厚度的影响

试验流程如下：

试验准备 → 碎石基床铺设 → 槽内注水 → 回淤层铺设 → 人工扰动 → 纳淤能力测量

采用改造后水池作为试验槽，试验步骤如下。

①泥浆配制：方法同4.5节定性观测中泥浆配制方法。图5-165和图5-166分别是水池改造和刻度线控制。

②碎石基床铺设：试验槽1、2、4中分别满铺三种厚度的现状碎石垫层，分别为1.30 m、1.0 m、0.6 m（图5-167）。

③注水：向试验槽1、2、4内注入自来水，使加水液面超出碎石顶面3 cm（图5-168和图5-169）。

图5-165　水池改造

图5-166　刻度线控制

第 5 章 地基基础试验研究

图 5-167 碎石基床铺设

图 5-168 加注自来水

图 5-169 注水后碎石基床

④加注泥浆：将配制好的比重 1.26 泥浆均匀注入试验槽内 1、2、4，使试验槽内液面上升 1 cm（图 5-170）。

⑤人工扰动：人工缓慢均匀扰动回淤层，并观察记录回淤层渗入碎石基床的运动规律，直至回淤层完全渗入碎石基床（图5-171）。

图5-170　加注泥浆

图5-171　人工扰动

⑥重复试验步骤④～⑤直至碎石基床纳淤达到极限值，记录所用泥浆总量（图5-172～图5-174）。

图5-172　1.3m厚碎石基床泥浆最终沉淀后

图5-173　1.0m厚碎石基床泥浆最终沉淀后

⑦结束试验，并计算出此种碎石垫层厚度时"泥浆体积/单位体积碎石"量值作为试验的评价指标。

6. 碎石基床形态的影响

试验流程如下：

试验准备 → 碎石基床铺设 → 槽内注水 → 回淤层铺设 → 人工扰动 → 纳淤能力测量

采用改造后水池作为试验槽，试验方法中，碎石基床铺设成：带垄沟碎石基床，见图5-175，截面尺寸为见图5-176，其他试验过程方法同5.5节。最终沉淀完成后碎石基床垄顶见图5-177。

图 5-174　0.6 m 厚碎石基床泥浆最终沉淀后

图 5-175　带垄沟碎石基床

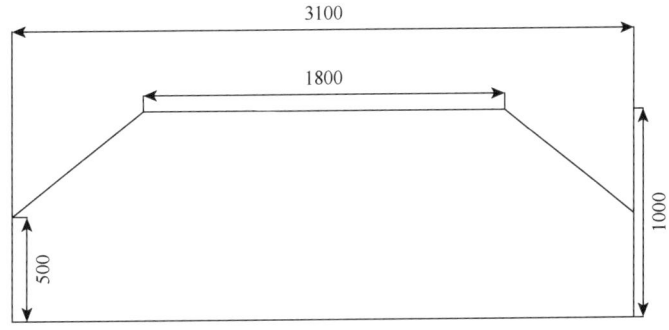

图 5-176　带垄沟碎石基床截面尺寸（单位：mm）

图 5-177 试验后带垄沟碎石基床顶面

7. 碎石基床空隙率的影响

为分析碎石基床空隙对其纳淤能力的影响，选用 5～10 mm、10～20 mm、20～30 mm、80～90 mm 四种单级配不同空隙率碎石进行试验，试验前采用 5.7.3.1 节中方法测出各自空隙率，然后进行纳淤能力试验，试验方法同 5.7.3.2 节中试验方法，过程见图 5-178～图 5-183。

图 5-178 5～10 mm、10～20 mm 碎石基床

第 5 章 地基基础试验研究

图 5-179　20～30 mm、80～90 mm 碎石基床

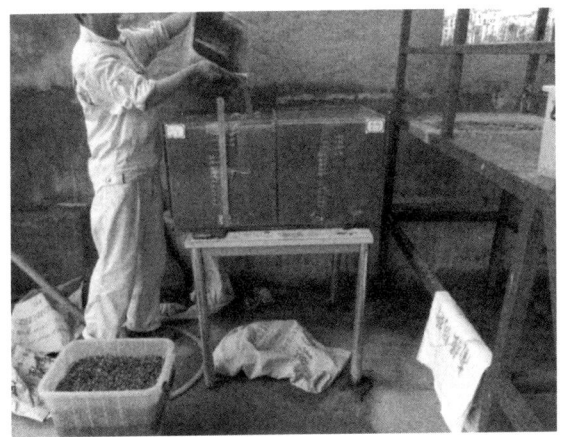

图 5-180　加注泥浆

图 5-181　其间沉淀

图 5-182　5～10 mm、10～20 mm 最终沉淀

图 5-183　20～30 mm、80～90 mm 最终沉淀

5.7.4　试验结果

1. 空隙测量

试验结果统计见表 5-42。

表 5-42　空隙率试验结果统计表

玻璃槽	碎石级配/mm	槽内碎石填充空间实测尺寸				注水量/ml	空隙率/%
^	^	长/cm	宽/cm	碎石厚度/cm	总体积/ml	^	^
左侧部分	20～60	45	51.5	30	69 525	32 940	47.38
右侧部分	40～60	45	51.5	30	69 525	32 720	47.06

依照试验结果，两种级配碎石空隙率实测值比较接近，在此种尺寸的玻璃槽内的空隙率差别不明显。

2. 碎石基床对级配的敏感性

此试验过程中，由于泥浆是分批次加注，导致泥浆中颗粒沉淀分层，在玻璃试验槽的侧立面出现三层明显的沉淀分层线。为明显、直观地观测泥浆颗粒沉淀的规律，以玻璃槽内一个底部边角为原点，玻璃槽小截面为观测面，小截面宽度方向为 X 坐标，高度方向为 Y 坐标，将两种级配各自的三条沉淀分界线绘制在坐标系中，见图 5-184 和图 5-185。

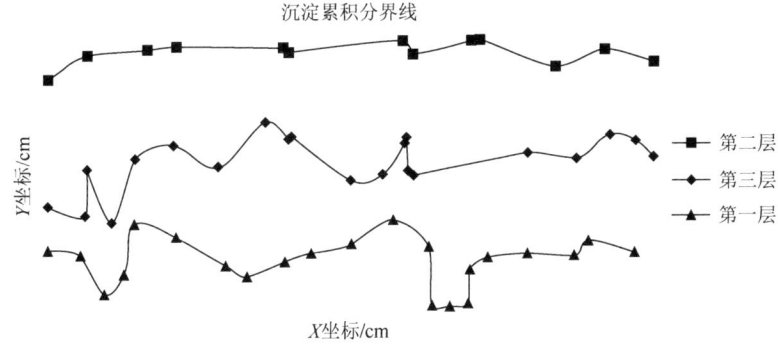

图 5-184　20～60 mm 级配沉淀累积分界线

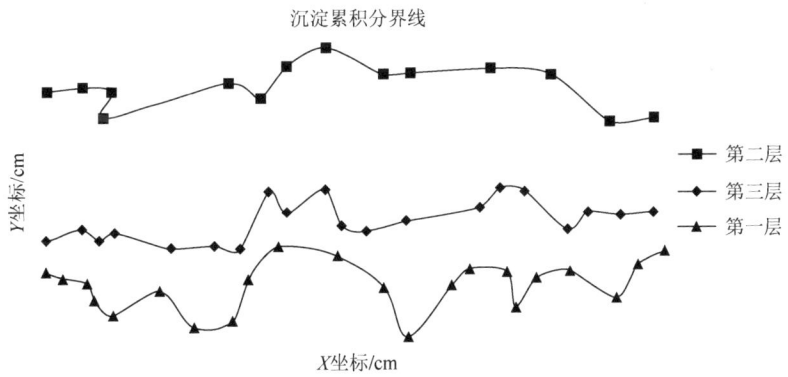

图 5-185　40～60 mm 级配沉淀累积分界线

沉淀是液体中固体颗粒在重力作用分离的一种过程。泥浆颗粒沉淀按照中悬浮颗粒的浓度、性质及其絮凝性能的不同，将其沉淀可分为自由沉淀、絮凝沉淀、拥挤沉淀、压缩沉淀，其中各类沉淀的特点如下。

①自由沉淀：悬浮颗粒的浓度低，在沉淀过程中呈离散状态，互不黏合，不改变颗粒的形状、尺寸及密度，各自完成独立的沉淀过程。

②絮凝沉淀：悬浮颗粒的浓度比较高（50～500 mg/L），在沉淀过程中能发生凝聚或絮凝作用，使悬浮颗粒互相碰撞凝结，颗粒质量逐渐增加，沉降速度逐渐加快。

③拥挤沉淀：悬浮颗粒的浓度很高（大于 500 mg/L），在沉降过程中，产生颗粒互相干扰的现象，在清水与浑水之间形成明显的交界面（混液面），并逐渐向下移动，因此又称成层沉淀。

④压缩沉淀：悬浮颗粒浓度特别高（以至于不再称水中颗粒物浓度，而称固体中的含水率），在沉降过程中，颗粒相互接触，靠重力压缩下层颗粒，使下层颗粒间隙中的液体被挤出界面上流，固体颗粒群被浓缩。

本试验中碎石基床在加注淤泥前已加注一定自来水，且水面超出碎石基床顶面 3 cm，1.26 比重泥浆加注后在水中比重变得更小，因此可将沉淀过程定性为自由沉淀。由于加注泥浆过程为分批次加注，每次加注沉淀完成后，基床下部泥浆颗粒沉淀体从下到上颗粒粒径由大到小，相邻两沉淀体分界面由于颗粒大小、沉淀历时、密实度等差异原因形成此分界面。

两种级配纳淤情况统计表见表 5-43 和表 5-44。

表 5-43 20～60 mm 级配纳淤情况统计表

序号	当次加注量/cm	累积加注量/cm	累积加注量/ml	单位体积碎石用泥浆量/m³	所用泥浆量/空隙总体积
1	2	2	4 635	0.07	14.07%
2	2	4	9 270	0.13	28.14%
3	2	6	13 905	0.20	42.21%
4	2	8	18 540	0.27	56.28%
5	1.5	9.5	22 016	0.32	66.84%
6	2	11.5	26 651	0.38	80.91%
7（最终）	1	12.5	28 969	0.42	87.94%

表 5-44 40～60 mm 级配纳淤情况统计表

序号	当次加注量/cm	累积加注量/cm	累积加注量/ml	单位体积碎石用泥浆量/m³	所用泥浆量/空隙总体积
1	2	2	4 635	0.07	14.17%
2	2	4	9 270	0.13	28.33%
3	2	6	13 905	0.20	42.50%
4	2	8	18 540	0.27	56.67%
5	1.5	9.5	22 016	0.32	67.29%
6	2	11.5	26 651	0.38	81.46%
7	2	13.5	31 286	0.45	97.22%

20～60 mm 级配和 40～60 mm 级配碎石由空隙试验结果，二者空隙率分别为 47.38% 和 47.06%，单位体积碎石用泥浆量分别为 0.42 m³ 和 0.43 m³。可以看出大粒径级配碎石基床虽然空隙率较小粒径级配碎石基床要小，但纳淤能力却略大于小粒径碎石基床，说明碎石级配不是影响碎石基床纳淤能力的主要因素。

3. 碎石基床对泥浆比重的敏感性

两种泥浆比重下纳淤情况统计表见表 5-45。

表 5-45 比重 1.05、1.26 泥浆纳淤情况统计表

泥浆比重	序号	当次加注量/cm	累积加注量/cm	累积加注量/ml	单位体积碎石用泥浆量/m³	所用泥浆量/空隙总体积
1.05	1	8.0	8.0	18 540	0.27	56.67%
	2	8.5	16.5	38 239	0.55	116.87%
	3	8.5	25.0	57 938	0.83	177.08%
	4	8.5	33.5	77 636	1.12	237.29%
	5	8.5	42.0	97 335	1.40	297.50%
	6	8.5	50.5	117 034	1.68	357.70%
	7	8.5	59.0	136 733	1.97	417.91%
	8	8.5	67.5	156 431	2.25	478.12%
	9	6	73.5	170 336	2.45	520.62%
1.26	1	8.0	8.0	18 540	0.27	56.67%
	2	6.5	14.5	33 604	0.48	102.71%

采用 1.05 比重泥浆用量约为采用 1.26 泥浆用量的 5.1 倍，与理论计算值基本吻合。

假定 1.26 比重泥浆总量 1 m³，颗粒总量不变时加入水的体积为 V，使得浆液比重达到 1.05，则

$$(1.26 \times 10^3 + V \times 10^3)/(1 + V) = 1.05 \times 10^3$$

可得 $V = 4.2 (\text{m}^3)$。

这说明 1.26 比重泥浆液 1 m³ 加 4.2 m³ 时泥浆液比重达到 1.05，即相同泥浆颗粒总量时，1.26 泥浆液与 1.05 泥浆液的体积比例为 1∶5.2。

试验过程中，由于玻璃槽尺寸限制，如槽内液面接近玻璃试验槽顶面时，在泥浆沉淀完成后，存在排水过程，导致所用泥浆量的体积大于碎石空隙体积。

4. 碎石基床对基床厚度的敏感性

泥浆沉淀规律侧视情况见图 5-186。

可以看出,1.3 m碎石基床内部空隙连通性较好,首次加注泥浆沉淀完成时,泥浆颗粒大部分沉积于基床底部,后续沉淀过程也是从基床底部依次往上沉积,一直持续到碎石基床顶面,泥浆沉积规律与室内试验结果一致(室内试验:40~60 mm级配碎石、厚度为30 cm)。说明此级配碎石基床(1.3 m厚)内部空隙连通性较好,泥浆颗粒沉积通道较为通畅。

采用1.3 m、1.0 m、0.6 m三种厚度(级配40~60 mm、满铺)碎石基床纳淤情况统计表见表5-46~表5-48。

图5-186 泥浆沉淀规律侧视情况

表5-46 1.3 m碎石基床纳淤情况统计表

序号	当次加注量/cm	累积加注量/cm	累积加注量/ml	单位体积碎石用泥浆量/m³	所用泥浆量/空隙总体积
1	10	10	620 000	0.077	16.35%
2	10	20	1 240 000	0.154	32.69%
3	10	30	1 860 000	0.231	49.04%
4	15	45	2 790 000	0.346	73.56%
5	10	55	3 410 000	0.423	89.90%
6	10	65	4 030 000	0.500	106.25%
7	2	67	4 154 000	0.515	109.52%

表5-47 1.0 m碎石基床纳淤情况统计表

序号	当次加注量/cm	累积加注量/cm	累积加注量/ml	单位体积碎石用泥浆量/m³	所用泥浆量/空隙总体积
1	10	10	620 000	0.100	21.25%
2	10	20	1 240 000	0.200	42.50%
3	5	25	1 550 000	0.250	53.12%
4	10	35	2 170 000	0.350	74.37%
5	10	45	2 790 000	0.450	95.62%
6	5	50	3 100 000	0.500	106.25%
7	2	52	3 224 000	0.520	110.50%

表5-48 0.6 m碎石基床纳淤情况统计表

序号	当次加注量/cm	累积加注量/cm	累积加注量/ml	单位体积碎石用泥浆量/m³	所用泥浆量/空隙总体积
1	10	10	620 000	0.167	35.42%
2	5	15	930 000	0.250	53.12%
3	5	20	1 240 000	0.333	70.83%
4	5	25	1 550 000	0.417	88.54%
5	5	30	1 860 000	0.500	106.25%

依据试验结果,三种厚度碎石基床的纳淤能力采用单位体积碎石用浆量差别不大,可以看出碎石基床纳淤能力对基床碎石的厚度并不敏感,对于 1.3 m 厚度碎石,在 0.0~0.6 m、0.6~1.0 m,1.0~1.3 m 范围内纳淤能力基本一致,说明采用此级配碎石基床中空隙的连通性较好,碎石基床厚度对基床纳淤能力不起主导作用。

5. 碎石基床对基床形态的敏感性

带垄沟碎石基床纳淤情况统计表见表 5-49。

表 5-49　带垄沟碎石基床纳淤情况统计表

序号	当次加注量/cm	累积加注量/cm	累积加注量/ml	单位体积碎石用泥浆量/m³	所用泥浆量/空隙总体积
1	25	25	1 550 000	0.28	47.52%
2	25	50	3 100 000	0.56	95.04%
3	20	70	4 340 000	0.78	133.05%

试验结束以碎石基床垄顶碎石空隙间充满泥浆颗粒为准,此厚度下满铺碎石基床和带垄沟碎石基床(带垄沟基床包含沟所占用体积)单位体积用浆量分别为 0.52 m³ 和 0.78 m³,后者较前者提高了 50%,可见碎石基床对是否采用垄沟非常敏感。

6. 碎石基床对空隙率的敏感性

4 种单级配碎石基床机及原有 40~60 mm 级配碎石基床纳淤情况统计表表 5-50,碎石基床空隙率与纳淤能力关系曲线见图 5-187 和图 5-188。

表 5-50　各级配碎石基床纳淤情况统计表

级配/mm	空隙率/%	序号	当次加注量/cm	累积加注量/cm	累积加注量/ml	单位体积碎石用泥浆量/m³	所用泥浆量/空隙总体积
5~10	45.14	1	5	5	11 588	0.17	35.42%
		2	3	8	18 540	0.27	56.67%
		3	2	10	23 175	0.33	70.83%
10~20	46.15	1	5	5	11 588	0.17	35.42%
		2	5	10	23 175	0.33	70.83%
		3	2	12	27 810	0.40	85.00%
		4	2	14	32 445	0.47	99.17%
80~90	46.47	1	2	2	4 635	0.07	14.17%
		2	2	4	9 270	0.13	28.33%
		3	2	6	13 905	0.20	42.50%
		4	4	10	23 175	0.33	70.83%
		5	5	15	34 763	0.50	106.25%

续表

级配/mm	空隙率/%	序号	当次加注量/cm	累积加注量/cm	累积加注量/ml	单位体积碎石用泥浆量/m³	所用泥浆量/空隙总体积
40～60	47.06	1	2	2	4 635	0.07	14.17%
		2	2	4	9 270	0.13	28.33%
		3	2	6	13 905	0.20	42.50%
		4	2	8	18 540	0.27	56.67%
		5	1.5	9.5	22 016	0.32	67.29%
		6	2	11.5	26 651	0.38	81.46%
		7	2	13.5	31 286	0.45	95.62%
20～30	49.78	1	2	2	4 635	0.07	14.17%
		2	2	4	9 270	0.13	28.33%
		3	2	6	13 905	0.20	42.50%
		4	4	10	23 175	0.33	70.83%
		5	5	15	34 763	0.50	106.25%
		6	1	16	37 080	0.53	113.33%

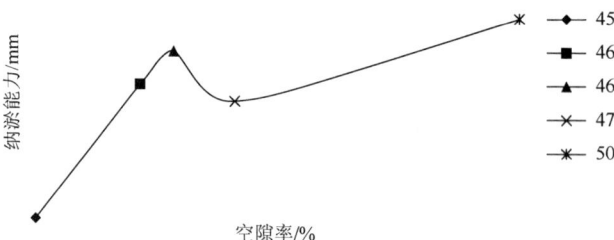

图 5-187 碎石基床空隙率与纳淤能力关系曲线

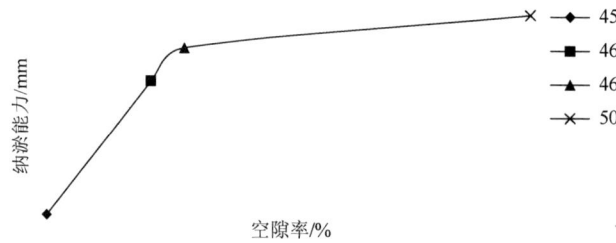

图 5-188 单级配碎石基床空隙率与纳淤能力关系曲线

依试验结果可以看出，碎石基床纳淤能力对其空隙率的大小非常敏感：

①碎石基床中的空隙时存在于碎石中那些大小不等、形状各异的空间，在本试验中，它们是泥浆存储的场所和运动的通道。因此这些空隙的多少、大小、形状、连通情况和分布情况对碎石基床的纳淤能力起着控制作用。

②碎石中的空隙主要包含碎石颗粒间的空隙、碎石颗粒本身的裂隙，其中对基床纳

淤能力起到主导作用的是碎石颗粒间的空隙。由于碎石颗粒空隙中大空隙总是或多或少地被细小颗粒填充，所以空隙大小取决于实际组成空隙的细小颗粒的直径。

③一般情况下碎石颗粒越大，空隙越大，纳淤通道越通畅。但对纳淤过程影响更大的是孔喉，孔喉是空隙通道最细小的部分。不管空隙直径多大，泥浆都要通过孔喉，所以孔喉的大小是影响碎石基床纳淤能力的最主要的因素，犹如一根变径的水管，决定纳淤大小的既不是粗径也不是平均管径，而是水管细径部位。

④影响碎石基床空隙性的因素除颗粒大小、多少、分选性以外，还有空隙的延伸方向、连通程度、填充情况及空隙的形状、裂隙面及颗粒面粗糙程度等因素。

第6章 地基基础检测与监测

6.1 概 述

沉管隧道地基基础的大量工作是在水下进行的,因此与陆地隧道相比,水下沉管隧道对监测工作提出了更高的要求。一些发达国家经过多年的技术经验积累,对这些问题已经有了较为领先的解决方案。例如,日本已经较好地实现了建造跨海沉管隧道的测量控制问题,还成功实现了隧道沉降监测、通风塔相对位移监测。

我国沉管隧道施工技术研究起步较晚,国内目前可供参考的经验与技术都极为有限,对外海深水沉管隧道的施工监控技术方面更是空白。港珠澳大桥沉管隧道采用了多种形式的复合地基,对人工岛地基加固、高压旋喷桩复合地基、挤密砂桩复合地基实施了现场监测,积累了翔实的第一手数据,同时结合港珠澳大桥沉管隧道施工期的沉降变形监测,可为今后的沉管隧道施工提供重要参考。

6.2 人工岛地基加固检测与监测

6.2.1 检测与监测内容

港珠澳大桥西人工岛岛内地基处理监测主要内容是地表沉降盘观测、分层沉降观测、水位和孔隙水压力观测,检测内容包括原位十字板剪切、取原状土、标准贯入试验和静力触探试验等,监测(检测)项目平面位置图见图6-1,断面图见图6-2。

6.2.2 检测与监测方法

1. 地表沉降观测

通过地表沉降盘的监测了解地基加固过程的总沉降量,分析岛内地基的最终沉降量和残余沉降,推算平均固结度,确定卸载时间。

第6章 地基基础检测与监测

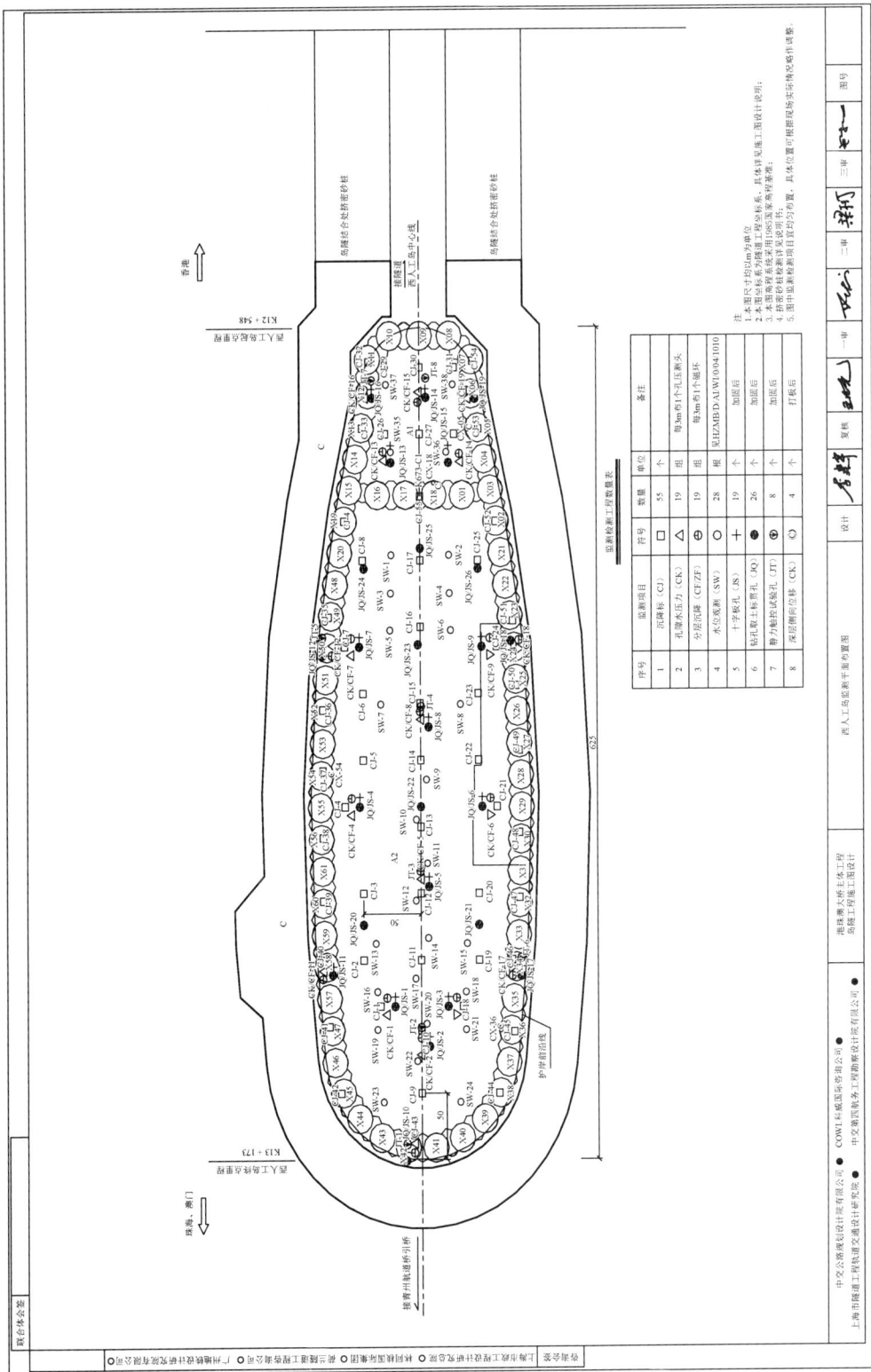

图 6-1 西人工岛监测（检测）项目平面图

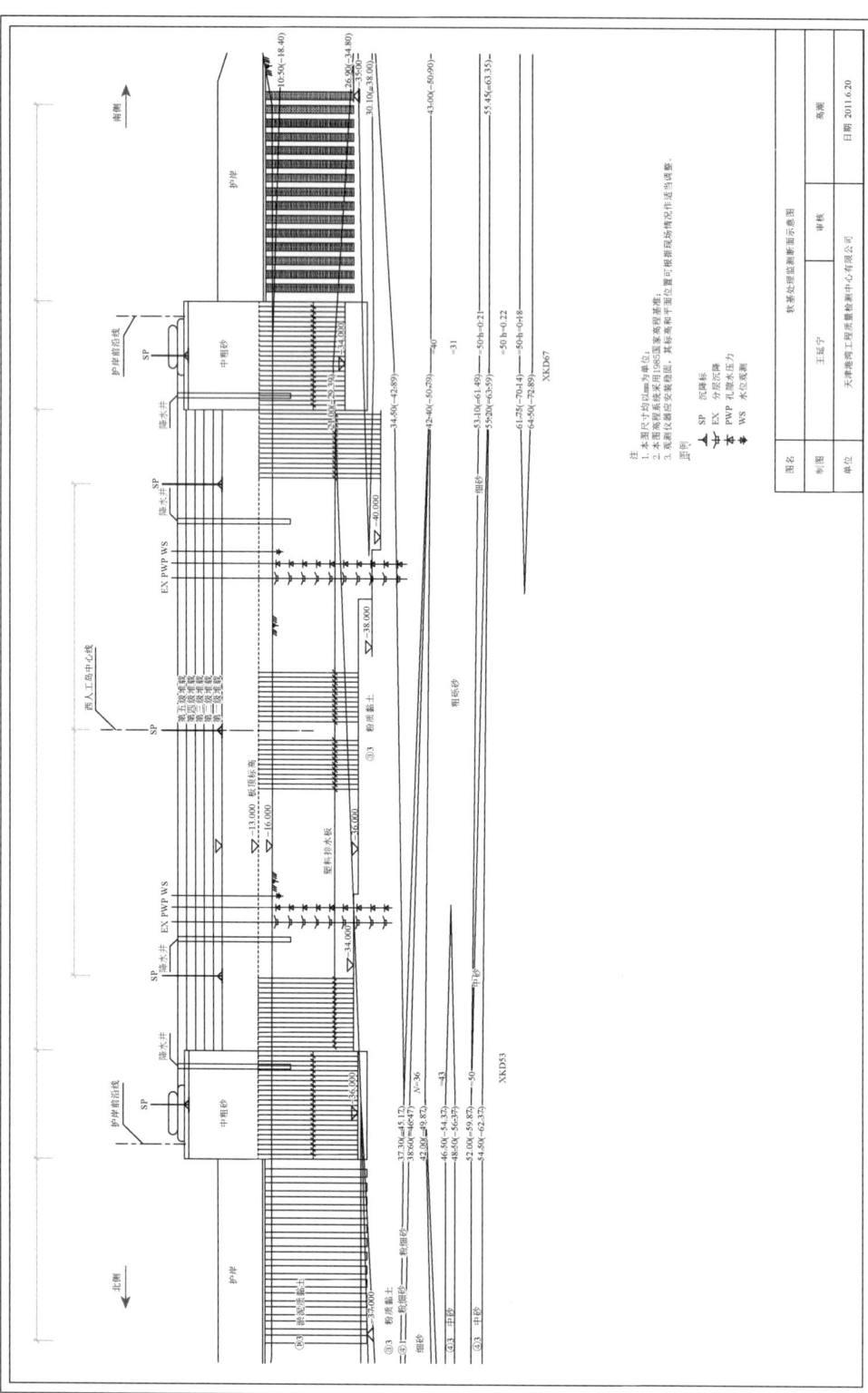

图 6-2 监测（检测）项目断面图

观测内容有以下两个方面：
①插板前后地面平均标高测量；
②插板后设置地表沉降标，进行地表沉降监测。
所用到的监测仪器如下。
①水准测量仪器：日本拓普康 DL101C 电子水准仪，严格按照《工程测量规范》(GB 50026—2007) 中的有关要求执行，对水准仪的各项技术性能进行检验，并做好记录，各项性能要求合格，方可进行水准测量。
②沉降标：沉降标为 50 cm×50 cm×0.8 cm 的钢板，板中心竖立一根 1.5 m 长的 ϕ32 镀锌管（钢板与镀锌管之间焊接连接），外涂润滑油并用波纹管保护。把沉降板埋设在地面砂层下 50 cm 处，露出地面 100 cm，在测点位置及时设置警示标志。随堆载高度而不断加高，每次加高前后进行观测，记录前后读数。

2. 分层沉降观测

测定土体内各层土的压缩变形量，掌握土体在荷载作用下压缩过程，分析检验土体变形，验证设计计算的土层压缩量。

测试仪器有磁环、导管、分层沉降仪、水准仪等，分层沉降仪由测头、测尺、信号指示器等组成，导管和磁环按地层分布钻孔埋入，仪器埋设孔的上方设置明显标识装置。

监测仪器采用分层沉降磁环，分别埋设在不同的土层位置。在地基加固前，按照设计要求的间距布设。根据土层的分布情况大约 3 m 设置一个测头，每组共布置 8~12 个测点。

3. 孔隙水压力观测

监测施工过程中加固土层内在不同深度处的孔隙水压力的增长和消散过程，分析土体不同深度处的有效应力发展变化情况，用以推算软土层经处理后的固结度及强度增长，分析地基的稳定性。

测试孔隙水压力设备采用振弦式孔隙水压力计，由测头（孔隙水压力传感器）、接收仪表和导线组成，仪器埋设孔上方设置明显标识。

根据土层分布大约 3 m 设置一个测头，每组共计布置 8~10 个孔隙水压力测头，孔深要大于排水板底标高 2 m。

4. 加固后取原状土检测

加固后取原状土检测主要是了解加固范围内的土体的工程地质特性，通过土工试验比较地基加固后土体的各项物理力学性指标的改善情况。

钻孔取土所需设备包括：XY-1 型钻机（主要设备，需满足设计要求）、钻头、钻杆、取土器、泥浆泵、套管、所有配套钻探工具等。

取土与试验过程技术指标及要求：钻孔深度穿过加固的软弱土层进入下卧硬土层 2 m。对黏土层，按 1.5～2.0 m 间距进行取土，要求采取原状样；对砂土层，按间距 1.5 m 进行标准贯入试验。取样后进行土工试验，确定软基处理后各层土的地基容许承载力及分析土层的物理力学指标变化。

取土及室内试验过程按照《港口岩土工程勘察规范》（JTS 133—1—2010）的技术要求来实施。

5. 深层侧向位移监测

通过深层侧向位移观测，可以了解岛内堆载预压加载过程中钢圆筒的位移情况，防范加载速率过快而造成整体或局部失稳。

监测设备采用国达 TGCX-1-100 高精度测斜仪观测，导线 60 m，用四位数字显示读数仪接收；测斜管采用 PVC 工程塑料管，外径为 70 mm，每根 4 m，根据需要可截为 3 m 使用，切口处应平整并与管身垂直。

6. 加固后十字板剪切试验

原位十字板剪切试验可以用来了解土体加固后抗剪强度指标的增长情况，判断地基加固的有效深度，检验地基土的改善情况，为地基加固的质量做出评价提供依据。

十字板剪切试验设备包括：主机（提供贯入力，将十字板头压入土中）、十字板头、扭力装置、护套和导杆、记录仪表、配套工具。

十字板剪切试验要求：钻孔深度要求同原状取土孔，每 1 m 进行一次原状土和重塑土试验（在上覆的人工填土层采用标准贯入试验），通过对比加固前后土体强度的变化，绘制软基处理前、处理后十字板抗剪强度对比曲线，分析确定各层地基土加固后的地基承载力。

试验过程按照《港口岩土工程勘察规范》（JTS 133—1—2010）的技术要求来实施。

7. 标准贯入试验

目的是根据打入土中的贯入击数，判别土层的变化和土的工程性质，进而评价土体的加固效果和承载能力。

标准贯入试验设备主要包括标准贯入器、触探杆、穿心锤。

试验过程按照《港口岩土工程勘察规范》（JTS 133—1—2010）的技术要求来实施。

8. 静力触探试验

静力触探试验目的是通过静力触探了解加固后地基的压缩模量 E_s、贯入阻力和摩擦力。

静力触探所用的仪器设备包括：探头、贯入系统、试验数据的采集、存储及处理的设备以及附属设备。

静力触探要求连续测，检测点位置见相关图纸，检测深度应超过加固土体深度，进入下卧土层不小于 2.0 m。根据试验结果确定地基的承载力和压缩模量 E_s。

试验过程按照《港口岩土工程勘察规范》(JTS 133—1—2010) 的技术要求来实施。

6.2.3 检测与监测结果

1. 地表沉降监测结果

塑料排水板打设前后测量场地标高，经计算后得到插板期地基沉降为 613.0 mm。在降水联合堆载预压加固地基期间，各沉降盘发生的沉降为 1501.5～2284.7 mm，平均为 1839.8 mm，因此整个地基加固过程的总沉降量为 2452.8 mm；根据实测曲线采用双曲线法推算，在预压荷载作用下地基的固结度为 84.7%～96.6%，平均固结度为 94.2%。沉降监测曲线见图 6-3。

由于预压期超载比较大，次固结沉降系数相对折减，总的次固结沉降量为 10～15 cm，在预压荷载作用下的主固结残余沉降为 149.7 mm，所以当前预压荷载下的工后沉降小于 500 mm，而场地使用期的使用荷载小于当前预压荷载，故使用荷载下的工后沉降也必小于 500 mm，满足设计要求。

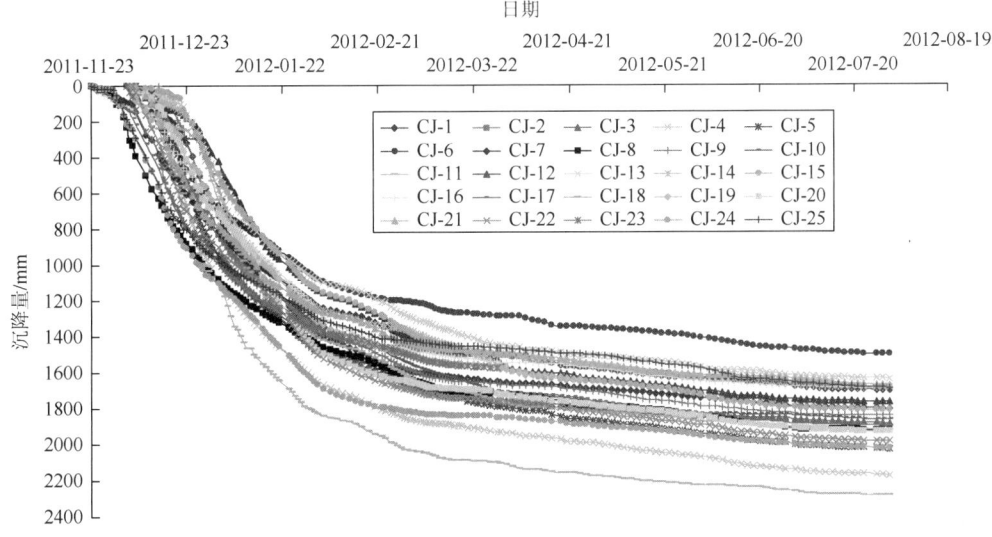

图 6-3 地表沉降监测曲线图（后附彩图）

2. 分层沉降监测结果

根据预压期间实测分层沉降资料可知淤泥及淤泥质土层均得到了良好的固结压缩，以 F1、F2 两个测点的分层沉降监测结果为例，监测结果见表 6-1 和表 6-2，分层沉降量-时间关系曲线见图 6-4 和图 6-5。

表 6-1　F1 分层沉降监测结果

磁环编号	埋设标高/m	沉降量/mm	磁环间土层单位压缩量/(mm/m)	土层名称	标高/m	土层厚度/m	单位压缩量/(mm/m)	固结度/%
1	−16.8	1612	—	淤泥①$_2$及淤泥质黏土①$_3$	−16.8~−30.8	14.0	111.5	94.0
2	−19.2	1221	159.7					
3	−21.8	840	147.6					
4	−24.8	431	135.9					
5	−27.8	155	92.6					
6	−30.8	53	34.4					
7	−33.8	25	9.3	粉质黏土②$_{1-1}$、③$_3$、黏土③$_4$ 及局部粉细砂夹层	−30.8 以下	—	沉降量为 51 mm	—
8	−36.2	9	6.5					
9	−38.8	4	2.2					
10	−41.8	0	1.1					

表 6-2　F2 分层沉降监测结果

磁环编号	埋设标高/m	沉降量/mm	磁环间土层单位压缩量/(mm/m)	土层名称	标高/m	土层厚度/m	单位压缩量/(mm/m)	固结度/%
1	−17.9	1423	—	淤泥①$_2$及淤泥质黏土①$_3$	−17.9~−31.6	13.7	97.6	94.1
2	−19.6	1048	224.8					
3	−22.6	616	142.7					
4	−25.5	301	106.2					
5	−28.6	152	48.1					
6	−31.6	82	23.4					
7	−34.7	37	14.8	粉质黏土②$_{1-1}$、③$_3$、黏土③$_4$ 及局部粉细砂夹层	−31.6 以下	—	沉降量为 82 mm	—
8	−37.6	6	10.6					
9	−40.1	3	1.2					

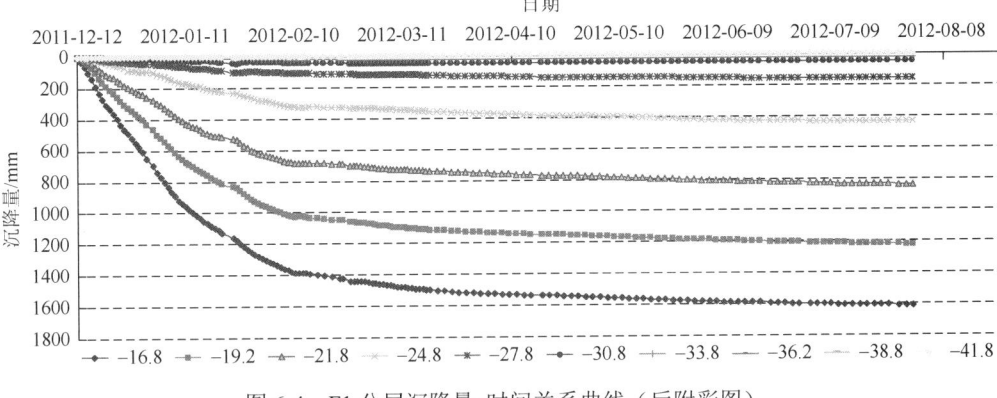

图6-4 F1分层沉降量-时间关系曲线（后附彩图）

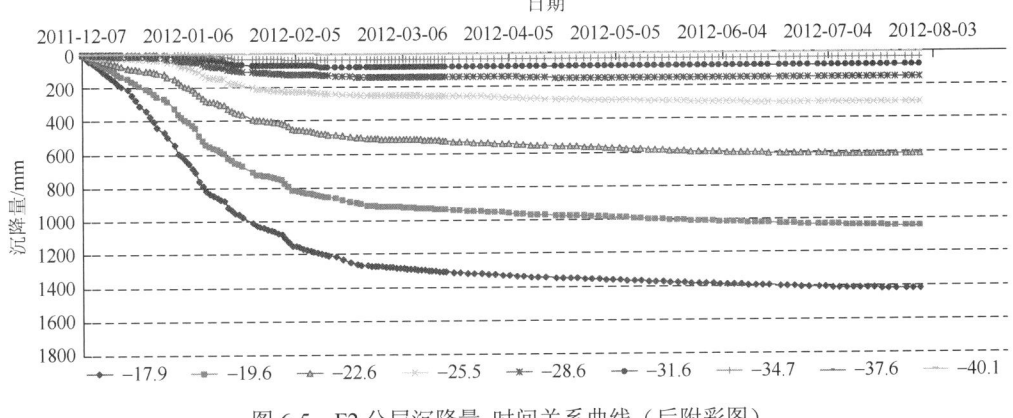

图6-5 F2分层沉降量-时间关系曲线（后附彩图）

3. 深层侧向位移监测结果

在36号和54号钢圆筒内埋设测斜管以便观测土体侧向位移情况，控制施工速度。通过曲线可以看出：36号测斜与54号测斜因埋设位置的不同，后期堆载方式不同，因此这两点的变化趋势并不完全一致。但二者所在的钢圆筒均向加固区岛内侧发生了水平位移，最大水平位移为215.4～289.5 mm，最大水平位移主要发生在地表附近，深层侧向位移监测曲线见图6-6。

4. 孔隙水压力监测结果

根据孔隙水压力监测结果可知，各加固区土体的孔隙水压力发生了明显的消散；根据孔隙水压力推测土体应力固结度按下列公式计算：

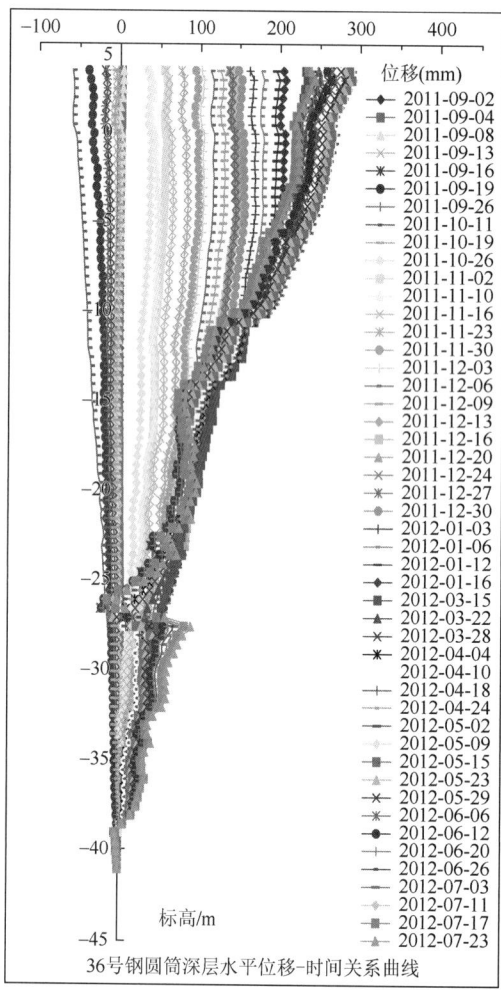
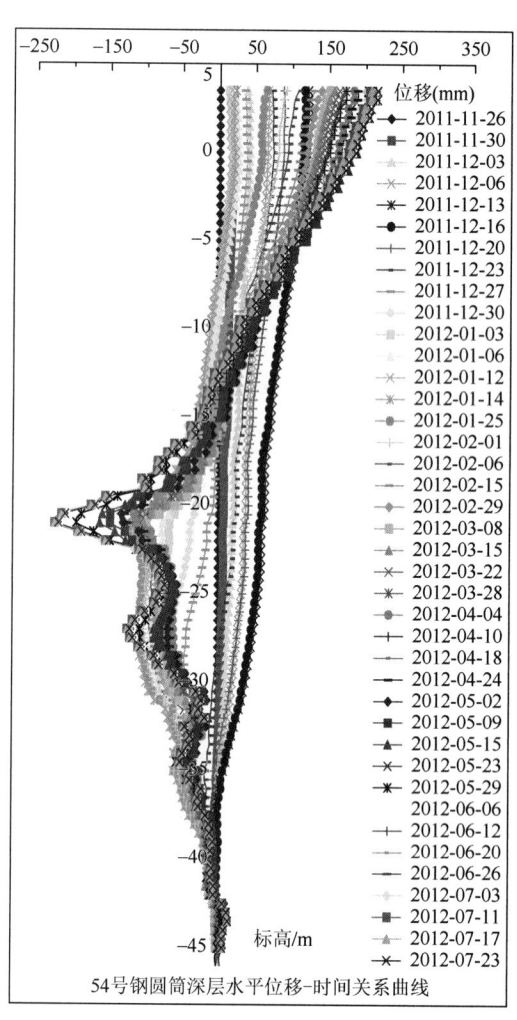

图 6-6 深层侧向位移监测曲线（后附彩图）

$$U_t = \frac{u_0 + \Delta p - u_t}{p}$$

式中，U_t——计算点某时刻的固结度（%）；

u_0——孔隙水压力初始值（kPa）；

u_t——目前孔隙水压力值（kPa）；

Δp——二次堆载荷载值（仪器埋设完成后堆载荷载值）（kPa）；

p——总堆载荷载值（kPa）。

根据上式计算各组孔隙水压力消散情况及应力固结度计算结果，以 K1 孔为例监测结果见表 6-3，孔隙水压力变化曲线见图 6-7。

第6章 地基基础检测与监测

表6-3 K1孔隙水压力消散情况及应力固结度计算结果

序号	测头编号	标高/m	初始孔压/kPa	目前孔压值/kPa	二次堆载高度/m	总堆载高度/m	固结度/%
1	6259	−17.5	132.9	6.5	10	21	83.0
2	6258	−20.0	169.6	48.9	10	21	81.4
3	6254	−23.0	167.0	49.4	10	21	80.6
4	1254	−26.0	243.1	82.5	10	21	92.6
5	1269	−29.0	242.6	87.1	10	21	91.2
6	1270	−32.0	279.0	137.9	10	21	87.2
7	1268	−35.0	296.2	175.7	10	21	81.4
8	1255	−37.5	322.9	206.0	10	21	80.4

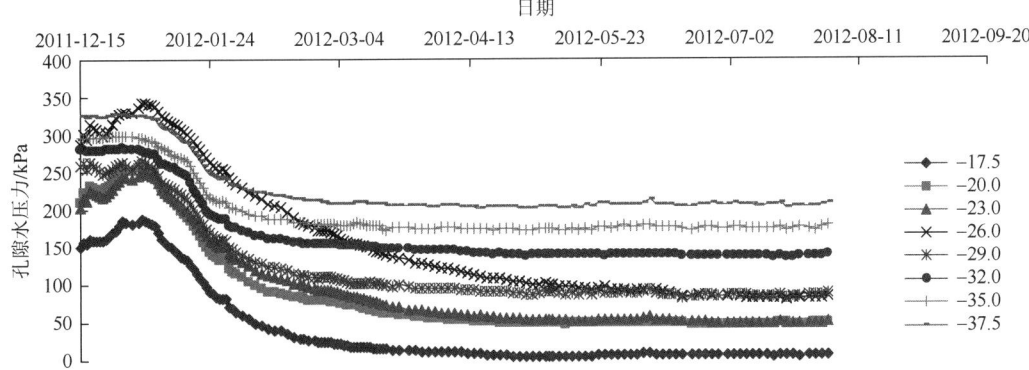

图6-7 K1孔隙水压力变化曲线（后附彩图）

5. 检测结果

卸载后对大岛地基的加固土层进行了一系列检验，包括取原状土及标准贯入、十字板、静力触探等原位测试。

对于上部回填砂地层（标高−18～+3.5 m），经标准贯入检测，标贯击数在 6～43 击，−6 m 以下回填砂达到了中密-密实状态；

对于下部土层（标高−35～−18 m），与补充勘察结果对比与加固后检测孔对比有以下几点：

①与补充勘察标准贯入勘察孔相比，主要加固土层的淤泥和淤泥质土（原标高−16～−32.7 m）标贯击数由 0 击增大到 6～10 击，平均增大了 8 击，下部粉质黏土的标贯击数由原来的 11 击变为 15 击。

②地基加固后的抗剪强度较高，经十字板检测已超出仪器量程，采用标准贯入试验代替十字板剪切试验。

③室内试验结果可以看出主要加固土层淤泥（层号①$_2$）和淤泥质土（层号①$_3$）预

压加固后土体含水率、孔隙比明显变小，而密度和剪切强度均有一定提高，土体压缩系数变小，压缩模量增大，土体压缩性得到一定的改善。

6.3 高压旋喷桩复合地基检测

6.3.1 检测内容

在港珠澳大桥沉管隧道工程中，高压旋喷桩复合地基载荷试验采用堆载方式模拟工程实际运用时的荷载情况，并测试加载后地基的沉降量。加载后引起的附加应力尽量接近实际使用所产生的附加应力。由于试验荷载采用平面尺寸与工程运用时荷载所产生的附加应力不完全相同，为了使试验与实际情况尽量接近，应以试验荷载产生的地基附加应力平均值与实际使用荷载产生的地基附加应力平均值相等为原则，对试验荷载加载方式进行试算。

试验荷载为 68 m×18 m 的矩形荷载，根据初步计算结果，−13～−35.5 m 内地基土平均竖向附加应力应达到 120 kPa，此时要求试验荷载应为 165 kPa。地基附加应力随深度变化曲线见图 6-8。

深度/m	Z/B	α_0	附加应力/kPa
0.0	0.0	1.000	165.1
1.8	0.1	0.997	164.6
3.6	0.2	0.977	161.3
5.4	0.3	0.936	154.6
7.2	0.4	0.880	145.3
9.0	0.5	0.816	134.8
10.8	0.6	0.751	124.0
12.6	0.7	0.690	113.9
14.4	0.8	0.634	104.7
16.2	0.9	0.582	96.1
18.0	1.0	0.536	88.5
19.8	1.1	0.494	81.6
21.6	1.2	0.457	75.5
23.4	1.3	0.423	69.9
平均竖向附加应力			120.0

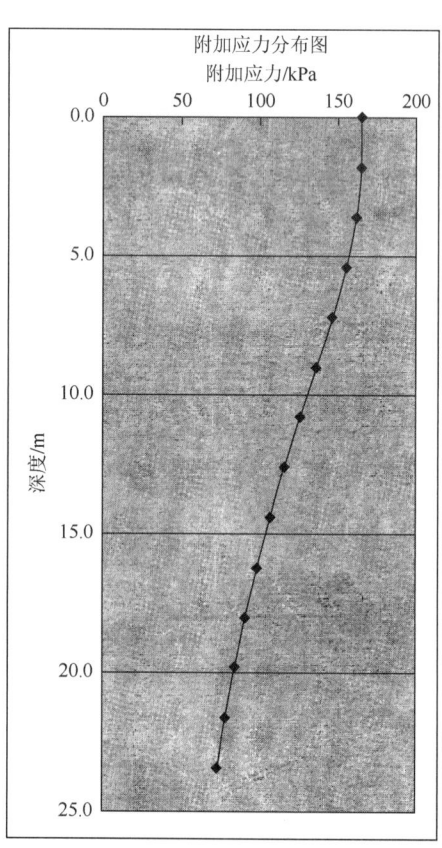

图 6-8 地基附加应力随深度变化统计

高压旋喷桩复合地基载荷试验的监测内容包括：地表沉降、分层沉降、土压力、水位和侧向位移。

现场检测内容包括标准贯入试验和螺旋板载荷试验，同时对桩进行钻孔取芯及无侧限抗压强度检测。

考虑高压旋喷止水帷幕的止水作用时，还要进行压水防渗试验。

港珠澳大桥沉管隧道工程中，高压旋喷桩复合地基载荷试验共设置 3 个测量剖面，每个测量剖面布置 3 个沉降测点、土压力测点和 1 组分层沉降测点（4 个单点位移计），试验内容统计表、测点平面图和剖面图分别见表 6-4、图 6-9 和图 6-10。

表 6-4 高压旋喷桩复合地基载荷试验内容统计表

测试（检测）项目	地表沉降		土压力	分层沉降	水位	侧向位移	标准贯入试验	螺旋板载荷试验
	静力水准	沉降盘						
单位	组	组	个	组	个	个	孔	点
数量	3	9	9	3	3	3	3	3

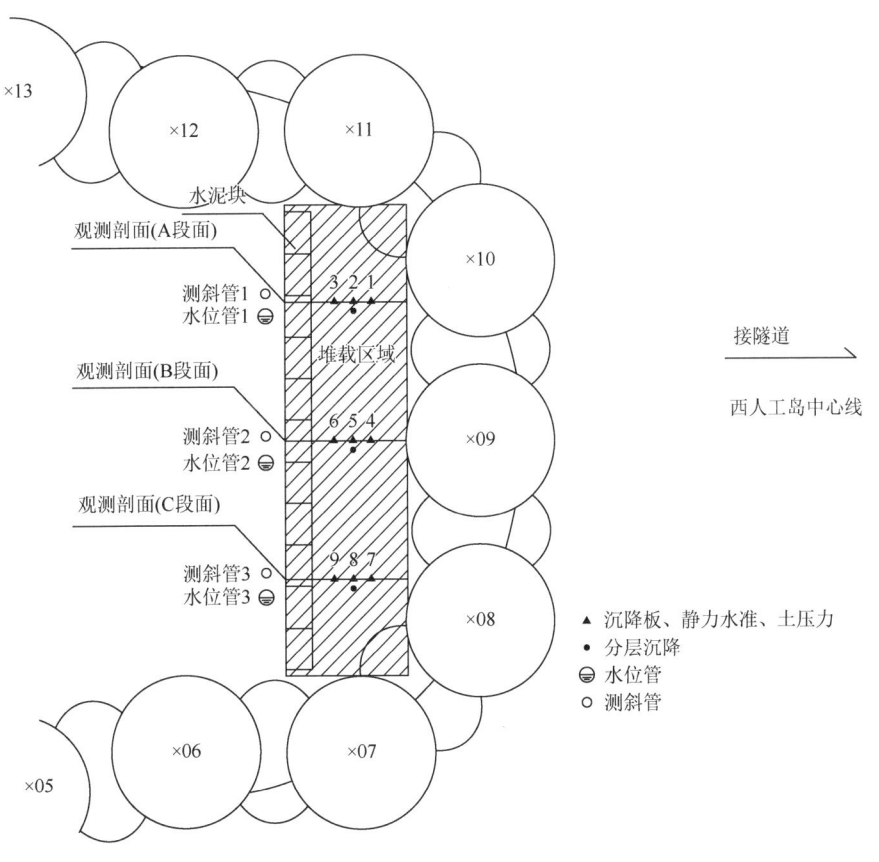

图 6-9 高压旋喷桩复合地基载荷试验测点平面图

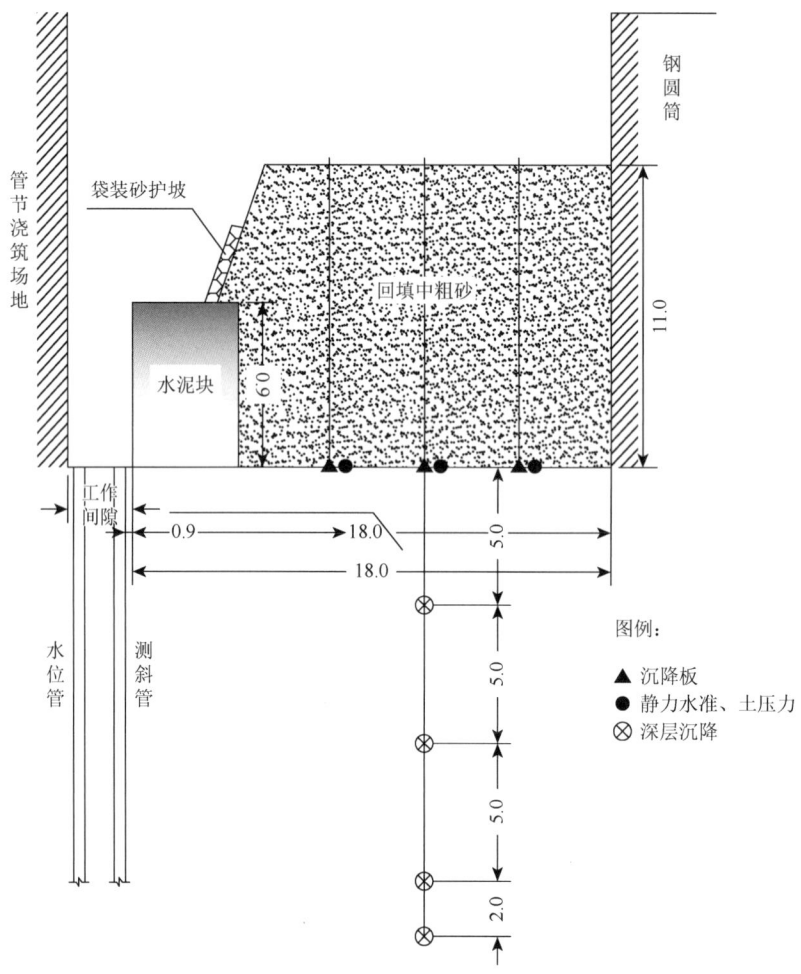

图 6-10 高压旋喷桩复合地基载荷试验测点剖面图（单位：m）

6.3.2 检测方法

1. 沉降监测

沉降观测测量基准从远处的高程控制点引出，并在场地附近设 5 个工作点，定期校核。

沉降盘观测采用水准测量。沉降盘为 1 m×1 m×0.01 m 的钢板，测管为 DN40 的钢管，每段长 1 m，测杆两端均设有连接螺纹，测杆由内螺纹接头连接，随填土过程加高。保护管为外径为 90 mm，厚壁为 2 mm 的 PVC 管，随测管一起加高。

水准沉降观测选用电子水准仪配合铟钢尺（挂尺）测量，固定观测仪器、固定观测人员，采用二等水准测量标准观测，视线长度小于 50 m，满足闭合差 $\Delta \leqslant 0.3\sqrt{n}$（mm）的要求（$n$ 为水准测量过程中水准仪安设的次数）。

另外，为精确测得卸载后原泥面标高，在各个沉降盘上焊一个沉降观测点，在每个断面上放置一个带有沉降观测点的小沉降板，在堆载前和开挖后分别测得各个沉降观测点的标高，结合堆载时的最大沉降值，可得到卸载过程的地基反弹值。

静力水准观测采用磁致伸缩式静力水准仪测量。静力水准测量基点为工作基点，工作基点定期校核。静力水准仪系统依据连通器原理，用专门配制的液体充满连通管，并将连通管分别连接于安装在各设计位置和高程的测点容器上，同时将参考（基准）容器安装在稳固的水准基点处并连接好连通管，见图 6-11。当测点容器相对于基准容器和基准传感器或任意测点容器之间产生沉降或隆起变化时，整个系统水平面会有所改变。输出数据可以用标准信号读数仪读取，再通过计算求得各点与基点间的相对沉陷量。

每套磁致伸缩式静力水准仪都由磁致伸缩液位计、储液筒、防冻液、导压液体连通管、通气管、观测电缆及安装支架等部件组成。多套磁致伸缩式静力水准仪加之基准水位点，再与采集系统配合，就可组成一个完整的磁致伸缩式静力水准沉降监测系统。

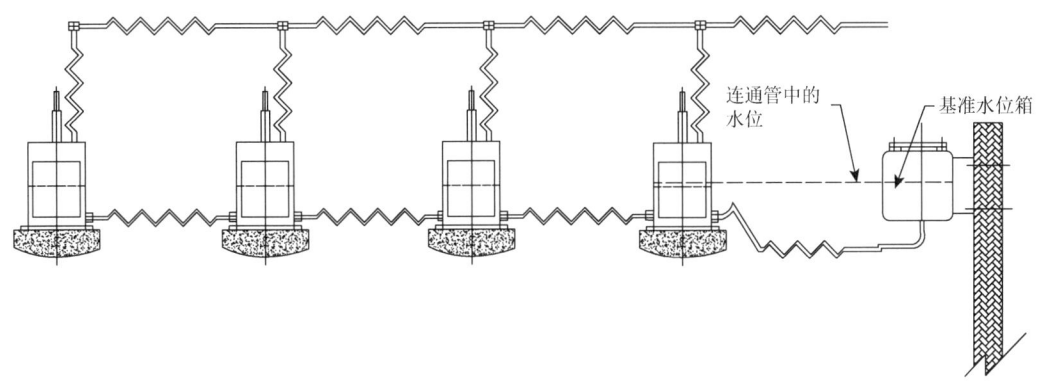

图 6-11 静力水准仪安装示意图

2. 水位监测

采用水位计进行水位观测，测量出距孔口的高程，多次观测就可测出地下水位的变化情况。每次观测记录观测孔号、观测水位等，根据水位变化绘制水位-时间变化曲线。

水位管（图 6-12）的埋设与安装遵守以下原则：

①一般要求套管跟进，或成孔后洗孔；

②水位测管为 2″PVC 塑料管，在测管周边钻进水孔，进水孔间隔 300～500 mm 并错开，孔径 10～20 mm，测管外用纱网密实包裹（测管管上部 1 m 范围内不开孔）；

③测管下至预定深度后在测管外填充反滤料（沙、细石米），上部 1.0 m 范围内用黏土回填，防止地面水渗入水位井；

④施工完成后用配套的管盖盖住孔口；

⑤管口露出地面 10 cm，并用砖砌好以保护管。

地下水位观测采用电测水位计，其工作原理图如图 6-13 所示，以水为导体，当测头接触到地下水时，两极使电路闭合，信号经电缆传到指示器，触发蜂鸣器和指示灯，此时读取与测头连接的标尺刻度，此读数为水位与固定测点的垂直距离，再通过固定测点的标高及与地面的相对位置换算成从地面算起的水位埋深及水位标高。

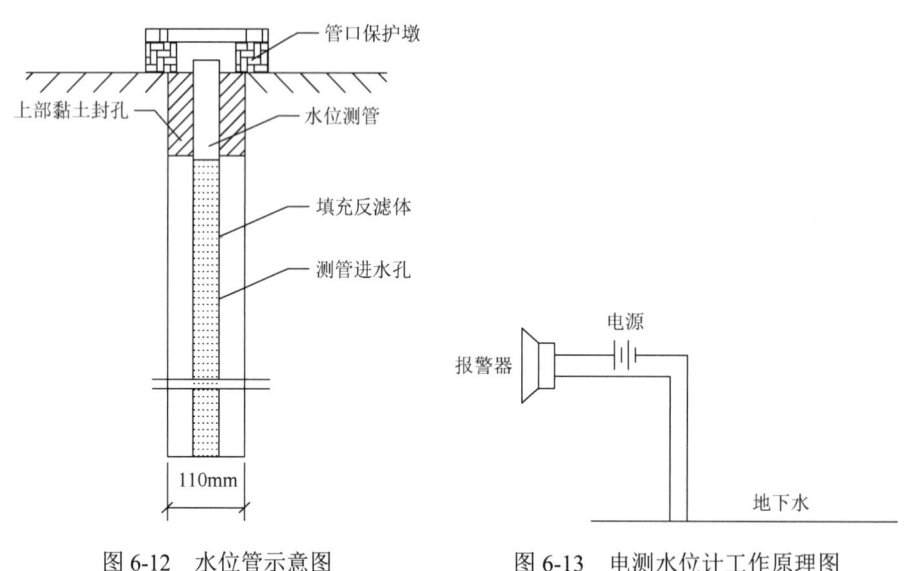

图 6-12　水位管示意图　　　　图 6-13　电测水位计工作原理图

3. 土压力监测

采用振弦式土压力计进行土压力监测，如大直径、油压转换式土压力计。

安装土压力计时，应该注意底部砂土密实，捣实恰当，同时，避免仪器、电缆在重型设备作业时损坏。

4. 螺旋载荷板试验

螺旋板载荷试验点在 2.0～4.0 m 深度处，采用钻机成孔，钻到离试验位置 0.5 m 处停止钻进，将螺旋板板头放入钻孔内，人力旋入预定位置，通过地锚提供反力，分 8～10 级加载，最终荷载为 500 kPa 开始卸载。

5. 压水防渗试验

为验证止水帷幕防渗效果，在止水帷幕墙中轴线采用钻孔取芯后压水试验方法予以检测，钻孔点均选择在桩与桩搭接处。钻孔取芯完成后，利用钻机水泵抽取清水进行洗孔,直至回水清洁时开始安装止水栓塞,连接工作管。用量杯往管口内注水,记录每隔 5 min 的稳定注水量,当连续 5 次注水量中最大值与最小值之差小于最终值的 10%时试验即可结束,取最终值作为计算值。

6.3.3 监测结果

1. 土压力监测结果

大部分测点土压力变化曲线随荷载增加呈明显的阶梯状,加载期间应力值陡升,横载期间应力值保持平稳。1 号和 9 号测点出现测值下降的情况,结合现场工况,判断为仪器传感器自身漂移引起。测点测值有一定的差异。除去 1 号和 9 号测点,测点应力范围在 83~169 kPa 间变化,平均值约 125 kPa。各剖面均有测点测值接近 165 kPa 的试验设计值。A 剖面 002 测点应力为 147.22 kPa,B 剖面 004 测点应力为 168.91 kPa,C 剖面 007 测点应力为 156.12 kPa。测值比较大的测点一般在剖面的东部或中部。土压力变化曲线如图 6-14 所示。

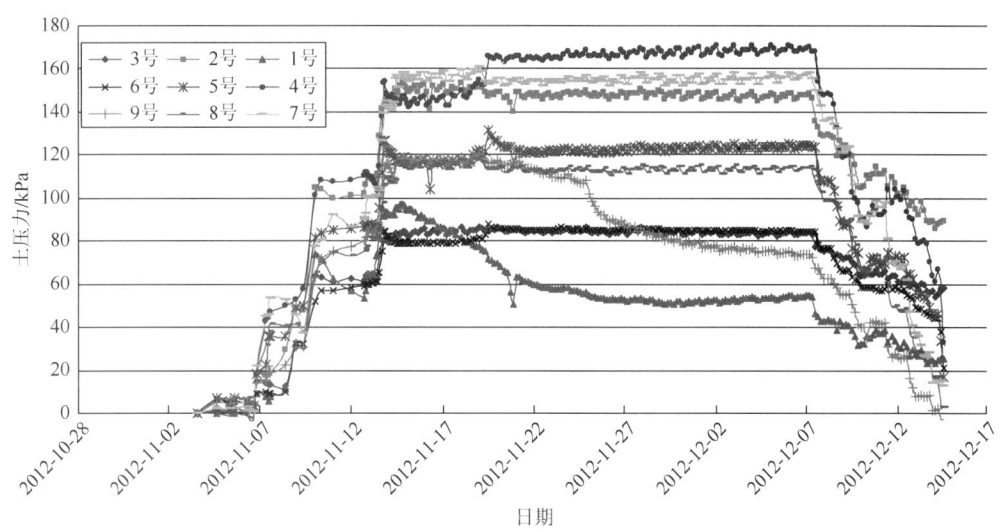

图 6-14 土压力变化曲线(后附彩图)

2. 静力水准沉降监测

静力水准测点沉降曲线随荷载增加对应有明显的阶梯状,加载期间沉降值陡升,横载期间沉降值逐渐趋于稳定,在 18.2~20.2 mm,平均值为 19.1 mm,开挖卸载到 14 日时沉降量平均为 14.7 mm,即土体反弹了 4.4 mm,但是此时并没有完全卸载,静力水准沉降数据见表 6-5,沉降曲线见图 6-15。

表 6-5 静力水准沉降汇总

沉降量	北侧断面	中线断面	南侧断面	平均
稳定期最终沉降量/mm	18.2	20.1	18.7	19.0
卸载到14日的沉降量/mm	14.3	15.5	14.2	14.7

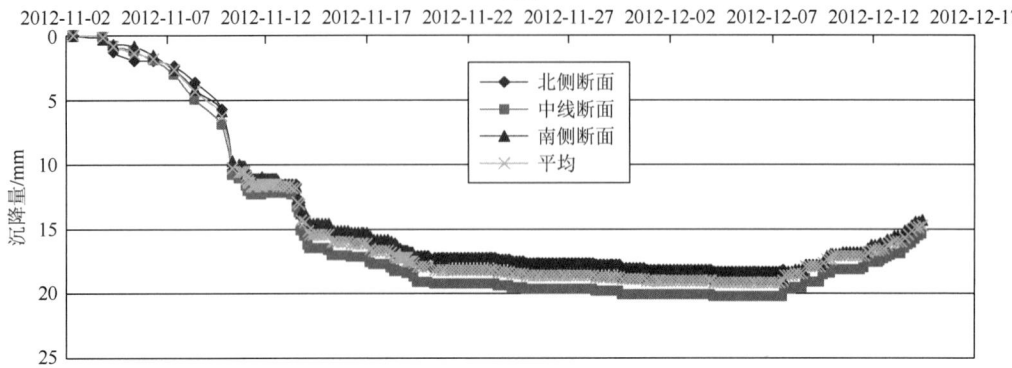

图 6-15 静力水准沉降曲线（后附彩图）

3. 沉降盘沉降监测

沉降盘沉降曲线随荷载增加对应也有明显的阶梯状，加载期间沉降值陡升，横载期间沉降值逐渐趋于稳定，各个测点累计沉降量为 19.7～32.3 mm，平均为 25.6 mm，最大沉降量发生在 1 号测点，最小发生在 9 号测点，沉降盘数据见表 6-6，各个断面沉降曲线见图 6-16。

表 6-6 各个断面沉降盘数据

沉降量	北侧断面	中线断面	南侧断面	平均
恒载最终沉降量/mm	29.9	22.7	24.3	25.6

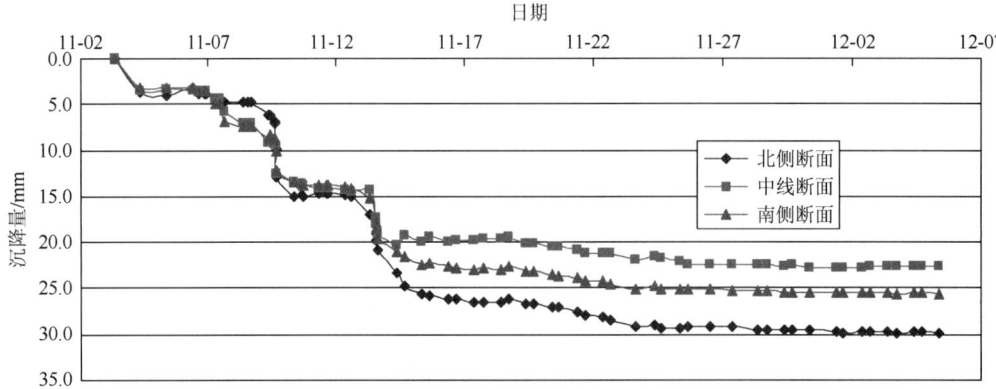

图 6-16 各个断面沉降曲线

4. 分层沉降监测

至 2012 年 12 月 5 日，分层沉降测量结果见表 6-7，测点高程-沉降量曲线见图 6-17。

表 6-7　分层沉降测量结果

测点编号	A1	A2	A3	A4	B1	B2	B3	B4	C1	C2	C3	C4
测点高程/m	−18	−23	−28	−30	−18	−23	−28	−30	−23	−28	−18	−30
沉降量/mm	36.68	37.04	14.31	—	14.74	14.36	15.74	0.99	14.02	10.54	16.04	—

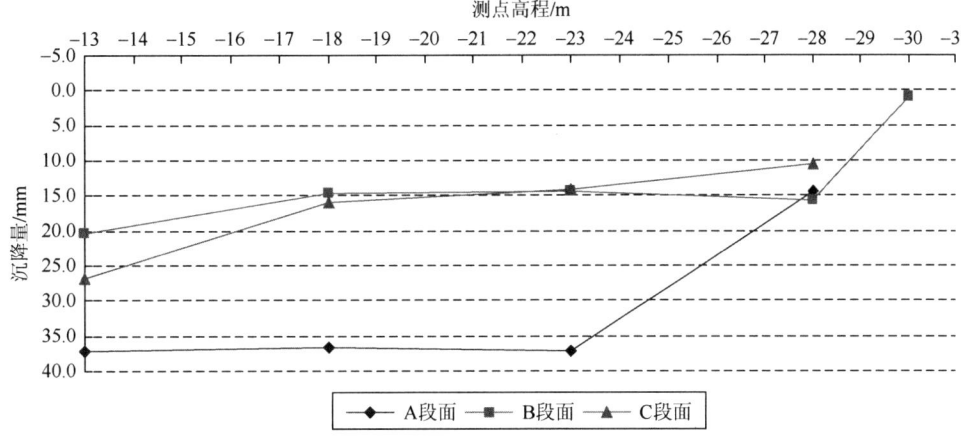

图 6-17　测点高程-沉降量曲线

从表 6-7 和图 6-17 可以看出：①深层沉降整体趋势随深度增加沉降量减小；②部分深层沉降测点测值随深度变化规律较差。

5. 深层侧向位移监测

至 2012 年 12 月 5 日，深层侧向位移结果见表 6-8，最大侧向位移图见图 6-18。位移取东向为 A 向的正向，南向为 B 向的正向。

表 6-8　深层侧向位移结果

测孔编号	CX1（A 向）	CX1（B 向）	CX2（A 向）	CX2（B 向）	CX3（A 向）	CX3（B 向）
最大位移/mm	−10.8	4.1	−14.2	4.7	−63.1	10.2
最大位移高程/m	−13.0	−12.5	−13.5	−21.5	−12.5	−13.0

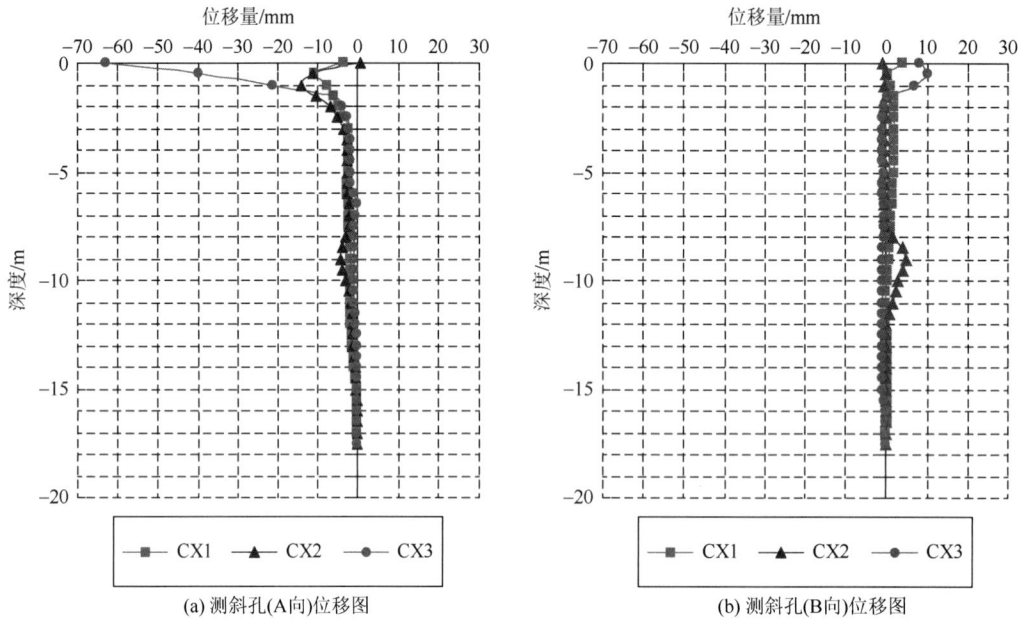

图 6-18　最大侧向位移图

从表 6-8 和图 6-18 可以看出：①变形以 A 向变形主，CX1、CX2 测孔 A 向最大变形量为 10.8 mm、14.2 mm，CX3 有 63.1 mm 的变形量，与混凝土的放置有关，混凝土块直接压到了 CX3 测管管口。②测孔的主要位移均在孔口附近发生，变形影响深度在孔口下 2 m 之内。

6.4　挤密砂桩复合地基监测

6.4.1　监测内容

港珠澳沉管隧道过渡段 E1-S3～E4-S3 淤泥深厚，采用挤密砂桩＋堆载预压处理，利用挤密砂桩作为排水通道，E1-S3～E4-S3 挤密砂桩桩顶标高为–16.4～–22.7 m，桩底标高为–34.4～–37.0 m，堆载顶标高为–2.5～–13.0 m。过渡段地基处理分区如表 6-9 和图 6-19 所示。

表 6-9　过渡段地基处理分区一览表

序号	区域	区块	处理面积/m²	处理方法	备注
1	A	A1	1970.3	挤密砂桩＋堆载预压	置换率分别为 70%、55% 和 42%
2		A2	2907.0		
3		A3	21802.5		

续表

序号	区域	区块	处理面积/m²	处理方法	备注
4	A	A4	10 174.5	挤密砂桩	置换率分别为62%和55%
5		A5	11 628.0		
6	小计		48 482.3		
7	B	B1	8 965.9	排水砂井+堆载预压	排水砂井布置在挤密砂桩两侧
8		B2	8 965.9		
9	小计		17 931.8		
10	合计		66 414.1		

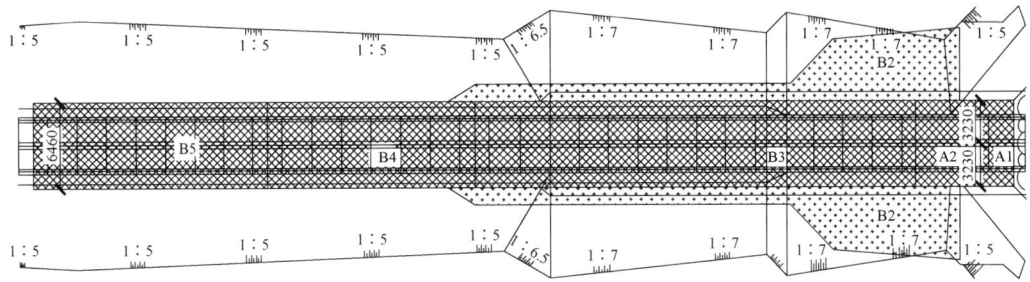

图 6-19 过渡段地基处理分区图

根据补充勘察的成果，隧道沿线主要下卧土层在地基处理之前有①$_1$淤泥层、②$_1$黏土层、③$_1$黏土层、③$_2$粉质黏土夹砂、③$_3$粉细砂、③$_4$中砂、④$_1$黏土、④$_2$粉细砂、④$_3$含砾细砂、④$_4$中砂及岩层。其中：

①$_1$淤泥层饱和，压缩指数大，属欠固结土；

②$_1$黏土层属超固结土，OCR = 1.52，再压缩指数为 0.03；

③$_1$黏土层属超固结土，偶遇夹砂层，OCR = 2.16，再压缩指数 0.02；

③$_2$粉质黏土夹砂层为超固结土，OCR = 1.49，再压缩指数 0.03；

④$_1$黏土硬塑，N = 30.3，判定为超固结土，OCR = 1.19，再压缩指数 0.03；

其他③$_3$粉细砂中密-密实、N = 26.4；③$_4$中砂中密-密实、N = 31.7；④$_2$粉细砂中密-密实、N = 43.8；④$_3$粉细砂和④$_4$中砂均为中密极-密实，标贯分别为 38.5 击和 50.2 击。

通过复合地基表层沉降监测了解地基加固过程的总沉降量，分析复合地基的最终沉降量和残余沉降，推算平均固结度，确定卸载时间。

通过现场取土测定土体内各层土的压缩变形量，掌握土体在荷载作用下压缩过程，分析深部土体变形，控制工程质量，验证设计计算的土层压缩量。

6.4.2 监测方法

1. 主要施工工序

挤密砂桩复合地基监测主要施工工序如下。

①挤密砂桩和清除隆起施工。

②埋设仪器：在抛填碎石垫层之前，堆载预压区内埋设表层液体压差式沉降仪和分层多点位移计。

③自动采集系统安装及仪器保护：观测仪器的导线及时用碎石压住，防止随水流摆动，经仪器保护管引至自动采集系统。在钢圆筒上设置观测房，将自动采集系统做好防水处理后，安设于观测房内进行数据采集。第一层堆载抛填 3 m 碎石，防止大块抛石对仪器造成损坏。

④开展监测：监测工作全面展开，整理监测数据，对监测数据进行处理上报，为设计施工提供参考数据。

⑤临近卸载时，利用监测数据推算固结度，提出卸载建议。

⑥编写监测报告，监测资料整理、装订、归档。

2. 地表沉降的监测

地表沉降的监测所用到的监测仪器是液体压差沉降仪。

液体压差式沉降仪是通过系统内两个测点之间的相对液体压力的差值测量沉降的。它由储液罐、传感器和液体传递管路三部分组成，通过系统内储液罐和传感器的相对距离的变化来测量沉降。液体压差式沉降仪主要性能指标见表 6-10。

表 6-10 液体压差式沉降仪主要性能指标

产地	美国
标准量程	7 m
灵敏度	0.025%F.S.
精度	±0.01%F.S.
温度范围	−20～80℃
长度×直径（储液罐）	305 mm×60 mm
长度×直径（传感器）	191 mm×35 mm

在传感器埋设初期，测试点高程与不动点顶高程不同，这两点间的高程差可以通过传感器测量并计算出来，随着地基沉降的发生，两点之间的压力差发生变化，根据压力差的变化可以计算出两点之间的高程变化，从而得出地基的沉降量。液体压差式沉

降仪原理图见图 6-20，液体压差式沉降仪储液罐示意图见图 6-21，液体压差式沉降仪工作示意图见图 6-22，测试原理图见图 6-23。

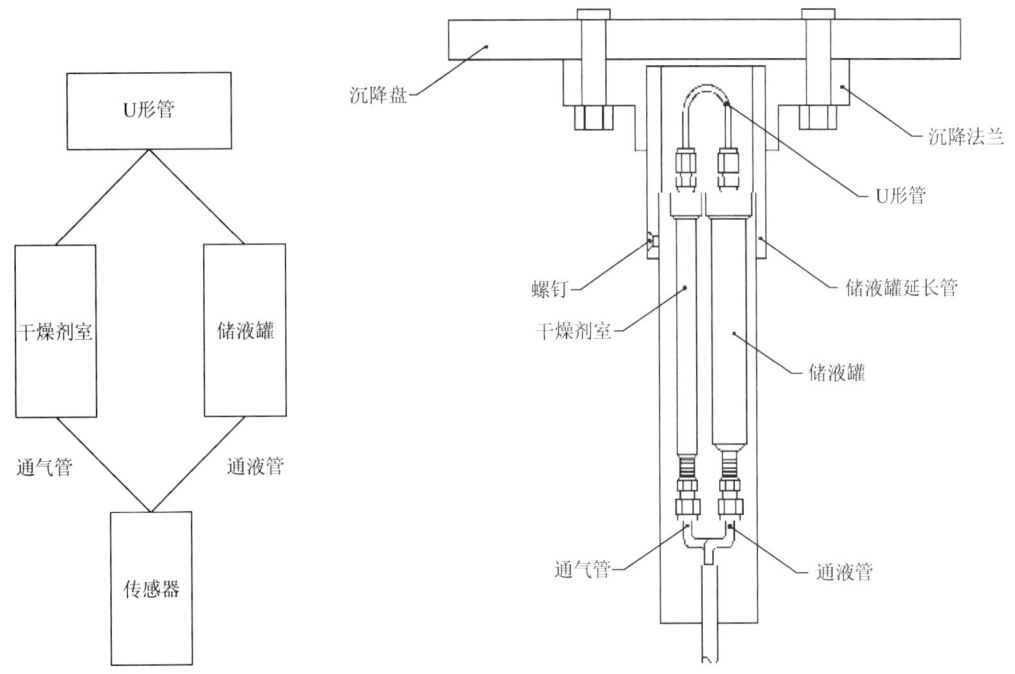

图 6-20 液体压差式沉降仪原理图　　　　图 6-21 液体压差式沉降仪储液罐示意图

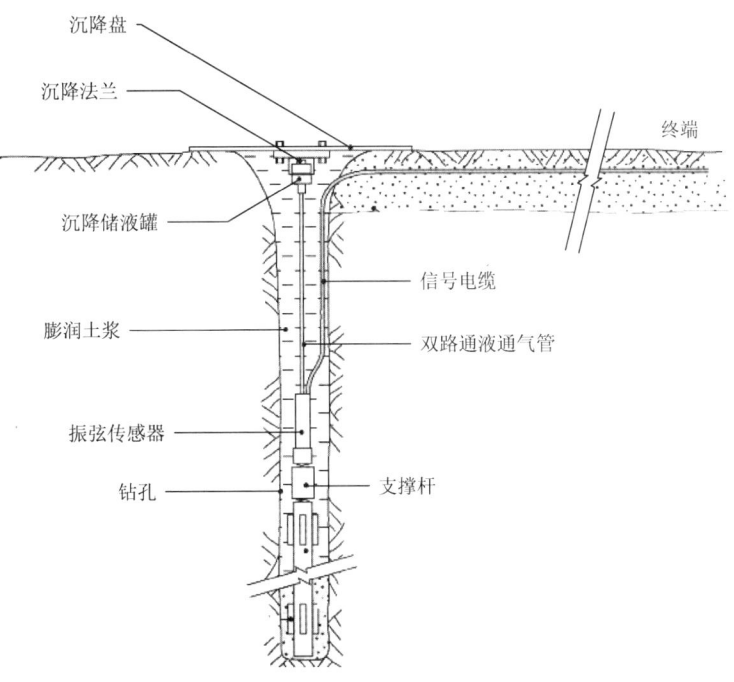

图 6-22 液体压差式沉降仪工作示意图

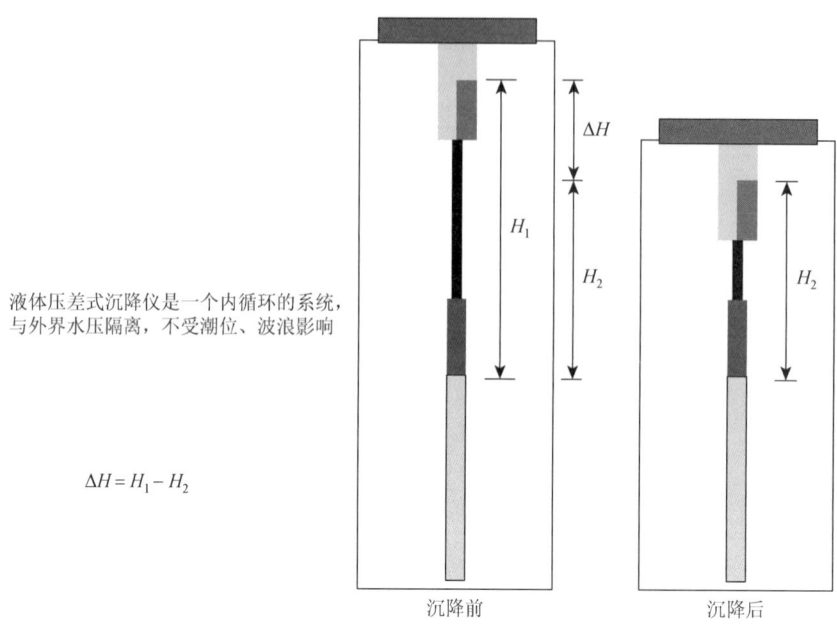

图 6-23 液体压差式沉降仪测试原理图

3. 分层沉降的监测

测试仪器采用分层多点位移计。多点位移计通过系统内不同传感器与基座间的相对位移变化来测量不同土层的沉降。它主要由基座和多个位移传感器组成。分层多点位移计的主要性能指标如表 6-11 所示。

表 6-11 分层多点位移计主要性能指标

产地	中国
标准量程	50～700 mm
灵敏度	0.1 mm
精度	≤0.1%F.S.
温度范围	−20～80℃

位移传感器可以量测出传感器与基座的相对位移,将基座下端埋入稳定土层上使之成为不动点,然后再通过固定在不同深度的传感器读数,计算出各自与基座的相对位移,即为不同土层的沉降变形。多层分点位移计结构及原理如图 6-24 和图 6-25。

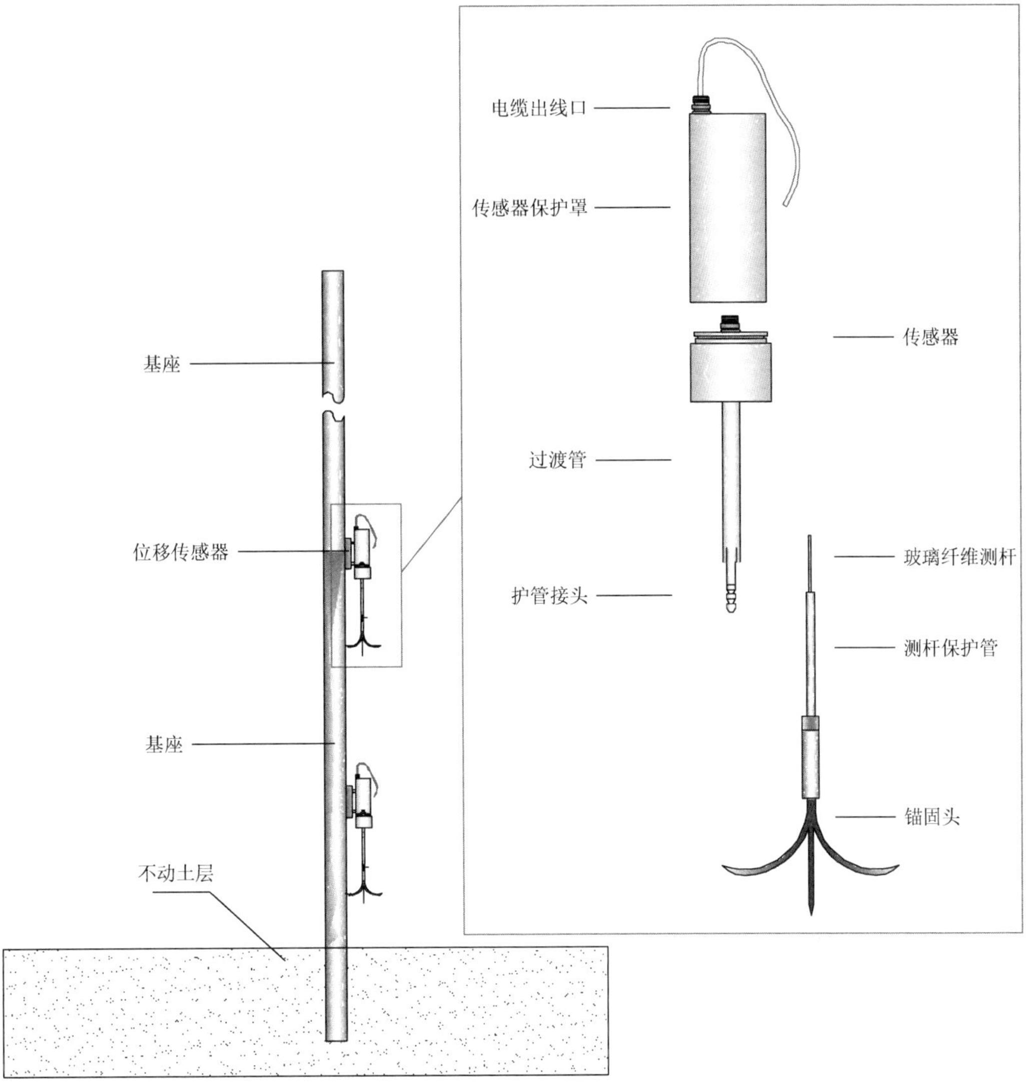

图 6-24 多层分点位移计结构图

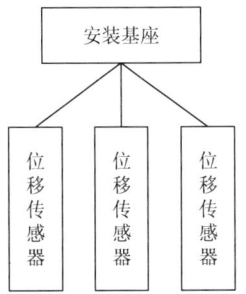

图 6-25 多层分点位移计原理图

6.4.3 监测结果

1. 地表沉降监测结果

−9.0 m 平台以东区域（主要是地基处理的 A3 区）的碎石抛填从 2012 年 4 月 27 日开始，到 5 月 18 日基本达到堆载高度要求，6 月 16 日通过验收，并开始满载计时，截至 9 月 12 日该区域从开始堆载累计计时 138 d，满载计时 88 d；−9.0 m 平台以西区域从 2012 年 5 月 27 日开始堆载，到 2012 年 6 月 12 日基本达到堆载高度要求，2012 年 7 月 17 日通过验收并开始满载计时，截至 9 月 12 日该区域从开始堆载累计计时 108 d，满载计时 57 d。各个测点在不同时间的堆载高度见表 6-12。

表 6-12 各个测点在不同时间的堆载高度

点号	堆载高度/m									
	4月28日	5月9日	5月18日	5月27日	6月12日	6月15日	7月3日	7月12日	7月13日	设计
A1	0.0	12.5	12.5	12.5	12.5	13.3	14.5	14.5	14.5	12.2
A3	0.0	11.6	12.5	12.5	13.5	13.5	14.5	14.5	14.5	12.2
B	0.0	1.2	10.8	12.5	14.8	15.5	15.5	15.5	15.5	12.0
D1	—	0.0	7.7	9.4	12.7	12.7	12.7	12.7	13.7	13.3
D2	—	0.0	7.0	7.0	11.5	11.8	12.5	12.5	13.5	13.3
D3	—	0.0	8.3	9.3	13.1	13.1	13.1	13.1	13.3	13.3
E1	—	—	0.0	13.9	11.9	13.1	14.4	14.4	14.4	14.4
E2	—	—	0.0	9.9	11.9	16.3	16.4	16.4	14.4	14.4
E3	—	—	0.0	13.9	11.9	13.9	15.9	15.9	14.4	14.4
F1	—	—	0.0	0.1	12.6	12.6	13.1	19.6	15.6	15.4
F2	—	—	0.0	2.0	13.0	13.0	13.0	20.0	16.0	15.4
F3	—	—	0.0	1.5	12.5	12.5	12.5	19.5	15.5	15.4

地基沉降分析方法主要有两种，分别为双曲线法和 Asaoka 法。

（1）双曲线法

双曲线分析的表层沉降量及固结度汇总见表 6-13。

表 6-13 双曲线法分析的表层沉降量及固结度汇总

监测点号	分区	当前沉降量/mm	推测最终沉降量/mm	推测固结度/%	残余沉降/mm
A1	A3	65.4	70.2	93.2	4.7
A3		62.6	68.5	91.3	5.9
B		64.2	80.8	79.5	16.5
A3 区东		64.1	73.0	87.8	8.9
D1		46.0	46.8	98.4	0.7

续表

监测点号	分区	当前沉降量/mm	推测最终沉降量/mm	推测固结度/%	残余沉降/mm
D2	A3	68.6	70.1	97.9	1.5
D3		74.7	82.6	90.5	7.9
A3 区西		63.1	66.0	95.7	2.9
E1	A2	52.2	61.1	85.5	8.9
E2		31.8	40.0	79.5	8.2
E3		44.0	53.5	82.2	9.5
A2 平均		42.7	50.9	83.8	8.2
F1	A1	36.1	37.2	97.0	1.1
F2		44.6	48.1	92.7	3.5
F3		41.9	45.1	92.9	3.2
A1 平均		40.9	43.6	93.8	2.7

注：①表层沉降 A2、C 由于仪器埋设时工作船走锚而被损坏；
②最终沉降量、残余沉降和固结度均是在当前的预压荷载作用根据实测沉降曲线按双曲线法推测计算的；
③各区的平均固结度、平均最终沉降量和平均残余沉降是根据各区的沉降盘平均沉降曲线推测计算而来的。

（2）Asaoka 法

Asaoka 法分析的表层沉降量及固结度汇总见表 6-14。

表 6-14　Asaoka 法分析的表层沉降量及固结度汇总

点号	分区	当前沉降/mm	推算最终沉降/mm	相关度	固结度/%	残余沉降/mm	最后一周沉降速率/(mm/7 d)
A1	A3 东	65.4	66.4	1.00	98.4	1.0	0.09
A3		62.6	64.3	1.00	97.2	1.8	0.09
B		63.7	70.1	1.00	90.8	6.4	0.44
平均		63.9	67.0	1.00	95.5	3.1	0.21
D1	A3 西	46.0	46.0	0.99	100.0	0.0	0.04
D2		68.5	68.5	0.99	99.9	0.1	0.13
D3		73.9	76.4	1.00	96.8	2.4	0.70
平均		62.8	63.6	0.99	98.9	0.8	0.29
E1	A2	51.4	55.8	1.00	92.1	4.4	0.50
E2		31.1	34.9	1.00	89.2	3.8	0.47
E3		43.2	47.7	1.00	90.5	4.5	0.46
平均		41.9	46.1	1.00	90.6	4.2	0.48
F1	A1	35.5	35.6	0.98	99.6	0.1	0.39
F2		43.9	44.8	1.00	98.0	0.9	0.44
F3		41.3	44.2	0.99	93.6	2.8	0.37
平均		40.3	41.5	0.99	97.1	1.3	0.40

注：最终沉降量、残余沉降和固结度均是在目前的预压荷载作用根据实测沉降曲线按 Asaoka 法推测计算的。

由上述数据计算分析可知：

①由于实测沉降量较小，测量数据受外界复杂环境干扰相对较大，在使用双曲线法进行固结度分析时的相关性为96%～99%，为了进一步深入准确地分析固结沉降的规律，同时使用了国外较常用的Asaoka法进行固结度的复核计算。两种方法中双曲线法推算的固结度较低，最终沉降较大，为保守起见以双曲线计算结果作为评估标准。

②两种方法推算的固结度平均值均大于90%，有个别沉降观测点推测的固结度偏低，但是因为实测沉降量本身较小，所以残余沉降也较小。

③E断面与F断面堆载区外侧的边界条件不同（E断面外侧为排水砂井，F断面为挤密砂桩），因而两断面的沉降变化趋势并不完全相同。

2. 分层沉降监测结果

根据预压期间实测分层沉降资料可知由挤密砂桩复合地基处理的淤泥及淤泥质土层得到明显改善，该部分上层每米压缩量为1.3～2.3 mm，地基刚度较高；下卧层的沉降量为6.4～11.1 mm，沉降量较小；各组分层沉降统计情况见图6-26。

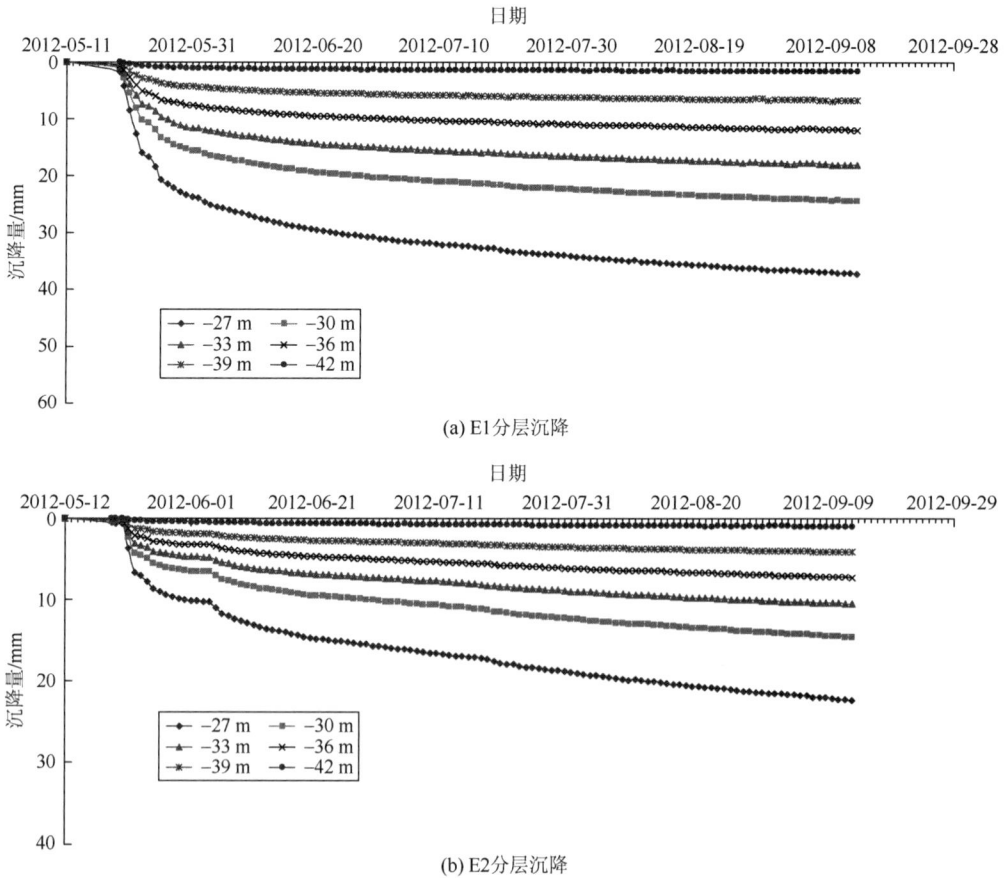

图6-26 各组分层沉降统计情况（后附彩图）

6.5 沉管隧道沉降变形监测

6.5.1 监测内容

港珠澳大桥沉管隧道管节属于半刚性管节结构，标准管节由 8 个节段组成，通过预应力钢绞线连接。沉管隧道建设施工期间，沉管在荷载、环境（潮汐、季节等）多种因素交叉作用下，沉降、管节接头差异变形、节段张合量等变化显著；压载水排空、压载混凝土浇筑、外部回填等施工会对沉管的沉降及线形带来较大影响；温度、潮汐会影响节段及管节张合量；临时舾装件的受力和止水性能对沉管隧道施工带来的影响。通过沉管隧道沉降变形监测，可以及时有效发现沉管隧道管节在结构上的变化，为沉管隧道一些关键施工步骤提供参考和依据。

港珠澳大桥沉管隧道沉降变形监测主要包括沉管隧道沉降、位移监测、沉管隧道管节及节段接头变形监测。

6.5.2 监测方法

1. 管节沉降监测

港珠澳大桥沉管隧道沉降监测采用水准测量方法，满足国家二等水准测量精度要求，往返测高差不符值、环闭合差和监测高差之差的限差不超过表 6-15 的规定。

表 6-15 限差要求

等级	测段、区段、路线往返测高差不符值	附和路线闭合差	环闭合差	检测已测测段高差之差
二等	$1.8\sqrt{k}$	$4\sqrt{L}$	$4\sqrt{F}$	$6\sqrt{R}$

由于沉管在下沉及下沉完成后的一定时间内，左右管廊中的压载水箱不会拆除，压载水箱造成沉降观测的不通视，故在管节中管廊和左右廊道内设置临时沉降观测标，拆除水箱前进行前期临时沉降测量，拆除水箱后再进行左右管廊内的正常沉降监测，测量线路示意图见图 6-27，管节沉降监测现场见图 6-28。

在沉管隧道全线贯通前，E1～E29 管节沉降监测基点位于西人工岛，控制点为 XDS1；E30～E33 管节沉降监测基点位于东人工岛，控制点为 DDS1。XDS1、DDS1 均为岛隧工程首级加密网高程控制点，按照二等水准的要求同海中测量平台上的高程控制点进行高程联测。在沉管安装前期，利用西人工岛暗埋段内已有的加密点 JD1D（未来将并入沉

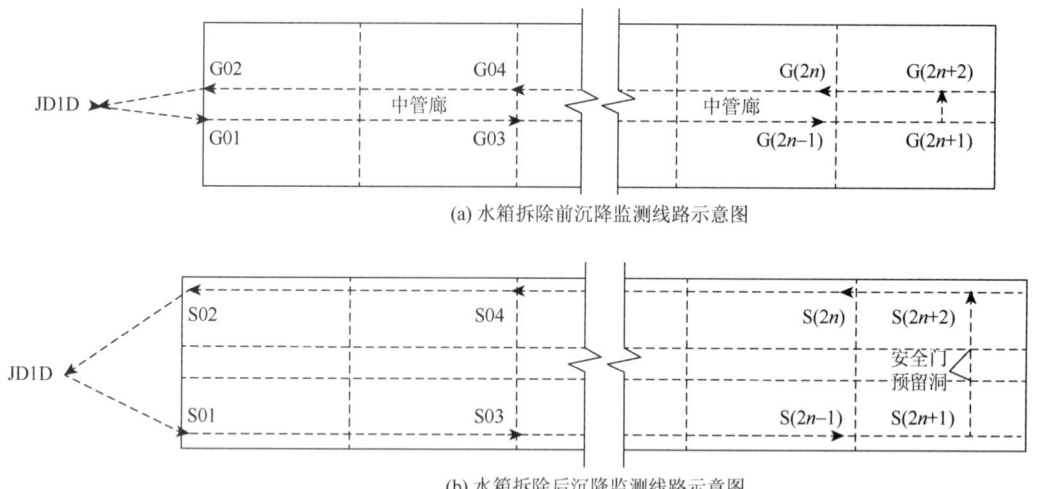

(a) 水箱拆除前沉降监测线路示意图

(b) 水箱拆除后沉降监测线路示意图

图 6-27 管节沉降监测线路示意图

图 6-28 管节沉降监测现场

管隧道一级加密网）作为沉降监测的工作基点，其点位高程由 XDS1 引测而来。XDS1 的高程依照每三个月进行一次复测，每个月进行一次监测，在每次使用前利用其他高程控制点进行校核。

在管节沉降达到稳定状态前，沉降监测水准路线的启闭点均选择岛上地面高程控制点或暗埋段内稳定的高程加密点，并且尽量保持历次选择的启闭点均为同一点。待管节沉降稳定后，使用贯通测量过程中建立起来的沉管隧道一级加密网高程控制点作为沉管隧道各区段沉降监测的工作基点，多个工作基点将定期同隧道外部高程控制点按照二等水准进行联测。

2. 管节位移监测

管内位移监测以直伸型线缆的形式在孔道内敷设，在中管廊的下管廊内布设测点进行测量，如图 6-29 所示。

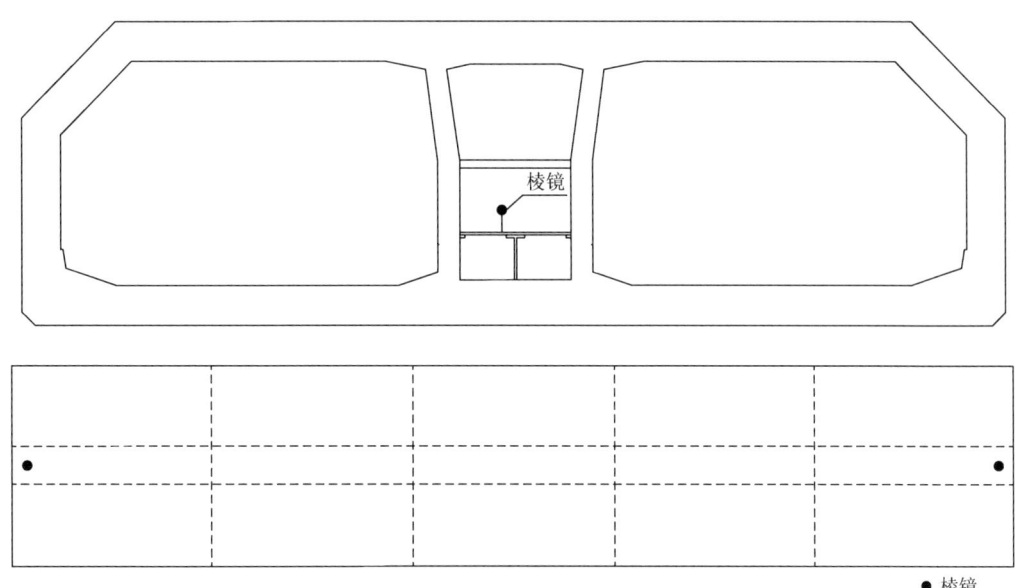

图 6-29　位移监测点布设位置

管节的位移监测采用国家二等三角测量的技术要求进行精密线缆的测量。管节位移监测仪器见表 6-16。

表 6-16　管节位移监测仪器

设备	精度	数量
徕卡 TS30 全站仪	测角：0.5″ 测距 0.6 mm±1 ppm	1
配套徕卡 GRP111 小棱镜	对中精度 1 mm	4
徕卡机载多测回测角程序	—	1 套

3. 管节/节段接头变形监测

管节/节段之间的姿态及张合量监测是判断管节/节段之间的锁定质量及安全性的重要依据。港珠澳大桥沉管隧道管节/节段接头变形监测采用轴向位移计对混凝土面板之间缝隙的开合量、水平错动及相对沉降进行测量。管节之间的接缝较宽、节段之间的接缝较窄，当轴向位移计长度不够时选择不同长度的测缝计传递杆，通过调节传递杆的长度以适应不同宽度的接缝。

沉管隧道节段变形监测为节段间张合量监测，每个节段的底部和顶部均布置测点，如图 6-30 和图 6-31 所示。

图 6-30　管节底部节段间张合量监测情况

图 6-31　管节顶部节段间张合量监测情况

6.5.3　监测结果

管节沉降为主要监测项目，每节沉管安装完成后立即进行沉降测量，并作为初值计算管节沉降量，然后按照监测频次要求对管节沉降进行观测。每个节段布置 4 个沉降观测点，1 个标准管节共布置 32 个沉降观测点，管节在安装完成后初期一段时间，管节外部经过锁定回填、护面回填，内部需要进行水箱拆除、压载混凝土浇筑等施工，管节荷载变化明显，通过沉降观测分析可以获得管节/节段间差异沉降、管节偏转情况、管节竖向线型等参数。随着管节沉降趋于稳定，管节沉降规律逐渐清晰，沉降测点数量减少至 1 个标准管节 6 个测点。

以 E1 管节为例，自 2013 年 5 月 6 日 E1 管节安装完成以来，E1 管节已经连续监测超过 4 年，监测结果如图 6-32 所示，E1 管节沉降已经趋于稳定，并已经完成管节间的剪力键安装工作。

第6章 地基基础检测与监测

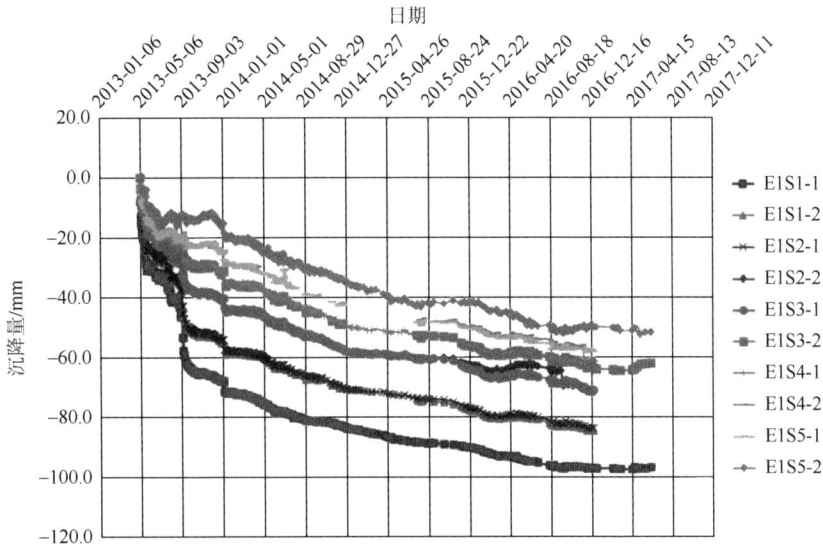

图 6-32 E1 管节沉降监测结果（后附彩图）

通过统计 E1 管节南北测点间差异沉降，E1 管节没有发生扭转，管节沉放完成后管节竖向线型不在同一直线上，而是呈现中间上凸两端下凹的现象，在管节首尾两端连接一条假想直线计算得到管节中部挠度 7.7 mm，管节的这一挠度已经随着沉降稳定而不再有明显变化，如图 6-33 所示。

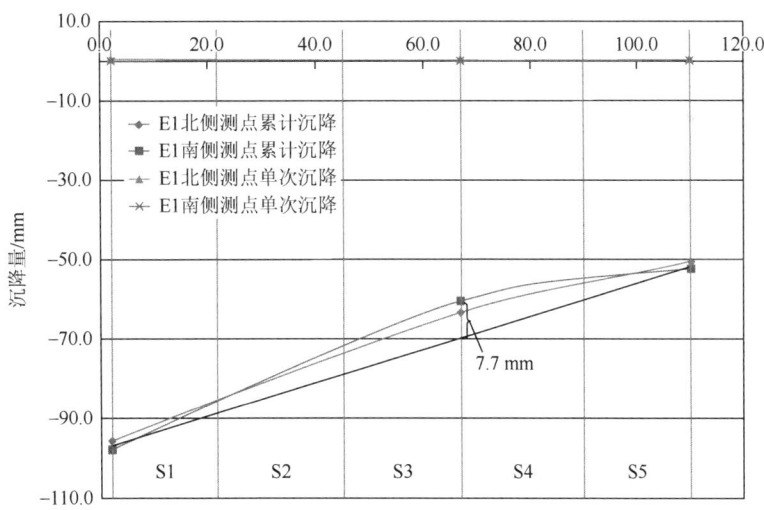

图 6-33 E1 管节累计沉降曲线（后附彩图）

沉降曲线不能单独统计，需要随着施工的推进不断统计管节荷载，如图 6-34 所示。以 E25 管节为例进行说明，E25 管节安装完成后依次进行管节两侧锁定回填、管节顶部护面层回填、管节水箱排水、管节内部压载混凝土浇筑。管底荷载增减变化明显，沉降监测结果显示荷载变化过程沉降增加较为明显，荷载增加完成后沉降很快趋于稳定，呈现明显瞬时沉降现象。

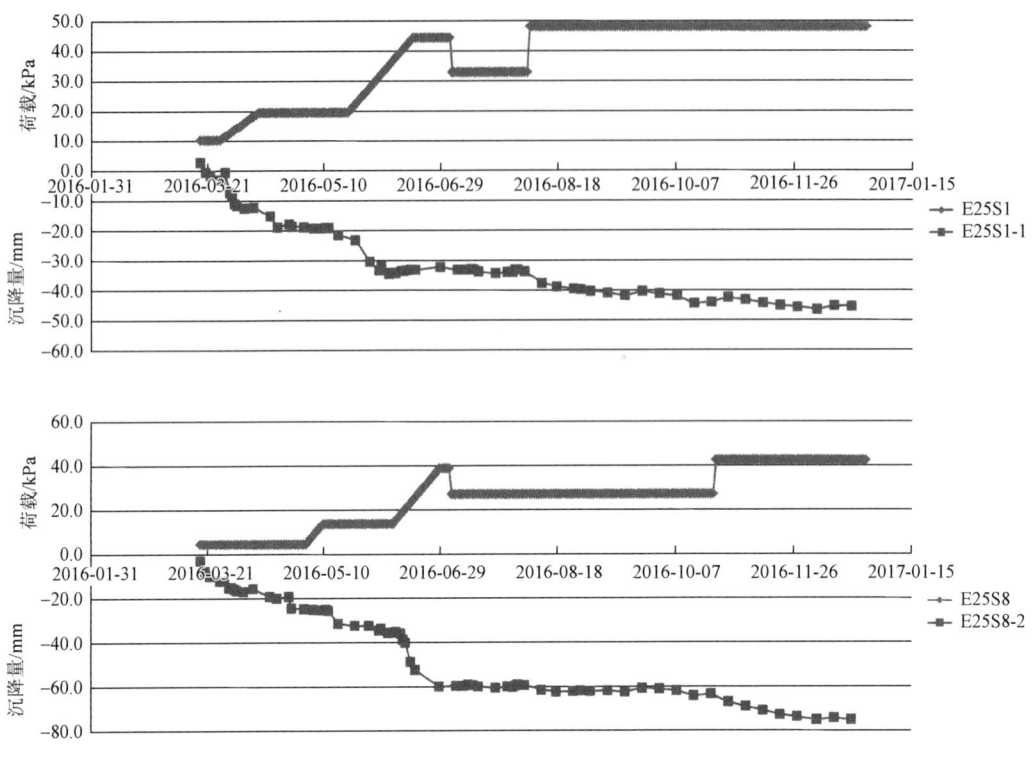

图 6-34 E25 管节沉降-荷载曲线（后附彩图）

其他监测结果分析对整个施工过程全部管节沉降反应也有重大意义，管节沉降情况如图 6-35 所示，管节差异沉降情况如图 6-36 所示。

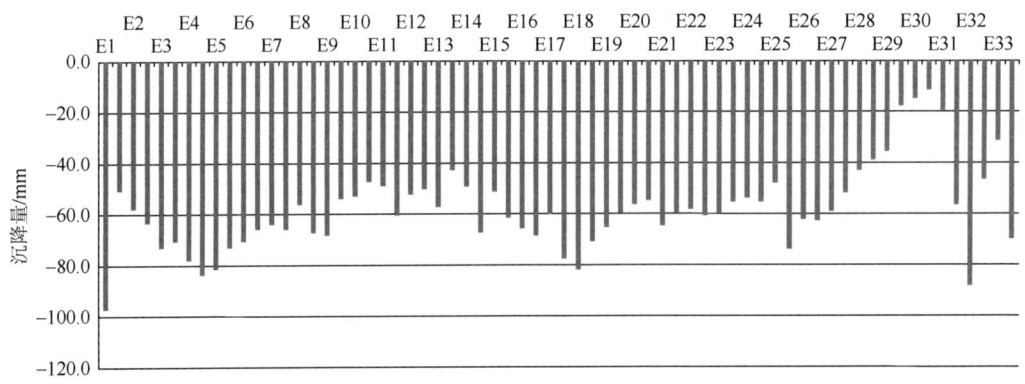

图 6-35 管节沉降情况

第 6 章 地基基础检测与监测

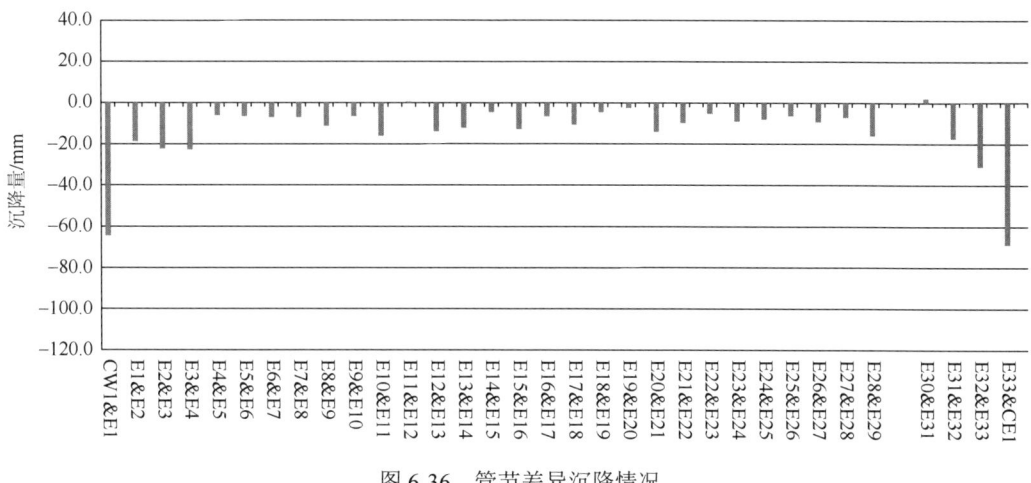

图 6-36 管节差异沉降情况

管节差异变形监测仪器在管节安装完成具备条件后第一时间安装，管节间差异沉降包括 3 个张合量测点、2 个差异沉降测点、1 个水平差异变形测点，通过 6 个监测仪器所获得的结果可以分析管节间相对运动量，对确保施工期止水带安全具有重要意义。

以 E1 管节为例，监测时间已累计超过 4 年。管节张合量监测和差异沉降监测结果分别如图 6-37～图 6-39 所示。

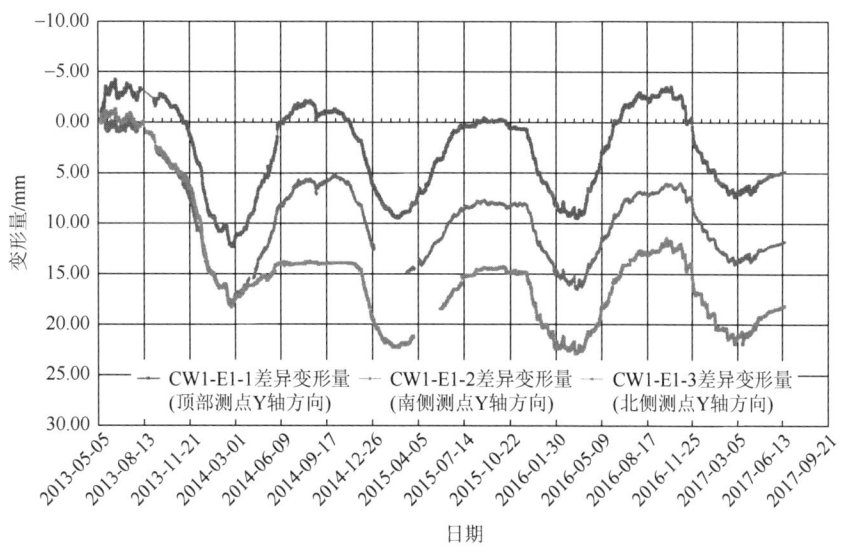

图 6-37 E1 管节与暗埋段张合量监测结果（后附彩图）

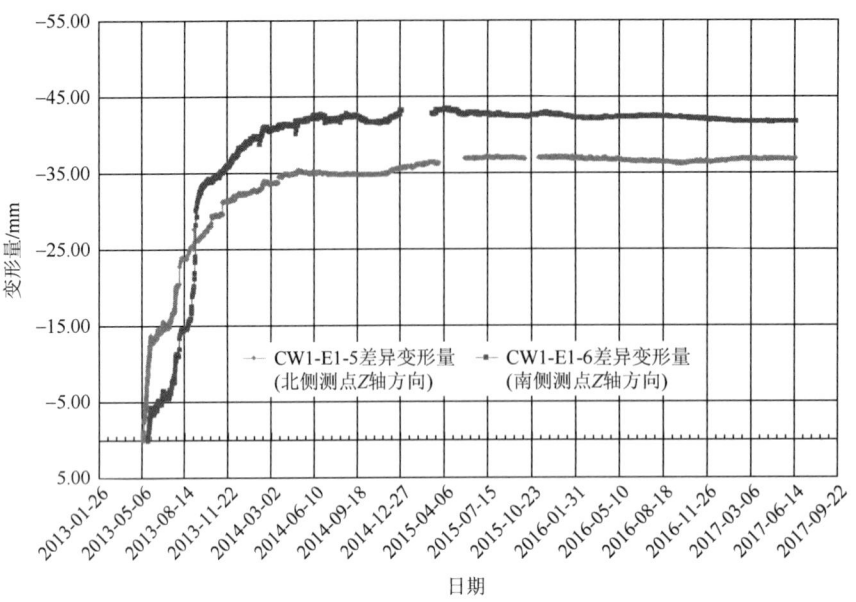

图 6-38 E1 管节与暗埋段差异沉降监测结果（后附彩图）

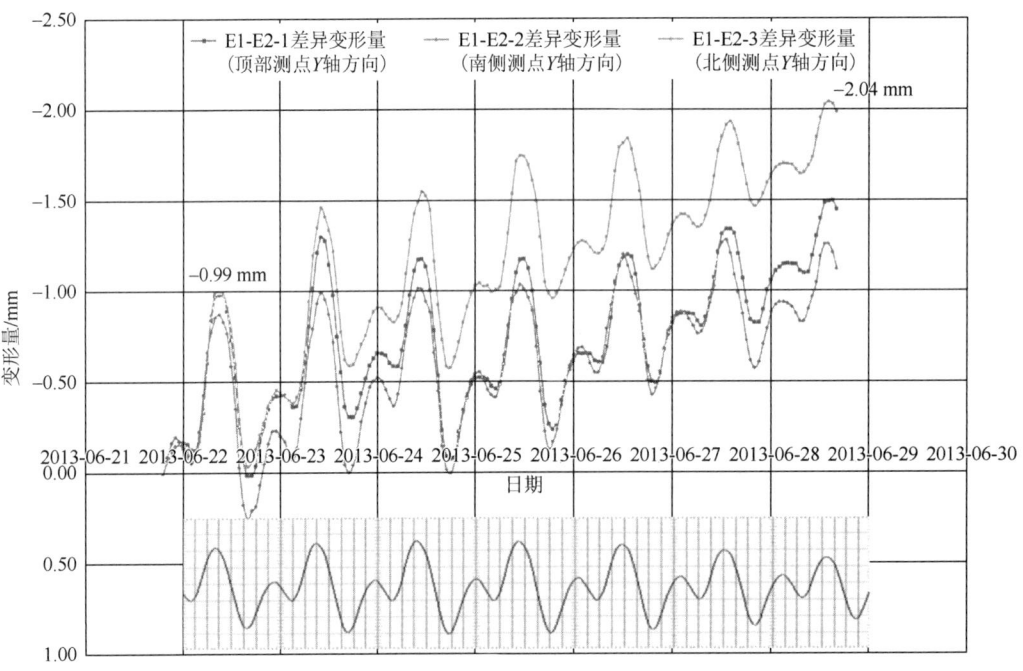

图 6-39 管节张合量与潮位变化关系（后附彩图）

管节张合量变化主要受季节环境变化影响，管节差异沉降主要受施工荷载影响，与健康监测情况不同的是，沉管隧道施工期管节没有全部安装完成，最后一个管节尾端水压受潮位影响，潮位对管节张合量的影响在下一管节对接前不能忽略。

第 6 章 地基基础检测与监测

管节间差异变形监测为自动化采集,监测频次可以基本实现实时监测,对于研究管节差异变形的变化具有重要意义,差异沉降监测与沉降测量的结果也可进行相互校对,确保数据准确性,如图 6-40 所示,两套不同的监测方法结果吻合较好,验证了监测系统的可靠性。

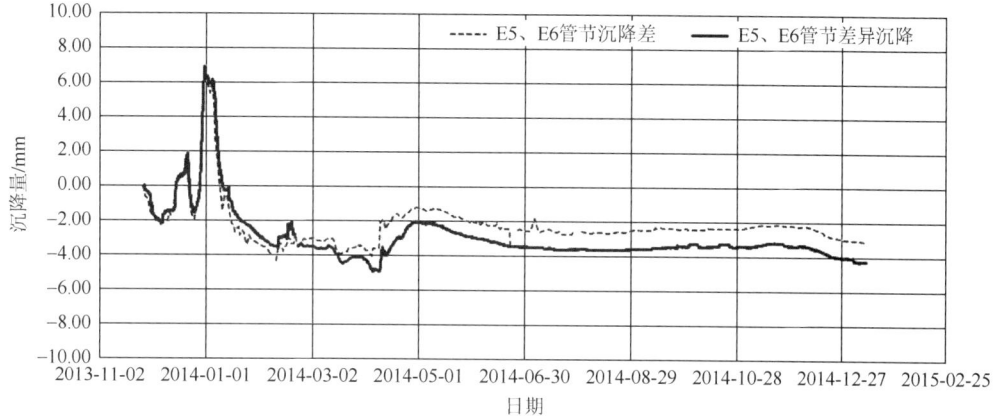

图 6-40　E5、E6 管节差异沉降测量结果对比

节段间张合量监测在管节二次舾装时开始进行仪器安装工作,管节起浮前采集初值开始监测,由于预应力的存在,节段张合量在整个施工过程变化量小于 1 mm,管节在坞内横移过程中节段张合量无变化。整个施工过程监测结果显示,节段张合量主要受环境温度影响,如图 6-41 所示。

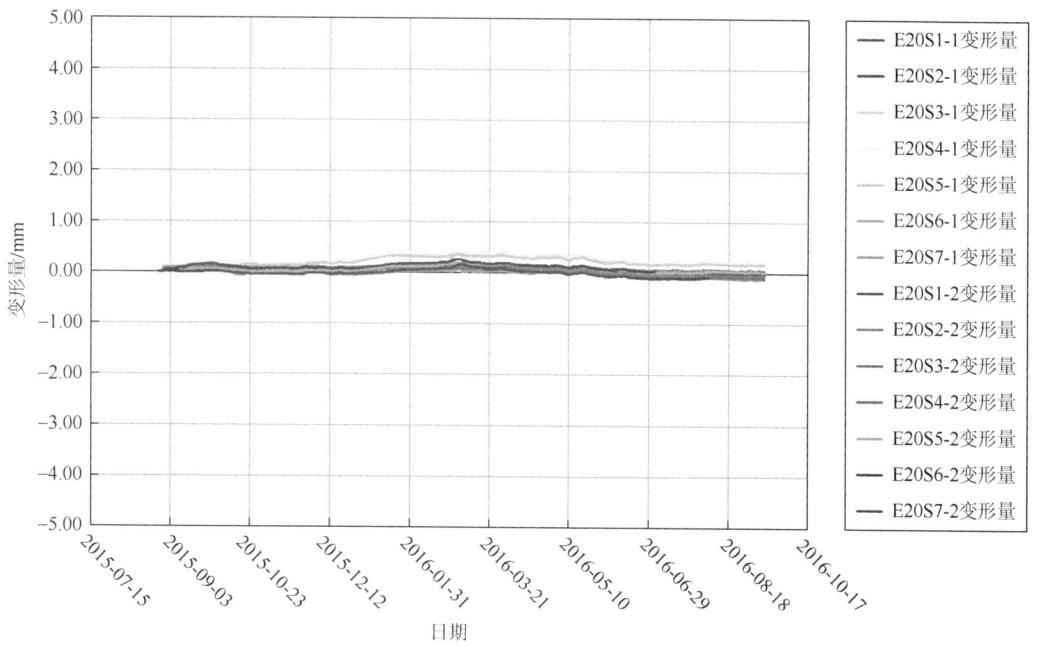

图 6-41　节段张合量监测结果(后附彩图)

参 考 文 献

[1] Walter C G. Immersed tunnel settlements. Part 1：nature of settlements[J]. Tunnelling and Underground Space Technology，2001，16（3）：195-201.

[2] 邵俊江. 沉管隧道的沉降预测及其控制研究[D]. 上海：同济大学，2003.

[3] 魏纲，裘慧杰，魏新江. 沉管隧道施工期间与工后长期沉降的数据分析[J]. 岩石力学与工程学报，2013，(z2)：3413-3420.

[4] Walter C G. Immersed tunnel settlements. Part 2：case histories[J]. Tunnelling and Underground Space Technology，2001，16（3）：195-201.

[5] 汪小兵，王如路，刘建航. 上海软土地层中运营地铁隧道不均匀沉降的治理方法[J]. 上海交通大学学报，2012，（1）：26-31.

[6] 曾东洋，胡蔓宁，史彦文. 盾构隧道施工地表沉隆变位影响因素研究[J]. 铁道工程学报，2006，（4）：34-38.

[7] Mair R J，Taylor R N. Bored tunneling in the urban environment[C]. Proceedings of the Fourteenth International Conference on Soil Mechanics and Foundation Engineering. 1997：2353-2380.

[8] Kuwahara H，Yamazaki T. Ground deformation mechanism of shield tunneling due to tail void formation in soft clay[Z/OL]. [1997-01-31]. https://www. issmge. org/uploads/publications/1/31/1997_03_0016. pdf.

[9] 赵慧岭，柳献，袁勇，等. 软土隧道长期沉降的纵向作用效应研究[J]. 特种结构，2008，25（1）：79-83.

彩　　图

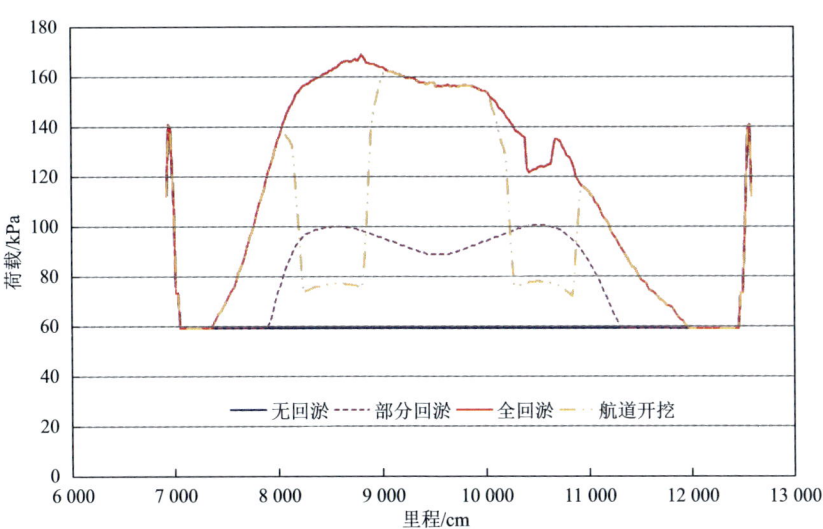

图 3-5　港珠澳大桥沉管隧道纵向荷载分布曲线

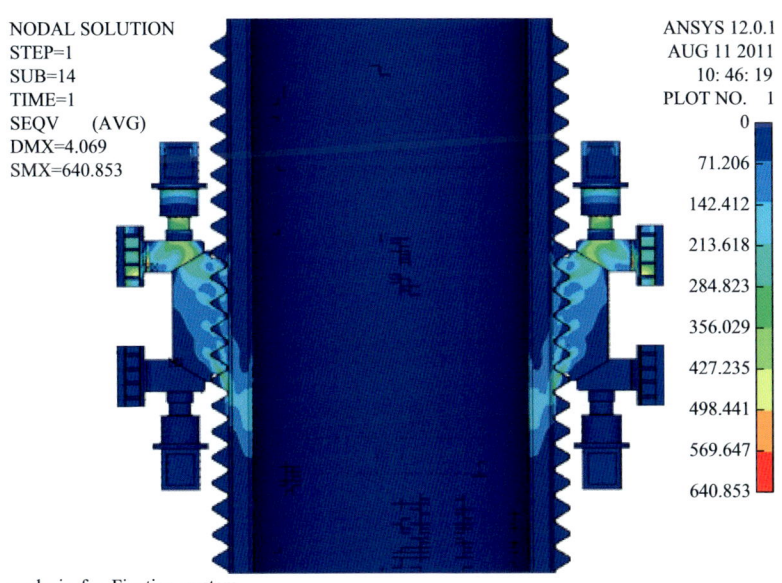

analysis for Fixation system

(a)

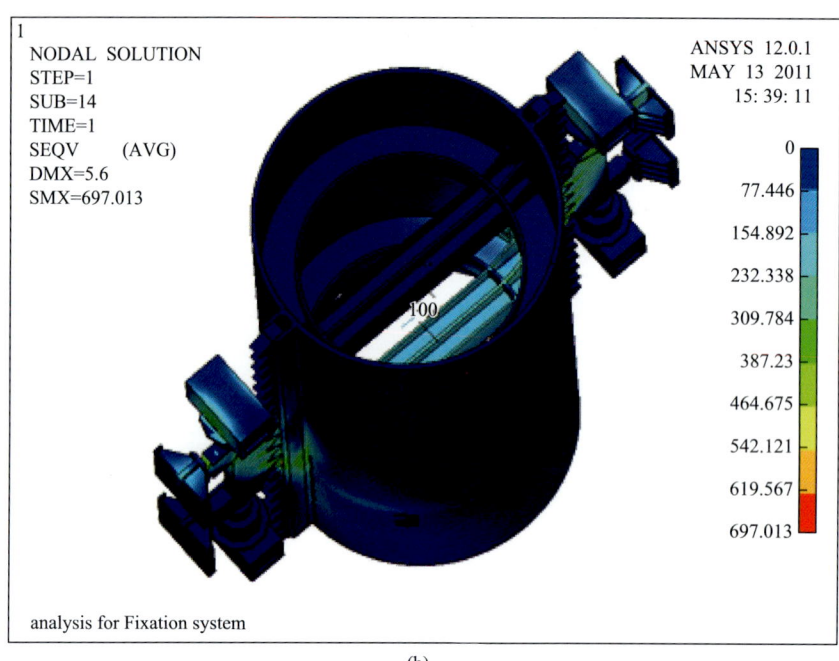

(b)

图 4-105　部分计算云图

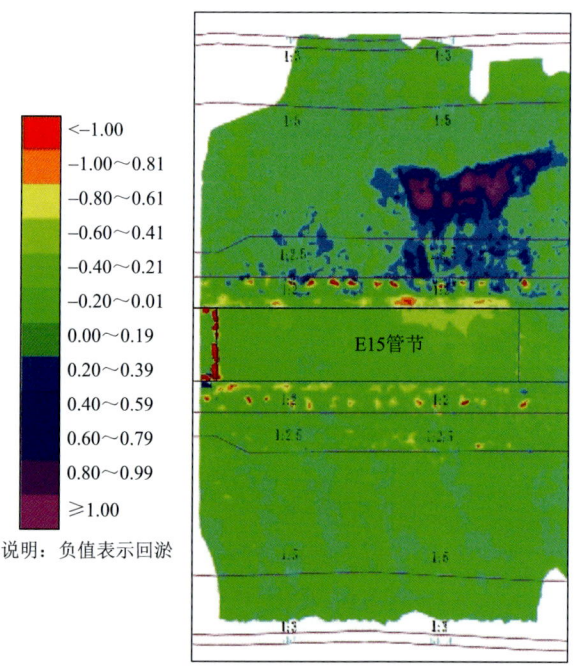

图 4-148　E15 管节差值色块图

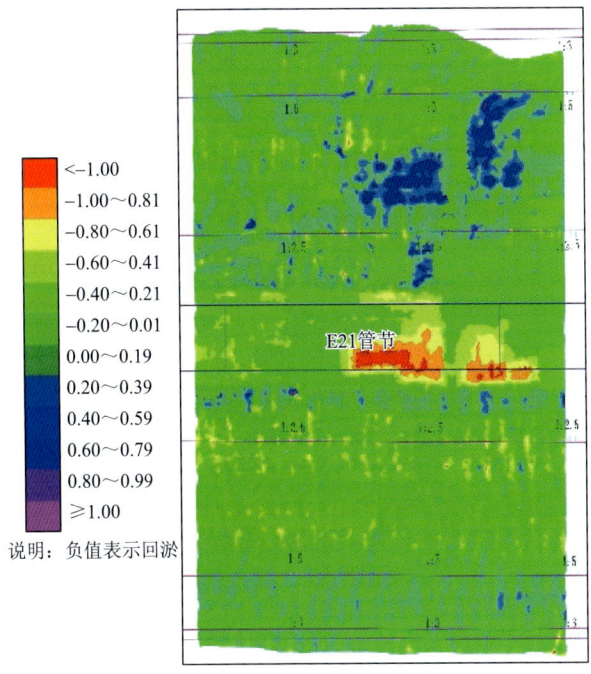

图 4-149　E21 管节差值色块图

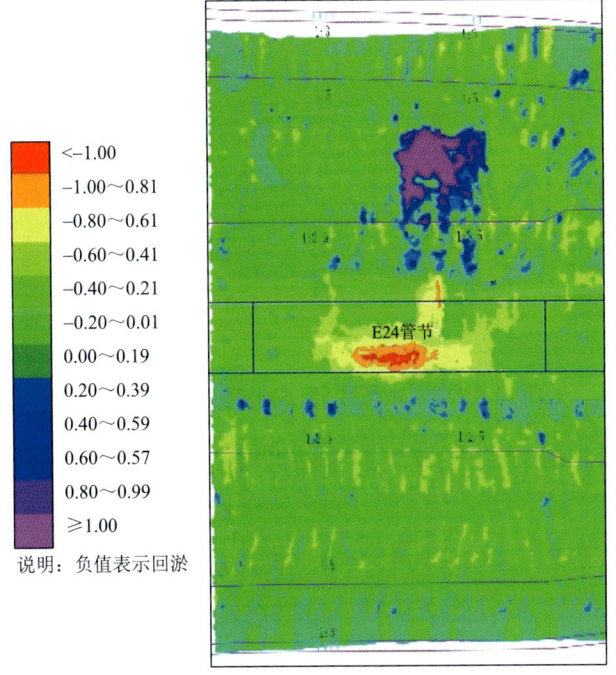

图 4-150　E24 管节差值色块图

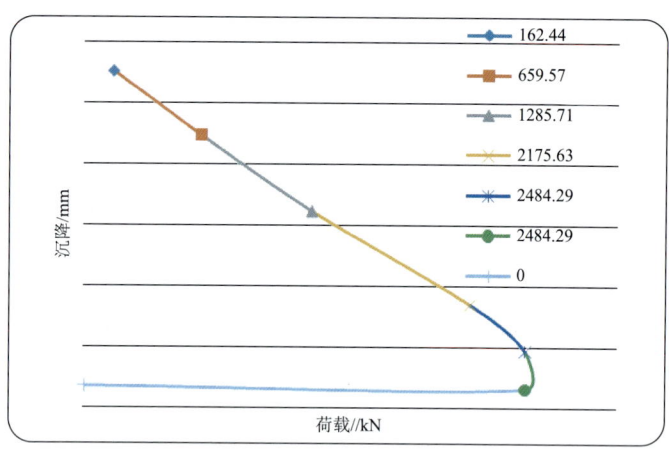

图 5-12 荷载-沉降曲线

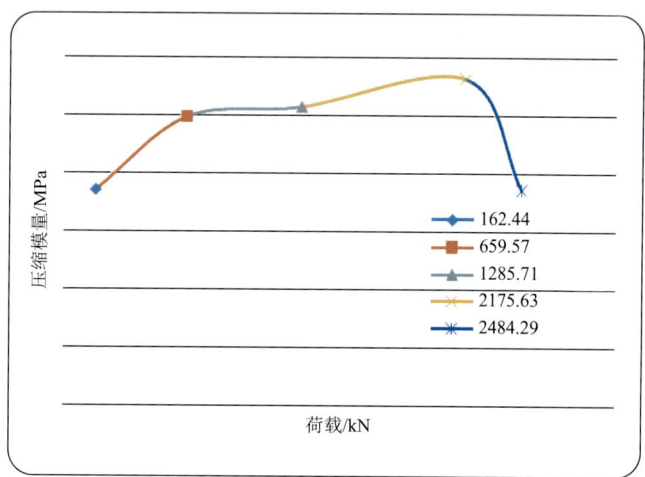

图 5-13 压缩模量曲线

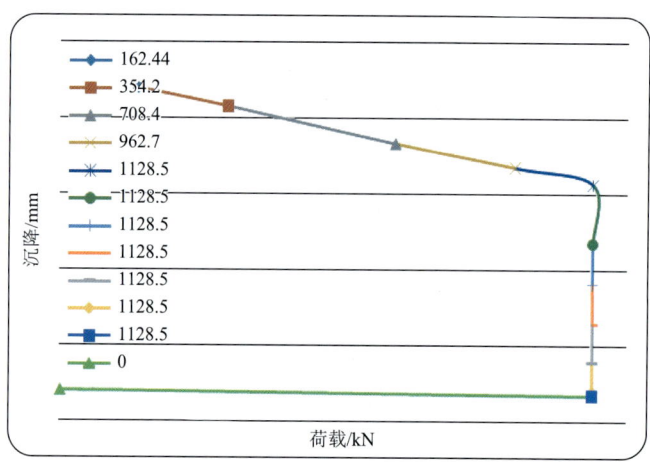

图 5-16 荷载-沉降曲线

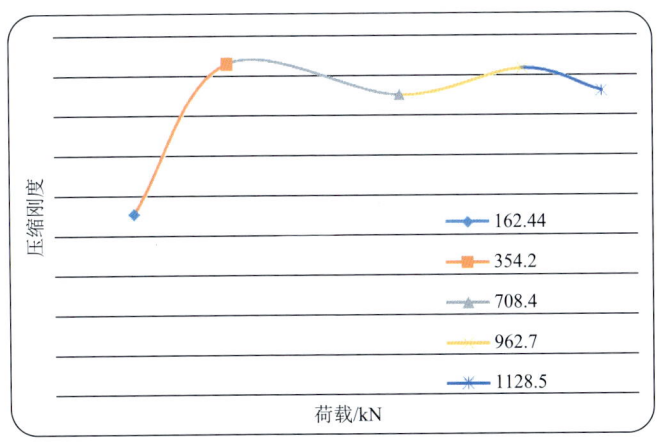

图 5-17　压缩模量曲线

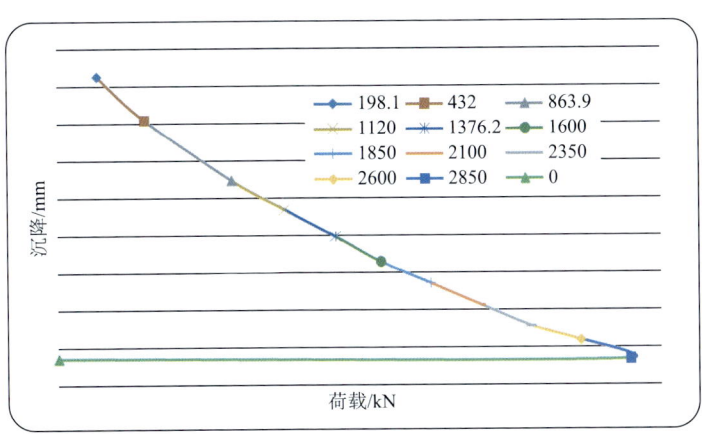

图 5-20　荷载-沉降曲线

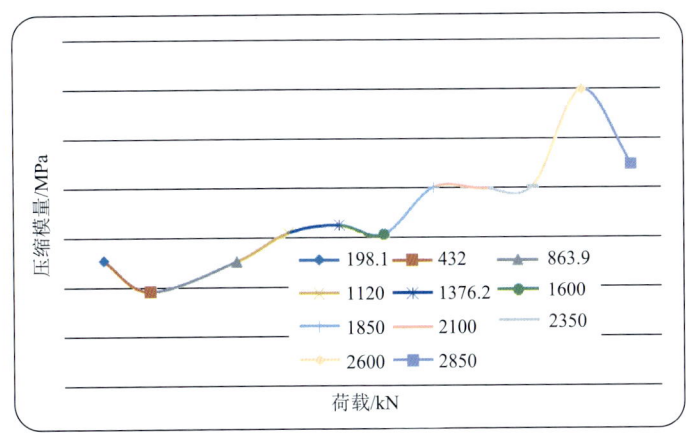

图 5-21　压缩模量曲线

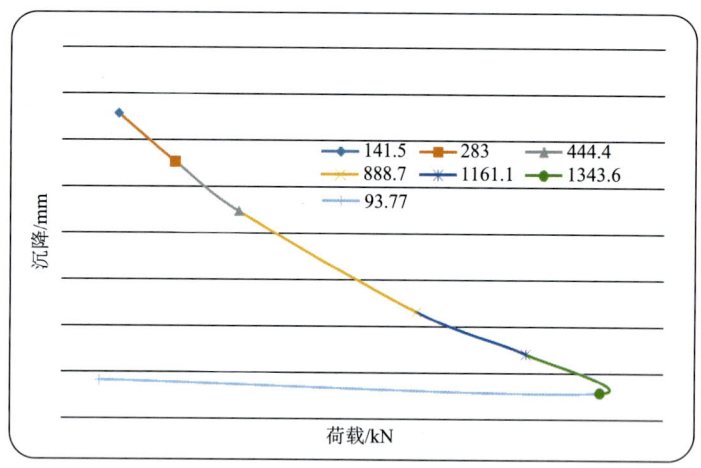

图 5-23 荷载-沉降曲线

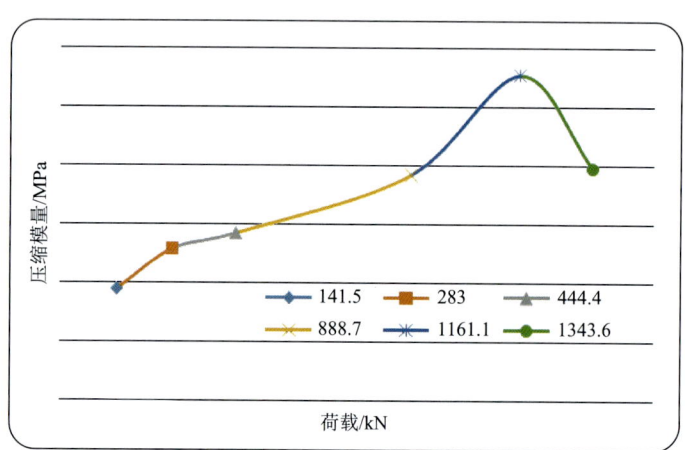

图 5-24 压缩模量曲线

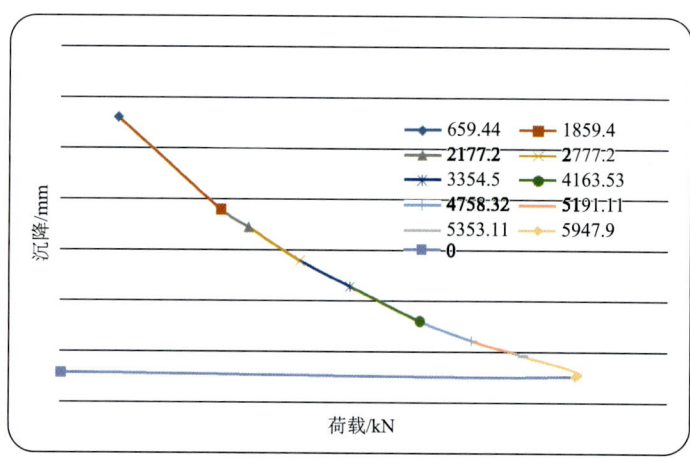

图 5-31 荷载-沉降曲线

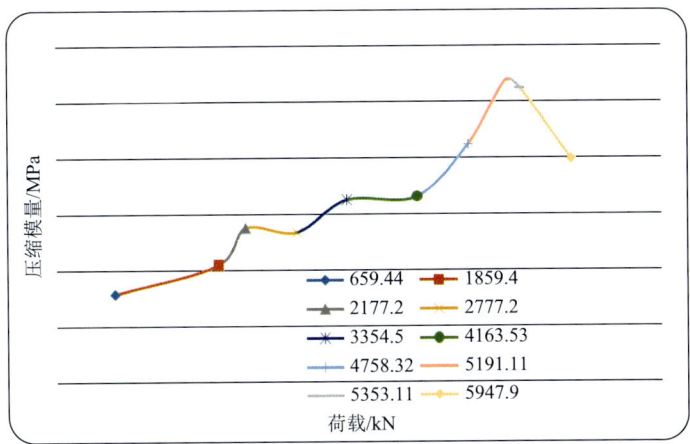

图 5-32　压缩模量曲线

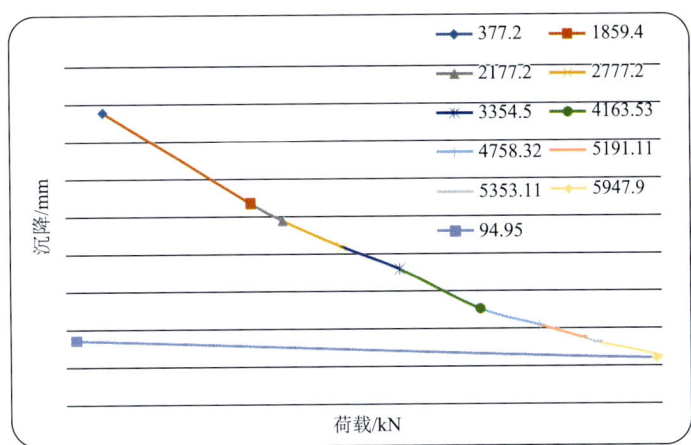

图 5-40　荷载-沉降曲线

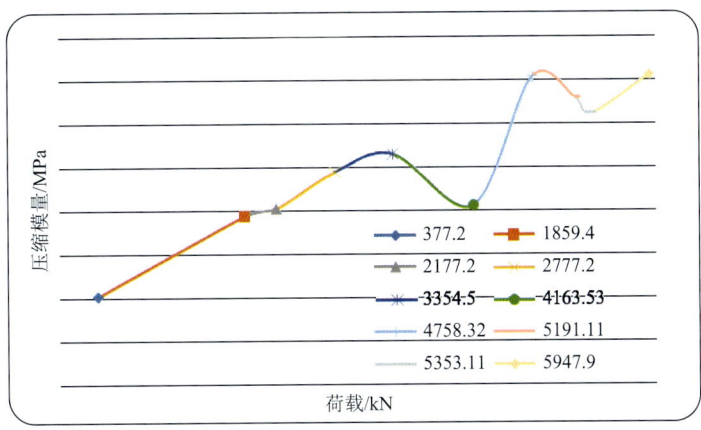

图 5-41　压缩模量曲线

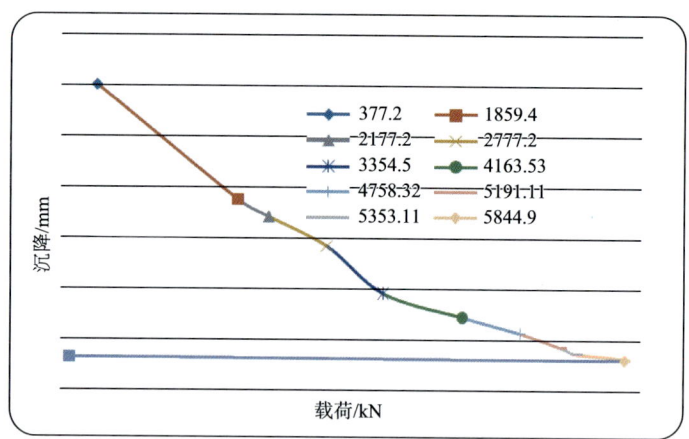

图 5-46　荷载-沉降曲线

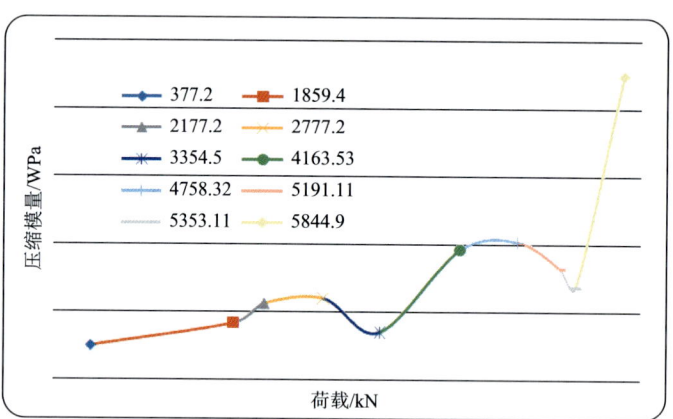

图 5-47　压缩模量曲线

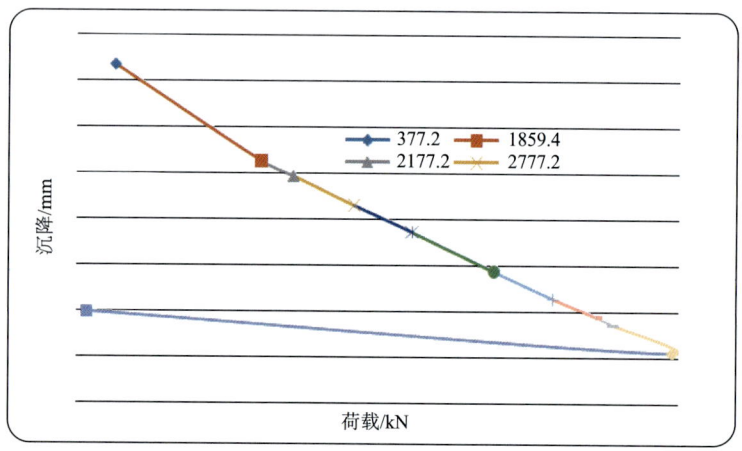

图 5-52　荷载-沉降曲线

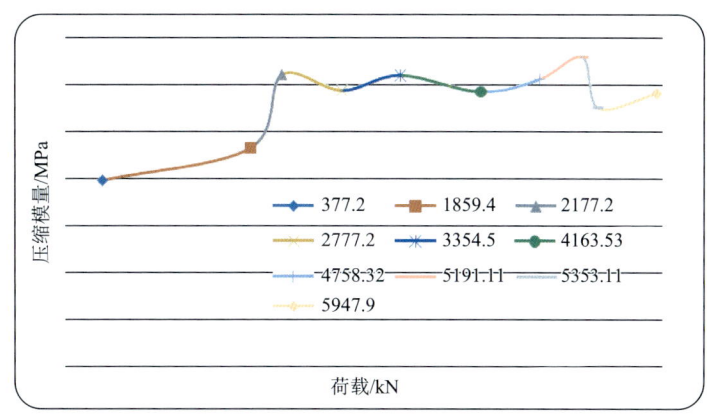

图 5-53 压缩模量曲线

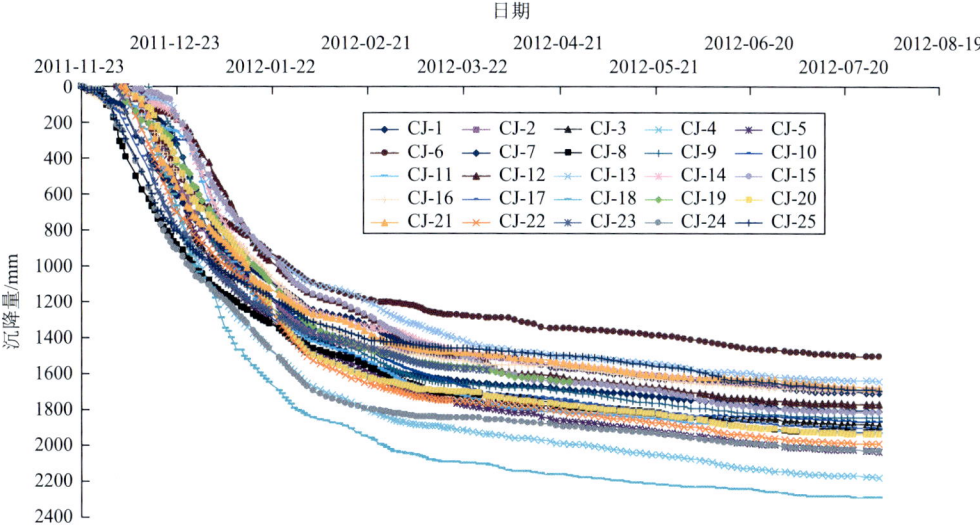

图 6-3 地表沉降监测曲线图

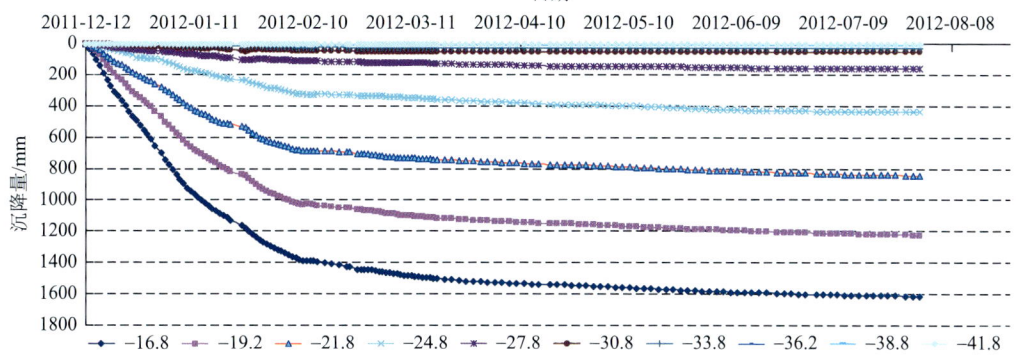

图 6-4 F1 分层沉降量-时间关系曲线

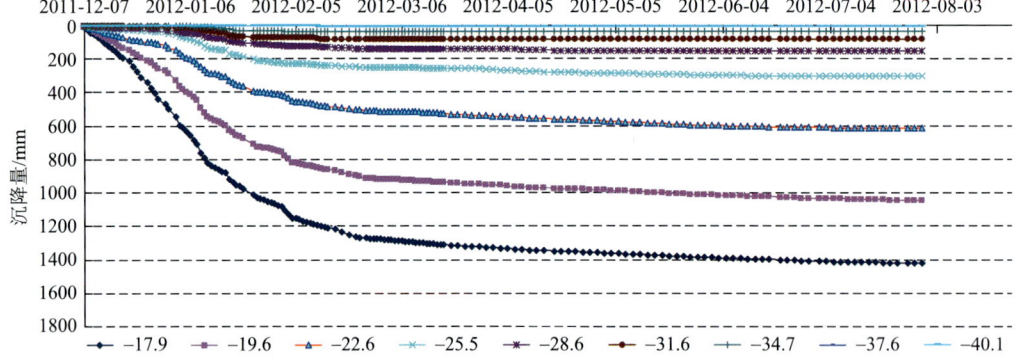

图 6-5 F2 分层沉降量-时间关系曲线

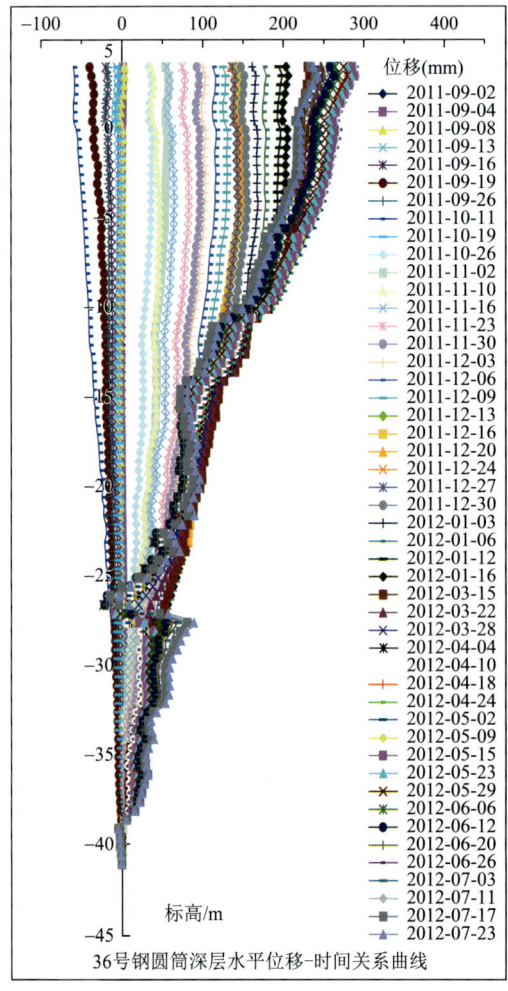
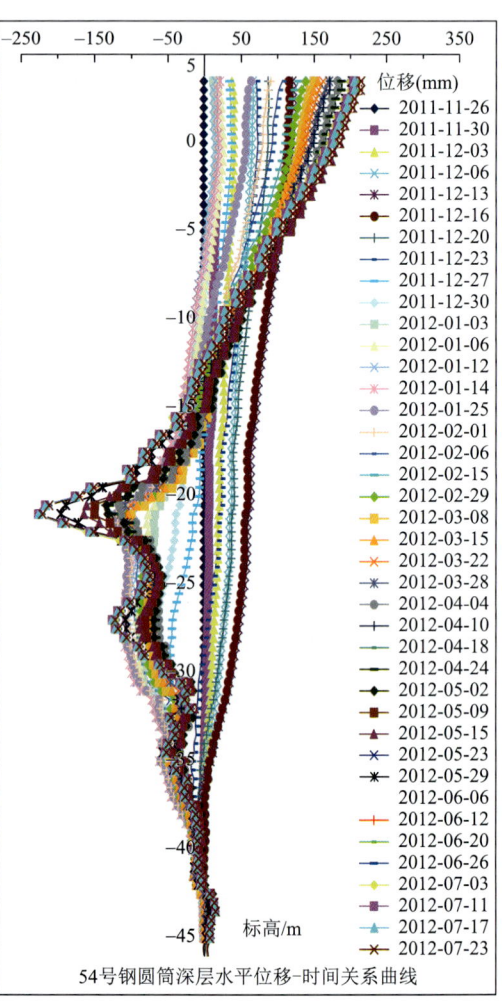

图 6-6 深层侧向位移监测曲线

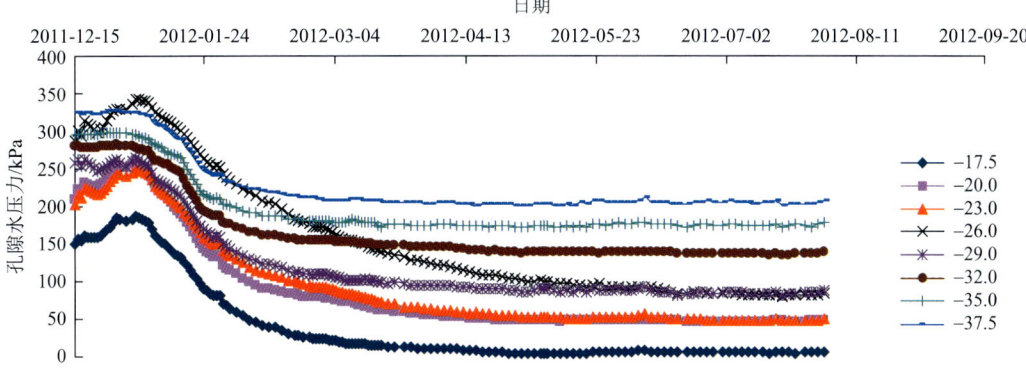

图 6-7 K1 孔隙水压力变化曲线

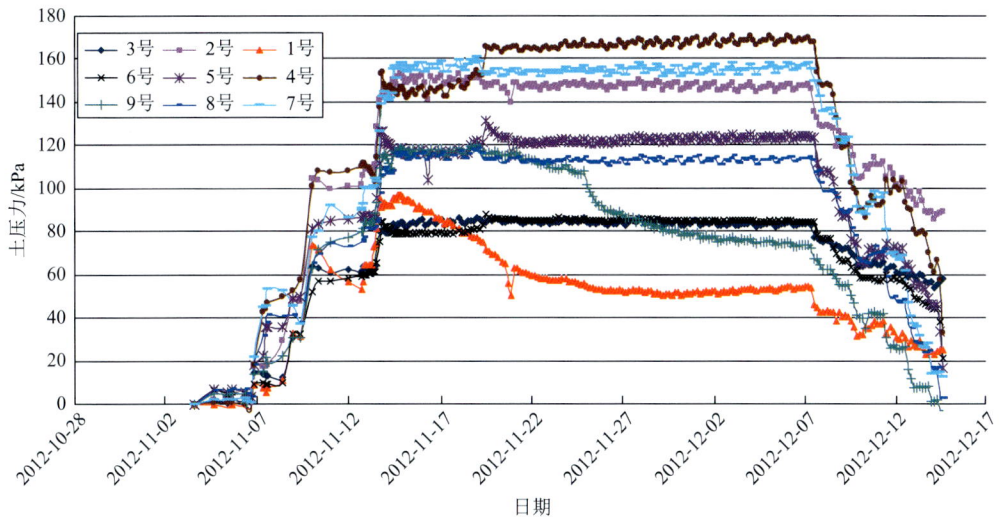

图 6-14 土压力变化曲线

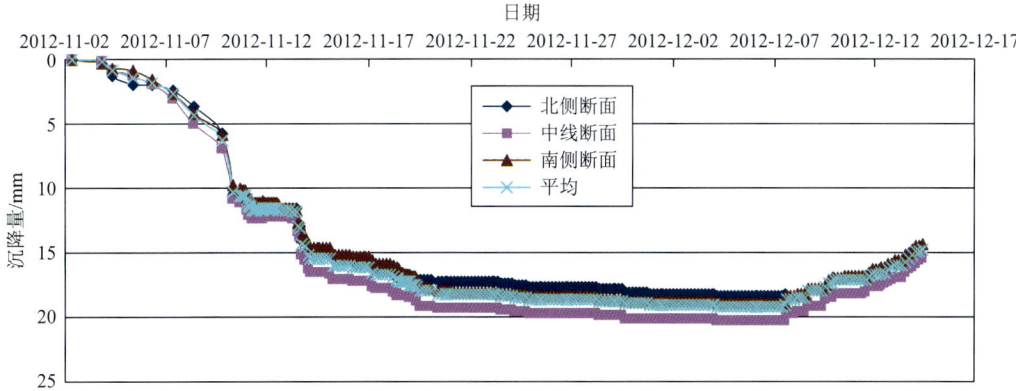

图 6-15 静力水准沉降曲线

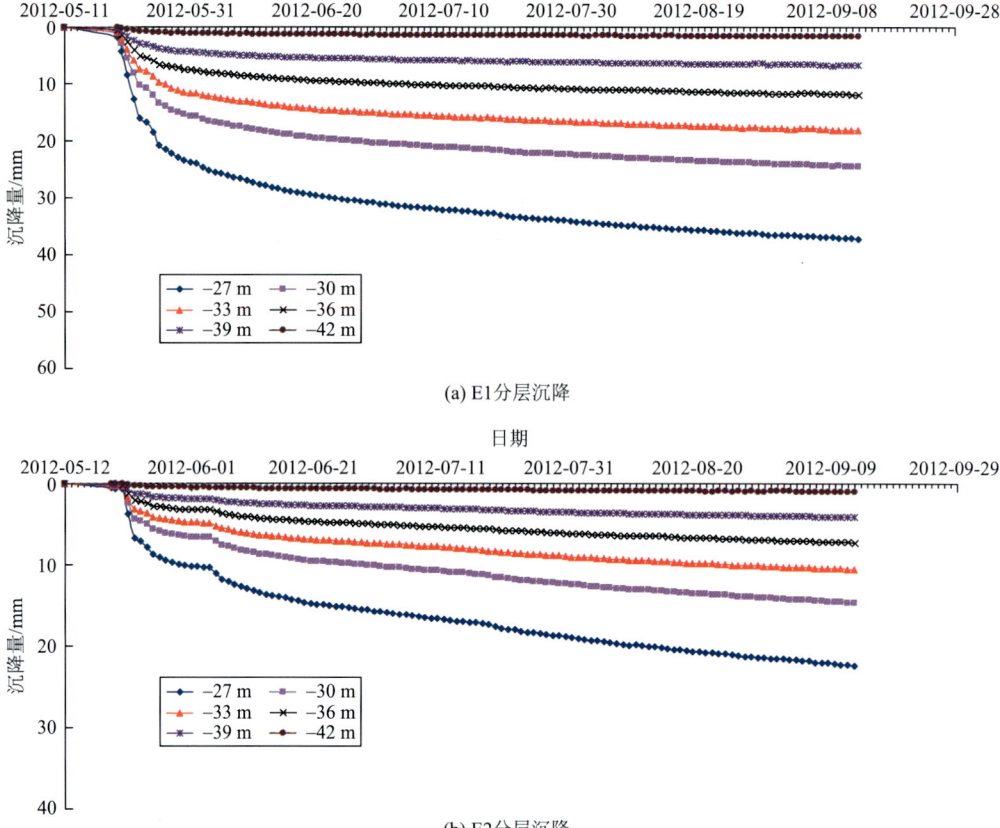

图 6-26 各组分层沉降统计情况

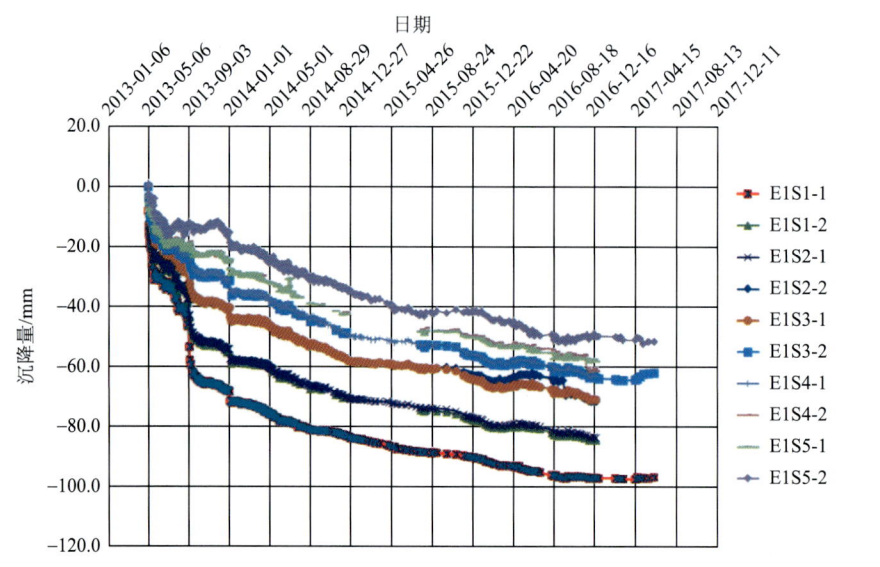

图 6-32 E1 管节沉降监测结果

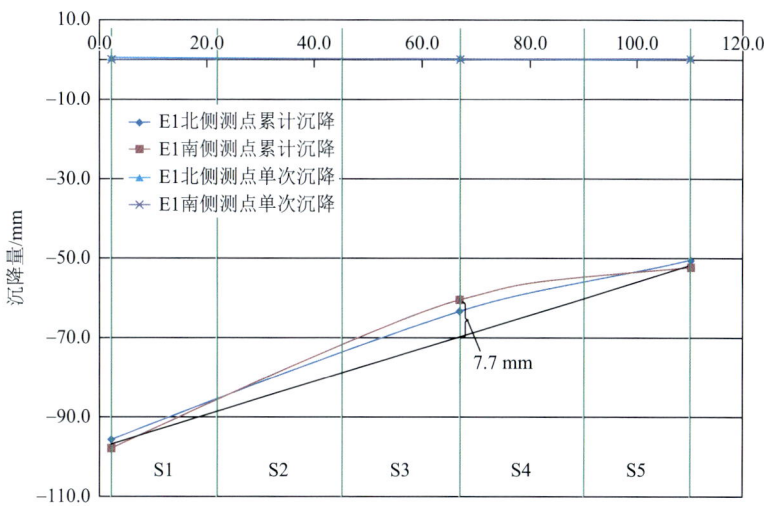

图 6-33 E1 管节累计沉降曲线

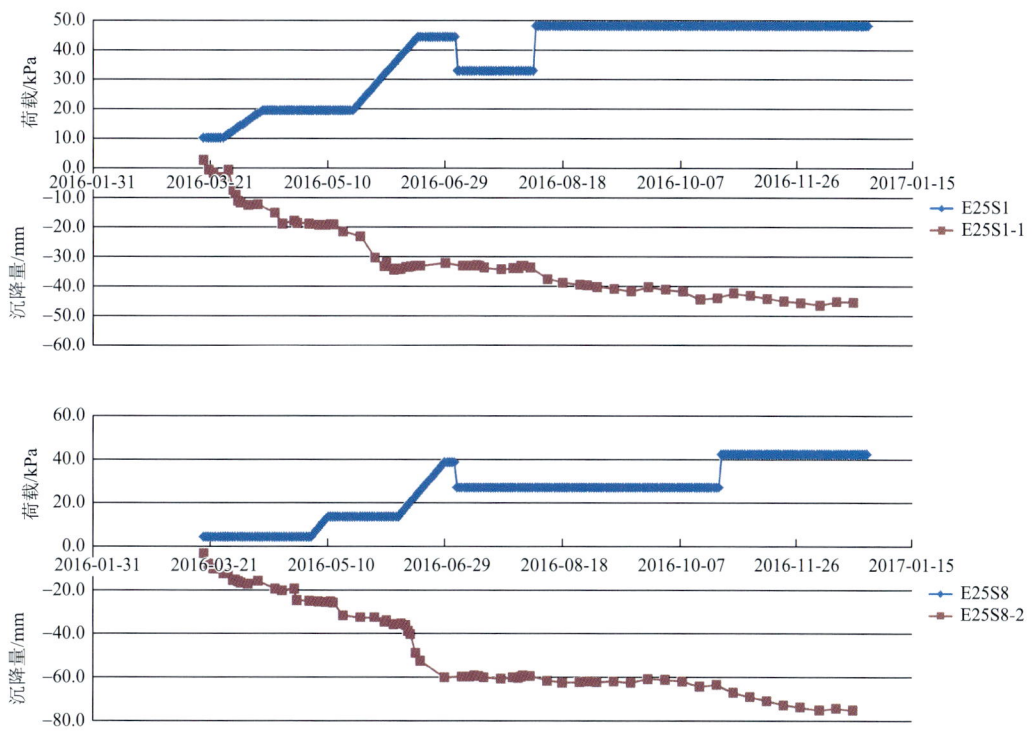

图 6-34 E25 管节沉降-荷载曲线

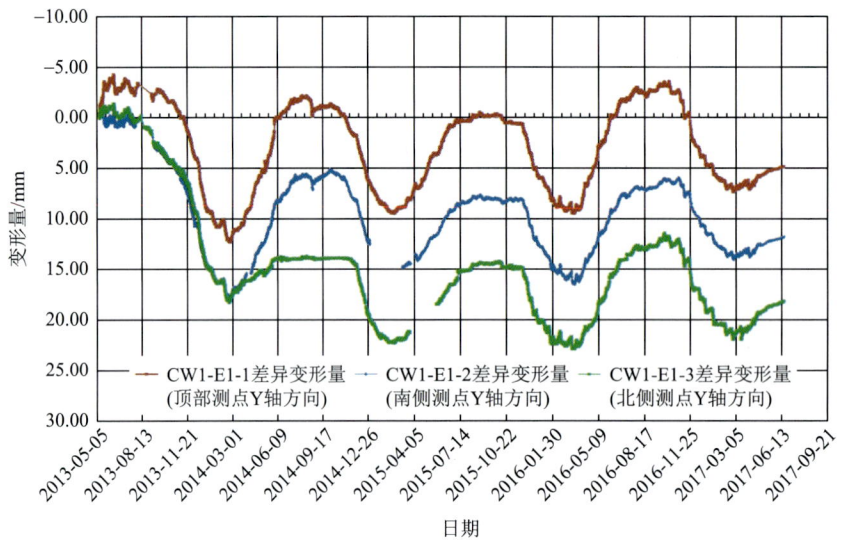

图 6-37　E1 管节与暗埋段张合量监测结果

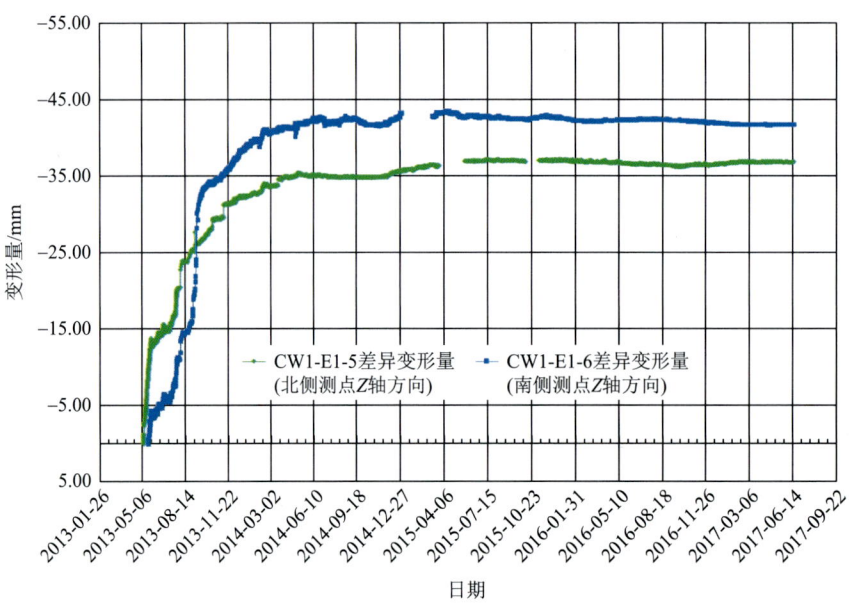

图 6-38　E1 管节与暗埋段差异沉降监测结果

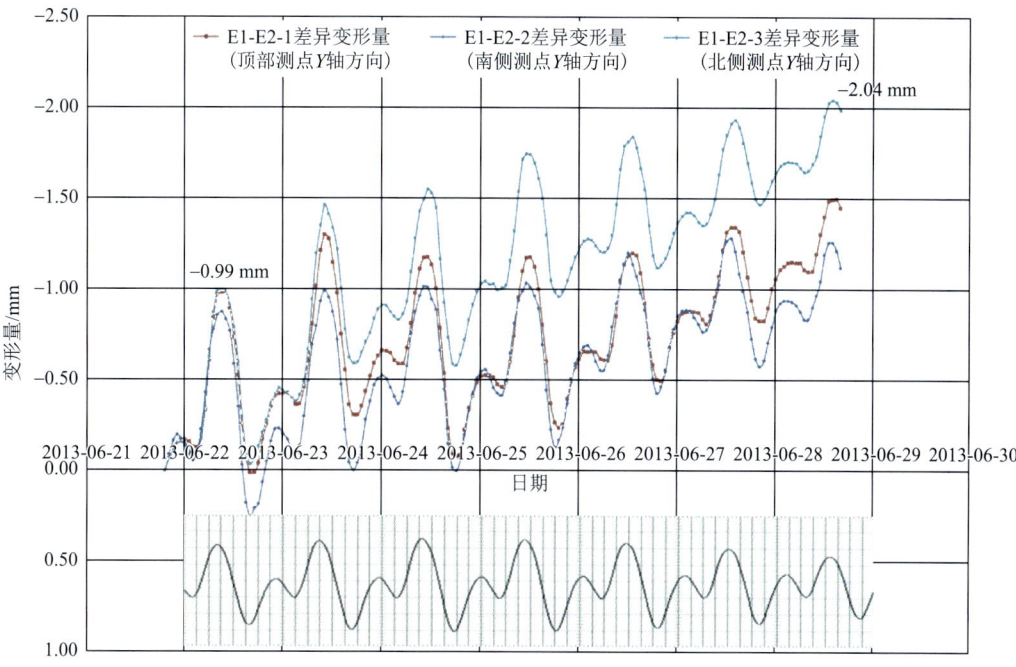

图 6-39 管节张合量与潮位变化关系

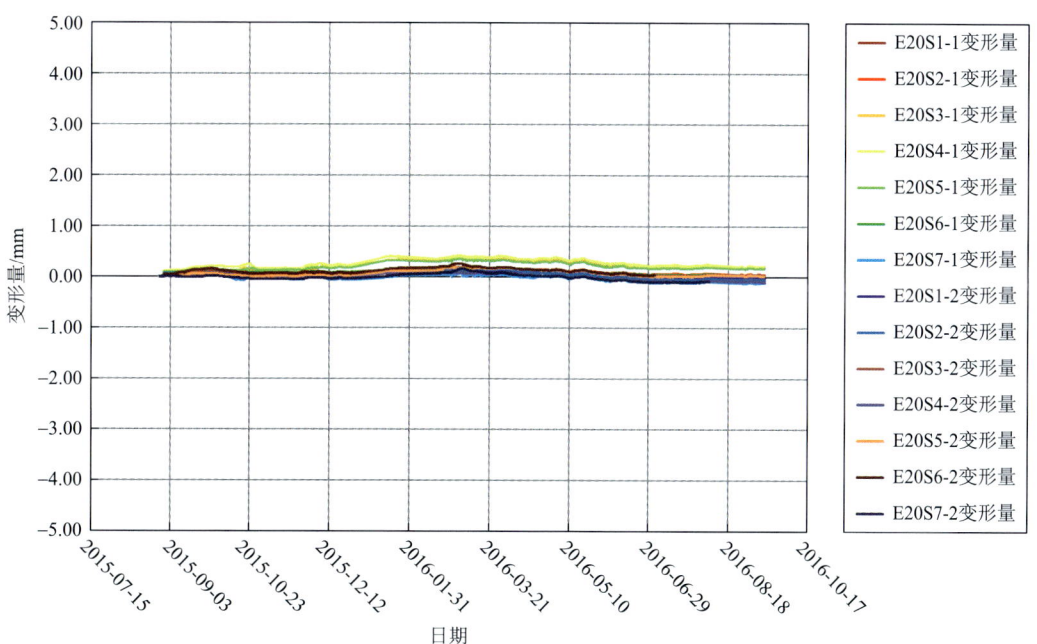

图 6-41 节段张合量监测结果